맑스와 정의

이 책의 한국어판은 저자 Allen E. Buchanan과의 협약에 따라 출판되었습니다.

M 카이로스총서 62

맑스와 정의　Marx and Justice

지은이 앨런 E. 뷰캐넌
옮긴이 이종은 · 조현수

펴낸이 조정환
책임운영 신은주
편집 김정연
디자인 조문영
홍보 김하은
프리뷰 강은진 · 손보미 · 홍원기

펴낸곳 도서출판 갈무리　등록일 1994. 3. 3.　등록번호 제17-0161호
초판인쇄 2019년 12월 26일　초판발행 2019년 12월 30일
종이 화인페이퍼　인쇄 예원프린팅　라미네이팅 금성산업　제본 경문제책

주소 서울 마포구 동교로18길 9-13 [서교동 464-56] 2층
전화 02-325-1485　팩스 02-325-1407
website http://galmuri.co.kr　e-mail galmuri94@gmail.com

ISBN 978-89-6195-226-2 93300
도서분류 1. 정치학 2. 철학 3. 사회학 4. 경제학 5. 사회과학

값 24,000원

이 도서의 국립중앙도서관 출판예정도서목록(CIP)은 서지정보유통지원시스템 홈페이지(http://seoji.nl.go.kr)와 국가자료공동목록시스템(http://www.nl.go.kr/kolisnet)에서 이용하실 수 있습니다.(CIP제어번호 : CIP2019051160)

맑스와 정의

자유주의에 대한 급진적 비판

Marx and Justice

The Radical Critique of Liberalism

앨런 E. 뷰캐넌 지음　　　이종은·조현수 옮김　　　갈무리

일러두기

1. 이 책은 Allen E. Buchanan의 *Marx and Justice : The Radical Critique of Liberalism* (Totowa, New Jersey : Rowman and Littlefield, 1982)을 완역한 것이다.
2. 단행본과 정기간행물에는 겹낫표 (『 』)를, 논문에는 홑낫표 (「 」)를 사용하였다.
3. 저자의 대괄호는 〔 〕를 사용하였고, 옮긴이가 이해를 돕기 위해 첨가한 내용은 [ ] 속에 넣었다.
4. 영어판에서 이탤릭체로 강조된 것은 고딕체로 표기하였다. 단, 영어판에서 영어가 아니라서 이탤릭으로 강조한 것은 한국어판에서 강조하지 않았다.
5. 지은이 주석과 옮긴이 주석은 같은 일련번호를 가지며, 옮긴이 주석에는 [옮긴이]라고 표시했다.
6. 맑스 저작의 인용문은 독일어본을 참조하여 번역하였다.

데보라, 루시, 스티브, 그리고 잭을 위해

맑스와 정의

차례

:: 감사의 말

이 책에서 가치 있는 어떠한 것도 맑스와 정의에 관한 저작으로 나에게 도움이 되었거나 나 자신의 노력을 관대하게 논평해 주었던 수많은 사람들에게 빚진 바가 크다. 나로 하여금 사회이론에서 법률적 개념들의 역할을 탐구하도록 자극했던 것은 존 롤스의 책, 『정의론』*A Theory of Justice* 1의 범위와 영향력이었다. 반면에 나로 하여금 겁을 먹게 만드는 맑스의 전 저작과 씨름하게 만들었던 것은 앨런 우드Allen Wood의 논문 「맑스적 정의 비판」The Marxian Critique of Justice이었다. 비록 이 책에서 내가 롤스의 이론과 맑스에 대한 우드의 해석을 비판하기는 하지만 나는 이 두 사람 모두에게서 은혜를 입었다.

이 책이 거의 완성되었을 때, 나는 운 좋게도 코헨의 책, 『맑스의 역사이론』*Marx's Theory of History* 2을 공부할 수 있었다. 이 책은 맑스주의 사회이론과 맑스의 학문에 대한 새로운 기준을 세웠다. 『맑스와 정의』에서 나의 주 관심사가 맑스의 역사적 설명 모델이라기보다는 오히려 맑스의 사회비판이기 때문에, 코헨의 연구에 대한 언급들은 오히려 드물다. 그러나 나는 코헨이, 자본주의에서 공산주의에 이르는 사회경제적 형태들의 연쇄 속의 진보에 대한 맑스의 관념을 적절하게 다루고 있지 못하다고 생각했고, 이 생각이 나로 하여금 맑스의 평가적 관점에 관한

장을 현재의 형태로 재구성하게 만들었다. 이에 덧붙여, 이 책의 마지막 장은, 자연적·사회적 자원의 민주적 통제가 조화와 생산성을 크게 증대할 것이라는 맑스의 예견을 검토한다. 그리고 코헨의 맑스 옹호를 상당히 불완전하게 만든 것은 이 결정적인 예견에 대한 체계적인 옹호가 부족하기 때문이다.

나는 또한 맑스와 법률적 이론에 대한 내 생각을 정제하는 데 도움을 준 동료와 학생들에게 감사드린다. : 안네테 바이어, 데이비드 브링크, 노먼 다알, 스티븐 다월, 고든 그레이엄, 짐 힐, 콘래드 존슨, 마이클 모리스, 스티븐 문쩌, 제임스 닉클, 마이클 루트, 롤프 사르토리우스, 유제니아 토마 그리고 마크 토마. 각 장에 대해 유익한 논평들을 해주었던 윌리엄 레온 맥브라이드 와 카이 닐슨에게 특별한 감사를 드리고 싶다.

나는 내 연구를 위해 미네소타 주립대 대학원과 리버티 펀드, 그리고 리즈 재단의 인간학 연구소 등의 기관과 재단이 제공한 관대한 지원에 기꺼이 감사드린다.

마지막으로 나는 비키 필드, 루스 앤 루드 그리고 리사 스트롬벡에게 감사하고 싶다. 그들은 이 원고의 출간을 위해 묵묵히 그리고 정확하게 준비해 주었다.

:: 서문

    과거 수년 동안에 분석 철학자 사이에서 맑스를 진지하게 다루고자 하는 생각이 증대했다. 존 롤스의 『정의론』이 1971년 출간된 이후로 또한 정의의 문제를 진지하게 다루고자 하는 생각들이 증대했다. 이 두 가지 신선한 발전은 서로를 예리하게 비판한다. 맑스의 급진적 비판은 모든 정의이론에 대한 하나의 도전이다. 반면에 성숙한 최근의 이론들은, 그 이론들이 맑스의 몇몇 가장 기본적인 비판들로부터 벗어날 가능성을 제기한다.

    이 책의 목적은 이중적이다. 즉 아주 복잡한 맑스의 사상 내에서 정의에 대한 그의 사상을 재구성하고 평가하는 것이다. 그런 다음, 재구성된 그의 입장을 정의에 관한 가장 훌륭한 동시대의 생각 가운데 어떤 것에 적용하는 것이다. 이 두 가지 과제는 독립적인 게 아니다. 왜냐하면, 맑스의 입장에 대한 정확한 평가는 대립하는 견해들에 대한 그 입장의 유효성에 부분적으로 달려 있기 때문이다.

    제목의 간결성은 하나의 장점이다. 그러나 그것은 오도할 수 있다. 나는 정의에 대한 맑스의 견해를 협소하게 물질적 재화의 정의로운 분배로서 이해하는 **분배적** 정의에 관한 논의로만 파악하지 않는다. 그리고 형사상의criminal 정의가 정의로운 처벌 관념을 포함하고 있는 한에서 형사상의 정의에 대한 간결하지만 도발적인 맑스의 논평들은 시민적·정치적 정의라고 칭해질 수 있는 것도 포함한다. 그 주제의 폭은, 그것이 **권리**라는 의미에서 표현된다면, 가장 잘 이해될 수도 있다. 우리는 재구성을 계속하면서 다양한 권리 개념에 관해 많은 것을 언급해야 한다. 그러나 지금 상황에서 우리는 다음의 사실을 언급하는 것이 필요하다. 즉 맑스는 부의 몫에 대한 권리들을 비판했을 뿐만 아니라, 임의체포와 압수로부터의 자유에 대한 권리, 자유로운 언론에 대한 권리, 그리고 종교의 자유에 대한 권리 등과 같은 다양한 시민권뿐만 아니라, 전 범위의 정치적 참여권도 비판했다.

위에서 열거한 다양한 종류의 정의와 권리의 개념에 대한 맑스의 사상이 가지는 독창성과 영향력 ― 내가 이후에 **법률적 개념들**conceptions이라고 부르는 것 ― 은, 우리가 그의 연구를 우리 앞에 놓인 이 질문을 가지고 접근한다면, 가장 잘 이해될 수 있다. 즉 법률적 개념들은 사회이론에서 어떤 역할을 수행하는가? 아래에서 두 가지 광범위한 차이점들이 입증될 것이다.

첫째, 우리는 법률적 개념들의 **설명적**explanatory 사용과 **비판적**critical 사용을 구별할 수 있다. 사회이론이 사회제도나 이 제도의 발전을 시간의 경과에 따라 **기술하고 설명**하기 위해 권리 또는 정의 개념을 사용한다면, 이 이론은 설명적으로 법률적 개념들을 사용한다. 법률적 개념들은, 이것들이 사회제도나 그러한 제도들이 조직하는 행동을 **평가**하기 위한 기준이나 원칙으로 사용될 때, 사회이론에서 비판적으로 기능한다. 법률적 개념들의 비판적 사용은 일반적으로 규범적인 의미를 가진다. 즉 어떤 제도들이 정의롭지 않거나 권리를 침해한다는 비난은 그러한 제도들을 개혁하거나 전복하기 위해 우리에게 동기를 부여하는 데 사용될 수 있다.

둘째, 주어진 사회와 관련하여 우리는 내적internal인 법률적 개념들과 외적external인 법률적 개념들을 구별할 수 있다. 내적인 법률적 개념들은 적어도 부분적으로 기본적인 제도적 구조로 구현되고, 해당 사회의 구성원들의 의식을 지배하는 그러한 개념들이다. 그리하여 특정한 사회의 법률적 비판들을 검토할 때, 우리는 그러한 비판들이 호소하는 법률적 개념들이 그 사회에 내적인지 아닌지를 질문할 수 있을 것이다. 마찬가지로, 주어진 사회에서 제도적 현상들을 설명하기 위해 사용되는 법률적 개념들은 그 사회의 법률과 헌정 형태로 성문화되어 있고, 그 사회 구성원들의 정의감을 구성하는 바로 그러한 개념들이다. 그렇지 않으면 개념들은 다른 곳에서 가져올 수도 있다. 일단 이러한 차이가 인정된다면, 우리는 일련의 사회제도들에 대한 적당한 평가나 설명은 그러한 제도들에 참여하는 사람들이 사용한 법률적 개념들 속에서 형성되어야 한다고 더 이상 가정할 수 없다. 후기 프로이트적인 심리학자가 행동의 이유들에 대한 어떤 사람의 증거가 완벽하다고 가정할 수 없는 것처럼 말이다.

내가 나중에 논의하듯이, 법률적 개념들에 대한 맑스의 견해가 가진 관심이 그 법률적 관념들이 행하는 역할만큼이나 그의 사회이론에서 행하지 않는 역할에 있기 때문에 나의 전략은 간접적으로 그 주제에 접근하는 것이다. 1장에서 나는 맑스 사상의 발전에 가장 큰 영향을 미쳤고, 그의 첫 번째 체계적인 사회비판에 자료를 제공했던 헤겔 정치철학의 몇몇 요소에 대해 설명할 것이다. 나는 다음의 사실을 주장한다. 즉 헤겔의 『법철학』1은 법률적 사고와 법률적 관례의 범위와 한계 들을 확인하고자 하는 하나의 시도라는 점, 그리고 맑스의 비판이 헤겔 입장의 급진화된 후손이라는 점이다. 헤겔이 법률의 제도적·개념적 영역을 제한하고자 했던 곳에서, 맑스는 궁극적으로 그 영역을 위한 여지를 남겨 놓지 않았다.

2장에서 나는 맑스의 기본적인 평가적 관점을 명확히 표명한다. 이것은 맑스가 자본주의에 대한 자신의 급진적 비판들을 착수했음을 보여주는 관점이고, 공산주의의 출현이 단지 변화가 아니라 진보라는 그의 판단에 근거가 되는 바로 그 관점이다. 그래서 두 가지 주요한 결론들이 나온다. 첫째, 맑스의 기본적인 평가적 관점의 일관성은 인간 본성에 대한 그의 초기의 규범적 개념에 의존하는 것이 아니라, 그의 유물론적 의식이론의 적절성에 의존한다는 점이다. 둘째, 그의 평가적 관점은 위에서 설명한 의미에서 본질적으로 비법률적이고 외적이라는 점이다.

3장은 맑스의 착취론을 분석한다. 그리고 다양하고 널리 퍼져 있지만 견고하지 못한 몇몇 비판에 대해 이 이론을 옹호하며, 착취론과 소외에 대한 맑스의 설명과 앞 장에서 검토된 기본적인 평가적 관점 사이의 연관성을 개진한다. 나는 맑스의 비평가들과 그의 옹호자들이 착취에 대한 맑스의 이론의 복잡성을 이해하지 못했다고 주장한다. 왜냐하면, 그들은 전적으로 임금노동에서의 맑스의 착취론에 관심을 집중함으로써 자본주의에서 존재하는 다른 착취관계들을 무시했고, 착취와 소외 사이의 연관성을 전개시키지 못했기 때문이다. 이 장에서 대부분의 자료들은 초기 논문, 「착취, 소외, 그리고 부정의」[2]에서 상황에 맞게 수정되었다.

4장 「정의와 권리에 대한 맑스주의 비판」은 같은 제목의 출판 예정인 긴 논문[3]을 상당히 확장한 수정판이다. 이 장은 위에서 설명한 차이점들을 전개시킨다. 맑스에게 법률적 개념들은 주요한 설명적 역할도, 주요한 비판적 역할도 행하지 않는다. 그리고 이 장은 자본주의에 대한 맑스의 가장 근본적인 비판들이 비법률적이며 외적이라는 하나의 관점을 전제하는 2장의 결론을 강화한다. 또한, 흄과 다른 이들이 '정의의 여건'circumstances of justice이라고 부르는 것 속에서 갈등의 원천이 무엇이라고 맑스가 생각하는지를 이해할 때만 법률적 이론과 실천에 대한 맑스 비판의 급진적 특징이 충분히 인식될 수 있다고 주장할 것이다.

5장은 혁명적 동기 부여에 관한 맑스의 이론을 탐구한다. 나는 다음의 사실을 주장한다. 성공적인 프롤레타리아 혁명의 동기 부여적 근원들의 비법률적 이론을 구성하고자 하는 맑스의 시도는 심각하게 결함이 있다는 점, 그리고 맑스 사회이론의 어떤 핵심적인 특징들이 그 이론의 결점들을 바로잡는 데 장애물이 될 수도 있다는 점이다. 이 장의 자료는 내 논문 「혁명적 동기와 합리성」[4]에서 가져와 개작하였다.

6장에서 나는 우선적으로 내가 생각하기에 가장 유효한 정의론인 존 롤스의 이론을 소개한다. 그런 다음 나는 정의론에 대한 가장 진지한 맑스주의적 반대들을 검토한다. 이 전략의 기저에는, 법률적 개념들에 대한 맑스의 비판을 평가하는 하나의 방식이 법률적 이론화의 하나의 인상적인 사례와 대비하여 맑스의 비판의 유효성을 시험하는 것이라는 가정이 있다. 롤스 이론의 요약은 부분적으로 내 논문, 「롤스의 정의론 개괄」Rawls' Theory of Justice ; An Introduction 5에 기반을 두고 있다. 상당한 분량이 두 가지 이유로 롤스 이론의 주요한 요소들을 설명하는 데 충당된다. 첫째, 그 이론은 대단히 복잡하다. 둘째, 롤스에 대한 많은 맑스주의 비판들은 적어도 부분적으로 오해들에 그 기반을 두었다. 롤스 체계에 대한 나의 해설은 상당히 흥미로울 것이다. 왜냐하면, 그것은 『정의론』에 기반을 두고 있을 뿐만 아니라 그 책이 출간된 이후로 롤스가 작성했던 출간된 글과 출간되지 않은 글들에 기반을 두고 있기 때문이다. 이 장에서 나의 목적은 상대적으로 간단한 나침반 속에서 롤스 이론의 가장 유용한 설명과 롤스에 대한 맑스주의적 반대에 대해 가장 포괄적이고 유용한 검토를 하는 데 있다. 롤스에 대한 맑스주의의 이러한 반대들을 검토함으로써 두 이론들의 장점과 결점이 더 분명해진다.

마지막 7장은 맑스의 견해들에 대한 평가를 계속한다. 나는 다음의 사실을 주장한다. 맑스의 가장 도발적이고 독창적인 견해 가운데 몇 가지는 대인관계에 관련된 갈등과 법률적 개념들이 행할지도 모르는 역할의 원천들의 부적절한 이해에 기반을 두고 있다는 점, 그리고 그 견해들은 맑스가 제공하지 않았던 민주사회적 조정에 대한 하나의 이론의 성공을 상정한다는 점이다. 그럼에도 나는 다음의 결론을 내린다. 맑스 사상은 전통적인 현대 정치철학의 두 교의에 대한 가장 체계적이고 골치 아픈 도전을 제공해 준다. 그 두 교의는 정의가 사회제도들의 제1의 덕목이라는 명제와 권리소유자로서 사람들에 대한 존중은 개인의 제1의 덕목이라는 명제이다.

재구성을 개진함에 있어 나는 텍스트에서 떨어져 그의 말들을 해석하는 위험들을 감소시키려는 노력으로 맑스를 자주 그리고 때때로 상당히 길게 인용했다. 번역에 대한 나의 선택은 각각의 경우에 정확성과 유효성이라는 기준에 기반을 두었다. 번역에 따라 본질적인 문제가 논쟁에 휘말리게 될 수도 있는, 상대적으로 적은 사례들에서는 나는 내 자신이 번역을 했고 맑스-엥겔스 전집MEW(동베를린)에서 가져온 독일어를 제시했다.

나는 신중함과 지적 정직성에 따라, 내가 여기에서 제출하고 평가하는 것은, 법률적 개념과 법률적 제도에 관한 맑스 사유의 **재구성**임을 강조하고자 한다. 맑스는 30년 넘게 글을 썼다. 그리고 그는 출간된 원고와 출간되지 않은 원고, 편지, 상당히 넓은 범위의 주제의 비망록을 광범하고 정돈하지 않은 채로 나열하여 작성했다. 이것들은 또한 가까스로 글을 읽을 수 있는 노동자에서부터 학문적인 경제학자들에 이르는 다양한 청중을 겨냥했다. 그는 국가나 법률이론과 관례practice에 대한 체계적인 논문을 쓰지 않았다. 나는, 나의 재구성이, 그 주제와 관련이 있는 가장 중요한 구절들을 설명하는 가장 좋은 작업이라고 믿는다. 그리고 나는, 내가 제시한 텍스트적 증거가 종종 간접적인 것이라는 점, 그리고 그것의 비중이 각각의 문제에 결정적이기보다는 오히려 누적적이라는 점을 잘 알고 있다. 이런 이유로 나는 특정한 견해를 맑스의 견해보다 **맑스주의자의** 견해로서 자주 언급했다. 그럼으로써 나는 맑스가 실제로 말했던 것뿐만 아니라 그가 실제로 말했던 것으로부터 일관되게 전개될 수 있는 가장 흥미로운 생각들에 관심이 있다는 점을 알렸다.

나는 나의 지침guiding thread으로서 법률적 개념과 제도 들에 대한 맑스의 비판을 택했지만, 이 책이 정의와 권리이론에 특별한 관심을 가지고 있지 않은 사람들에게도 유익할 것이라고 믿는다. 왜냐하면, 맑스의 혁명론, 자본주의에서의 소외와 착취 분석, 그리고 의식이론을 적절하게 이해하고 평가하는 것은, 우리가 법률적 사상과 관례에 관한 맑스의 비판이 전체로서의 그의 사회이론에서 하는 역할을 이해할 때, 비로소 가능해지기 때문이다.

1장
헤겔철학적인 뿌리

I

사회철학에서 맑스가 행한 첫 번째 체계적인 작업은 헤겔 국가론 비판이었다. 이 비판으로부터 그는 국가 자체에 대한 비판을 진척시켰다. 맑스의 국가비판은 국가가 의존하고 있는 사회조직형태의 체계적인 연구로 나아갔다. 그래서 전체로서 맑스의 사회철학과 특수하게는 법률적 개념들에 대한 그의 입장을 이해하기 위해 우리는 『법철학』에 나타난 헤겔 국가론에서 시작해야 한다. 하지만 이 『법철학』 연구는 따로 분리해서는 완전하게 이해될 수 없다. 『법철학』에서 전개된 국가론은 헤겔의 역사철학에 들어 있고, 그래서 맑스가 행한 가장 신랄한 헤겔 비판들이 궁극적으로 착수된 것은 바로 대안적인 역사철학의 관점에서이다.

전체로서 헤겔 역사철학의 간단한 요약조차도 여기서는 불가능할 것이다.[1] 우리의 목적을 위해서는 헤겔의 중심적인 테제 가운데 두 가지 명제의 기본적 이해와 서로에 대한 이들의 관계만으로도 충분하다.

1) 역사의 목적은 완전하게 발전된 자유 개념의 실현(구체화, 대상화)을 통한, 정신Spirit의, 자유에 대한 의식이다.
2) (근대) 국가는 완전하게 발전한 자유 개념의 실현이다. 국가는 주관적·객관적 자유의 종합synthesis이다.

역사를 보는 관점이 완전하게 세속화된 사람들에게 첫 번째 명제는 최악의 경우에는 환상적이고 기껏해야 평가가 불가능한 것처럼 보일 것이다. 하지만 헤겔의 추종자는 역사에서 펼쳐지는 신의 섭리에 대한 유대교와 기독교의 견해에 의해 양육되었다. 그리하여 헤겔 ― 그는 종종 신으로서의 정신을 언급한다 ― 은 세계사를 인도하는 힘으로서의 정신에 대한 그의 견해를 유대교와 기독교 개념과 연결시킴으로써 그의 첫 번째 테제를 표현할 수 있었다. 사실상 헤겔은 자신의 정신 개념이 합리적인 형태를 띤 전통적인 신 개념이라고 믿고 있다. 그는 또한 두 가지 현저한 차이를 강조한다. 첫째, 신의 섭리에 대한 전통적인 유대교와 기독교 이념에 따르면, 신의 길들은 대부분 우리에게 불가사의하고 항상 그렇게 남아 있을 것이다. 때때로 신은 모세Moses와 같은 선택된 인간들에게 역사의 여정에 대한 어떠한 부분을 어렴풋이 알아채게 허용할지언정, 역사의 여정을 공표하지는 않는다. 이와는 대조적으로 헤겔이 생각하기에 신의 계획은 전적으로 이해할 수 있는 것이다. 역사의 일정한 단계 ― 근대국민국가가 등장하는 단계 ― 에서 그리고 이 단계와 병행하여 헤겔 체계의 사변적인 사상의 정점에서 역사의 정신의 계획이 드러난다. 둘째, 신의 섭리에 대한 전통적인 유대교와 기독교 개념에 따르면, 신은 자의식적으로 행위한다. 신은 자신이 역사에서 무엇을 행하고 있는지를 알며, 처음부터 무엇을 하고 있는지를 안다. 헤겔의 신은 그렇지 않다. "세계의 통치자"sovereign of the world는 역사과정에 걸쳐 그것의 목적이나 활동을 의식하지 못한다. 즉 세계는 그 과정의 정점에서 자기의식을 획득할 뿐이다.

헤겔은 역사의 목적과 그 목적 달성의 과정이 인간에게 (혹은 적어도 사변적 철학자에게) 완전하게 이해될 수 있다고 믿었다. 하지만 그는 인간이 의도적으로 그 과정에 참여하기 위해 이 지식을 활용할 수 있다는 점을 부인한다. 헤겔에 따르면, 인간은 정신의 목적 실현에 참여한다. 그러나 이들은 대부분 이기적이고 근시안적인 목적을 추구하는 과정에서 사적인 열정에 의해 자신들도 알지 못하는 사이에 기꺼이 그렇게 한다.

세계 속에서 자유가 그 자신을 발전시키는 수단에 관한 문제는 우리를 역사 자체의 현상으로 안내한다. 자유는 우선적으로 발전되지 않은 이념이지만, 자유가 사용하는 수단들은 외적이며 현상적이다. 그리고 이 수단들은 그들 자신을 역사 속에서 우리들의 감각적인 시각으로 표현한다. 우리는 역사에 대한 일별을 통해 다음의 사실을 확신한다. 인간의 행동은 그들의 욕구, 열정, 성격 그리고 재능으로부터 일어난다는 점을. 그리고 이일별로 인해 우리에게 다음과 같은 믿음이 새겨진다. 그러한 욕구, 열정 그리고 이해관계들은 행동의 유일한 원천 — 이러한 활동무대에서 효율적인 행위자 — 이라는 점이.[2]

역사의 정점인 사회정치적 조직형태에서 존재하는 사변적 철학자조차도 사후에*ex post facto* 세계 속의 정신의 길을 설명할 수 있을 뿐이다. 그는 이성이 추구하는 목표 달성에 기여하기 위해 역사에 대한 자신의 지식을 이용할 수 없으며, 또한 그는 다른 사람들에게 그렇게 하는 방법을 가르칠 수도 없다. 철학자의 임무는 정신의 업무에 있어 인간에게 계획적인 동반자의 역할을 준비하게 하는 데 있는 것이 아니라 인간에게 정신의 길들을 설명하고 정당화하는 데 있다. 헤겔은 그러한 정당화가 필요한 이유에 대해 다음과 같이 확신하고 있다.

> 우리가 열정의 과시, 이 열정의 격렬함의 결과들, 그리고 단지 이 열정들과 연관이 있는 것이 아니라 (오히려 우리는 특별히라고 말할지도 모른다) 좋은 계획과 정당한 목적와 연관된 부조리를 볼 때, 우리가 악, 악덕, 그리고 인간의 마음이 여태까지 만들었던 가장 번성한 왕국들에 닥쳤던 멸망을 볼 때, 우리는 이러한 일반적인 타락의 흔적에서 깊은 비탄에 잠긴다.… 수사학적 과장이 없이도, 국가와 정치의 가장 고귀한 것과 사적인 미덕의 가장 훌륭한 본보기들을 쳐부수어 버렸던 비참함들을 그저 사실적으로 결합만 해도 가장 공포스러운 양상이 묘사된다….[3]

그리하여 헤겔의 역사철학은 신정론theodicy인 것이다. 즉 그의 역사철학은 세상에 존재하는 명백한 불합리성과 파괴를 이성이 역사를 지배하는 창조적인 힘이라는 명제와 조화시키려는 시도이다.

헤겔처럼 맑스도 일정한 역사적 시기에 인간은 역사과정을 이해할 수 있고 변화의 방향을 확인할 수 있다고 믿었다. 그러나 헤겔과는 다르게 맑스는 이 지식이 인간들로 하여금 자신도 모르는 참여자의 역할을 벗어던지고 역사적 변화의 의식적인 행위자가 되게 할 것이라고 믿었다.

헤겔이 『법철학』에서 서술하고 있듯이, 그에 따르면 근대국민국가에 선행하는 다양한 형태의 사회정치적 조직은 이 조직의 제도 안에서, 특히 법률적 제도 안에서 부분적, 제한적 혹은 "추상적" 자유 개념을 구체화하며, 각각의 제도 안에는 이에 상응하는 제한적인 자유의 의식이 존재한다.

> 동양인들은 정신 ― 인간 그 자체 ― 이 자유롭다는 지식을 얻지 못했다. 그리고 이들은 이것을 알지 못하기 때문에 자유롭지 못하다. 이들은 한 사람이 자유롭다는 점만을 알 뿐이다. 자유에 대한 의식은 그리스인들 사이에서 처음으로 발생했고, 그래서 이들은 자유로웠다. 그러나 이들과 로마인도 ― 인간 그 자체가 아니라 ― 몇몇 사람이 자유로웠다는 점만을 알았을 뿐이다. … 기독교의 영향 밑에서 독일 민족은 인간으로서 인간이 자유롭다는 의식, 즉 인간의 본질을 구성하는 것은 바로 정신의 자유라는 의식을 획득한 첫 번째 민족이었다.[4]

『법철학』에서 헤겔은 근대국가를 구성하고 있는 제도들의 복잡한 배치에 대해 설명한다. 그리고 그는 이 제도들이 완전하게 발전된 자유 개념을 구체화하는 방법을 설명한다. 완전하게 발전된 자유 개념의 두 개의 주요한 요소들은 (1) 주관적 자유 개념과 (2) 객관적 자유개념이다.

주관적 자유개념과 객관적 자유개념에 관한 헤겔의 분석은 그가 생각하고 있는 대로의 국가만이 시민사회의 문제들에 적절하게 대응할 수 있다는 점을 보여주는 그의 시도에서 가장 분명하게 나타난다. 달리 표현하면 『법철학』에서 헤겔의 과제는 국가가 시민사회의 문제들에 어떻게 대처할 수 있는가, 더욱이 주관적 자유와 객관적 자유, 이 양자에게 적절한 범위가 주어지는 방식으로 어떻게 대처할 수 있는지를 보여주는 데 있다.

주관적 자유와 객관적 자유 간의 헤겔의 구별은 간접적으로 두 개의 연관이 있는 구별들의 재구성을 통해 가장 잘 접근해 볼 수 있다. 인륜성Sittlichkeit(관습적인 윤리적 생활)과 도덕성Moralität(자발적인 도덕)의 구별과 객관적 의지와 주관적 의지 간의 구별이 바로 그것이다.

헤겔은 "도덕성"이라는 용어를 개인이 도덕적으로 무엇을 해야 하는지 혹은 무엇이 도덕적으로 옳거나 나쁘거나 한지를 개인이 결정하는 방법에 대한 하나의 패러다임을 언급하기 위해 사용한다.[5] 이 패러다임에 따르면, 개인은 대안들을 숙고한 다음 그 자신의 도덕적 판단에 의존해야 하며, 그 자신의 양심에 따라야만 한다. 헤겔은 사람들이 도덕적으로 무엇을 해야 하는지에 대한 결정 방법은 **추상적**이며 형식적이라는 점을 강조하고 있는데, 그것은 결정 방법에 구체적이고 실제적인 것이 전혀 없다는 의미에서이다. 결정 방법은 도덕적 행위의 내용에 관해 어떤 점도 말해주지 않는다. 사람이 해야 하는 것이 무엇인지에 관해서도 어떤 것도 알려주지 않는다. 즉 남겨진 것은 하나의 절차이다. 이 절차에 따라 사람들은 해야 하는 일이 무엇이든 결정해야 한다. 더욱이 해당 절차는 본질적으로 개인주의적이다. 이것은 사회적 맥락으로부터 추상화된 자립적인 개인의 행위이다. 헤겔은 칸트를 뛰어난 도덕철학자로 규정한다. 그러나 그는 가장 기본적인 도덕적 개념들조차도 그것들이 특별한 제도적 장치로 배열되지 않는다면, 실제적인 내용을 가지지 못한다는 사실을 이해하지 못했다는 이유로 칸트를 비판한다.[6]

이와는 대조적으로 헤겔은 "인륜성"이라는 단어를 패러다임을 언급하기 위해 사용하고 있다. 이 패러다임에 따르면 도덕적 행위자는 추상적 개인이 아니라 제도, 관습, 법률의 틀 안에서 존재하는 본질적으로 사회적인 존재다. 게다가 이 도덕적 행위자는 완전히 사회화된 존재로 간주된다. 즉 이 도덕적 행위자는 그가 속한 사회의 다양한 행동규범과 기준들을 내면화했다. 그리하여 인륜성의 패러다임에 따르면, 그러한 개인은 자신이 도덕적으로 무엇을 해야 하는지를 결정할 때, 이러한 사회적 가치들에 의존한다. 인륜성을 가진 개인으로서는 사람들이 도덕적으로 무엇을 하는가를 결정하는 것이 독특하게 의식적으로 원칙을 결정하거나 대안적인 행동과정을 숙고하는 문제는 아니다.

잘못된 해석을 막는 것이 중요하다. 헤겔에게는 인륜성을 가진 개인도 도덕성을 가진 개인도 현실 세계에서 발견되지 않는다. 이들은 이념형이다. 하지만 존재하는 인간들은 보다 큰 정도로나 보다 적은 정도로 이 행위양식에 가까워질 수 있을 것이다. 헤겔은 이 이상형 개념들을 분리시킨다. 왜냐하면 그는 이 개념들 각각이 도덕적 생활에 관한 본질적인 어떤 것을 파악한다고 믿기 때문이다. 게다가 그는 인륜성과 도덕성 간의 선택을 제안하지 않는다. 왜냐하면 각각은 그 자체로는 불완전하기 때문이다. 그럼에도 그가 비판의 대부분을 도덕성에 쏟고 있으며, 두 개의 이상Ideal들이 변증법적 종합을 통해 변형되고 조화롭게 통합될 수 있다는 그의 주장은 결코 설득력이 없다고 말하는 것이 공정한 것처럼 보인다.7

인륜성과 도덕성 사이의 구별은 객관적 의지willing와 주관적 의지 사이에 존재하는 더 광범한 대비 가운데 특수한 경우로 이해될 수 있다.8 헤겔은 후자의 구별을 단지 한 개인이 그가 **도덕적으로 해야** 하는 것이라기보다는, 그가 일반적으로 하는 것을 결정하는 방법에 대한 두 가지 반대되는 패러다임을 대비하기 위해 사용하고 있다. 달리 표현하면, 주관적 의지와 객관적 의지 사이의 대비는 어떤 사람의 특징적인 도덕적 행위를 결정하는 두 가지 방법들 간의 차이로 국한되지 않는다. 우리는 종종 그 어떤 도덕적 쟁점들이 문제가 되지 않고 도덕적 결정을 할 필요가 없는 곳에서 행위한다.

한 개인person이 해야 하는 (혹은 가장 잘 행하게 되는) 것에 대한 한 개인의 결정양식은 주관적 의지의 한 실례이다. 만약에 그 개인의 행위가 좋고 나쁜 것 등에 대한 그 자신의 반성적인 고려에 의해 다소간 결정된다고 한다면 말이다. 가장 간단히 말해, 주관적 의지는 한 개인 자신의 독립적인 가치와 우선순위에 따라 그 자신의 이유를 들어 스스로 결정하는 문제이다. 그리하여 도덕과 같은 특별한 경우에서처럼 주관적 의지는 개인주의적이며, 반성적reflective이고 순전히 형식적이다. 즉 한 개인의 행위가 주관적 의지를 통해 결정된다고 말하는 것은 행위의 내용에 관해서는 그 어떤 것도 말하지 않는 셈이다.

이와는 대조적으로 객관적 의지willing는 사회적이며, 비반성적이고 내용을 담고 있다. 객관적 의지는 세 가지 연관된 의미에서 객관적이다.

a) 객관적 의지는 적절한 대상object을 포함한다. 즉 어떤 사람이 객관적으로 의도할 때, 이 사람이 정말로 하려고 결정하는 것은 그저 그가 올바른 것이거나 좋은 것이라고 생각해서가 아니라 실제로 올바른 것이거나 좋은 것이다.[9]

b) 사람의 의지willing는 개인의 주관과는 상관없이 존재하는 대상화된, 예를 들어 사회제도 속에 구체화된 원칙이나 기준 혹은 가치들에 의해 결정된다.

c) "의지는 대상 속에 동화된다. 예를 들면, 어린아이의 의지처럼."[10]

요점 (b)는 이미 설명했다. 그러나 어떤 의미에서 의지는 어린아이의 의지처럼 대상화된(즉 제도적으로 구체화된) 원칙이나 가치들에 의해 결정되는가? 분명히 헤겔은 완전하게 내면화된 사회규칙에 의해 결정된 의지는 놀이라는 대상 속에 동화된 어린아이의 즉각적이고 비반성적인 행위와 유사하다는 의미로 말한다. 그것이 아니면 그는 규칙이 이미 내면화되었던 한 개인의 발전단계를 지칭할지도 모른다. 하지만 이 단계에서 행위자는 규칙들에 대해 비판적 검토를 가능하게 하기 위해 그 자신을 아직 그 규칙으로부터 분리시키지 않았다. 몇 가지 점에서 전자의 유추는 특별히 유익하다. 놀이를 하고 있는 어린아이가 그의 행위와 그가 반응하고 있는 환경 사이의 "거리감"을 경험하지 못하는 것과 마찬가지로, 객관적 의지를 행하고 있는 개인은 관련된 사회규범을 그 자신의 의지를 지켜보고 반대하는 어떤 것으로 간주하지 않는다.

객관적 의지가 제도적으로 대상화된 원칙이나 가치에 의해 결정되는 의지라는 이념인 (b)와 적절한 대상을 가진다는 의미에서 대상적objective이라는 주장인 (a) 사이의 관계는 더 복잡하다. 아주 단순화하여 우리는 이렇게 말할 수 있다. 다른 보수주의자들과 같이 헤겔은 사회제도들(그리고 이 제도들이 구체화하는 원칙과 가치)은 개인의 독립적인 판단에 의해 획득될 수 있는 어떤 것보다 훨씬 더 풍부한 합리성의 보고라고 생각한다. 비록 그가 어떤 제도의 단순한 존재가 합리적 비판을 넘어선다는 점을 확립하지는 못한다고 강조하고 있기는 하지만 말이다. 헤겔은 바로 이 일반적인 주장을 다른 논의 수준에서 다양한 방법으로 옹호하고 있다. 실천적인 경험적 관찰 수준으로 불릴 수도 있는 것을 토대로 그는 주관적 의지의 과도함을 지적하고 있다. 그리고 그에게 사회적으로 만들어진 원칙과 가치 들은 공정하고 사려가 깊다는 의미에서 일반적으로 더 객관적이다. 존재론적 수준에서 그는 종종 반복되지만 좀처럼 이해할 수 없는 명제, 즉 현실적인 것이 합리적이라는 테제를 전개하고 있다. 그리고 그는 제도적으로 구체화된 원칙과 가치 들이 특정한 주체의 덧없는 의식 속에서만 존재하는 원칙과 가치보다 더 현실적이고, 더 실질적이거나 혹은 더 높은 정도의 현실성reality을 가진다고 결론짓는다. 인식론적 수준에서 헤겔은 개인의 마음이 아닌 공동체가 실제적인 지식을 포함하여 지식의 궁극적인 주제라는 아주 일반적인 반데카르트적인 견해를 제기한다.

이제 우리는 헤겔의 주관적 자유와 객관적 자유 간의 차이를 이해하고, 그가 기술하고 있듯이 근대국민국가가 주관적 자유와 객관적 자유를 통합하고 있다는 그의 명제를 설명할 수 있다. 주관적 자유는 주관적 의지를 통해 행동하는 자유이다. 이 자유는 사회 규범이나 관습적인 가치들에 의해 어떤 사람의 행동의 내용이 결정되게 하지 않고, 그 자신의 이유를 들어 무엇을 할 것인가를 그 자신이 결정할 수 있는 자유이다. 결과라는 관점에서 볼 때, 주관적 자유는 자신의 실제적인 판단에 대해 보상받을 자유이다. 하지만 이 자유는 또한 위험을 감수하고 실수할 수 있는 그러한 자유이다.

객관적 자유는 사람들이 객관적 의지willing를 통해 행동할 때, 사람들이 가지는 자유이다. 그러나 그것은 어떤 종류의 자유인가? 헤겔이 볼 때, 그의 행위가 객관적인 의지를 통해 결정되는 사람(그의 행위가 객관적으로 의지하는 것에 의하여 결정되는 사람)은 여러 가지 의미에서 자유롭다. 객관적 의지는 특징적으로 적절한 대상을 가진 의지이고, 진정으로 좋거나 옳은 것이기 때문에 사람들은 그 자신의 무지, 비합리적 충동과 근시안적인 것이 초래하는 해로운 결과들에서 벗어난다. 따라서 사람이 자신의 잘못된 판단에 의존하거나 정말로 좋거나 옳은 일을 하지 못했다면, 그때 그가 책임을 지게 될 후회로부터 벗어난다. 마지막으로 놀이에 빠진 어린아이처럼 사람들은 의심, 자율성이라는 짐, 그리고 자신의 행동 원칙에 대한 책임을 홀로 떠안는 불안에서 벗어난다.[11]

일단 우리가 헤겔에게 객관적 의지가 이러한 의미에서 자유를 수반하고 있다는 점을 이해한다면, 사람들이 자유로울 수 – 객관적으로 자유로울 수 – 있다는 점이 분명하다. 설령 독립적인 실천적 판단을 하고, 일반적으로 자율적인 생활을 영위할 사람들의 기회가 심하게 감소된다 할지라도 말이다. 사실 주관적 의지에 대한 설명을 통해 헤겔은 자유롭게 되기 위해 강제당할 수 있다는 루소의 생각을 잘 이해할 수 있었다. 왜냐하면 우리는 제도적으로 구체화된 규범에 부합하여 행동하도록 그리고 자율성의 짐을 포기하도록 강제당할 수 있으며, 심지어 강제적으로 이 대상화된 규범들을 내면화하도록 세뇌당할 수 있기 때문이다.[12]

헤겔은 주관적 자유에 대한 민주주의 이론가의 강박관념은 도덕성에 대한 칸트주의적인 집착이 도덕적 생활에 대해 왜곡된 개념을 초래한 것과 마찬가지로 국가에 대해 왜곡된 견해를 초래한다고 주장한다. 주관적 자유가 다소 적당한 한계 안에서 유지되지 않는다고 한다면, 헤겔이 주장하듯이 진정한 국가란 있을 수 없다. 즉 각자가 단지 그가 독립적으로 옳거나 좋다고 판단한 것만을 행하는 상황은 무정부 상태이다. 다른 한편 주관적 자유를 허용하지 않거나 아주 적게 허용하는 국가 역시 감내하기 어렵다.

어떻게 근대국민국가가 주관적 자유와 객관적 자유를 종합하는 것으로 가정되는지를 이해하기 위해 우리는 헤겔의 시민사회 개념과 그 사회생활 형태의 독특한 문제들에 대한 그의 분석을 이해해야 한다.

II

헤겔은 "시민사회"civil society, bürgerliche Gesellschaft라는 표현을 16세기와 17세기에 서유럽에서 출현하기 시작했고, 맑스가 나중에 부르주아 사회 혹은 단순히 자본주의라고 부르게 될 확장되고 있는 탈봉건적 시장사회를 나타내기 위해 다소 기술적인 의미로 사용한다. 헤겔이 생각하고 있듯이 시민사회는 다음과 같은 특징들을 지닌다. (a) 사적 소유와 시장이라는 제도에 기반하고 있는 경쟁적·이기적 상호작용("만인의 만인에 대한 전쟁")13, (b) 제조업의 기술적·조직적 발전의 가속화14, (c) 도시와 농촌

생활의 심화되는 분할과 함께 증대하는 도시화[15], (d) 계급 분할, 극도의 빈곤과 공존하는 극도의 부유함, 그리고 물질적·문화적·영속적으로 빈곤화되는 "하층계급"의 창출[16], 그리고 (e) 증가하는 사람과 국가의 상호의존성의 증대와 병행하여 세계시장의 급속한 발전[17]. 헤겔은 첫 번째 특징을 강조한다. 즉 시민사회에서 개인들은 공동(혹은 일반적) 이익에 대한 어떤 개념보다는 오히려 그들 자신의 특수하고도 제한적인 이익을 바탕으로 행동한다. 그리고 이들은 서로를 도구적으로, 즉 그들 자신의 사적 목적을 위한 단순한 수단으로 취급한다.

헤겔이 보기에 시민사회는 주관적 자유가 지배하는 영역이다. 개인들은 그들 자신의 판단에 의존하며, 그들 자신의 위험을 감수하며, 그들 자신이 잘못을 저지르고 이에 대해 그들 자신이 대가를 지불한다. 이들은 다른 사람들의 선에 대한 관심으로 인해 제약받지 않는다.

헤겔은 법률제도가 보장하고 있는 시민사회의 주관적 자유의 연관이 있는 두 가지 양상들을 강조한다. 이 두 양상은 바로 사유재산권과 직업 선택권이다. 그는 사유재산이 개성의 발전을 위해 필요한 것이라는 그의 도발적이기는 하지만 설득력이 없는 논의에서 전자를 역설하고 있다. 또한 그는 직업이 세습이나 지배자의 명령에 의해 결정되는 사회가 좋은 사회라는 플라톤의 비전을 비판할 때 후자를 역설한다.[18]

『법철학』 서문에서 헤겔은 이렇게 말한다. 대상을 단순한 대상으로 인식하는 것은 우리 자신들을 사람으로서 — 단순한

대상이라기보다는 주체로 - 의식하는 데 필요조건이다.[19] 대상을
단순한 대상으로 인식하는 것은 우리로 하여금 사물이 자유롭
지 않다는 것을 통해 우리가 자유롭다는 사실을 이해하게 한
다. 헤겔에게 사람이 된다는 것은 자신의 자유에 대한 의식을
필요로 하며, 어떤 사람의 자유에 대한 의식은 단순한 사물과
의 반성적인 대면을 통해 일어나기 때문에 대상들에 대한 우리
의 접근조건과 접근양식들이 중요한 철학적 쟁점이 된다. 맑스
가 나중에 이에 대해 적고 있는 것처럼 말이다. 즉 자연과 인간
의 신진대사, 즉 생활의 소재들과의 인간의 상호작용은 연구의
중심적인 주제가 된다.

　　후에 『법철학』에서 헤겔은 단순한 대상으로서의 대상에 대
한 인식을 통해 우리의 자유에 대한 의식은 노동 활동에서 특
히 강력하고 선명하게 나타난다는 점을 시사하고 있다. 우리 노
동의 대상은 대상화, 즉 우리의 자유롭고 창조적인 힘에 대한
구체적인 증거물이 된다. 이러한 의미에서 대상에 대해 노동할
필요는 인류에 대한 저주로 비탄해할 것이 아니라 개성의 발전
을 위한 기회로서 환영받게 된다.

　　인간의 필요가 자연의 단순한 필요로 알려진 것에 한정된 것으
　　로 여겨지고 그것을 만족시키기 위하여 자연의 우연이 직접적
　　으로 인간에게 보장하는 수단만을 인간이 필요로 할 때, 인간
　　은 소위 "자연상태"에서 인간의 필요라는 관점에서 자유롭게
　　살았다는 생각이 개진되었다. 이러한 견해는 노동에 본질적인

해방의 계기를 설명하지 못한다. … 그리고 이러한 사실과는 별도로 이것은 잘못된 생각이다. 왜냐하면, 단순한 육체적인 욕구와 그런 것에 한정되는 것, 그리고 그것을 직접적으로 충족시키는 일은 정신적인 것이 자연적인 것에 매몰되어 있는 상태이며, 그래서 노예와 부자유의 상태일 것이기 때문이다. 반면에 자유 그 자체는 마음 그 자체에로의 반영, 마음과 자연의 구별, 그리고 자연으로의 마음의 반사작용에서만 찾을 수 있다.[20]

지금까지 개성의 발전에서 사유재산권이 하는 역할에 관해서는 아무런 언급이 없었다. 그러나 헤겔은 대상들에 대한 단순한 인식과 심지어 우리가 노동을 통해 만들고 변형했던 대상들에 대한 인식이 우리의 자유에 대한 적절한 의식을 위해 충분하지 않으며, 또한 개성의 완전한 발전을 위해서도 충분하지 않다는 점을 논의하고 있다. 그가 생각하기에 요구되는 것은 **전적으로 나의 것인** 몇몇 대상들이 있다는 점이다. 그리고 다른 사람들은 그런 대상들을 인식한다. 사유재산권은

자유가 직접적인 방식으로 그 자신에게 부여해 주는 직접적인 구현이다. … 왜냐하면, 한 개인은 그 자신을 자신으로부터 구별함으로써 그 자신을 다른 사람으로부터 구별하기 때문이다. 그리고 두 사람이 서로를 위해 존재하는 것은 단지 소유자로서이기 때문이다.[21]

헤겔은 이렇게 생각한다. 한 인간으로서 자신에 대한 의식은 다른 사람들이 그 사람을 한 인간으로서 인정하고 있는 자신에 대한 인식을 요구한다. 여기에서 이것은 어떤 사람이 특정한 대상들의 소유자라는 인식형태를 취한다. 사유재산의 중요성에 관한 그의 논평은 다음의 구절에서 최고조에 이른다.

> 재산의 이론적 근거는 욕구의 만족에서가 아니라 개성의 순수한 주관성의 지양Aufhebung에서 발견된다. 재산에서 한 개인은 처음으로 이성으로 존재한다. 나의 자유가 여기에서 무엇보다도 먼저 외적인 사물 속에서 실현되며 따라서 그릇되게 실현된다 하더라도 직접성(무매개성)에서의 추상적 개성은 직접성으로 특징화된 하나의 구현물 외에는 다른 구현물을 가질 수 없다.[22]

방금 인용한 구절에서 보듯이 헤겔은 문제가 되고 있는 재산권이 사유재산권이라는 점을 항상 분명하게 말하고 있는 것은 아니다. 그러나 이 논평들의 맥락 – 사유재산에 기반을 두고 있는 그의 시민사회 분석 – 과 그가 어떤 공동 재산 형태나 사적이지 않은 재산 형태에 관여하고 있다는 어떤 암시의 부재는 그가 의미하는 것을 분명히 해 주고 있다. 하지만 헤겔이 어떤 형태의 개인 재산이 자유에 대한 의식과 개성의 발전을 위해 필요하다는 점을 보여주었다 할지라도, 이 점은 **생산수단의 사적 소유**에 대한 논의에는 미치지 못할 것이다. 헤겔은 생산수단으로서 자격을 갖지 못하는 사물이 개인적 재산권과 결합될 때, 좀 더 제한된 일련의 생산수단에 대한 사용권이나 혹은 생산수단 통제에 대한 참여권으로는 충분하지 않은 이유를 설명하지 않고 있다.[23]

헤겔이 '개인'과 '대상에 대한 노동' 간 관계를 강조하는 것에서 출발하여, 생산수단에 대한 개인의 전적인 통제가 개성의 발전에 결정적이라는 견해로 이동하는 모습은 불길하다. 맑스는 어떤 사람의 자유에 대한 의식이 개성의 발전을 위해 본질적이고, 이 의식이 대상의 자유로운 창조를 통해 달성된다는 점에 동의할 것이다. 그러나 그는 생산수단의 사적소유제도는 필연적으로 인구의 다수를 노동의 대상에 대한 자유로운 접근과 자유로운 창조활동을 위한 기회들로부터 배제함으로써 개성의 완전한 발전을 위한 기회들을 대다수의 사람에게서 박탈한다고 반박할 것이다. 게다가 우리가 4장에서 살펴보게 되듯이 맑스는 사적소유권이 공산주의에서 새로운 재산권제도에 의해 교체될 것이라고, 또 교체되어야 한다고도 주장하지 않는다.

헤겔은 시민사회가 바로 주관적 자유의 영역이기 때문에 가치 있다고 평가한다. 그러나 그는 시민사회가 초래한 악들을 주관적 자유를 행사한 필연적 결과로 이해한다.

모든 방향에서 필요, 우연적인 변덕, 그리고 주관적인 욕망을 충족시키는 무제한의 자유가 주어져서 특수성은 이러한 만족의 과정에서 그 자체를 파괴하고 특수성이 지니는 실질적인 개념을 파괴한다. 동시에 필수적이든 부수적이든 간에, 필요의 만족은 우연적인데, 그 이유는 이 필요가 무한히 새로운 욕망을 낳고, 철저하게 일시적인 기분과 외적인 우연한 사정에 달려 있기 때문이다.… 이러한 대조와 복잡성 안에서 시민사회는 그들 모두에게 공통적인 육체적·윤리적 타락뿐만 아니라 무절제와 결핍의 광경을 제공한다.[24]

주관적 자유가 초래하는 가혹한 결과들에 대한 헤겔의 분석은 풍부하고 복잡하다. 그리고 이 분석은 맑스의 자본주의 비판의 많은 중요한 요소들을 예견하고 있다. 무제한적인 개인의 자유의 행사는 심각한 경제적 불안정과 사회적 불안정을 만들어 낸다. 즉 개인들은 환상적으로 번영한다. 하지만 그런 다음 범지구적으로 되는 주기적인 경제위기(공황)로 인해 모든 것을 잃어버린다. 시장들은 도약하고 그런 다음 재빠르게 붕괴하며, 모든 직업 집단을 파멸시킨다. 자신을 과시하는 부와 압도적인 빈곤과의 병치juxtaposition는 사회조직을 갈기갈기 부수려고 위협한다. 사회는 단지 생존수단뿐만 아니라 자존심과 도덕의 근본이 없는 경쟁적인 싸움에서 영속적인 패자계급과 대면한다.[25]

헤겔은 이렇게 결론짓는다. 필요한 것은 시민사회의 악들에 대처하는 방책들이다. 즉 필요한 것은 공동선, 그가 부르기를 "보편적인 것"이 특수이익들의 충돌 속에서 상실되지 않는 것을 보장하는 어떤 방법이다. 시민사회의 "무절제들"을 "억누를" 수 있는 어떤 힘이 있어야만 한다.[26]

이 시점에서 헤겔은 결정적인 복잡한 문제에 직면한다. 즉 누가 시민사회의 파괴적인 힘들을 통제하기 위해 필요한 힘을 행사해야 하는가? 누가 보편적인 것을 확실하게 할 수 있다고 기대할 수 있는가? 즉 누가 특수이익의 압력에 의해 관심을 딴 데로 돌리지 않고, 정말로 공동선이 무엇인지를 명백하게 인지하고 효과적으로 추구할 수 있다고 기대할 수 있는가? 누가 우리를 파괴하는 주관적 자유의 행사를 제지할 것이고, 주관적 자유의 조건을 말살시키지 않으면서 그렇게 할 것인가? 시민사회의 활동적 구성원들은 이 임무를 위해서는 적절하지 못한데, 그 이유는 이들이 당연히 그들 자신의 제한된 특수한 이해관계에 빠져 있기 때문이다. 바로 이 사실이 어려운 점이다.

헤겔은 이렇게 확신하고 있다. 동일한 사람이 시민사회에서 만인에 대한 각자의 전쟁에 적극적인 참여자가 되는 동시에 공동선을 확인하고 이행할 객관성, 지식 그리고 헌신을 가진 행위자가 될 수 있다고 생각하는 것은 비현실적 - 천진난만한 - 이라는 것이다. 맑스의 표현을 빌리면, 동일한 개인이 동시에 부르주아이자 시민citoyen이 될 수 있다는 생각은 정신분열적인 공상에 불과하다. 부르주아는 항상 시민을 누르고 이길 것이다. 시장사회의 경쟁적인 투쟁 속에 집어넣어져 삶의 대부분을 보내는 사람이, 그가 정치과정에 참여하는 그러한 우발적인 상황에서 선견지명을 가진 이타적인 정치인으로 변화되지는 않는다.

이 어려움에 대한 맑스의 반응은 그 단어의 어원적 의미에서 **급진적**radical - 문제의 근원을 파헤치려는 시도 - 이다. 그는 그 어떤 사람도 시민사회의 악들을 통제할 수 없다고 주장한다. 즉 우리가 시민사회 그 자체를 제거할 때만 비로소 이 악들을 제거할 수 있다는 것이다. 부르주아로서의 인간과 시민으로서의 인간 간의 불친화성의 문제는 해결되기보다는 오히려 분해될 것이다. 시민 사회를 유지하려고 하는 모든 노력에도 불구하고 시민사회는 스스로 파괴될 것이며, 부르주아로서의 인간은 시민사회와 함께 사라질 것이다.

헤겔은 급진적인 해결책을 거부한다. 대신에 그의 응답은 시민사회를 보존하는 것이다. 동시에 시민사회의 악들을 제거하지는 못하지만 분업을 통해 억제시키면서 말이다. 우리는 동일한 사람이 시민사회의 적극적인 구성원인 동시에 공동선의 안내자가 되는 것을 기대할 수 없기 때문에, 시민사회의 이기적 압력으로부터 분리되어 있는 차별적인 시민계급을 만들어 내야 한다. 그리고 이 사람들에 대한 특별한 교육과 훈련을 통해 이들이 공동선을 그들 자신의 선으로 인식하게 해야 한다. 이러한 수호자들guardians – 헤겔의 관료 엘리트 – 은 대재산소유자에서보다는 주로 중간계급에서 채용될 것이다. 이들은 자신들의 생계를 국가가 제공하는 봉급들에 의존하기 때문에, 대부분 시장사회의 불안정성과 계략에 영향을 받지 않을 것이다.[27] 객관적인 시험제도는 이들이 필요한 지식과 숙련을 습득하는 것을 보장해 줄 것이다.[28] 관료 엘리트는 우리를 우리 자신의 비합리성과 이기심으로부터 방어해 줌으로써, 우리로 하여금 객관적 자유를 획득하게 해 줄 수 있다. 주관적 자유와 객관적 자유는 정

부가 규정한 법과 정책들의 틀 안에서 우리의 특별한 목적들을 추구할 때, 통일된다.[29]

헤겔은 시민사회가 살기 좋게 만들어지려면, 관료 엘리트의 활동들이 자유지상주의적 국가의 경찰 기능으로 제한될 수 없다고 주장한다. 계약의 실행과 절도, 사기, 물리적 상해에 대한 방어에 덧붙여 관료 엘리트가 통제하고 있는 헤겔적 국가는 다양한 복지 기능을 떠맡는다. 가장 중요하게 헤겔적 국가는 경쟁에서 진 사람들을 보살피기 위해 복지안전망을 제공함으로써 주기적인 위기(공황)로 인해 발생하는 재해를 완화시키려고 경제에 개입한다.

공적 권위에 의해 행사된 감독과 돌봄care은 개인과 사회에 의해 제공되는 개인적 목적을 획득할 보편적 가능성 간의 중간적 규정term이 되는 것을 목표로 한다. 그 규정은 가로등, 교량 건설, 생활필수품의 가격안정화, 공중위생 등을 떠맡아야 한다. 이와 관련하여 두 개의 주요한 견해들이 현재 우세하다. 하나의 견해는 모든 것에 대한 감독은 당연히 공공기관에 속한다고 주장한다. 또 다른 견해는 모든 사람들이 다른 사람들의 필요에 따라 자신의 행동을 할 것이기 때문에 공공기관은 결정할 것이 전혀 없다고 주장한다. 개인은 그가 원하는 대로 그의 생계를 위해 노동할 권리를 가지고 있다. 하지만 공중은 또한 중요한 일들이 적절하게 행해져야 한다고 주장할 권리도 가지고 있다. 이 두 가지 견해는 충족되어야 한다. 그리고 교역의 자유

는 일반적인 선을 해치지 않아야 한다.[30]

그런 다음 헤겔은 이렇게 말한다. 정부의 활동을 통해 시민사회는 "그 구성원들에게 먹을 것을 제공할 책임이 있다." 그러나 최소한의 생계비로는 충분하지 않다. 왜냐하면 "문제가 되고 있는 것은 단순히 기아가 아니기 때문이다. 고려 대상이 되는 더 큰 목적은 빈곤화된 하층계급의 형성을 막는 것이다."[31]

국가는 단지 외국무역과 특정한 중요한 상품들의 가격 고정화만을 규제해서는 안 된다. 국가는 "격변의 위험을 감소시키기" 위해 심지어 "더 큰 산업부문"에 대한 좀 더 직접적인 통제를 행하는 것이 필요할 수도 있다.[32] 다른 곳에서처럼 여기서도 헤겔의 언어는 정부활동들이 포용할 수 있는 한계 내에서 시민사회의 악들을 기껏해야 억제할 수 있을 뿐이라는 점을 말하고 있다. 국가는 경제적 불안정도 빈곤도 제거할 수 없다. 시민사회의 방종은 단지 억제될 수 있을 뿐이다.

우리는 이제 시민사회의 문제들에 대해 세 가지 전형적인 응답들을 서술할 수 있다. 그것은 (1) 급진적 응답, (2) 개선적 meliorist 응답, (3) 개혁적reformist 응답이 바로 그것이다. 급진적 응답에 따르면, 시민사회 자체를 없애지 않는 한에서 시민사회의 악들은 제거되지도, 심지어 현저하게 개선될 수도 없다. 게다가 이 상황은 유감스럽게 여겨지지도 않는다. 왜냐하면 시민사회는 어떤 방식으로든 보존할 가치가 없기 때문이다. 개선주의자는 이렇게 주장한다. 비록 시민사회를 제거하지 않고서는 시민사회의 악들이 폐지될 수는 없지만, 그 악들(혹은 적어도 가장 심각한 악들)은 시민사회 자체를 제거하지 않고도 현저하게 감소될 수 있다는 것이다. 그러나 개선주의자는 시민사회의 악들이 시민사회를 파괴하지 않고서는 폐지될 수 없다고 주장한다. 게다가 시민사회는 유지할 가치가 있다는 것이다. 개혁주의는 이렇게 주장한다. 시민사회의 악들 – 적어도 좀 더 심각한 악들 – 은 시민사회를 파괴하지 않고도 제거될 수 있다(단지 감소되는 것이 아니라)고 말이다. 그리고 개혁주의자는 시민사회의 악들이 제거되어야 한다고 주장한다.

어떤 사상가가 이러한 입장 가운데 어느 입장을 취하는가는 시민사회의 결함들이 지니고 있는 심각성에 대한 그 자신의 평가에 달려 있을 것이다. 가령 그러한 사회생활의 형태 안에서 발견되는 선에 대한 그의 평가나 아마도 가장 중요하게는 한편으로는 보존의 가능성과 다른 한편으로는 변화의 가능성에 대한 믿음이라는 평가에 달려 있을 것이다. 우리가 살펴보았듯이, 헤겔은 개선적 입장을 제안한다. 반면에 맑스는 급진적 입장을 채택한다. 헤겔은 시민사회의 유지가 가능하다고 믿었다. 그뿐만 아니라 그는 시민사회는 가치가 있다고 평가했다. 왜냐하면, 그는 시민사회가 주관적 자유에 대한 충분한 영역을 부여해 준다고 믿기 때문이다. 반면에 맑스는 시민사회의 종말이 불가피하다고 믿었을 뿐만 아니라 동시에 이 종말을 환영하고 있다. 왜냐하면, 그는 시민사회의 자유는 노예적이라고 믿기 때문이다.[33] 다음 장에서 살펴보듯이 우리가 자본주의에서의 소외에 대한 맑스의 관점과 소외되지 않은 사회에 대한 그의 관점을 검토할 때, 맑스는 부르주아와 시민 간의 대비처럼 사회를 평가하는 적절한 기준은 주관적 자유와 객관적 자유 사이의 차이를 결국에는 쓸모없게 만든다고 믿었다.

헤겔의 개선론은 시민사회에 관한 깊은 양의성ambivalence을 반영하고 있다. 한편으로 그는 애덤 스미스와 다른 고전 정치경제학자들이 선포한 시장사회의 경탄할 만한 에너지와 효율성을 인정한다. 그리고 더 중요하게는 그는 주관적 자유를 위한 시장사회의 영역을 소중하게 생각한다. 다른 한편으로 그는 시장이 홀로 설 수 없다고 믿는다. 시장은 지원을 받아야 하며, 통제되어야 하고 근본적으로 다른 제도들, 즉 국가와 가족에 의해 제한받아야 한다. 우리는 헤겔적 국가의 심장부인 관료엘리트가 시장의 조직적인 원칙들, 즉 사적 이익에 대해 의식적으로 반대하면서 어떤 식으로 구성되는지를 이미 살펴보았다. 가족의 성격에 대한 헤겔의 논의는 다른 제도들에 대한 시장의 의존성을 완전하게 설명한다.[34]

헤겔에 따르면, 시민사회는 "추상적 권리"의 영역이다. 여기서 계약을 통해 이루어지는 어떤 사람의 재산과 다른 사람의 재산을 교환하는 권리는 일반적으로 권리의 패러다임이다. 시민사회 자체에서 개인들은 단지 권리소유자로서 상호작용한다. 하지만 이들은 권리에 관한 이야기가 독특하게 논외로 되는 감정적인 상호작용의 영역인 가족으로부터 시민사회로 이끌려간다. 그리하여 헤겔은 가족관계를 계약적인 권리 모델로 동화시키려고 하는 모든 시도를 맹렬하게 거부한다. 그가 생각하기에 가족은 이해관계의 일치이며, 이 속에서 사람들은 사랑하는 마음에서 다른 사람들의 필요에 자발적으로 반응한다. 가족은 개인들의 이익이 구별될 뿐 아니라 갈등을 겪으며, 게다가 다른 사람들의 필요들에 대한 반응이 자신의 이점에 대한 계산을 통해 중재되는 영역과 대조된다.[35]

시민사회의 문제에 대처하는 반응에서 커다란 차이를 보이고 있음에도 불구하고, 맑스가 채택하여 급진화하는 헤겔의 몇몇 핵심적 주제들이 있다. 헤겔과 맑스는 둘 다 시민사회의 악들이 우연한 것이 아니라 불가피한 것이라고 믿고 있다. 이들은 사적 소유에 대한 무제한적인 권리를 거부한다. 그리고 이들은 전적으로 이기심에 의거한 상호작용을 토대로 건설된 사회는 관용적이지 않고 작동할 수 없다고 믿는다. 우리는 이미 다음을 살펴보았다. 칸트를 비판할 때 헤겔이 도덕적 개념들이 단지 특별한 제도적 맥락에서만 실천적인 의미를 가진다는 점을 강조하고 있다는 사실을 말이다. 마찬가지로 우리는 4장에서 다음과 같이 살펴볼 것이다. 맑스의 이데올로기적 비판에서 법률적 개념들을 포함하여 도덕적 개념들은 이 개념들이 특정한 제도적 기구들을 지지하거나 혹은 이 기구들에 도전하는 방식을 살펴봄으로써 비로소 적절하게 이해될 수 있다는 사실을 말이다. 그리고 헤겔과 맑스에 따르면, 자유에서 의미 있는 노력은 제도적 변화를 통해서 발생한다. 헤겔이 맑스보다 법률적 제도들의 변화에 훨씬 더 많은 역할을 지정하고 있기는 하지만 말이다.

게다가 맑스와 헤겔은 인간의 상호작용의 법률적 패러다임을 거부하고 있다. 즉 이 개념에 따르면 모든 중요한 인간관계들은 권리 소유자로서 권리소유자 사이의 상호작용으로 이해된다. 나는 다음 장들에서 다음의 사실을 보여줄 것이다. 헤겔은 합리적 사회질서가 중요하기는 하지만 제한적인 법률적 영역을 포함해야 한다는 논의에 만족하는 반면에, 맑스는 논의를 훨씬 더 진전시킨다. 맑스가 생각하기에 진정한 인간 사회는 법률적 개념과 법률제도들이 없어도 된다. 하지만 맑스의 논의는 헤겔의 논의와는 아주 다르다. 맑스는 공산주의 사회에 특징적일 비법률적 상호작용의 모델로서 가족에 의지할 수 없는데, 그 이유는 계급 분할 사회의 역사에 걸쳐 존재해 왔던 것과 같은 가족은 소외와 착취의 축도이기 때문이다.[36] 그리하여 맑스는 다른 사회주의자들이 주장했던 것처럼 조화로운 가족이 정서적으로 통합된 것이고 비이기적인 공산주의적인 인간의 삶을 예고하는 것이라고 주장할 수는 없다.

원시적인 공산주의 사회들에 대한 맑스의 논의들은 자본주의가 비법률적 사회에 의해 교체될 것이라고 하는 그의 예언에 필요한 경험적 토대를 제공해 준다고 생각할 수 있다. 하지만 우리가 부족사회들 − 맑스가 모건Morgan과 다른 사람들의 연구를 통해 알게 되었던 사회 − 이 적절하게 비법률적인 사회로 기술된다고 가정한다 할지라도, 전pre산업 사회들에 관한 그러한 정보로부터 탈자본주의 사회에 관한 어떤 유용한 것을 유추해 낼 수 있는 방법을 알기란 어려운 일이다. 한 예를 든다면, 맑스가 다음의 구절을 인정한 것과 같이, 그러한 원시사회들은 개인들의 개성과 자유를 희생하고 공동체를 달성한 것처럼 보인다. 반면에 공산주의는 개인들의 개성의 가장 풍부한 발전과 가장 완전한 형태의 자유를 허용하게 하는 것으로 상정한다.

> … 고대의 사회적 생산조직들은… 다른 사람과 자신을 묶어주는 자연적인 혈족관계에서 아직 분리되지 않은 개별적 인간의 미성숙에 기초하고 있거나 아니면 직접적인 종속관계에 기초하고 있다.[37]

자유와 개별적인 개성이 번영하도록 허용되지 않았던 비법률적·전pre산업적 사회들이 존재했다는 사실이 어떻게 자본주의가 자유를 향유하고 개별적인 개성의 완전한 발전을 촉진시키는 비법률적인 산업사회에 자리를 양보할 것이고, 할 수 있다는 가설을 그럴듯하게 한다고 간주되는지를 이해하기란 어려운 일이다. 가족의 예에 혹은 부족의 예에다가 비법률적, 비강제적인 사회협동형태로서 맑스의 공산주의 시각을 붙잡아 두려는 시도는 가망이 없다. 아마도 맑스에게 유일한 대안은 다음과 같은 사실을 보여주는 것이다. 즉 법률적 관계들을 필요하게 만드는 모든 요소는 계급 분할 사회에 특유한 것이고 계급 분할 사회와 함께 사라질 것이라고 말이다. 나는 다음 장들에서 맑스가 이러한 시도에 성공하지 못했다는 점, 그럼에도 그 기획은 극히 계몽적illuminating이라는 점을 논의할 것이다.

2장
맑스의
평가적 관점

I

    이 장의 일차적 목적은 맑스의 평가적 관점을 설명하고 검토하는 것이다. 맑스는 평가적 관점에 따라, 자본주의를 비판하고 공산주의로의 이행이 단지 인간 역사상의 변화를 나타낼 뿐 아니라 진보를 나타낸다고 판단한다.[1] 이 목적을 위해 맑스의 소외론, 공산주의에 대한 그의 비전vision, 그의 비정통적인 인간 본성에 대한 개념 그리고 그의 역사변화 이론에 대한 개요를 설명하는 것이 필요하다. 또한 맑스의 학문에서 계속되는 질문에 하나의 대답을 제안할 필요도 있다. 소외론과 인간 본성 개념이 성숙한 맑스의 유물론적 역사이론에서 하는 역할이 있다면 어떤 것일까?

    논의의 결과 내가 내린 주요 결론들은 이렇다. (1) 많은 논평자가 말했던 것과는 대조적으로 맑스는 후기 저작들에서 소외론을 계속해서 사용하고 있다. 설령 그가 인간 본성의 개념을 "유적 존재"로 분명하게 언급하지 않으며, "소원"Entfremdung, "외화"Entäusserung와 같은 단어들을 자주 사용하지 않고 있다 할지라도 말이다. (2) 중기 및 후기 저작들에서 맑스가 유적 존재 개념에 대한 어떤 해석들을 공격할 때, 그는 관념적이고, 초역사적이며, 개인주의적인 인간 본성의 개념들을 비판한다. 그러나 그가 자신이 초기에 사용한 유적 존재 개념을 전반적으로 거부했다는 점은 전혀 명백한 게 아니다. (3) 맑스는 후기 저작들에서 인간 본성 개념에 의존하고 있다. 그러나 이 개념은 『1844년 파리논고』²를 지배했던 유적 존재에 대한 부분적으로 평가적 개념과는 대조적으로 순수하게 기술적·설명적이다. (4) 나중에 출간된 저작들에서 공산주의 사회에 대한 비전은 맑스의 기본적인 평가적 관점으로서 유적 존재의 초기 개념을, 자본주의를 비판하고 역사에 진보가 있다는 판단에 대한 근거를 제시하는 것으로 대체하고 있는 것 같다. 유적 존재라는 개념에서 공산주의에 대한 비전으로의 이러한 이동은 맑스가 초기의 개념을 잘못된 것으로서 거부했다기보다는 초기의 개념이 불필요한 이론적 혼합으로 판명되었기 때문이다. 불필요한 이론적 혼합을 소외론에 부여하지는 않지만, 그것은 맑스가 거부했던 인간 본성에 대한 다른 개념과 혼동될 위험성을 안고 있다. (5) 공산주의에 대한 비전이, 필요한 평가적 역할을 하려 한다면, 맑스는 공산주의가 자본주의를 대체하거나 아니면 적어도 대체할 수 있다는 점과 동시에 공산주의가 인간의 왜곡되지 않은 욕망을 가장 완전하게 만족시켜 줄 것이라는 점을 보여주어야 한다. (6) 맑스의 유물론적 의식이론은 왜곡된 욕망과 왜곡되지 않은 욕망 사이의 차이를 위한 토대와 오로지 공산주의만이 왜곡되지 않은 욕망들을 완전하게 만족시켜 줄 수 있고, 만족시켜 줄 것이라는 주장을 위한 토대를 제공해 주는 것으로 이해될 수도 있을 것이다. (7) 맑스의 유물론적 의식이론이 왜곡된 욕망과 왜곡되지 않은 욕망 사이의 차이에 토대를 제공해주는 발전된 유물론적 의식이론을 포함하지 않는다면, 맑스의 역사이론은 그의 급진적 자본주의 비판과 진보를 역사에 돌리고자 하는 적당한 토대를 제공해 줄 수 없다. (8) 유물론적 의식이론이 충분하게 발전된다 할지라도 왜곡되지 않은 욕망들의 가장 완전한 충족이라는 개념이 공산주의의 우월성에 대한 맑스의 견해를 잘 파악하고 있는지는 분명하지 않다. (9) 왜곡되지 않은 욕구들이 가장 잘 만족되는 사회로서의 공산주의에 대한 비전이 제공하고 있는 평가적 관점은 법적인 관점이 아니다.

II

몇몇 논평자들은 맑스가 젊은 헤겔주의의 지적인 구속straightjacket에서 탈피했을 때, 유적 존재의 개념과 소외론을 버렸다고 주장한다.[3] 또 다른 논평자들은 소외 개념이 맑스의 중기 및 후기 저작들에서 지속되고 있다는 점에 동의한다. 하지만 이들은 1846년경에 맑스가 유적 존재에 대한 자신의 초기 개념들을 비판했고 버렸다고 주장한다. 첫 번째 주장이 오류라는 건 더 이상 의심받을 수 없다. 『요강』(1857~1858)은 맑스가 전개하는 자본주의 경제분석과 소외론을 통합시키고, 명백하게 유적 존재 개념에 의존하고 있는 구절들로 가득 차 있다.[4] 『자본』에서 유적 존재에 대한 언급들이 거의 전적으로 부재한 반면에, 소외론은 여전히 현저한 역할을 하고 있는데, 가장 주목해야 할 부분은 "상품 물신주의"라는 제목의 장에서이다. 우리는 간단히 이 점을 살펴볼 것이다.

맑스가 전 공산주의적pre-communist 인간존재의 다양한 특징들을 체계적으로 설명하기 위해 어떤 특정한 개념군을 사용하는 것을 나는 소외론으로서 보여주고자 한다. 전 공산주의적 인간존재의 다양한 특징들은 분열과 손실, 그리고 무엇보다도 인간들이 만들었지만 그들이 자신의 창조물이라는 점을 인식하지 못하는 통제되지 않은 대상과 힘에 의한 인간 지배로 나타났다. 맑스가 이러한 현상들을 언급하기 위해 사용하는 핵심적인 단어들과 내가 때때로 "소외"라는 단어로 한데 묶는 핵심적 단어들은 대략 다음과 같이 정의될 수 있을 것이다.

i) 외화Entäusserung : 박탈, 포기, 손실, 자신의 재산을 타인에게 양도하고 자신에게 외적인 것으로 만드는 것, 즉 외재화 externalization로서의 소외.

ii) 소원Entfremdung : 소원estrangement, 감정들에 대한 소외로서의 소외, 어떤 사람에게 낯설거나 낯설다고 여겨지는 그러한 관계에 놓이는 것.

iii) 대상화Vergegenständlichung : 대상화, 물화reification 5

『1844년 파리논고』에서 인용한 다음의 구절은 맑스가 이 단어들을 연관시켜 사용하고 있다는 점을 보여주고 있다.

그의 생산물로부터 노동자의 외화Entäußerung는 단지 그의 노동이 하나의 대상, 즉 외적인 존재로 된다는 것만을 뜻하는 것이 아니라 그의 노동이 그에 맞서는 하나의 힘으로 된다는 것을 의미한다. 이것은 노동자가 그 대상에 부여했던 생명이 그에게 적대적이고 소외된 어떤 것으로 맞선다는 점을 의미한다. 이제 좀 더 자세히 대상화, 즉 노동자의 생산에 대해 살펴보고, 그 생산에서 소외, 대상, 즉 생산물의 손실에 대해 살펴보자.6

이 구절에서 맑스는 사람들이 외부세계에서 물건들을 만들거나 변형할 때마다 발생하는 대상화와, 사람들이 일정한 역사적 조건 밑에서 만들거나 변형하는 대상들에 대한 인간의 관계에 특징적인 소원estrangement을 분명하게 구분하고 있다. 더욱이 이 구절이 나타나는 작업 속에서 그는 대상화의 과정이 일정한 사회적 관계 ― 이 경우에 임금노동자와 자본가의 관계 ― 들에 의해 구조화될 때만 대상화 과정이 생산물로부터의 소원을 초래한다는 점을 보여주는 노동의 역사적 조건들에 대한 분석을 전개한다. 맑스는 헤겔을 비난하고 있다. 그 이유는 인간의 모든 생산이 대상화이긴 하지만 대상화된 것으로부터의 소원은 역사적으로 한정된 현상이며, 자본주의가 사라짐으로써 사라진다는 점을 헤겔이 이해하지 못했기 때문이다. 맑스는 생산물을 노동자의 힘의 대상화 혹은 구체화로 간주하기 때문에, 생산물에 의한 노동자의 지배란 생산물의 손실이나 포기일 뿐 아니라 생산물을 만들었던 인간 힘의 손실이나 포기이기도 하다고 쓴다. 생산물이 소원으로부터 벗어날 때까지 대상화는 노동자의 힘의 확증이나 충족이 아니라 계속해서 손실이나 포기일 것이다.

맑스는 또한 단지 생산이 일어나는 역사적 조건과는 무관하게 대상물들을 만들거나 형성하는 것을 특징짓기 위해서가 아니라 오히려 특정한 소원 형태들을 기술하기 위해 아주 다른 방식으로 대상화 개념을 사용하고 있다. 이 두 번째 의미에서 대상화는 인간의 특질이나 인간관계들이 자연적 대상물 — 인간의 통제로부터 독립해 있는 사물들 — 사이의 속성이나 관계로 체험되는 바로 그 과정이다. 예를 들어, 자본은 사물thing(예:금이나 종이)이 중재한 사람들 사이의 사회적 관계라기보다는 오히려 그 자신이 창조적인 힘을 가진 유형의 사물로 이해된다. 돌이나 별들이 개인들의 선호, 믿음 그리고 사회적 관계와는 무관하게 속성을 가지고 있는 것과 마찬가지로, 상품들은 자연적 특징으로 가치를 가지고 있는 사물들로 체험된다.[7]

우리가 이 두 번째 의미에서 인간의 창조물들을 대상화하는 한에서 맑스는 우리가 이것들과 소원한 관계로 될 운명이라는 점을 강조한다. 우리가 이것들이 독립적인 사물들이 아니라 우리의 집단적인 통제 밑에 놓여 있는 우리 자신의 창조물이라는 점을 인식할 때까지, 우리는 소외된 힘으로서 인간의 창조물에 대한 예속을 극복할 수 없다. 소외가 취하는 하나의 형태로서 이 두 번째 의미의 대상화(루카치Lukács가 물화reification라고 불렀던[8])를, 생산이 소외를 포함하든지 아니든지 간에 모든 대상물의 생산에 나타나는 첫 번째 의미의 대상화와 혼동하지 않아야 한다.

방금 개략적으로 설명한 소외론은 맑스의 초기, 중기 그리고 후기 저작들에서 나타난다. "소외", "외화", "대상화"라는 단어의 가장 상세하고 명백한 사용이 『1844년의 파리논고』와 같은 초기 저작들에서 그리고 후기의 출간되지 않은 『요강』에서 발견된다 할지라도, 대상화(사물화의 의미에서)를 통한 자본과 상품으로부터의 소외에 대한 설명은 『자본』에서 비롯된다. 그리하여 이제 남아 있는 질문은 성숙한 맑스가 소외론뿐만 아니라 유적 존재로부터의 인간 소외 개념을 사용하고 있는가 하는 점이다.

III

이 질문에 답하기 위해 우리는 먼저 맑스의 유적 존재 개념을 간단히 서술해야 한다. 『1844년의 파리논고』에서 맑스는 자본주의에서 유적 존재로부터의 인간 소외와 공산주의에서 유적 존재의 실현을 대비시킨다. 맑스에 따르면, 인간의 유적 존재는 특징적으로 인간의 능력으로 구성된다.[9] 첫 번째 접근으로 우리는 인간의 특징적인 능력들이 실현되지 않거나 아니면 완전하게 실현되지 않을 때 인간은 유적 존재로부터 소외되었다고 말할 수 있다. 우리는 나중에 이 설명이 보완되어야 한다는 점을 살펴볼 것이다. 하지만 지금으로서는 맑스가 인간을 특징적으로 여긴 능력들에 초점을 맞추는 것이 중요하다. 한 가지 가능한 예외는 제외하고, 이 능력들은 생산 활동에 해당하는 능력들이다. 맑스가 말하고 있듯이 인간만이 (i) 보편적이고, (ii)

자유로우며, (iii) 의식적이고(혹은 합리적으로 통제되고), (iv) 사회적인 생산 활동을 할 수 있는 능력이 있다. 다섯 번째 능력, 혹은 오히려 초월적 생산능력meta-capacity은 (v) 하나 혹은 두 가지의 효과적인 발전을 위해 어떤 것을 무시하지 않으면서 광범위한 기술과 재능을 행사할 수 있는 다재다능한 발전을 위한 능력이다. 우리가 "생산 활동"을 사실상 모든 영역의 인간 발전을 포함하는 것으로 광범위하게 해석한다면, 다재다능한 발전은 즉 (v)는 하나의 첨가물이 아니라 아마도 (ii) 혹은 어쩌면 (i)과 (ii)의 전개일지도 모른다.

인간의 생산적 활동은 그의 생산물의 다양함이 무제한적이라는 의미에서, 그리고 인간은 그 자신과 그의 자손이 직접적으로 필요한 것만 생산하는 것이 아니라 공간과 시간적으로 그에게서 멀리 떨어져 있는 존재가 필요한 것도 생산한다는 의미에서 **세계적**universal이다.[10] 인간은 생존과 같은 다른 사람들의 필요들을 만족시켜 주는 단순한 도구가 아니라 그 자신을 위해 생산적 활동에 참가할 수 있는 한에서 **자유로운** 생산적 활동을 할 능력이 있다.[11] 벌이나 개미와 같은 다른 생산적인 종과는 다르게 인간은 생산자로서 그리고 생산에서 그의 유적 존재의 구성원으로서 그 자신을 **의식**한다.[12] 마지막으로 인간은 조화롭다는 의미에서 **사회적인** 생산적 활동을 위한 능력을 가지고 있고, 따라서 그의 유적 존재가 다른 구성원들과의 관계에서 조화로운 협동을 나타내 보이는 정도는 바로 그의 유적 존재가 구현되는 정도를 나타내는 하나의 척도가 된다.

이러한 각각의 능력들이 사실상 인간존재에서만 발견된다는 모호한 주장은 제쳐 두고, 우리는 자본주의에서 인간이 유적 존재로부터 소외된 반면에 공산주의에서 소외가 극복되었다고 말하는 것이 무엇을 뜻하는지를 분명히 해야 한다. 이것은 맑스의 논점이 단지 이 능력들이 자본주의에서는 현재 실현되지 않거나 완전하게 실현되지 않고 공산주의에서 실현될 것이라고 말하는 것으로는 충분하지 않을 것이다. 적어도 이 능력들의 어떤 것은 ― 적어도 일반적인 방식으로 기술될 때 ― 이미 자본주의에서 실현됐으며, 그래서 자본주의와 공산주의에서의 이 능력들의 존재 간의 차이는 단지 실현의 정도라는 문제인 것처럼은 보이지 않는다. 예를 들어, 자본주의적 생산은 솔직한 의미에서 이미 철저하게 보편적이다. 정말로 자본주의적 생산의 보편성은 자본주의를 초기의 생산양식과는 구별 짓고 욕구들을 거의 무제한적으로 증대시켰다. 물론 맑스가 이를 이유로 비판을 했지만 말이다. 게다가 맑스는 생산적 활동이 의식적인 곳에서만 소외된 노동이 가능하다고 말한다.

> [인간]은… 단지 의식적인 존재이다. 즉, 그가 정확하게 유적 존재이기 때문에 그 자신의 생활은 그에 대해 하나의 대상이다. 이것이 그의 활동이 자유로운 활동이 되는 유일한 이유이다. 소외된 노동은 이 관계를 거꾸로 뒤집어 놓는다. 그래서 다름 아닌 그가 의식적인 존재이기 때문에, 인간은 그의 활기찬 활동과 본질을 그의 존재에 대한 단순한 수단으로 만든다.13

이 구절은 차이점이 자본주의에서 인간은 무의식적으로 생산하고, 공산주의에서는 의식적으로 생산한다는 것이 아니라는 점을 지적하고 있다. 또한 이 대조를 의식적인 범위나 정도에 있어서 생산적 활동의 차이로 기술하는 것도 명쾌한 것이 아니다. 오히려 그 차이는 하나의 경우에 있어서는 생산자가 단지 도구적인 것으로서 그의 활동을 의식하고 있고, 다른 경우에 있어서는 생산자가 비도구적인 생산 활동이 어떤 종류의 존재로서 그 자신을 구성한다는 것을 의식하고 있다는 점이다. 마지막으로 맑스 자신은 또한 자본주의에서 생산이 솔직한 의미에서 강렬하게 사회적이라고 강조했다. 자본주의적 생산은 협동적인 활동 속으로 많은 개인들을 한데 모은다. 그리고 이 협동적인 활동들은 어떤 의미에서 조화롭다. 비록 이 협동적인 활동이 모든 참여자들 상호 간에 이익을 가져다주지는 않지만 말이다.

인간의 특징적인 능력으로부터 인간의 소외는 오로지 공산주의에서만 극복된다는 맑스의 이념을 완전하게 파악하기 위해, 우리는 유적 존재에 대한 그의 개념이 부분적으로 평가적이거나 규범적인 개념이라는 점을 이해해야 한다. 평가적 혹은 규범적 요소는 이것이 진정으로 인간적인 것으로, 그래서 현재 및 과거의 사회들을 비판하는 적절한 관점을 제공해 주는 것으로 선택되었던 문제가 되는 능력행사의 어떤 형태들일 뿐이라는 사실에 있다. 그리하여 단지 어떤 형태의 의식적인 생산만이 특징적으로 인간적인 것이라고 말할 수는 없다. 또한 보편적인 생산적 능력의 어떤 표현이나 어떤 형태의 사회적 생산만이 특징적으로 인간적이라고 말할 수도 없다.

　나아가 유적 존재에 대한 맑스의 개념은 또한 부분적으로 규범적이거나 또는 평가적인 것처럼 보인다. 이 개념이 사회제도 들을 평가하기 위한 적절한 기준으로서 특징적으로 인간의 능 력들 사이에서 단지 한 부분집합의 능력만을 선택한다는 의미 에서 말이다. 예를 들어, 착취능력, 매춘능력, 혹은 대량파괴 도 구의 생산능력은 특징적으로 인간의 능력일 수 있을 것이다. 그 러나 맑스는 이 능력들을 사회제도를 평가하는 관점으로 사용 하기를 제안하지 않는다. 유적 존재에 대한 맑스의 개념이 규범 적이거나 평가적인 가정에 의존하고 있다는 점을 우리가 일단 인식한다면, 우리는 다음과 같이 우리의 예비적인 설명을 수정 하는 것이 필요하다. 유적 존재로부터의 인간의 소외가 오로지 공산주의에서만 극복된다고 말하는 것은 특징적으로 인간의 능력들이 공산주의에서만 가장 적절하거나 완전한 형태로 실현 된다고 말하는 것과 같다. 그리하여 자본주의는 모든 인간의 특 징적인 능력을 실현하지 못했기 때문에 결점이 있는 것이 아니 며, 또한 자본주의의 생산적 활동이 의식적이거나 보편적이거나 혹은 사회적이 아니기 때문에 결점이 있는 것이 아니다. 오히려 자본주의에서 생산적 활동이 적절한 의미에서 ─ 적합하거나 혹 은 그러한 존재를 실현한다는 의미에서 ─ 의식적이지 않으며, 보편 적이지 않고, 사회적이지 않기 때문에 자본주의는 결점이 있는 것이다. 맑스의 유적 존재 관념에 대한 이러한 생각을 유념하면 서 우리는 이제 이 개념의 유용성에 대한 맑스의 태도가 시간이 흘러감에 따라 변했는지에 관한 문제로 돌아갈 수 있다.

맑스가 유적 존재 혹은 인간 본성으로부터의 인간 소외에 대한 그의 초기 개념을 명백하게 거부했다고 말하는 사람들은 일반적으로 두 쌍의 구절, 「포이어바흐에 관한 테제」의 한 구절과 『독일 이데올로기』[14]의 다른 한 구절을 인용함으로써 자신들의 해석을 옹호한다.[15] 이 구절들은 생략하지 않고 인용할 가치가 있다.

포이어바흐는 종교의 본질을 인간의 본질로 분석한다. 그러나 인간의 본질은 각각의 개별적인 개인들에 고유한 추상이 아니다. 현실 속에서 인간의 본질은 사회적 관계들의 총화이다.

이 진정한 본질에 대한 비판을 행하지 않은 포이어바흐는 결과적으로

1. 역사적 과정을 추상화시키고 종교적인 감정을 그 자체의 어떤 것으로 고정하고 그리고 추상적인 ─ 고립된 ─ 개인들을 가정하도록 강요당했다.〔테제 6〕.

결과적으로 포이어바흐는 '종교적 감정'이 그 자체로 사회적 산물이라는 점을, 그리고 그가 분석한 추상적 개인이 특정한 사회형태에 속한다는 점을 이해하지 못한다.〔테제 7〕.[16]〔역사의〕모든 과정은〔독일 관념론자들에 의해〕"인간"의 자기소외의 과정으로 이해되었는데, 왜냐하면, 본질적으로 더 나중 단계의 평균적 개인들은 항상 더 초기 단계에 억지로 떠맡겨졌고, 더 나중 시기의 의식은 더 초기의 개인들에 억지로 떠맡겨

졌기 때문이다. (자기소외). 시작부터 현실적인 조건들의 추상이었던 이 전도inversion를 통해 모든 역사를 진화적인 의식과정으로 변형시키는 것이 가능해졌다. 〔『독일 이데올로기』〕[17]

　가끔씩 가정되었던 것과는 대조적으로 이 구절들은 맑스가 인간 본성이나 유적 존재에 대한 모든 개념들과 심지어 1844년의 그 자신의 개념을 거부했다는 점을 결정적으로 보여주지는 않는다. 「테제」의 구절들은 사회적인 것과는 반대되는 것으로 개인주의적인 유적 존재개념, 그리고 역사적인 것과는 반대되는 것으로 비역사적인 유적 존재 개념을 사용했다는 이유로 포이어바흐를 비판하고 있다. 『독일 이데올로기』에서 인용한 구절도 인간 본성 개념이나 심지어 인간 본성이나 본질로부터의 인간의 소외 개념의 전반적인 거부가 아니다. 대신에 이것은 인간의 자기소외에 대한 **관념론적인** 개념들에 대한 공격이다. 우리가 나중에 보게 되듯이 『독일 이데올로기』는 역사에 걸쳐 인간에 공통적이고 인간을 다른 종들로부터 구별하게 하는 것에 대한 매우 다른 개념을 제공해 주고 있다. 즉 이러한 의미에서 맑스는 인간 본성human nature에 대한 **모든** 개념들을 포기하지 않았다. 비록 그가 전통적으로 이해되었던 것과 같은 인간 본질human essence의 관념을 거부했지만 말이다.

　인간 본성에 대한 개념이 사회적 관계들로부터 추상화된 한 개인의 특징으로서 인간에 본질적으로 알려졌던 특징을 나타낸다면, 이 개념은 개인주의적이다. 그러한 인간 본성 개념은 인간 본성으로부터의 인간소외의 극복(혹은 인간 본질의 구현)을 개인들 사이의 사회적 관계들의 변화로서 간주하기보다는 고립해 있는 그 개인의 변화로 간주한다. 인간 본성 개념이 그릇되게 특정한 사회형태 내의, 즉 단지 역사의 특정한 시점의 인간에게 일반적인 어떤 특징들을 인간의 본질적인 특징으로 표현한다면, 이 개념은 **비역사적**이다. 인간 본성 개념이 추상 속에 고려된 의식의 특징들을 인간의 본질적인 특징으로 표현하고, 인간의 본성으로부터의 인간의 소외의 극복(혹은 인간 본질의 구현)을 전적으로 혹은 일차적으로 의식의 변화로 이해한다면, 이 개념은 **관념론적**이다.

『1844년의 파리논고』에서 맑스가 자본주의와 공산주의를 대비한 것의 초점이 두 가지 형태의 사회에서 인간**노동**의 성격(단순한 의식이라기보다는) 간의 차이를 설명하고 있는 한에서, 유적 존재에 대한 그의 관념은 단연코 관념론적이지 **않다**. 앞에서 우리가 소외론의 개략적 설명에서 살펴본 소외된 노동에 대한 『파리논고』의 구절에서 맑스는 분명히 자기소외의 문제를 의식의 변화에 의해 전적으로 혹은 일차적으로 해결되는 의식의 문제로 진단하고 있지 않다. 그 대신에 이 문제의 핵심은 자본주의에서 인간의 물질적 생산 활동의 특징과 그의 물질적 생산물에 대한 통제가 부재한다는 데 있다.

게다가 거기에서 전개된 인간의 유적 존재로부터의 소외 개념은 그 어떤 분명한 의미에서도 비역사적인 게 아니다. 맑스는 역사에 걸쳐 인간노동의 필수적인 특징인 대상화와 공산주의의 출현에 앞선 역사적 시기 동안에만 발생하는 소외를 구별하지 못한 책임을 묻기 위해 헤겔을 거론하고 있다는 점을 상기하자. 사실 『1844년의 파리논고』에서 나타난 자기소외의 핵심으로서 소외된 노동에 대한 맑스의 분석은, 이 분석이 하나의 역사적 형태의 인간노동, 즉 임금노동의 특징들을 기술한다고 주장하는 한에서 철저하게 역사적이다. 그리고 맑스에게 유적 존재는 어떤 특징적인 인간의 능력으로 구성되는 까닭에, 역사에 걸쳐 인간이 공통의 특질을 가지고 있다는 것, 그리고 다른 철학자들이 그들 자신의 시대에 널리 퍼진 실제적인 인간의 특징들을 인간의 본질적인 특징으로 오해했다는 맑스의 주장은 결코 모순적이지 않다.

더군다나 『1844년의 파리논고』에서 유적 존재로부터의 인간의 소외에 대한 맑스의 분석과 공산주의에서 인간의 유적 존재의 구현에 대한 그의 비전은 개인주의적인 개념이 아니라 사회적인 개념을 나타낸다. 자본주의에서 인간의 자기소외의 토대로서 소외된 임금노동은 고립하여 존재하는 개별적인 인간의 특징으로 기술되고 있지 않다. 이것은 일정한 사회적 관계들 속에서 특히 생산수단에 대한 효과적인 통제의 관계 속에서 묻힌 한 개인의 생산적 활동이다. 그리하여 맑스는 노동자의 생산물에 대한 노동자 통제의 부재와 어떤 다른 사람들이 이 생산물을 통제한다는 사실을 결합시키고 있다.

노동생산물이 노동자에게 속하는 것이 아니라 하나의 소외된 힘으로서 노동자에 대항하여 군림한다면, 이것은 이 생산물이 다른 사람에게 속한다는 점에서 가능할 뿐이다. 노동자와는 별도의 인간 말이다.[18]

요컨대, 인간의 유적 존재의 구현으로서 공산주의에 대한 맑스의 설명은 **사회적이고, 역사적이며, 비관념론적인** 개념을 제공하려는 시도이다. 맑스에게 있어서 『1844년의 파리논고』의 유적 존재, 혹은 인간 본성으로부터의 인간소외의 극복은 질적으로 다른 형태의 생산 활동을 가능하게 하는 일련의 새로운 사회적 관계들의 역사적 발전을 뜻한다.

IV

인간 본성이나 유적 존재로부터의 인간소외 관념에 대한 맑스의 비판들이 『1844년의 파리논고』에서 이루어진 그 자신의 소외 개념의 사용에 대해서라기보다는 일차적으로 이 개념의 관념론적이고 비역사적이며 개인주의적인 시각에 주목하고 있다고 가정한다면, 우리는 여전히 해결해야 할 문제를 가지고 있다. 후기 맑스는 왜 유적 존재라는 관념에서 물러나서, 점점 더 공산주의 사회에 대한 개략적인 기술들에 의존하려는 경향을 보이고 있는가? 내가 앞서 언급했듯이 인간의 유적 존재로부터의 소외 관념은 하나의 중요한 후기 저작인 『요강』에서 반복적으로 언급되기 때문에, 이 질문은 잘못 제기되었다고 반박될 수 있을 것이다. 그럼에도 맑스 자신은 『요강』을 출판하지 않으려고 결심했었고, 『요강』은 후기에 출간된 저작들을 준비하기 위한 것이었다는 사실이 남아 있다. 그리고 후기에 출판된 저작들에서 유적 존재에 관한 언급들은 거의 전적으로 삭제되었다. 따라서 이 점들도 설명되어야 한다.

공산주의의 특징에 대한 간단한 기술들은 맑스의 중기 및 후기 저작들을 통해 분산되었지만, 가장 중요한 설명들은 『독일 이데올로기』(1846)의 악명 높은 구절과 『고타강령비판』(1875)에서의 긴 토론에서 발견된다. 『독일 이데올로기』의 다음 구절은 공산주의에 대한 기술을 제시할 뿐만 아니라 공산주의를 인간이 소외로 인해 고통받고 있는 이전의 사회들과 대비시켜 기술하고 있기 때문에, 전체를 인용하는 것이 정당하다.

그리고 마지막으로 분업은 인간 자신의 행위가 인간에 의해 통제되는 대신에 그와 대립하고, 그를 노예화하는 하나의 소외된 힘으로 된다 — 인간이 자연적인 사회에 남아 있는 한, 특수 이익과 공동 이익 사이에 분열이 존재하는 한, 그리고 활동이 자발적이 아니라 자연적으로 나누어지는 한에서 말이다 — 는 사실에 대한 첫 번째 실례를 제공해 준다. 왜냐하면, 노동이 분배되는 한에서 각각의 개인은 그에게 부과되고 그가 벗어날 수 없는 특수하고도 배타적인 활동 영역을 가지기 때문이다. 그는 사냥꾼, 낚시꾼, 목동, 그리고 비평가이다. 그래서 그는 자신의 생계수단을 잃기를 원하지 않는다면, 그렇게 남아 있어야 한다. 하지만 어떤 사람도 배타적인 활동 영역을 가지지 않고, 각각의 사람들이 자신이 원하는 어떤 분야에서 자신을 양성할 수 있는 공산주의 사회에서 사회는 전체 생산을 조정하며, 내가 오늘은 이 일을, 내일은 또 다른 일을, 아침에는 사냥을, 오후에는 낚시를, 저녁에는 소를 돌보고, 점심 후에는 비평을 할 수 있게 한다. 내가 사냥꾼, 낚시꾼, 목동 그리고 비평가로 되지 않으면서 내가 좋아하는 대로 말이다.[19]

중기 및 후기 저작에 있는 이 구절과 다른 구절에서 맑스는 인간의 유적 존재의 실현이라는 개념 아래 『1844년의 파리논고』에서 포함되었던 동일한 요소들의 많은 것들을 그의 공산주의 비전에 집어넣었다. 특히 공산주의는 하나의 사회형태로 묘사된다. 공산주의에서 생산적 활동은 생존을 향한 단순한 도구라기보다는 활동 그 자체를 위해 이루어질 것이고, 조화로운 사회적 관계들이 인간의 전면적인 발전, 즉 개별적인 개성의 가장 완전한 발전을 촉진시킬 것이라는 점이다.

『고타강령비판』에서 맑스는 자본주의에서 벗어나 공산주의의 발전에 대해 설명하고 있다. 그 첫 번째 단계(나중에 맑스주의자들이 사회주의로 언급한)는

… 공산주의 사회다. 이 사회는 그 자신의 토대 위에서 발전한 것이 아니라 자본주의 사회로부터 출현하기 때문에 모든 면에서 즉 경제적으로, 도덕적으로, 그리고 지적으로 그 자궁으로

부터 출현한 낡은 사회가 태생적으로 가진 점들을 보여준다.[20]

맑스에 따르면, 이 첫 번째 단계의 분배원칙은 "각자에게 그의 생산물에 따라서"이다. 여기에서 이것은 각각의 "… 개별적인 생산자는 사회로부터 그가 사회에게 준 것과 정확하게 — 공제가 이루어진 후에 — 되돌려 받는다."[21] 이 공제들은 생산도구의 교체, 보험, 노동할 수 없는 사람들의 보조금, 그리고 교육을 포함하여 다양한 공공서비스 등을 위한 것이다.[22] 그리하여 생산자는 그가 기여한 것과 동일한 사회생산물의 몫을 가져가지는 못하지만 그의 몫은 그의 기여에 비례한다.

그런 다음 맑스는 "더 높은 국면의 공산주의 사회"를 예언한다. 이 단계에 대한 해석은 지금과 나중의 장에서 이루어질 것이기 때문에 나는 구절을 생략하지 않고 인용할 것이다.

분업에 복종하는 예속상태가 사라지고 이와 함께 정신노동과 육체노동 사이의 대립도 사라진 후에, 노동이 삶의 수단일 뿐만 아니라 삶의 제1의 필요가 된 후에, 생산력이 또한 개인의 전면적인 발전과 함께 증대한 후에 그리고 협동적 부의 원천이 더 풍부하게 흘러 들어온 후에, 단지 그때만이 협소한 범위의 부르주아 권리가 말소되고 사회가 그의 기치를 내걸 수 있다. 즉 "각자는 능력에 따라, 각자에게는 필요에 따라!"[23]

동일한 저작에서 맑스는 또한 "자본주의 사회와 공산주의 사회의 사이에" "국가가 단지 프롤레타리아계급의 혁명적 독재일 수 있는 정치적 과도기"가 존재한다는 점을 예언하고 있다.[24] 이것은 국가의 가장 마지막 형태인데, 왜냐하면, 공산주의에서 국가는 마침내 사라지기 때문이다. 프롤레타리아 계급독재가 어디에서 위에서 기술한 두 단계의 순서에 꼭 들어맞는지는 분명하지 않다. 프롤레타리아 계급독재를 예언하는 구절에서 "공산주의 사회"가 하나의 단계를 언급하는 것이라면, 우리는 세 단계의 경로를 가지게 된다. 즉

1) 프롤레타리아 계급독재
2) 첫 번째 단계의 공산주의
3) 더 높은 단계의 공산주의

거기에서 두 단계의 공산주의에는 국가가 존재하지 않는다.

다른 한편, 프롤레타리아 계급독재를 예언하는 구절에서 "공산주의 사회"가 더 높은 단계의 공산주의를 언급하는 것이라면, 우리는 두 단계의 경로를 가지게 된다. 즉

1) 프롤레타리아 계급독재를 포함하는 첫 번째 단계의 공산주의
2) 더 높은 단계의 공산주의

두 개의 해석들이 프롤레타리아 계급독재가 자본주의와 공산주의 사이의 과도기적 국면이라는 맑스의 진술과 양립한다. 또

한 이 두 가지 해석들은 발전된 (더 높은 단계의) 공산주의 사회에는 국가가 존재하지 않는다는 그의 예언과 양립한다.

우리의 목적을 위해 언급해야 할 중요한 사항은 『고타강령비판』에서 맑스는 적어도 공산주의 발전의 두 단계들을 선택하고, 각각의 단계는 차별적인 분배원칙을 만족시킬 것이라고 말하고 있다는 점이다. 더 낮은 단계에서 이 원칙은 "각자에게 (예를 들어 비례적으로) 그의 생산물에 따라"이며, 더 높은 단계에서 이 원칙은 "각자에게 그의 필요에 따라"이다. 게다가 맑스는 권리right의 원칙으로서, 혹은 우리가 말할 수 있는 것처럼 분배적 정의 원칙으로서 후자["각자에게 그의 필요에 따라"]를 언급하는 것이 아니라 전자["각자에게 그의 생산물에 따라"]를 언급한다. 나는 4장에서 이 두 원칙들이 아주 다르게 이해된다는 점을 논의할 것이다. 그리고 맑스에게 두 번째 원칙["각자에게 그의 필요에 따라"]의 만족을 가능하게 만드는 조화와 생산성의 상당한 증대는 정의 원칙의 쇠퇴를 특징짓고 있다는 점을 논의할 것이다.

분배적 정의 원칙들은 특징적으로 결핍의 환경에서 사회생활에 일정한 역할을 하는 규정적인 원칙으로 생각된다. 즉 이 원칙들은 개인들이 희소한 재화들에 대해 자신들의 주장을 밀어붙일 수 있는 하나의 토대로 이용된다. 이 원칙들은 갈등관계에 있는 요구들을 판결하는 최종적인 규범적 원칙이며, 그래서 이 역할을 하는 사회구성원들은 이 원칙들을 평가한다. 이것이 사실이라면, 특별한 분배원칙이 만족되는 모든 사회가 그 원칙이 사회생활에서 정의 원칙으로 기능하는 하나의 사회는 아닐 것이다. 분배원칙의 만족이 규정적 원칙들을 필요하게 만드는 희소재화들에 대한 갈등상황의 존재와 양립하지 않을지도 모른다는 단순한 이유로 어떤 사회는 희소 재화들의 몫에 대한 권리를 확립하고자 규정적 원칙으로 기능하는 원칙을 가지지 않고도 어떤 분배원칙들을 만족시킬 수도 있을 것이다. 나는 나중에 다음의 사실을 논의할 것이다. 맑스가 믿고 있는 그 원칙은 더 높은 단계의 공산주의에서 만족될 것이라는 바로 그 원칙이다. 왜냐하면 그러한 사회에서 사람들은 단지 "기본적 욕구" 혹은 "최소한의 욕구"라는 의미에서의 "필요"만을 갖지 않을 것이기 때문에 그 원칙에서 나타나는 필요는 전체적인 범위의 욕구를 망라하기 위해 넓게 해석되기 때문이다. 이러한 방식으로 이해된다면, 필요에 따른 분배원칙은 희소 재화들에 대한 경쟁적인 요구들을 처리하기 위한 적절한 방법을 규정하는 원칙이 아니라 상당히 증대된 조화와 풍요의 상황을 기술하는 하나의 원칙이다. 그러한 것으로서 이 원칙의 만족은 분배적 정의 원칙들이 요구되는 상황의 종료를 나타낸다. 그러나 나는 지금으로서는 맑스가 발전된 공산주의 사회를 기술하고 있는 『고타강령비판』이나 다른 저작들에서도 그는 이 사회를 정의로운 사회로 혹은 강제적으로 지원이 되든 그렇지 않든 간에 어떤 종류의 권리들을 떠받쳐 주는 사회로 묘사하고 있지 않다는 점만을 지적하고자 한다.

　『고타강령비판』에서 행해진 공산주의 단계들에 대한 맑스의 설명 ─ 그는 『자본』에서 그의 과학적 작업의 기초가 다져졌다고 믿고 있다 ─ 은 두 가지 점에서 주목할 만하다. 첫째, 이 설명은 『1844년의 파리논고』에서 이루어진 공산주의 단계들에 대한 초기의 설명과는 현저하게 다르다.[25] 비록 맑스가 그사이에 일어난 어떠한 이론적 진보들이 그의 마음을 변화시켰다는 점에 대해서는 어디에서도 설명하지 않지만 말이다. 둘째, 『고타강령비판』이나 다른 어떤 곳에서도 맑스는 특수한 특징들을 가지고 있는 이 특별한 단계들이 『자본』에서의 "자본주의 운동법칙들"에 대한 그의 분석의 명확한 특징들을 토대로 어떻게 예견될 수 있는지를 보여주려고 시도하지 않는다.

공산주의 사회에 대한 이 개략적인 기술들이 가지는 소극적 기능은 대비를 통해 자본주의와 초기 계급사회들의 결함들을 분명하게 하는 것이다. 이 기술들의 긍정적 기능은 인간의 진보를 측정할 수 있는 하나의 관점으로 이용하는 것이다. 공산주의는 인간 전사prehistory의 정점이자 진정한 인간 역사의 시작이다.

V

맑스를 순전히 과학적 이론가로 보려는 사람들은 맑스 자신이 미래에 대한 청사진을 제공하려는 시도들을 회피했다는 점을 여기서 분명히 반대할 것이다. 그리고 이 사람들은 맑스가 의지의 행위를 통해 이상들을 실현하게끔 권고하는 공상적 사회주의자들과 자신을 혼동해서는 안 된다고 주장했다는 점에 분명히 반대할 것이다. 더군다나 반대는 계속되고 있다. 인간진보의 척도로서 그리고 자본주의 비판을 위한 토대로서 왜 좋은 사회에 대한 다른 어떤 개념보다 맑스가 기술한 공산주의가 이용되어야 하는지 그 이유를 묻는 것은 맑스의 공산주의 개념을 오해하는 것이다. 왜냐하면, 맑스에 따르면, 공산주의는 다른 가능성 중에서 하나의 가능성이 아니기 때문이다. 공산주의는 자본주의의 유일한 계승자이며, 그래서 다른 사회적 이상들에 대한 우월성을 설명할 필요가 없다. 공산주의는 경쟁하는 이상들 사이의 하나의 이상이 아니라, 자본주의를 대체할 바로 그 사회형태이다.

나는 5장에서 사회적 이상들이 사회변화를 위한 동기 부여에서 행하는 역할에 대한 맑스의 설명을 검토할 것이다. 여기에서 나는 맑스의 이론의 기본적인 평가적 관점을 이해하기 위해서는 공산주의에 대한 그의 비전을 이해해야만 하는 두 가지 이유가 있다는 점만을 지적하겠다. 맑스는 공산주의에 대한 자신의 설명을 신중하게 이해할 것을 당부하지만 말이다.

첫째, 설령 이상들이 가진 동기 부여적인 힘이 사회변화의 지렛대라는 점을 맑스가 부인한다 하더라도, 그의 작업은 분명히 기술과 설명에 한정되지 않는다. 그는 일반적으로 자본주의와 계급사회를 비판하고, 공산주의를 삶의 형태로 표현한다. 그가 이전 사회형태들에서 비판한 그 어떤 결함들도 공산주의에서는 존재하지 않는다. 맑스에게 공산주의는 사실상 자본주 다음에 존재하게 될 그러한 사회만은 아니다. 공산주의가 인간 발전의 최종단계는 아니긴 하지만 공산주의는 진정한 인간사의 시작인데, 그 이유는 인간의 충족에 필요한 조건이나 틀이기 때문이다. 공산주의의 우월성이 무엇으로 구성되는가를 엄밀하게 결정하지 못하는 것은 맑스의 이론을 불완전하게 남겨 두는 셈이다.

둘째, 맑스 자신이 평가적 관점으로서 공산주의 사회에 대한 비전을 표현하는 데 중요성을 두든 그렇지 않든 간에 우리는 그 과제를 피할 수 없다. 그 이유는, 그가 기술한 대로의 공산주의가 자본주의에 대한 유일한 계승자가 아니라는 점을 맑스는 몰랐지만 우리는 알고 있기 때문이다. 맑스는 개인들로서 통제를 행사하는 소수 개인들에 의한 생산수단의 독점적 통제(자본주의)가 집합체collectivity로서 통제를 행사하는 소수에 의한 생산수단의 독점적 통제(전체주의적 국가사회주의)에 자리를 내어 줄 것이라는 가능성을 크게 과소평가했다. 그러나 일단 자본주의 해체에 대한 맑스의 과학적 분석과 공산주의 단계들에 대한 그의 설명 사이에 존재하는 이론적 간극이 올바르게 이해된다면, 그리고 자본주의의 유일한 계승자로서 공산주의에 대해 그가 행한 예견의 경험적인 부정확함이 보인다면, 사회변화를 인도하는 것에 대한 어떤 적절한 평가적 관점을 발전시키는 문제는 다시 시작된다. 현재의 제도에 대해 과학적으로 예견할 수 있는 유일한 계승자가 존재하지 않고, 기껏해야 제한된 범위의 실제적인 대안만이 존재한다면, 그리고 그 계승자가 우리가 지금 착수하는 정치적 행동에 의해 부분적으로 결정될 것이라면, 그리고 일관적인 정치적 행동이 하나의 명확히 표현되고 합리적으로 옹호할 수 있는 평가적 관점에 의해 형성된다면, 평가적 관점 중에서 선택하는 어떤 방식이 필요하다. 맑스가 받아들인 자율성과 공동체의 특징적인 가치들이 전혀 문제가 없고 이론적인 도움이 필요하지 않다고 말하는 것은 적합하지 않을 것이다. 맑스가 강조했듯이 이 가치들이 사회변화를 위한 안내로서 불충분하게 되는 추상수준에서 기술될 때, 이 가치들은 문제가 없다. 게다가 일단 이 가치들이 확정적인 내용으로 주어진다면, 이 이상들은 맑스 자신의 이데올로기 비판에 취약하게 될지도 모른다. 이 가치들이 더 광범위하게 수용된 이상들로 판명된다 할지라도, 개인의 자유와 평등에 대한 부르주아적 이상이 문제가 없는 것이 아니듯이 이 가치들도 문제가 없는 것이 아니다. 왜냐하면, 공산주의의 특징적 이상들이 실제적인 합리성이나 인간 본성에 관한 이론으로 혹은 어떤 다른 방식으로 기초를 다지지 못한다면, 이 가치들 자체가 비역사적인 추상, 즉 왜곡된 의식의 편협한 산물이라는 부담을 맑스가 짊어져야 한다는 점이 제기될 수 있기 때문이다. 이 반대에 대처하려면, 그 응답은 무엇보다도 이 반대를 야기한 맑스 사회이론의 동일한 요소, 즉 역사적인 유물론적 의식이론에 의존해야 한다는 점을 나는 나중에 설명할 것이다.

하지만 앨런 우드와 다른 학자들은 이렇게 제시했다. 자본주의에 대한 가장 중요한 맑스의 비판이 공산주의나 자율성에 대한 맑스의 특징적인 개념들과 같은 논쟁적인 규범적 이상에 의존하는 것이 아니라, 그 어떤 이론적 전개나 지원을 필요로 하지 않는 아주 통상적인 가치들에 의존하고 있다고 말이다.26 예를 들어, 맑스는 피할 수 있는 죽음, 낭비, 기아, 정신적·육체적 소모, 지루함 그리고 고독을 일으킨다는 이유로 자본주의를 비난한다. 그리하여 공산주의 사회가 맑스가 자본주의를 비판한 하나의 기준을 제공해 준다 하더라도 그것이 맑스의 기본적인 혹은 궁극적인 평가적 관점이라고 주장하는 것은 과장이라는 것이다.

여기서 "피할 수 있는"이라는 단어는 아주 중요하다. 맑스가 단지 자본주의가 문제가 되고 있는 악들을 일으킨다는 점만을 보여주고자 하였다면, 그는 원래의 혁명적인 급진적 사회비판가는 되지 않았을 것이다. 이에 덧붙여 그는 이 악들이 단지 사회질서의 급진적 변형에 의해서만 제거(혹은 상당히 감소)될 수 있다고 주장한다. 자본주의가 존재하는 한에서 이 악들은 필연적이며 피할 수 없다. 그러므로 자본주의가 불가피하지 않고 막을 방법이 있는 죽음, 기아, 기타 등등을 야기한다고 하는 그의 판단을 그 자신이 지지할 수 있는 것은 오로지 그가 공산주의라고 부른 새로운 사회질서를 자본주의와 비교함으로써만 가능하다. 달리 표현하면, 맑스는 개혁주의자나 사회 개선론자가 아니라 급진적 인물이기 때문에 자본주의에 대한 그의 공격들은 묵시적으로 상대적이다. 그리고 비교의 기준은 자본주의의 범위 밖에 있다. 즉, 자본주의의 기아, 죽음, 소모 그리고 고독은 공산주의를 언급함으로써만 피할 수 있는 - 그러므로 비합리적인 - 것으로 보인다. 공산주의 사회에 대한 시각이 맑스의 기본적인 혹은 궁극적인 평가적 관점을 제공해 주는 것은 이러한 의미에서이다. 즉 공산주의에서의 삶을 언급하지 않고서는 맑스의 비판들은 급진적 성격을 상실한다. 이러한 이유로 맑스의 주된 관심사가 공산주의에 대한 설명을 제공해 주는 데 있었다기보다는 오히려 자본주의를 비판하는 데 있었다는 주장은 받아들이기 어렵다. 맑스 자본주의 비판의 상대적인 성격이 공산주의가 아니라 사회주의에 대한 언급만을 내포한다고 응답하는 것도 도움이 되지 않는다. 이 후기 맑스주의 용어[공산주의]는, 맑스가 초기 공산주의 단계들이라고 부른 것이 그 자체가 결함이 있고 불완전하다는 맑스의 주장을 모호하게 할 뿐이다. 그리고 이 초기단계들 역시 발전된 공산주의와의 연관 속에서 이해되어야 한다고 하는 맑스의 주장을 모호하게 한다.

나아가 이 특징을 가지고 있는 사회의 출현은 그의 자본주의 분석을 토대로 예견될 수 있다고 그가 말할 때, 그의 말을 믿지 않는다면, 우리는 자신이 공상적인 급진주의자라기보다는 과학적 급진주의라고 맑스 자신이 한 주장을 무시하는 셈이다. 그럼에도 맑스의 기본적 혹은 궁극적인 평가적 관점이 공산주의 사회라는 명제(그의 급진적 비판들이 묵시적으로 상대적이기 때문에)가 공산주의에 대한 맑스의 기술들이 과학적인 예언들로 간주된다는 가정에 의존하는 것은 아니다. 자본주의 악들을 피하는 어떤 사회가 실제로 가능한 것으로 과학적으로 예언될 수 있다거나 혹은 그저 보일 수 있는지는, 즉 그러한 악들이 불가피한 것이 아니며, 그래서 비합리적인 것이라는 비난은 개혁주의적인 비판이라기보다는 오히려 공산주의에 대한 기술을 언급함으로써만 가능한 급진적 비판으로 인정될 수 있다. 이제 나는 결론을 내리겠다. 맑스에게 공산주의 사회에 대한 시각은 다른 관점들 가운데 단지 하나의 평가적 관점을 제공해 줄뿐이라고 말하는 것은 잘못된 생각이라고 말이다.

공산주의에 대한 설명이 자본주의에 대한 맑스의 급진적 비판들이 착수되는 기본적인 평가적 관점을 제공해 주어야 한다는 점을 수용할 경우, 공산주의의 우월성은 어디에 있는가?

공산주의의 우월성이 공산주의가 진정으로 인간적인 유일한 사회형태라는 사실에 있다고 말하는 것만으로는 충분하지 않다. 만약 이것이 공산주의만이 인간의 본성에 일치한다는 것을 의미한다면 말이다. 이러한 생각은 『1844년의 파리논고』의 인간 본성에 대한 평가적 개념으로 후퇴하는 것이다. 이 글에서 요구된 것은 후기 저작들에서 공산주의에 대한 비전으로 이루어진 인간 본성 개념의 외관상의 대체를 설명하는 것인데도 말이다. 우리가 요구하고 있는 것은 하나의 해석인데, 이 해석은 유적 존재 혹은 인간 본성에 대한 초기의 평가적 개념에서 공산주의 설명으로의 이동을 맑스의 역사이론의 발전과 연결시키고 있다.[27]

맑스가 『1844년 파리논고』에서 환기시켰던 유적 존재라는 개념은 말하자면 공중에서 떠돌았다. 초기 맑스가 유적 존재로부터의 인간 소외의 핵심을 순수한 의식 속에서보다는 사회적 노동과정 속에서 찾아내지만, 그리고 그가 이 소외의 극복이 역사적 과정이었다는 점을 인정했지만, 유적 존재 개념은 그 자체가 맑스의 유물론적 역사이론에 정착되지는 않았는데, 그 이유는 그 이론이 아직 전개되지 않았기 때문이다. 유물론적 이론의 요소들을 입안하려고 하는 맑스의 첫 번째 체계적인 시도는 1846년의 『독일 이데올로기』에서였다. 그리고 우리가 유적 존재로서의 인간 본성에 대한 평가적 개념에서 물러나서 그 대신에 내가 인간 본성에 대한 프로테우스적인 핵심 개념으로 부르게 되는 기술적이며, 설명적인 개념을 사용하는 맑스를 발견하는 것은 이 책에서이다. 『독일 이데올로기』의 서두에서 맑스(와 엥겔스)는 길게 인용할 만한 가치가 있는 구절에서 이 개념을 도입한다.

… [우리는] 모든 인간생활 그리고 모든 역사의 첫 번째 전제를 진술함으로써 시작해야 한다. 즉 인간들은 "역사를 만들기 위해" 생활할 수 있어야만 한다. … 그러나 생활은 무엇보다도 먹고, 마시고, 거주하고, 옷을 입고, 그리고 다른 많은 것들을 포함한다. 그리하여 첫 번째 역사적 행위는 이 필요들을 만족시키기 위한 수단의 생산, 즉 물질적 생활 그 자체의 생산이다. 이것은 역사적 행위이며, 수천 년 전뿐만 아니라 오늘날에도 매일 매시간에 인간의 생활을 유지하기 위해 이행되어야만 하는 모든 역사의 기본적 조건이다. … 따라서 어떤 역사이론에서 제1의 원칙은 이 기

본적인 사실의 중요성과 함의를 인식하고 이 사실을 관찰하고 이 사실에 적절한 의미를 부여하는 것이다.… 두 번째 점은, 일단 하나의 필요가 만족되면, 그것은 새로운 목적을 위한 만족행위와 도구의 획득을 요구한다. 그리고 새로운 필요가 발생한다.… 우리는 지금 인간은 또한 "의식"을 가지고 있다는 점을 발견한다. 인간들은 역사를 가지고 있는데, 그 이유는 인간들이 어떤 일정한 방식으로… 그들의 생활을 생산해야 하기 때문이다. [그리고]… 인간의 의식은 이와 동일한 방식으로 결정된다. 〔강조 추가〕[28]

이 구절에 따르면, ― 그리고 기본적으로 동일한 주제가 나중에 『정치경제학 비판 요강』의 유명한 서문에서 표현되고 있다 ― 과학적 역사이론은 인간에게 특징적인 것을 가지고 시작해야 한다. 요컨대, 인간들은 그들의 기본적인 필요들을 만족시키기 위한 수단을 변화시킴으로써 그들 자신을, 그들의 필요를, 그들의 사회적 관계들을, 그들의 의식을 변화시킨다. 그렇다면, 인간의 본성은 설령 인간에게 어떤 것이라 할지라도 인간들로 하여금 이러한 방식으로 그들 자신을 변화시킬 수 있는 바로 그것이다.[29] 이 프로테우스적 능력(혹은 일련의 능력들)은 인간인 것의 핵심이다 ― 이것은 역사를 통해 불변이며, 그 종에게 보편적인 것이다.

맑스가 프루동과 벤담과 같은 사상가들을 이질적인disparate 인 것으로 비판한 것은 메마르기는 하지만 창의력이 풍부한 이러한 인간 본성 개념에 대한 지점에서부터이다. 프로테우스적인 능력에 대한 최근에 일시적인 역사적 표현을 인간 본성 자체로 오해했다는 이유로 그는 이 두 인물을 비난하고 있다. 맑스가 "프루동 씨는 모든 역사가 단지 인간 본성의 연속적인 변형이라는 점을 알지 못한다."고 비난할 때, 그는 이 점을 역설적으로 적고 있다.[30] 이 생각은 다음과 같다. 프로테우스적인 핵심적 능력은 역사에 걸쳐 불변하고 그 의미에서 그 자체가 변형되는 것은 아닌 반면에, 이 능력의 행사는 다양한 시대에서 심리학적인 속성의 연속적인 형태를 초래한다. 그래서 이 연속적 형태는 당분간 충분한 일반성과 지속성을 향유한다. 그런데 프루동과 같은 피상적인 사상가들이 그것들을 인간의 보편적인 특징으로 오해한다는 점이다. 사실상 동일한 비난이 『자본』 1권에서 벤담에게도 가해진다.

> 개에게 유용한 것이 무엇인지를 알기 위해 사람들은 개의 본성을 연구해야 한다. 이 본성 자체는 효용의 원칙으로부터 연역되지 않는다. 이것을 인간에게 적용하면서 모든 인간행위, 운동, 관계들을 효용원칙을 통해 비판하는 인간은 먼저 인간 본성 일반을 다루고, 그런 다음에 각각의 역사적 시기에서 변형된 인간 본성을 다루어야 한다. 벤담은 인간 본성에 대해 별로 연구하지 않는다. 가장 무미건조한 순박함을 가지고 그는 현대의 소매상인, 특히 영국의 소매상인을 정상적인 인간으로 간주한다. … 그런 다음 그는 이 야드 자yard-measure를 과거, 현재 그리고 미래에 적용한다.[31]

프로테우스적 핵심 개념 그 자체가 유적 존재 관념과는 대조적으로 순전히 기술적이거나 설명적이라는 점을 지적하는 것이 중요하다. 유적 존재 관념은 이것이 진정한 인간으로서 — 인간의 완전함이나 성취를 구성하는 것으로서 — 특징적인 인간능력들의 부분집합을 선택하였던 한에서 평가적이다. 프로테우스적 개념은 단지 하나의 특징적인 인간능력(혹은 일련의 능력들)에 대해서만 언급한다. 그러나 이 능력은 너무 광범위해서 유적 존재 개념이 선택한 자유로운 공동체적 생산과 유적 존재의 실현과 양립할 수 없다고 말해지는 경쟁적이고 착취적인 생산능력, 이 모두가 이 능력 밑에 포함될 수 있다. 그렇다면, 모든 것을 포함하면서 순전히 기술적이고 설명적인 인간 본성 개념이 어떻게 자본주의를 비판하고, 공산주의의 우월성을 말하고, 인간 역사에 진보가 있다는 판단에 근거를 제공할 수 있는 관점으로 이용될 수 있는가?

초기의 하나의 설득력 있는 답변은 프로테우스적 개념에서 인간 역사는 기본적으로 **필요를 충족**하는 활동이며, 맑스의 유일한 평가 기준은 단지 이 활동이 성공적인 정도에 초점을 맞춘다는 것이다. 이 해석을 토대로 자본주의는 비난받았는데, 그 이유는 자본주의가 정의롭지 않거나 비도덕적이기 때문이 아니라, 또는 인간 본성에 부합하지 않기 때문이 아니라, 자본주의가 모든 인간 사회의 구성적인 과제를 달성하는 데 실패하기 때문이다. 즉 자본주의는 필요를 만족시키지 못한다. 공산주의는 이 체제가 정의 원칙이나 다른 도덕적 이상들에 더 잘 부합하기 때문에 혹은 인간 본성을 실현하기 때문에 우월한 것이 아니라, 단지 필요를 더 잘 만족시키기 때문에 우월하다. 그리고 역사 일반에서 진보는 만족이라는 동일하고 단순한 기준에 의해 측정된다.

맑스에 대한 이러한 이해가 가지는 한 가지 직접적인 어려움은 필요 개념이 전적으로 계몽적인illuminating 것이라면, 이 개념을 명확히 하기 위해 많은 것이 행해져야 한다는 점이다. 지적해야 할 첫 번째 요점은 "필요들"이 "최저생활필요"처럼 그렇게 협소하게 해석되어서는 안 된다는 것이다. 왜냐하면, 맑스는 공산주의가 인간 사회의 첫 번째 과제를 더 잘 이행하겠지만 그렇다고 해서 공산주의의 우월성이 이것에 한정되지 않는다는 점을 분명히 하고 있기 때문이다. 맑스가 볼 때 기본적 필요의 완전한 만족은 창조적 생산과 자율적이고 사회적으로 통합된 개인의 전면적인 발전을 위한 필요의 추구와 만족을 위한 전제일 뿐이다. 사실상 일단 후자의 범위가 최소한의 의미에서 필요를 넘어서면, 이 해석을 토대로 기본적인 필요와 기본적이 아닌 필요의 만족, 즉 필요와 욕구의 만족에서 성공은 맑스의 궁극적인 평가적 척도라고 말하는 것이 더 적절할지도 모르겠다.

또 다른 문제는 필요와 욕구들이 전 역사에 걸쳐 일정하지 않다는 사실을 맑스가 강조하고 있다는 점이다. 그에 따르면, 어떤 사람의 의식의 성격 그리고 어떤 사람의 필요와 욕구들은 이것들이 의식에 의해 형성되고 구조화되는 한에서 한 사회가 삶의 물질들을 생산하는 과정의 성격에, 더 특수하게는 이 과정에서 사용된 어떤 사람의 생산수단과의 관계에 의존한다. 그러므로 일단 우리가 가장 기본적인 생존필요들을 넘어서서 본다면, 맑스가 묘사하고 있는 시대들의 모두에게 공통적인 단 하나의 현실적인 필요와 욕구는 존재하지 않는다. 즉 모든 시대에 공통이 되는 필요와 욕구의 만족이 하나의 평가의 기준으로 있을 수 없다.

이 어려움에 대한 하나의 응답은 만족의 개념을 상대화하는 것이다. 즉 우리는 어떤 주어진 **사회형태**가 발생시킨 욕구들을 이 사회가 만족시키는 데 성공하는 정도에 따라 그 사회형태를 평가할 수 있다. 우리는 (일반적으로) 나중의 사회형태들이 이전의 사회형태들이 발생시켰던 욕구들을 만족시킨 것보다 자신들이 발생시켰던 욕구들을 더 잘 만족시키면, 역사의 진보가 있다고 판단한다. 이 해석을 바탕으로 맑스가 자본주의적 인간에 특징적인 욕구들을 단지 만족시키지 못했거나 혹은 완전하게 만족시키지 못했다는 이유로 자본주의를 비판한다는 것이다. 반면에 그는 공산주의를 칭찬하고 있는데, 그 이유는 공산주의가 공산주의적 인간에게 특징적인 욕구들을 완전하게 만족시켜 줄 수 있는 능력을 지니고 있기 때문이다.

하지만 이러한 해석은 옳지 않다. 왜냐하면 이 해석은 자본주의적 인간의 욕망과 공산주의적 인간에게 특징적이라고 하는 욕구들 간의 질적인 차이에 대한 맑스의 강조를 간과하고 있기 때문이다. 맑스는 자본주의를 노예적이고, 파괴적이며, 서로 갈등관계에 빠져 있고, 계급 분할 사회의 소외된 사회적 관계에 의해 왜곡된 의식에 그 토대를 두는 것으로 전자를 묘사하고 있다. 단지 두 가지 중요한 유형의 보기들로 앞에서 논의한 물신주의의 경우와 자본주의적 인간의 소유 집착증obsession에 대해 생각해 보자. 상품 물신주의 속에서 인간들은 더 많은 상품들을 생산하고 구매하도록 내몰려지는데, 그 이유는, 이들은 이 물건들이 사회적 관계와는 무관하게 가치를 가지고 있다는 환상을 겪기 때문이다. 나는 어떤 값비싼 가구를 가지기를 갈망하는데, 그 이유는 내가 앉기에 튼튼하고 안락한 어떤 물건으로서의 이 가구의 사용가치를 인정하고 있기 때문이 아니라 내가 이 가구를 상당히 큰 화폐가치를 가지는 것으로 인지하기 때문이다. 이 가치에 대한 나의 인지가 그 대상에 대한 다른 사람들의 물신적인 행동을 통해 일반적으로 결정되는 곳에서 마치 이 가구가 그 물건의 자연적 속성인 것처럼 말이다.[32] 자본의 물신주의 현상 속에서 나는 부분적으로 자본이 창조적인 힘, 즉 산을 움직이고 인간의 마음을 변화시키는 힘을 가진 하나의 사물thing – 궁극적으로 오로지 사물 – 이라는 나의 환상적인 믿음 때문에 더 많은 자본을 향한 만족할 줄 모르는 욕구를 추구한다.

맑스에 따르면, 자본주의적 인간의 소유 집착증은 대상물들의 전유와 즐거움의 유일무이한 양식이 배타적인 개인적 전유라는 잘못된 믿음으로 인해 형성된 특정한 동기 부여적 "장치"이다. 전유적 **활동들**, 특히 공동전유라는 활동을 통해 즐거움을 위한 기회들은 실제적으로 물건들을 **가지고자** 하는 무한정한 충동, 즉 수동적이고 사적이며 배타적인 소유를 통해 물건들을 "향유"하고자 하는 무제한적인 충동에 의해 무색하게 된다.[33]

맑스의 이데올로기론은 왜곡된 의식과 욕구들 간의 관계에 대해 부가적인 보기들을 제공해 준다. 예를 들어, 그러한 의식은 인간들이 본성적으로 탐욕스럽다는 믿음을 포함하고 있으며, 인간들은 단지 사적 이익을 위한 동기 부여들에 의해 일을 하게 될 수 있다는 믿음을 포함한다. 혹은 이러한 의식은 행복이 다른 사람들에 대한 지배를 요구한다는 믿음을 포함하고 있다. 맑스의 이데올로기 비판은 이러한 믿음들을 발생시키고 강화시키는 바로 그 사회적 관계들을 영속시키기 위해 이 믿음들이 동기 부여적인 인간들에게 행하는 역할을 표명함으로써 이 믿음들의 존재와 존속을 부분적으로 설명하고자 했다. 그러한 왜곡된 믿음들이 동기 부여적인 힘을 가지는 까닭에 우리는 범위를 넓혀 왜곡된 것으로서 상응하는 욕구들에 대해 말할 수도 있을 것이다.

공산주의적 욕구와 자본주의적 욕구 간의 질적인 차이점에 대한 맑스의 강조를 잘 포착할 수 있는 유망한 방법은 이 점을 왜곡된 욕구와 왜곡되지 않은 욕구들 사이의 차이점에 상응하는 것으로 이해하는 것이다. 맑스는 공산주의를 하나의 사회형태로 기술하고 있다. 그리고 이 사회형태에서 개인들 사이의 관계는 더 이상 왜곡되지 않으며, 오히려 솔직하며, 철저하게 명료하다. 공산주의에서 사회적 삶의 표면적인 모습과 그 밑에 놓여 있는 실체 사이의 간극 ─ 맑스가 『자본』에서 다리를 놓으려고 애쓴 간극 — 은 더 이상 존재하지 않을 것이다.[34] 이 차이를 이용하면 우리는 맑스에게 공산주의의 우월성은 단지 이 체제가 발생시킨 욕구들을 가장 완전하게 만족시켜 주는 데 있는 것이 아니라

C : 공산주의 그리고 오로지 공산주의만이 역사의 이 단계에서 개인들이 가지거나 혹은 발전시킬 그러한 욕구들을 가장 완전하게 만족시키는 것을 가능하게 한다. 만약에 이러한 욕구들이 개인들의 의식이고, 따라서 이들이 계급사회에서 점하고 있는 위치들에 의해 왜곡되지 않는다면 말이다.

이 견해에 따르면 유물론적 역사이론의 한 가지 중요한 기능은 전preᵖ공산주의 사회에서 의식의 왜곡과 자본주의에서 공산주의로의 이행에 있어서 왜곡되지 않은 의식의 진화를 설명하는 것이다. 나는 유물론적 의식이론을 대략 역사적 유물론에 대한 맑스의 일반적 교의를 역사에 있어서 의식형태들의 진화를 설명하는 데 적용하는 것으로 이해한다. 물론 맑스의 역사적 유물론의 적절한 정식화에 관련되는 수많은 논쟁들이 있다.[35] 하지만 우리의 목적을 위해 이 논쟁의 많은 문제들이 해결될 필요는 없다. 가장 단순하고 일반적인 형태로 역사적 유물론은 다음과 같은 명제라고 말하는 것으로 족할 것이다.

HM : 어떤 시기에 한 사회 안에서 존재하는 사회적 현상, 한 사

회형태에서 다른 사회형태로의 이행, 그리고 동일한 시기나 혹은 다른 시기에 존재하는 다른 형태들 사이에 존재하는 차이점과 유사성들 모두는 해당 사회들의 생산력 수준과 이러한 생산력들이 이용되는 경제구조의 성격에 의해 주로 설명된다.

여기서 "사회현상"은 정치적, 문화적 그리고 경제적 제도들, 역할, 행위유형 그리고 의식형태들을 포함한다. 역사적 유물론의 명제를 의식현상에 국한함으로써 우리는 유물론적 의식이론의 주요 명제를 얻게 된다.

MC: 주어진 사회에서 널리 유포되어 있는 의식형태들의 성격은 한 사회형태에서 다른 사회형태로 이행함에 따라 변화한다. 그리고 동일한 혹은 다른 시기의 다른 사회들에서 의식형태들 간에 존재하는 차이점과 유사성 모두는 해당 사회들의 생산력의 수준과 이러한 생산력이 이용되는 경제구조의 성격에 의해 주로 설명된다.

우리가 맑스 기획의 기본적인 평가적 관점을 알아내려고 한 결과, 우리는 유물론적 의식이론은 처음에 생각할 수도 있었던 것보다 더 근본적인 역할을 하고 있다고 결론 내린다. 왜곡된 필요와 왜곡되지 않은 필요 사이의 차이에 대한 설명, 공산주의 명제 C의 진실과 허위 그리고 급진적으로 자본주의를 비판하기 위한 기본적 기준과 역사에 진보가 있다는 판단을 위한 기본으로서 공산주의에 대한 비전을 사용하는 것에 대한 타당성plausibility과 비타당성, 모든 것은 유물론적 의식이론에 달려 있다.

VI

적절한 평가적 관점은 사람들의 욕구가 왜곡되지 않거나 충분히 인지된다면 사람들이 가질 수 있는 선호 구조라는 혹은 이 구조를 포함한다는 관념은 독특하게 맑스주의적인 것은 아니다. 이 관념의 변형들이 "가치선택기준"choice criterion of value으로 칭해진 존 스튜어트 밀에게서 그리고 존 롤스의 "심의적 합리성"deliberative rationality 관념에서 발견된다. 밀의 그럴듯한 해석에 따르면, 진정으로 가치가 있는 것(어떤 사람이나 다른 사람에 의해 사실상 가치가 부여되는 것과는 다른 것으로서)은 해당 사항의 질과 결과 들에 대해 완전하거나 혹은 충분하게 정보를 제공받은 사람들에 의해 선호되거나 비난받는 것일 것이다. 잘 안다는 것은 대개 자신의 경험을 통하거나 아니면 다른 사람들의 입증을 통해 해당 사항과 경합하는 선택 대상에 대한 실제적인 숙지의 문제이다. 가장 간단히 말해, 선the good은 완전하게 혹은 적어도 충분하게 정보를 제공받은 평가자의 이해관계를 유인하고 유지하는 것일 것이다.

롤스는 심의적 합리성 관념을 합리적 생활계획을 정의하는 하나의 요소로 도입하고 있다. 한 개인의 생활계획은 이것이 "완전한 심의적 합리성을 가지고, 즉 관련이 있는 사실들에 대한 완전한 인식과 그 결과들에 대해 주의 깊게 고려한 후에 그에 의해 선택될" 경우에만 비로소 합리적이라고 말할 수 있다.[36] 롤스는 완전한 심의적 합리성의 달성은 환상이나 잘못된 믿음에 기반하는 선호들을 배제한다는 점을 분명히 하고 있으며, 그래서 추측건대 이 점은 적어도 맑스적인 허위의식에 근거한 욕구들의 어떤 것들을 배제시키고 있다.[37]

하지만 이러한 유사성에도 불구하고 공산주의, C에서 도입된 맑스의 평가적 관점과 밀과 롤스가 제안한 개념들 간에는 커다란 차이가 있다. 맑스에게 왜곡되지 않거나 혹은 적절하게 형성된 선호구조의 달성은 어떤 사회적 관계들의 연계 내에서 생활하고 있는 사람들에게만 가능하다. 그리고 사회적 관계들의 연계는, 일단 역사 발전의 긴 여정이 경과한 후에 비로소 존재할 수 있다. 그리하여 맑스는 밀의 가치선택기준 개념과 롤스의 심의적 합리성 개념을 비역사적이며 개인주의적인 추상으로 거부할 것이다. 맑스가 볼 때, 적절하게 정보를 받아 형성되거나 왜곡되지 않은 선호들은 사회적인 획득이며, 이는 경험을 통해 평가하는 하나의 존재로서, 그리고 그의 경험이 사회적인 존재로서의 인간들의 역사적 발전의 일정한 단계에서만 달성될 수 있다. 그리고 맑스에 따르면, 이 달성은 생산수단의 사적 소유의 폐지를 통해서만 이루어질 수 있다.

유물론적 역사의식이 인정된다면, 적절한 평가적 관점이 개인들이 가지게 될 선호구조라는 생각 ─ 이들의 선호들이 왜곡된 의식에 의해 영향을 받지 않는다면 — 은 형식적인 관념은 아니다. 내가 제안하고 있는 해석이 옳다면, 맑스는 유물론적 의식이론이 왜곡된 선호들이 왜곡되지 않은 선호들에 의해 점진적으로 대체되는 것을 설명하고, 중요한 관점에서 그 지속적인 과정의 결과들을 예언할 수 있다는 생각에 동조하고 있다. 따라서 맑스가 생각했던 것처럼 유물론적 의식이론이 전개될 수 있다면, 평가를 위한 일정한 이상적인 조건들이 충족될 경우 선호가 어떤 식으로 나타날지라도 우리는 내용이 없는 왜곡되지 않은 선호 개념에 머물러 있지 않을 것이다. 그 대신에 우리는 하나의 이론을 가질 것이다. 그리고 이 이론을 가지고 우리는 왜곡되지 않은 선호들이 형성되는 조건의 발생과 그러한 선호들의 내용, 그 모두를 점점 더 완전하게 예언할 수 있다. 그럴 경우, 유물론적 의식이론의 중요한 임무는 어떤 종류의 욕구들 — 특히 창조적이고, 협동적인 생산적 활동과 자율적 삶을 위한 욕구들 — 이 공산주의에서 인간의 심리를 구성하게 될 것이라는 맑스의 예견을 확고하게 정당화하는 것일 것이다.

내가 탐구해 왔던 견해를 맑스가 택하고, 내가 제기했던 문제들을 그가 다루어서 그 견해를 개진했다고 가정하면, 그럴 경우 그의 이론은 합리적인 것처럼 보인다. 왜냐하면, 맑스는 공산주의를 한 개인의 욕구의 완전한 만족이 다른 사람들의 욕구들의 완전한 만족을 방해하지 않는 조화의 조건으로 특징짓고 있기 때문이다. 그런 다음 맑스는 개인 간에 발생하는 모든 심각한 갈등들이 결함이 있는 생산양식이나 결함이 있는 생산양식이 야기하는 왜곡된 의식의 인공물artifact이라는 바로 그 강력한 명제를 지지했을 것 같아 보인다. 이 점은 어떤 주어진 개인의 믿음이 왜곡되지 않았다면, 개인들이 형성하는 다양한 선호들은 서로 조화를 이룰 것이라는 명제보다 훨씬 더 강력한 것이다. 왜냐하면, 밀, 롤스 그리고 다른 학자들이 인정했듯이, 다른 개인들 – 이들 각각은 그 자신의 욕망체계에서 조화를 이루겠지만 – 은 그들 자신들이 서로 심각한 갈등에 빠져 있다는 것을 알게 될 수 있기 때문이다.

이 가능성을 인식하고 개인 간의 모든 심각한 갈등을 무지, 잘못된 의식, 그리고 궁극적으로 교정할 수 있는 생산양식의 결함, 혹은 의지의 허약함의 문제로 환원시킬 만큼 합리주의적이지 못한 사람들은 잠재적으로 충돌하는 욕구체계 사이의 조화를 이룩하기 위해 고안된 정의 원칙이나 합리적인 사회적 선택 원칙들을 전형적으로 제시했다. 하지만 내가 4장에서 논의하듯이, 맑스는 공산주의에서 정의 원칙들의 기능을 마음에 그리지 않고 있다. 왜냐하면, 그는 공산주의에서 갈등들이 그러한 원칙들을 요구할 만큼 충분히 중요할 것이라는 점을 부정하고 있기 때문이다. 나아가 맑스는 갈등적인 욕구들을 잘 조화시킨다고 알려져 있는 사회협동이론에 대한 가장 발전된 예 – 고전경제학자들의 시장이론 – 를 단호하게 거부했다. 그러나 그는 어디에서도 하나의 대안 – 비교할 만한 설명적이며 예견적인 힘을 가진 경합적인 사회조정이론 – 을 표명하지 않고 있다.

그 문제는 다르게 제기될 수도 있다. 적절하게 알려져 있거나 왜곡되지 않은 선호라는 생각을 이용하는 다른 사람들은 이 문제를 단지 실천적 합리성 이론의 첫 번째 구성요소로 간주한다. 왜냐하면 그들은 적절하게 알려져 있거나 왜곡되지 않은 선호구조들을 조화시키는 문제를 그 이론의 주요 과제로 인식하고 있기 때문이다. 설령 주어진 목적들을 달성하기 위한 가장 효율적인 수단의 채택으로서 합리성 개념과 결합될 때라도 이러한 이론가들에게는 적절하게 알려져 있거나 혹은 왜곡되지 않은 선호에 대한 개념이 충분하지 않다. 이들은 다른 개인들이 추구하는 바를 조정하기 위한 정의 원칙이나 다른 사회적 선택원칙들이 또한 필요하며, 좋은 사회에 대한 적절한 개념은 이 원칙들이 없다면 완전하지 않다고 믿기 때문이다. 이와는 대조적으로 맑스는 합리성을 두 가지 요소로 적어도 축약시켰던 것처럼 보인다. 즉 잘못되거나 왜곡된 믿음과 선호의 제거, 그리고 주어진 목적들을 달성하기 위한 가장 효율적인 수단의 채택이다. 맑스가 그러한 단순한 견해에 동의했다고 말하는 것은 너무 냉혹하게 보이는 반면에 그가 더 풍부한 이론을 제공해 주지 않고 있다고 말하는 것은 공평한 것처럼 보인다. 요컨대, 맑스는 공산주의를 위한 사회조정이론도, 적절한 이론이 혁명적 과정에서 나타날 것이라는 예측을 가능케 하는 적절한 토대도 그의 자본주의 분석에서 제공하지 않고 있다. 우리가 나중에 보게 되는 것처럼, 공산주의에서 물자 부족이 크게 줄어들 것이라는 맑스의 믿음과 민주주의 이념에 대한 그의 신념은 부분적으로 더 풍부한 실천적 합리성 이론의 부재를 설명해 줄 수 있을 것이다.

맑스가 그 견해를 고려했거나 혹은 내가 제기했던 질문들에 대한 응답에서 그 견해를 진척시켰다고 가정하더라도, 그의 기본적인 평가적 관점의 정확한 성격은 여전히 분명하지 않다. 지금까지 이 질문에 대한 결론적인 대답은 주어지지 않았다. 즉 맑스의 급진적 비판의 기저를 이루는 맑스의 기본적인 평가 기준은 공산주의가 왜곡되지 않은 선호들의 완전한 만족을 허용할 것이라고 하는 예언의 중요성이 오로지 구성원들이 왜곡되지 않은 선호들을 가지고 있는 사회에서만 만족이 극대화되는 곳에서 그저 만족을 극대화하는 것인가? 아니면 맑스의 견해는 이 선호들을 만족시키는 것이 만족을 극대화하고 있는지의 문제와는 무관하게 어떤 중요성을 왜곡되지 않은 선호들에 돌리고 있는 것인가? 맑스 자신은 명백하게 이 문제를 결코 제기하지 않았으며, 하물며 대답도 하지 않았다. 왜냐하면, 그는 만족의 극대화, 왜곡되지 않은 선호의 만족 그리고 그가 공산주의적 인간에게 귀속시키는 자율성 등에 대한 특수한 욕구들이 갈라질 가능성을 고려하지 않았기 때문이다. 더욱이 공리주의 이론가들과는 달리 맑스는 욕구들의 질적인 성격과는 상관없이 그리고 욕구들이 왜곡되거나 아니면 왜곡되지 않은 의식에 기초를 두고 있는지에 대해서는 개의치 않고 모든 욕구들에 적용될 수도 있는 만족을 측정하는 어떤 방법을 제안하지 않고 있다.

왜곡되지 않은 욕구들의 만족이 만족을 극대화한다는 명제나 왜곡되지 않은 욕구들이 맑스가 자신 있게 공산주의적 인간에게 돌렸던 바로 그러한 욕구들 – 자율성, 협동적인 생산적 활동, 그리고 인간의 전면적 발전을 위한 – 임이 판명될 것이라는 명제를 적절하게 옹호하기란 상당히 어려운 일일 것이다. 잘못된 믿음에 근거를 두지 않은 욕구가 왜곡된 욕구보다 더 큰 만족을 만들어 낸다는 것은 전혀 분명하지 않다. 또한 자율성, 공동체 혹은 맑스가 공산주의적 인간에게 돌린 다른 특징적인 가치들을 소중히 여기지 않는 것이 부분적으로 잘못된 믿음이나 왜곡된 의식에 달려 있다는 점도 분명하지 않다.

칸트의 이론과 같이 더 풍부한 실천적 합리성 이론이나 혹은 아리스토텔레스의 이론과 같이 인간 본성에 관한 규범적 이론은, 적절하게 정보를 받은 합리적 대리자가 맑스가 공산주의에서의 인간에게 돌린 바로 그 욕구를 나타내 보일 것이라는 점을 보여주기에 충분할 만큼 강력할 수도 있을 것이다. 그러나 내가 앞서 언급했듯이 맑스는 어디에서도 그러한 실천적 합리성 이론을 제안하지 않으며, 그가 인간 본성에 대한 그의 초기의 규범적 개념을 재활시켰다고 할지라도, 그 개념은 그 과제를 수행하기에 충분하지 않다. 옹호할 수 있는 맑스주의적·급진적·평가적 관점을 발전시킬 필요성을 인식하는 사람들은 다음의 대안들에 직면하게 되는 것 같다. 공산주의의 우월성이나 자본주의의 근본적인 결함들은 왜곡되지 않은 욕구들의 만족 기준에 의해 측정되거나, 아니면 만족의 기준으로 소급될 수 없는 자율성과 공동체를 포함하여 일련의 이상들에 대한 언급을 통해 측정된다. 전자의 전략은 만족스럽지 못하다. 그 이유는 이 전략이 왜곡되지 않은 욕구들이 맑스가 공산주의 사회의 구성원들에게 돌린 바로 그 욕구일 것이라는 아직도 뒷받침되지 않은 견해에 동조하거나 그렇지 않으면 공산주의가 단지 만족을 극대화하기 때문에 — 이곳에서 공산주의적 인간이 가지는 욕망들의 질적인 성격은 그 자체로 아무런 의미가 없다 — 공산주의가 우월하다는 고무적이지 않은 주장에 동조하기 때문이다. 두 번째 전략은 좀 더 유망하기는 하지만 어려움이 없는 게 아니다. 즉 이 전략은 우리를 도전받을 수 있고, 도전을 받았던 일련의 특징적인 규범적 이상들에 맡겨 놓는다. 맑스가 이 이상들을 충분하게 입증하지 않았다고 말하는 것이 이것들이 입증될 수 없다는 말은 아니다. 오히려 나의 목적은 더 적절한 맑스주의 이론을 위한 요구들을 더 분명하게 진술하는 것이며, 맑스주의자들이 전통적인 도덕철학이 제기한 어떤 기본적인 문제들을 무시할 수 없음을 보여주는 것이다.

내가 제시했던 해석이 맑스의 급진적 사상에서 가장 특징적인 것과 가장 잘 일치하고 유적 존재에 대한 초기의 평가적 개념에서 역사이론에 근거를 두고 있는 공산주의 사회에 대한 후기의 시각으로의 맑스의 이동을 설명해 주는 부가적인 장점을 가진다면, 비판적 관심은 유물론적 의식이론에 초점을 두어야 한다.[38] 제안된 해석이 옳다고 가정하면, 자본주의에 대한 맑스의 급진적 비판들, 역사에 진보가 있다는 그의 판단 그리고 공산주의적 인간의 특질에 대한 그의 예언, 이 모든 것은 왜곡되지 않은 의식의 진화에 대한 유물론적 이론과 따라서 왜곡되지 않은 욕구에 대한 유물론적 이론이 발전될 수 있고, 옹호될 수 있는가에 따라 결정된다. 잘 알려진 바와 같이 맑스 자신은 이 것을 이루지 못했다. 한편으로는 생산력과 경제구조 그리고 다른 한편으로는 의식형태들, 이 둘 사이의 관계에 대한 그의 가장 상세한 토론들은 『독일 이데올로기』에서 발견된다. 그러나 1846년 후에 맑스는 의식이 이해되는 것과 관련하여 생산과정들을 탐구하기 위해 유물론적 의식이론을 발전시키는 과제를 뒤로 미루었다. 의식이론의 발전을 포함하게 되는 더 큰 기획에서 첫 번째 단계였던 『자본』은 일생의 연구가 되었다.

3장
착취와 소외

I

맑스의 평가적 관점에 대한 논의의 배후에 지금까지 고의적으로 간직했던, 맑스의 자본주의 비판의 중요한 요소가 있다. 그것은 다름 아닌 착취 개념이다. 착취 개념이 자본주의에 대한 맑스의 공격에서 핵심적인 역할을 하고 있다는 사실을 그 누구도 부인하지 않는다. 그러나 맑스의 착취 개념이 정확하게 무엇인지에 대해서는 많은 혼란이 있다.

최근의 논의들은 두 가지로 나누어지는 경향이 있다. 그 첫째는 좀처럼 착취를 언급하지는 않으면서 맑스의 소외 개념에 대한 광범위한 분석을 하는 집단이다. 이 집단의 저술가들이 착취를 언급할 때, 이들은 이 개념이 명백하고 문제의 소지가 없다고 가정한다.[1]

두 번째 집단은 소외에 관해서는 별로 언급하지 않으면서 착취에 대해 설명하려 한다. 이 저술가들은 맑스의 착취 개념을 노동과정 그 자체에 한정하는 오류를 범하고 있다.[2] 이 두 집단의 접근법들은 소외와 착취 사이에 존재하는 중요한 연관성을 설명하지 않고 있다.

이 장에서 나는 맑스의 착취 개념을 더 포괄적으로 설명할 것이다. 첫째, 나는 맑스의 작업이 세 개의 구별되면서도 상호 연관된 착취 개념을 포함하고 있다는 점을 논의할 것이다. 이 세 가지는 (a) 자본주의 노동과정에서의 착취 개념 ; (b) 자본주의 노동과정뿐만 아니라 계급으로 나누어진 모든 사회들의 노동과정에도 적용되는 초역사적 착취 개념3 ; 그리고 (c) 노동과정 자체 내의 현상에 제한되지 않는 일반적인 착취 개념이다. 둘째, 더 포괄적인 설명을 바탕으로 나는 세 가지 연구를 할 것이다. 즉 (i) 나는 소외론이 착취 개념의 내용을 제공해 주고 있다는 점을 논의함으로써 착취와 소외 사이의 연관성을 표명할 것이다. (ii) 나는 착취에 대한 맑스의 견해에 대해 널리 퍼져 있는 몇 가지 반대들objections에 대해 반박할 것이다. 물론 이 반대들이 맑스의 착취 개념에 관한 오해에 그 근거를 두고 있다는 점을 해명함으로써 말이다. (iii) 나는 맑스의 착취 개념과 앞 장에서 표명한 급진적인 평가적 관점 사이의 관계를 검토할 것이다.

II

나는 맑스의 세 가지 착취 개념 중에서 가장 전문화된 개념, 즉 자본주의 노동과정에서의 착취 개념을 가지고 시작하려 한다.4 자본주의를 특별한 생산양식으로 정의하는 노동과정은 상품생산의 임금노동과정이다.5 이러한 특별한 착취 개념의 핵심은 필요임금노동과 잉여임금노동 간의 구별이다. 맑스에 따르면, 임금노동자의 노동은 두 부분으로 나누어질 수 있다. 즉 노동자 자신의 생계에 필요한 그러한 재화들의 가치와 동등한 상품가치를 생산하는 노동과 이 생필품의 가치를 초과하는 상품가치를 생산하는 노동으로 나누어진다. 맑스는 전자를 "필요임금노동"이라 불렀으며, 후자를 "잉여임금노동"이라 불렀다.6 맑스는 또한 임금노동자의 노동일을 두 부분으로 나누고 있다. 첫 번째 부분 동안에 노동자는 자신이 받고 있는 임금과 동등한 가치의 상품을 생산한다는 의미에서 그 자신을 위해 일한다. 나머지 노동일 동안에는 임금노동자가 생산한 것을 자본가가 전유하고 임금형태로 임금노동자에게 귀속되지 않는다는 의미에서 그는 자본가들을 위해 일한다. 잉여임금노동의 생산물이 노동자에게 돌아가지 않기 때문에, 맑스는 이 잉여노동을 "지불되지 않은 노동"이라 부른다.

맑스는 또한 임금노동이 강요된 노동이라고 주장한다. 자본가가 생산수단을 통제하기 때문에 임금노동자는 실업과 결국에는 기아의 위협을 받게 되고 임금계약을 마지못해 하게 된다. 결국 노동자는 그가 생산한 상품의 일부에 대한 대가로 임금을 받지만 자본가는 그가 생산한 모든 상품들을 통제한다.

임금노동에 대한 이러한 개요적인 분석에 동의할 경우, 맑스가 왜 임금노동을 착취로 낙인찍었는지를 이해하는 것은 어렵지 않다. 낸시 홀름스트롬이 간결하게 적고 있듯이 말이다. "[자본가들]의 소득은 강요되고, 지불되지 않은 잉여[임금] 노동에 기인한다. 즉 그것(자본가의 소득)은 노동자가 통제하지 못하는 생산물이며, 임금노동을 착취하는 잉여노동이라는 사실이다."7 여기서 정확하게 "착취"라는 단어가 적절한 이유는 일단 우리가 자본주의 노동과정에서 맑스의 착취 개념이 어떤 방식으로 두 번째와 세 번째 착취 개념과 연관되는지를 이해한다면, 더 분명해질 것이다.

맑스에 따르면, 자본주의에 선행하여 계급으로 나누어진 사회구성체들의 각각은 상이한 노동과정을 가지고 있었다. 그리고 이 각각의 상이한 노동과정은 상이한 착취형태를 구성했다. 『요강』에서 맑스는 자본주의에 앞서 존재한 세 개의 사회구성체들, 즉 동양 전제 군주제, 고대 노예제 사회 그리고 봉건제를 구분했다. 노동자의 생산물이 취하는 형태가 다른 것처럼 잉여가 노동자들에게서 추출되는 방식은 각각의 경우에 다르다. 예를 들어, 봉건적 노동과정에서 노동자는 실업의 고통 속에서 재화들을 상품형태로 생산하는 임금노동자가 아니다. 그는 임금 대신에 작은 구획의 토지를 사용할 수 있는 농노이며, 육체적 강제의 고통 속에서 영주의 개인적 소비를 위한 재화를 생산하는 농노이다. 그러나 각각의 경우에 네 가지 요소들이 존재한다. (1) 노동은 강요된다. (2) 노동의 일부분은 보상받지 않은 노동이다. (3) 노동자들은 잉여를 생산해 낸다. (4) 노동자들은 그들 자신이 그들의 생산물을 통제하지 못한다. 자본주의 노동과정에서 착취 개념은 노동과정에서 존재하는 초역사적인 착취 개념을 구성하는 이 네 가지 요소들을 세분화한다. 그렇다면, 임금노동과정에 존재하는 맑스의 착취 개념은 계급으로 분할된 모든 사회의 노동과정에 존재하는 초역사적인 착취 개념에 대한 세분화된 해석일 뿐이다.[8]

맑스의 가장 일반적인 착취 개념을 이해하기 위해 우리는 그가 1846년에 쓴 초기 저술 가운데 하나인 『독일 이데올로기』에서 시작해야 한다. 이 글에서 인용한 다음의 글귀에서 맑스는 처음으로 "착취"라는 단어를 도입하고, 그 의미를 설명한다. 그리고 그는 그 단어를 빌려왔던 프랑스어 문구에 대해 언급한다. 즉 그것은 개인 간의 관계를 효용의 관계로 이해하는 부르주아적 견해의 한 토론과정에서 있었다.

> 홀바흐Hollbach에서 개인들의 상호작용 속에서 이루어지는 개인들의 모든… 활동, 예를 들어 연설, 사랑 등등은 효용과 효용성의 관계로 표현된다.… 이 경우에 효용관계는 매우 다른 의미를 지닌다. 즉 나는 어떤 다른 사람에게 해를 끼침으로써 나 자신의 이익을 얻는다(인간에 의한 인간의 착취).… 실제로 이 모든 것이 부르주아에 해당한다. 그에게는 오로지 하나의 관계만이 자신의 이익을 위해 유효하다. 그것은 다름 아닌 착취관계이다. 다른 모든 관계는 부르주아가 다른 모든 관계를 이 하나의 관계 밑에 두는 한에서만 유효하다. 그리고 부르주아가 직접적으로 착취관계에 예속시킬 수 없는 관계들을 접할 때조차도 그는 적어도 자신의 상상 속에서 이 모든 관계들을 착취관계 속에 예속시킨다. 이러한 사용의 물질적 표현이 곧 모든 사물들의 가치, 인간 그리고 사회관계들의 표상인 화폐이다.[9]

이 구절은 중요한데, 그 이유는 이 문구가 맑스의 일반적인 착취 개념을 분명하게 표명하고 있기 때문이다. 이 일반적인 개념은 세 가지 요소를 포함하고 있다. 즉 첫째, 어떤 사람을 착취한다는 것은 어떤 사람을 하나의 도구이거나 천연자원인 것처럼 **효용화**하는 것이다. 둘째, 이 효용화는 그렇게 효용화된 그 개인에게는 해로운 것이다. 그리고 셋째, 그러한 효용화의 목적은 어떤 사람 자신의 이익에 있다.[10]

가장 놀랄 만한 사실은 이 특징에 대한 극단적인 일반화이다. 즉 착취는 노동과정 자체에 국한되는 것이 아니다. **임금노동관계**에서 부르주아가 노동자를 착취한다는 것만이 아니다. 또한 **노동자**를 착취하는 것이 부르주아의 문제만도 아니다. 오히려 핵심은 부르주아에 관한 한, 인간관계 **일반**이 착취적이라는 것이다. 이 점은 노동자에 대한 그의 관계뿐만 아니라 그의 동료 부르주아와의 관계 역시도 포함한다.

『1844년 발췌노트』*Excerpt-Notes*에서 맑스는 존 로크와 다른 부르주아 이론가들이 표현한 신화적인 단순상품교환 사회에서 개인들 사이의 상호 착취적인 교환관계를 기술하고 있다. 로크적 개인들은 동일한 종류의 다른 개인들과 그들 자신의 잉여생산물을 생산하고 교환한다. 그들은 재화를 교환만 하기 때문에 그 어떤 임금관계도 존재하지 않는다. 그러므로 자본주의 노동과정에서 특수한 착취 개념 – 임금노동과정 – 은 적용되지 않는다. 나아가 그 어떤 집단도 그를 위해 보상받지 못하는 노동을 수행하도록 다른 사람들을 강요하는 생산수단에 대한 독점을 하지 못하기 때문에 노동과정에서의 좀 더 일반적인 초역사적인 착취 개념 역시 적용될 수 없다. 그러나 아래의 구절이 보여주고 있듯이 맑스는 이 교환을 상호 착취적인 것 – 한 개인이 다른 사람을 그 자신의 이익을 위한 단순한 수단으로, 즉 다른 사람

의 불이익에 대한 수단으로 효용화하는 관계로서 그리고 그 역의 관계
도 마찬가지로 — 으로 비난했다.

> 교환이 일어나자마자 직접적인 소유의 한계를 넘어서는 과잉
> 생산이 존재한다. 그러나 이 과잉생산은 이기적인 욕구를 초과
> 하지 못한다. 오히려 이것은 단지 다른 사람의 생산에서 그 대
> 상을 발견하는 어떤 욕구를 충족시키는 간접적인 길이다. … 나
> 는 너를 위해서가 아니라 나 자신을 위해 생산했다. 당신이 나
> 를 위해서가 아니라 당신 자신을 위해 생산했던 것과 마찬가
> 지로 말이다. … 그 누구도 다른 사람의 생산물에 의해 만족하
> 지는 않는다. 우리가 행한 상호 간의 생산은 인간으로서 우리
> 에게는 아무런 의미도 없다. … 인간 본성은 서로를 위해 우리
> 가 생산한 것의 유대가 아니다. … 우리들 각자는 생산물 속에
> 서 자신의 대상화된 자기이익을 보며, 다른 사람의 생산물에서
> 독립적이고 소외되고 대상화된 또 다른 자기이익을 본다. 하지
> 만 인간으로서 너는 나의 생산물에 대해 어떤 인간적인 관계를
> 가진다. 너는 나의 생산물을 원한다. 그것은 너의 욕구와 의지
> 의 대상물이다. 그러나 나의 생산물에 대한 너의 필요, 욕구 그
> 리고 의지는 (그러한 것으로서) 무기력하다. 너와 나의 사회적
> 관계와 너의 욕구를 위한 나의 노동은 아주 분명하게 사기이
> 다. … 상호 간의 약탈이 그 근저에 있다.[11]

맑스가 로크적 생산자-교환자들의 관계를 착취에 대한 일반적

인 개념에 의거하여 상호 착취적인 것으로 보고 있다는 사실은 극히 중요하다. 맑스가 모든 부르주아적 관계들을 이득을 위한 해로운 효용화의 관계로 서술하고 있는 『독일 이데올로기』에 있는 문구와 같이 이 점은 맑스가 "착취"라는 단어를 계급들 사이의 관계로 제한하고 있지 않으며, 더욱더 자본가와 노동자 사이의 임금관계로 제한하지는 않고 있다는 것이다.

더 중요한 사실은 착취에 대한 맑스의 일반적 개념이 생산자가 아닌 사람들 사이의 관계에도 적용할 만큼 충분히 광범위하다는 점이다. 왜냐하면 맑스의 일반적인 착취 개념은 완전하게 발전된 자본주의 사회에서 자본가계급의 구성원들 사이에 존재하는 더 복잡한 교환관계들에 동등한 힘을 가지고 적용되기 때문이다. 예를 들어 두 명의 상인 혹은 두 명의 은행가가 동일한 계급의 구성원이라 할지라도 그리고 이 양자가 생산수단을 소유하고 서로에 대해 임금관계에 있지 않다 할지라도 이들은 거래에서 서로를 착취한다. 각자는 다른 사람의 **필요와 욕구**를 필요와 욕구로서 보기보다는 오히려 조작되는 지렛대로, 즉 먹이가 되는 허약함으로 생각한다. 『유대인 문제에 대해』[12]와 『1844년 발췌노트』에서 맑스는 노동자와 자본가 사이의 임금관계에서, 그리고 자본가계급 간 관계에서, 화폐가 착취의 매개수단으로써 이용되는 방법을 설명하고 있다. 그리고 이것은 물론 우리가 기대해야 하는 바로 그것이다. 맑스가 『독일 이데올로기』에서 도입했던 일반적인 착취 개념을 인정한다면 말이다.

화폐는 모든 인간의 능력을 착취하는 것을 용이하게 해주는데, 그 이유는 화폐가 각각의 인간능력에 가격을 매길 수 있게 해주고 동시에 인간능력의 실행을 통제할 수 있게 해주기 때문이다. 맑스가 『독일 이데올로기』에서 적고 있듯이, 화폐는 인간들의 순전히 도구적 관계들의 "물질적 표현"인데, 그 까닭은 화폐가 "모든 사물들의 가치, 인간들 그리고 사회적 관계들의 대변자"이기 때문이다.[13]

프롤레타리아계급의 매춘에 대한 맑스의 논평은 그의 일반적 착취 개념이 노동과정 자체를 넘어서 확대되고 계급 내부의 관계와 계급 간 관계에도 적용된다는 주장에 더 많은 증거를 제공해 주고 있다. 1844년에 맑스는 노동자들이 그들의 임금을 보충하기 위해 정기적으로 그들의 아내와 딸들을 매춘시킨다는 점을 언급하고 있다.

> 당신은 당신의 것인 모든 것을 팔 수 있게, 즉 사용할 수 있게 만들어야 합니다. 나는 정치경제학자에게 이렇게 묻습니다. 내가 나의 육체를 판매함으로써, 요컨대 다른 사람의 쾌락을 위해 나의 육체를 내어 줌으로써 돈을 얻는다면, 나는 경제법에 복종하는 것입니까? (프랑스에서 공장노동자들은 그들의 아내와 딸들의 매춘을 X번째의^{Xth} 노동시간으로 불렀다. 이는 글자 그대로 정확하다.) … 이 질문에 대해 정치경제학자는 나에게 이렇게 응답합니다. 당신은 나의 법들을 어기지 않고 있습니다, 라고 … .[14]

여기서 맑스의 요지는 노동과정에서 자본가에 의한 노동자의 착취가 노동자 사이에서, 심지어 노동자의 가족 그 자체 내에서 조차도 착취적 관계를 조장시킨다는 점이다. 노동과정에서 노동자는 그의 능력의 사용, 그의 정신과 육체에 대한 통제를 자본가에게 판매한다. 그리하여 노동과정은 노동자로 하여금 인간능력들을 팔 수 있는 것으로 길들이게 한다. 나아가 화폐의 사용으로 인해 모든 인간 능력들은 값이 매겨지고 구매할 수 있게 된다. 노동과정에서 산업적 기능뿐만 아니라 성적인 능력까지도 말이다. 마지막으로 노동자의 임금의 빈약함과 "자기향상"이라는 부르주아 윤리는 자본가들이 노동자를 착취하는 방식으로 노동자들이 그의 아내와 아이들을 착취하게끔 조장한다.[15]

근대국가의 착취적 성격에 대한 맑스의 되풀이되는 비평은 그의 자본주의적 착취 분석이 노동과정에서의 착취로 한정되지 않는다는 증거를 더 제공해 주고 있다. 종종 맑스가 국가에 대한 두 가지 다른 견해를 가지고 있다는 점이 언급되었다.[16] 그 첫 번째 견해는 국가의 강제기구가 프롤레타리아계급의 착취조건들을 집행하기 위해 자본가들이 지배하는 하나의 무기라는 점이다. 국가에 대한 첫 번째 견해는 『공산당선언』에서 분명하게 표현된다.

현대의 대의제 국가의 집행부는 단지 부르주아의 공동관심사를 관리하는 위원회일 뿐이다.[17]

국가에 대한 또 다른 견해는 더 복잡하다. 이 두 번째 견해에 의하면, 국가는 하나의 계급으로서의 부르주아계급의 이해관계로부터 일정 정도의 자율성을 가지고 있다는 것이다. 국가 관료제는 자본가계급과 프롤레타리아계급 사이의 계급 분할 위에서 그 자신의 이해관계를 추구하면서 점차 하나의 뚜렷한 계급의 위상을 갖게 된다. 반semi자율적인 착취적 국가관료제에 대한 맑스의 가장 강한 인상을 주는 비판들은 그의 초기 저작인 『헤겔 법철학 비판』[18]에서 발견된다.[19] 하지만 이 두 번째 국가 해석은 또한 중·후기 저작에서도 찾아볼 수 있다. 『브뤼메르의 18일』[20](1852)에서 맑스는 국가 관료제를 "하나의 그물망처럼 프랑스 사회를 말려들게 하고 모든 기공들을 질식시키는 무서운 기생단체…"로 묘사하고 있다.[21] 나아가 그는 기생충이 시민들이 생산한 부에 대한 통제를 증대시키고, 이 통제를 더 많은 부와 통제를 추출하기 위해 사용함으로써 점점 더 증대했다고 기술하고 있다.

모든 공동이익이 사회와 즉각 분리되었다. 그리고 그 이익은 더 높은 일반적 이익으로서 사회와 대치하게 되었다. 그리고 그 이익은 사회구성원의 활동을 강탈했다. 그리고 그 이익은 정부활동의 목적이 되었다. 그래서 그 이익은 교량, 교사schoolhouse, 그리고 마을 공동체의 공동재산에서부터 철도까지를 국가의 부로 만들었다….[22]

자본가계급의 도구로서의 국가에 대한 좀 더 단순한 개념과 반semi자율적 관료국가라는 좀 더 복잡한 개념은 서로 양립한다. 사실상 더 복잡한 개념이 더 단순한 개념을 동화한다고 말하는 것이 정확할 것이다. 복잡한 견해가 가지는 풍부함과 독창성은 국가가 자본가계급으로부터 일정 정도의 자율성을 획득할 때, 프롤레타리아계급에 대한 자본가계급의 착취도구로서 가장 효과적일 수 있다는 것을 우리에게 알려준다는 점이다. 프롤레타리아계급에 대한 효과적인 통제는 정치적 지배뿐만 아니라 경제적 지배 역시 포함하기 때문에 자본가계급은 국가관료제의 리더십에 대한 권력을 위임할 필요가 있다는 점을 알게 된다. 그러나 이 권력은 국가에게 위험한 정도의 독립, 즉 부분적으로 국가 자신의 생존을 부여해 준다. 소외론은 자본가계급과 자본가계급의 창작물이지만 더 이상 이 계급의 통제 내에 놓여 있지는 않은 국가 사이에 존재하는 상반되고 애매모호한 관계를 적절하게 잘 표현해 주고 있다.

『프랑스 내전』23에서 맑스는 부분적으로 계급으로 분할된 사회의 위에 서서 프롤레타리아와 부르주아 양쪽 모두를 착취하는 반semi자율적 권력으로서 국가관료제 개념을 반복해서 거론한다. 1871년에 등장하는 파리 꼬뮨Paris Commune의 영광은 파리 꼬뮨이 착취적 국가를 분쇄하고 "지금까지 모든 사회 세력들 위에 성장하고 사회의 자유로운 운동을 방해하였던 국가라는 기생충에 의하여 이제까지 흡수되었던 모든 힘들을 사회조직에게" 되찾아 주려는 첫 번째 시도였다는 것이다.24

국가관료제의 착취적 성격을 생생하게 잘 표현해 주고 있는 기생충이라는 직유는 또한 자본가에 의한 노동자의 착취를 말할 때 맑스가 선호한 표상이다.『자본』에서 맑스는 자주 자본가를 노동자의 피를 빨아먹고 사는 흡혈귀로 묘사하고 있다.[25] 이 두 번째 국가 해석에서 볼 때, 국가 착취의 희생자에는 노동자만이 아니라 자본가도 포함되기 때문에, 노동과정에서의 착취 개념은 자본주의에서 국가와 시민 사이의 관계를 망라하기에 충분한 정도로 광범위하지는 않다.[26]

따라서 맑스의 착취 개념이 이전의 설명들이 생각했던 것보다 더 넓고 더 복잡하다고 나는 결론짓겠다. 맑스에게 착취는 노동과정 내에서 발생하는 관계에 한정되는 것이 아니며, 또한 심지어 계급 간 관계에만 국한되는 것도 아니다. 이 점들을 간과하고 있는 설명은 착취적 사회구성체로서의 자본주의에 대한 맑스의 비난을 빈약하게 만들고 있는 셈이다. 맑스의 비판은 단지 자본주의 노동과정이 착취적이라는 게 아니다. 그의 비판은 자본주의 사회가 모든 점에서 착취적이라는 것이다. 자본가에 의한 노동자의 착취는 착취적 사회의 토대이다. 하지만 이 착취가 전부는 아니다. 맑스의 착취 개념을 노동과정에 국한하는 설명은 한 사회의 노동과정이 그 사회 내의 모든 인간관계에 대해 영향력을 골고루 미친다는 맑스의 기본 명제를 무시한다.

III

나는 이제 맑스의 착취 개념과 그의 소외론 사이의 관계가 일반적으로 생각했던 것보다 더 긴밀하다는 점을 제안하려 한다.[27] 나의 제안은 소외론이 인간들이 효용화되는 방법들과 이 효용이 인간들에게 가하는 해악형태들을 체계적으로 분류함으로써 착취 개념의 내용을 제공해 주고 있다는 점이다. 맑스의 소외론이 이 과제에 잘 어울리는 두 가지 중요한 이유가 있다. 첫째, 소외론은 자본주의에서 착취가 일어나는 기본적인 조건에 대해 설명한다. 둘째, 소외론은 임금노동과정 밖에 놓여 있는 더 미묘한 형태의 착취를 포함하여 자본주의에서 착취의 침투력을 망라하기에 충분할 만큼 풍부하다는 점이다.

맑스에 따르면, 자본주의의 착취적 노동과정의 존재를 위한 주요한 조건들은 (a) 화폐형태의 자본, (b) "자유로운" 노동자의 공동관리pool, 그리고 (c) 소수에 의한 생산수단의 독점 등이다.[28] 맑스는 이 세 가지 조건이 공통으로 가지고 있는 요소들을 특징짓기 위해 소외 개념을 이용한다.

『유대인 문제에 대해』에서 그는 자본가가 노동자를 착취하는 매개수단으로서 화폐형태의 자본을 기술하기 위해 소외 개념을 사용한다.

> 판매는 외화의 실행이다. … 그것에 의해 〔사람들〕은 그의 본성을 소외되고 실체가 없는 존재로 전환시킨다. 그리하여 이기적인 필요의 지배하에서 그는 그의 생산물들과 활동이 소외된 존재〔자본가〕의 지배에 예속됨으로써 단지 행동하고, 대상물

들을 생산할 뿐이다. 생산물들에 소외된 실체의 의미, 즉 화폐를 부여하면서 말이다.[29]

『요강』에서 맑스는 봉건적 농노가 토지와 영주로부터의 구속에서 해방되었던 과정을 노동자가 생산수단으로부터 소외되는 과정으로 기술하고 있다.[30]

맑스는 사회가 재산이 없는 생산자계급과 재산을 가진 비생산자 계급으로 분기되는 것을 인간 공동체 내에서 다른 집단으로부터의 한 집단의 소외로 기술하고 있다.[31]

소외론은 인간들이 자본주의에서 효용화하는 방식과 이 효용이 인간들에게 해를 끼치는 방식들에 대한 포괄적인 설명을 제공해 주기에 충분할 만큼 풍부하다. 임금노동과정에서 맑스는 노동자가 생산한 **생산물**로부터의 노동자의 소외와 노동**활동** 그 자체에 있어서의 노동자의 소외를 구별하고 있다.[32] 맑스는 노동자가 생산한 것에 대한 노동자 통제의 부재와 이 통제의 부재가 초래하는 파괴적인 결과를 강조하기 위해 노동자의 **생산물**을 소외된 존재로 묘사하고 있다.

생산물이 노동자에게 가하는 해악은 두 가지 종류이다. 첫째, 주기적인 과잉생산 위기와 이로 인해 자본가가 노동자를 해고함으로써 생산물은 노동자에게 해를 끼친다. 즉 생산물은 노동자로부터 그의 생계수단을 단절시키는 소외적 힘으로 된다. 둘째, 자본가를 위해 상품들을 생산함에 있어 노동자는 자본주의 체제 전체를 재생산하는 데 기여하고 있다. 이 체제는 조직적으로 노동자를 타락시키며 피폐하게 한다.

맑스에 따르면, 임금 노동 그 자체의 활동에 관해 가장 해로운 것은 임금노동이 노동자에게서 그의 행동에 대한 통제를 빼앗고, 그의 육체를 소모시키며, 그리고 그의 정신을 위축시킴으로써 노동자를 창조적이며, 자기의식적인 생산활동으로부터 소외시킨다는 것이다. 이 활동에서 자본가는 노동자를 발전을 위해 양육되어야 하는 인간능력을 가진 동료 인간으로서가 아니라 단순한 수단, 소외된 존재로써 이용한다.

소외론은 또한 노동과정 외부에 존재하는 다양한 형태의 해로운 효용을 포함할 정도로 충분히 풍부하다. 그리고 맑스는 이 목적을 위해 소외론을 이용한다. 우리는 맑스가 소외라는 말을 사용해, 모든 인간 관계 속에서 착취의 매개로 기능하는 것으로 화폐를 특징화하는 방식을 이미 살펴보았다. 맑스는 또한 반semi자율적 관료국가와 이 국가의 시민 사이의 착취적 관계를 기술하기 위해 소외 개념을 사용한다. 국가는 소외된 사회권력이다. 즉 국가는 그 자신이 봉사해야 하는 사회 위에 서서 사회에 반하여 행동하며 사회를 착취하는 소외된 존재이다. 노동자가 생산한 상품처럼 관료국가는 자본주의 사회의 창조물이다. 그러나 이 창조물을 만든 사람은 창조물에 대한 통제를 상실했고, 창조물은 창조자에 대해 소외되고 위협적인 힘으로 되었다.[33]

IV

앞에서 검토한 맑스의 착취 개념과 그의 소외론의 연관성은 이제 자본주의 착취에 대한 맑스의 공격에 대해 빈번하게 제기된 세 가지 반대들을 평가하는 기초로 이용될 수 있다.

첫 번째 반대는 착취가 더 이상 널리 퍼져 있지 않다는 점이다. 적어도 미국과 같은 곳에서는 말이다. 왜냐하면, 노동자의 실질임금이 맑스 이후로 현저하게 상승했기 때문이다. 최저생활임금subsistence wage을 위해 일한다는 임금노동자에 대한 맑스의 사고 틀은 그 의미가 사라지는 분류라는 것이다. 이 반대는 두 가지 오해에 그 근거를 두고 있다. 첫째, 이 반대는 임금노동과정에서의 착취에 대한 맑스의 견해에 관한 잘못된 개념에 의존하고 있다. 맑스에 따르면, 착취는 단지 열악한 임금의 문제만은 아니며, 임금이 상승한다고 해도 근절되지는 않을 것이다. 맑스의 임금노동과정에서의 착취 개념은 네 가지 요소를 포함하고 있다는 점을 상기하면 될 것이다. 임금노동을 착취적으로 만드는 것은 이 노동이 **잉여를 생산하는 강요되고 지불되지 않은 노동**이라는 데 있다. 이곳에서 **생산물은 노동자의 통제 밑에 놓여 있지 않다.**

일반적인 착취 개념에 주목하면 첫 번째 반대의 불충분함이 더 분명하게 된다. 개인들이 사적 이득을 위한 단순한 도구로서 유해하게 이용되는 어느 곳에서든지 착취가 발생한다면, 그리고 화폐제도가 인간활동의 모든 영역에서 그러한 효용을 조장한다면, 노동자들에게 단지 더 많은 돈을 준다고 해서 착취가 사라졌다고 기대할 수는 없다.

맑스의 착취 견해에 대한 더 진지한 두 번째 반대는 로버트 노직Robert Nozick에 의해 최근에 제기되었다.

〔맑스〕 이론에서 착취에 대한 정의가 가지는 매력과 단순함은, 그 정의에 따라 투자가 미래의 보다 큰 생산물을 위해 일어나는 어떤 사회에서든 … 그리고 노동을 할 수 없는 사람들이 … 다른 사람의 노동에 의해 보조금을 지급받는 어떤 사회에서든 착취가 존재할 것이라는 점을 인식하게 될 때, 상실된다.[34]

여기서 노직의 논의는 맑스가 주장한 "착취(에 대한) 정의를 배리법"reductio ad absurdum으로 재구성할 수 있다.

i) 맑스에 따르면, "착취"는 노동자들 자신이 그들의 전체 생산물을 받지 않는다면, 그리고 단지 받지 않기만 한다면, 착취가 존재한다는 식으로 정의된다.

ii) 투자가 있는 어떤 사회에서든 그리고 일을 할 수 없는 사람들이 보조금을 지급받고 있는 어떤 사회에서든 노동자들은 그들의 전체 생산물을 받지 못할 것이다.

iii) 그러나 어떤 여건에서 적어도 투자나 일을 할 수 없는 사람들에 대한 보조금은 착취에 포함되지 않는다. 그리고 어떤 사회는 어떤 종류의 투자와 보조금을 필요로 할 것이다.

따라서

iv) 맑스의 "착취"에 대한 정의는 불합리하거나 적어도 상당히 결함이 있다.

노직은 (i)의 전제에 동의하는 유일한 학자는 아니었다. 『경제이론을 회상하면서』*Economic Theory in Retrospect*를 저술한 마크 블라우*Marc Blaug*와 상당히 영향력 있는 교과서인 『경제학』*Economic*을 저술한 폴 사무엘슨*Paul Samuelson* 역시 맑스가 "착취"를 노동자의 잉여생산물의 전유*appropriation*로 정의하고 있다고 간주한다.[35]

전제 (i)이 가지고 있는 한 가지 명백한 어려움은 맑스의 착취 개념을 임금노동과정에 그릇되게 국한시키고 있다는 점이다. 그러나 전제 (i)를 단지 임금노동과정에서의 착취와 관련되는 것으로 간주할 경우에서조차도 적어도 이 전제를 거부할 세 가지 타당한 이유들이 있다. 그 첫 번째 이유는, 단지 노동자의 생산물에 대한 전유에만 초점을 둠으로써 (i)에서의 정의는 노동이 **강요된다**는 맑스의 주장과 노동과정 자체에서 노동자가 소외론에서 기술된 다양한 방식으로 유해하게 **이용된다**는 맑스의 견해를 무시하고 있다는 점이다. 두 번째 이유는 맑스 자신이 『고타강령비판』에서 그러한 정의를 명백하게 거부하고 있다는 점이다. 전제 (i)를 거부하는 세 번째 이유는 그러한 정의는 맑스가 반복적으로 그의 생애에 걸쳐 공격했던 실수를 범하는 것이 되리라는 점이다. 즉 이 실수는 자본주의의 악을 일차적으로 분배적인 문제로 간주하는 데 있다. 소외와 착취 사이의 연관성에 대한 앞에서의 설명을 수긍할 경우, 전제 (i)를 거부하는 첫 번째 이유는 충분히 분명해질 것이다. 두 번째 이유와 세 번째 이유에 관해 생각해 보기로 하자.

맑스는 투자의 필요와 일을 할 수 없는 사람들에 대한 보조금의 필요성을 잘 알고 있었다.[36] 『고타강령비판』에서 그는 공산주의 사회에 있어서도 이 목적을 위해 사용되도록 사회적 생산물의 일부분을 사용하는 것이 필요하다고 진술했다. 사실상 맑스는 독일 노동자들의 『고타강령』 작성자들을 노직과 블라우가 그의 탓으로 돌렸던 바로 그 실수를 저질렀다는 이유로 비판했다. 『고타강령』의 작성자들은 착취의 종식을 위한 합리적인 요구와 노동자들이 자신들의 노동의 "감소되지 않은 수입"을 받는다는 불합리한 요구를 혼동했다. 맑스가 보기에 노동자가 그의 노동의 전체 생산물을 받지 못한다는 단순한 사실만으로는 착취를 설명하기에 충분하지 않다는 것이다. 착취의 존재 여부는 생산물이 생산되는 방법과 잉여생산물에 어떤 일이 벌어지고 있는가에 달려 있다.

세 번째 이유에 대해 논의해 보자. "착취"를 노동자의 잉여생산물의 전유로 정의하는 것은 착취를 순전히 분배의 문제로 취급하는 셈이다. 그리고 착취를 순전히 분배적인 문제로 다루는 것은 맑스가 비맑스주의적인 사회주의 이론들의 주요한 실수로 생각했던 그 문제로 향해 나아가고 있는 것인 셈이다. 사람들이 착취를 본질적으로 분배의 문제로 생각한다면, 이들은 착취를 단지 적당한 표준의 분배적 정의에 대한 위반으로 가정하려고 할 수도 있을 것이다. 사람들은 착취의 종식을 위한 요구와 "정당한" 혹은 "공정한" 임금의 요구를 동일시하려고 할 것이다. 맑스에 따르면 이 유혹에 굴복하는 것은 이중으로 파멸을 초래한다. 첫째, 분배에 초점을 두는 것은 분배가 생산의 함수라는 사실, 그리고 생산양식에 근본적인 변화를 가하지 않고 분배에서 개혁을 시도하는 것은 실패하게 되어 있다는 사실을 간과하는 것이다. 둘째, 착취를 일차적으로 분배의 문제로 초점을 맞추는 것은 정의에 대한 혼란스러운 추상적 이상에 주의를 기울이고 구체적인 혁명적 목표들과는 동떨어지는 것이다.[37] 맑스는『고타강령비판』의 다음 구절에서도 정의나 공평에 정신이 팔려 있다고 비웃고 있다.

> "공정한[정의로운] 분배"란 무엇인가? 부르주아는 현재의 분배가 "공정한" 것이라고 주장하지 않는가? … 사회주의 파벌들은 "공정한" 분배에 관한 가장 다양한 개념들을 가지고 있지 않은가?[38]

요컨대, 소외와 착취 사이의 연관성에 대한 맑스의 견해, 공산주의 사회에서 보조금과 투자에 대한 그의 견해, 그리고 자본주의의 악을 일차적으로 분배적인 결함으로 간주하는 것에 대한 그의 거부, 이 모든 것들은 맑스가 단순히 (그리고 불합리하게) 임금노동자에 대한 착취와 노동자의 잉여생산물의 전유를 동일시했다는 주장을 거부하는 강력한 이유가 된다.

맑스의 착취론에 대한 세 번째 반대는 결함이 있는 노동가치론에 치명적으로 의존하고 있다.[39] 노직이 적고 있는 것처럼, "노동가치론이 무너짐으로써 〔맑스의〕 착취론의 토대가 사라진다."[40]

앞서 행한 맑스의 세 가지 착취 개념들의 설명에 수긍할 경우, 착취에 대한 그의 견해가 노동가치론의 종말을 극복할 수 없게 한다는 주장은 변호의 여지가 없다. 물론 맑스가 노동가치론 ― 한 상품의 가치가 오로지 이 상품을 생산하기 위해 필요한 노동시간에 의해 결정된다는 이론 ― 에 대한 하나의 해석을 가졌다는 점은 사실이다. 그의 노동과정에서의 착취 분석의 적실성이 노동가치론의 진실에 달려 있었다고 맑스 자신이 확신했다는 것은 사실일 수 있을 것이다. 그러나 이 주장들의 그 어느 것도 착취에 대한 맑스의 견해들이 사실상 치명적으로 노동가치론에 의존한다는 점을 함의하지는 않는다.

착취에 대한 일반적 개념에 따라 자본주의 노동과정이 착취적이라는 점을 알기 위해 사람들이 반드시 노동가치론에 동의할 필요는 없다. 왜냐하면, 한 사람의 이익을 위한 하나의 단순한 수단으로서 어떤 개인에 대한 해로운 효용이라는 일반적 개념이 그 이론만큼이나 그렇게 특수한 어떤 것과 결부되지 않기 때문이다. 더욱이 자본주의 노동과정에 특수한 착취 개념조차도 노동가치론에 의존하지 않고서도 잘 이해될 수 있다. 그 특수한 개념에 요구되는 것은 필요노동시간과 잉여노동시간 사이의 구별일 뿐이지, 노동이 생산물 가치의 유일한 원천이라는 주장이 아니다.

하지만 노직은 그 특수한 [착취] 개념은, 노동가치론 없이는 자본주의 노동과정에서의 착취에 대한 맑스의 해석이 갖는 중요한 한 가지 특징을 포착하기 어렵다고 응답할지도 모른다. 즉 이것은 **착취의 정도**가 수학적으로 생산된 총 가치와 임금으로 지출된 가치의 비율로 표현될 수 있다는 주장이다.[41] 노직은 맑스가 이 비율에 이르기 위해 노동가치론을 사용해야 하며, 이 비율이 없다면 노동자가 착취되는 정도에 대한 측정이 있을 수 없다고 주장할지도 모르겠다.

하지만 이 응답은 적절하지 않을 것이다. 양적으로 착취의 정도를 표현하기 위해 맑스주의자는 생산물의 총 가치가 오로지 지출된 노동시간에 의해 결정된다고 주장할 필요가 없다. 맑스주의자가 자본이 착취적 관계에서 사람들에게 사용되는 수많은 방식에 대한 맑스 분석을 수긍한다면 그들에게는 **자본축척율**이 착취율의 적절한 척도를 제공해 준다고 논의하는 것이 필요할 뿐이다. 그리고 자본축척율을 계산하기 위해 사람들이 반드시 노동가치론에 의존할 필요는 없다.

맑스의 착취 개념을 노동과정에 국한하고 착취를 노동자들이 그들의 노동이 생산한 전체 생산물을 받지 못하는 것과 동일시했던 사람은 『자본』 1권에서 이루어진 맑스의 착취율에 대한 논의로 인해 오해했을 수 있다. 이곳에서 맑스는 "잉여가치율은 자본에 의한 노동력의 착취율 혹은 자본가에 의한 노동자의 착취율에 대한 정확한 표현이다."라고 적고 있다. 이 문장으로부터 맑스에게 착취는 다만 잉여가치의 전유이고, 결과적으로 착취는 노동자들이 그들의 노동이 생산한 전체 생산물을 받지 못하는 어디에서나 존재한다고 추론하려는 마음이 일겠지만, 나의 해석에 따르면 그 추론은 잘못이다. 내 해석을 토대로 우리는 임금노동에서의 착취를 측정하자는 맑스의 제안과 임금노동과정의 외부와 내부 모두에서 이루어지는 착취가 무엇인지에 대한 그의 개념을 구분해야 한다.

그럴 경우, 자본주의에서의 착취에 대한 맑스의 공격은 방금 고려했던 세 가지 반대로 인해 손상되지 않는다. 착취는 실질임금의 증대에 의해 제거되지 않았다. 착취에 대한 맑스의 정의는 불합리한 것이 아니다. 또한 착취에 대한 그의 견해가 불가피하게 노동가치론에 의존하는 것도 아니다.

V

앞에서 살펴본 맑스의 착취 분석에 대한 주요한 입장과 함께 우리는 이제 복잡하기는 하지만 주요한 문제들을 탐구해야 한다. 즉 맑스의 착취 개념과 2장에서 분명하게 밝혀진 맑스의 급진적인 평가적 관점 사이의 연관성은 무엇인가? 중기 및 후기 저작들이 인간 본성에 대한 규범적 개념에서 물러나 이 개념을 맑스의 급진적 비판들이 이해되는 평가적 관점으로서 공산주의에 대한 해석으로 대체하려는 경향이 있다는 점을 우리는 살펴보았다. 나는 또한 이 급진적인 평가적 관점이 어떤 전통적 의미에서 도덕적이기보다는 인식론적이라는 점을 논의했다. 인간에게 어떤 종류의 삶이 어울리거나 적절하거나 혹은 자연적인가에 관한 주장들은 어떤 종류의 사회적 제도들이 왜곡되지 않은 욕구들 – 계급으로 분할된 사회들이 생산해 내는 소원해지고 착각을 일으키는 의식 속에서보다는 사회적·자연적 관계들에 대한 정확한 인지에 기반한 선호들 – 을 생기게 하고 만족시키는가에 관한 설명으로 나아가는 경향이 있다.

맑스의 자본주의 비판들이 개혁적이거나 혹은 개선론적이기보다는 급진적인 한에서 이 비판들은 상대적이며, 비교의 표준은 공산주의라는 점을 우리는 살펴보았다. 맑스의 비판은 급진적인데, 그 이유는 그가 자본주의의 주요 결점들이 그 체제가 지탱하고 있는 한에서 필연적이라고 강조하고 있기 때문이다. 하지만 자본주의의 주요 결점은 이것들이 다른 유형의 사회질서, 즉 공산주의로 이행함으로써 제거될 수 있다는 점에서 필연적이지 않다고 그는 강조한다.

착취에 대한 비난 역시 급진적이거나 그렇지 않을지도 모른다. 사람들은 암묵적으로라도 공산주의에서의 비착취적 관계들과 비교하지 않고도 착취를 이유로 자본주의를 비판할 수 있다. 그러나 맑스는 착취가 인간노동의 불가피한 특징이고, 인간의 악들이 기껏해야 다소 개선될 수 있다고 하는 냉소적인 주장을 거부했던 만큼이나 열렬하게 임금노동의 비착취적 형태가 가능하다고 믿었던 개혁주의자들을 혹평했다. 맑스는 비착취적인 대안적 사회형태에 대해 그가 행한 특징화에 함축적으로 호소하지 않고서는 다음과 같은 그의 주장을 뒷받침할 수 없다는 점이 분명한 것 같다. 즉 자본주의가 지탱하는 한에서 필연적인 착취가 불필요하며, 따라서 더 심오한 의미에서는 비합리적이라는 것이다. 그리고 이 급진적 비판들이 유토피아적이라는 비난을 피하려고 한다면, 비교의 함축적인 표준은 적어도 자본주의에 대한 그의 과학적 분석을 토대로 실제로 가능하게 된다는 점을 보여주어야 한다. 따라서 우리가 맑스가 의도했던 대로 ─ 급진적이고 비유토피아적인 비판으로서 ─ 자본주의적 착취 비판을 이해하려 한다면, 우리는 그의 착취론과 공산주의 사회에 대한 평가적 관점을 통합해야 할 것 같다.

『자본』과 『잉여가치론』*Theories of Surplus Value*에서 맑스는 임금노동의 착취율(혹은 착취의 정도)을 정의하고 착취율과 자본가들이 잉여가치의 추출을 극대화하려고 노력하는 방법 사이의 관계를 검토하는 데 진력한다. 이 후기의 저작들에서 우리는 한 개인을 단순한 도구로 취급하는 것이 무엇인지에 대해 기본적이지만 모호한 개념을 분명하게 하고 발전시키려는 그 어떤 노력도 찾을 수 없고, 또한 한 개인이 이러한 방식으로 취급될 때 저질러졌던 악의 정확한 성격에 대한 개념 역시 명확하게 하고 발전시키려는 그 어떤 시도도 찾을 수 없다. 특히 한 개인을 단순히 도구로 다루지 않고 생산에서의 한 개인의 기술을 이용하는 대조적인 개념을 설명하려는 지속적인 노력이 없다. 하지만 그러한 설명이 어떻게 발전될 것인가에 대한 징후들은 있다. 맑스가 보기에 가장 명백한 사실은 한 개인의 활동이 "강요"되지 않는다면, 즉 한 개인이 육체적인 강압에 의하거나 혹은 경제적 박탈의 위협에 의해 강요당하지 않는다면, 생산에서 한 개인의 기술을 이용하는 것이 그 개인을 단지 도구로 취급하는 것은 아니리라는 점이다. 그러나 이조차도 강제 개념에 대한 분명한 분석이 없기 때문에 문제의 여지가 없는 것은 – 현재 상태 그대로 – 결코 아니다. 예를 들어, 맑스가 기술한 것과 같은 더 높은 단계의 공산주의에서조차도 개인들은 그들 자신과 다른 사람에 대한 박탈감을 피하고자 노동하도록 강요될 것이라고 주장할 수 있다. 아마도 맑스는 이렇게 응답할 것이다. 그들은 개인을 단순한 도구로 다루는 개념과 관련이 있는 "강제"의 의미에서 강요되는 것은 아니라고 말이다. 집단적으로 그들은 공산주의 사회의 장려금을 생산하기 위해 자유롭게 선택할 것이고, 개인적으로 그들은 어떤 특별한 활동에 참가하는 것을 자유롭게 선택할 것이다. 더 중요한 사실은, 인간 기술이 공산주의에서 생산을 위해 이용될 때, 그 효용은 어떤 개인이나 집단의 사적 이익을 위해서가 아니며, 그 과정은 소외론에서 말한 다양한 방식으로 생산자에게 해로운 것이 아니라고 맑스는 말할 것이다.

맑스가 사람들을 단순한 도구로 취급하지 않고 사회적 재화의 생산을 위해 인간의 기술을 이용할 수 있는 방법에 대한 설명을 전개하는 데 가장 근접한 것은 공산주의에서 자유롭고 상호 이익이 되는 생산활동에 대한 그의 산발적인 서술들이다.

하지만 우리가 살펴보았듯이, 그가 행한 가장 상세한 설명들이 『1844년의 파리논고』에서 행해지고, 이 서술들은 그가 중기 및 후기에 출판된 저작들에서는 포기했던 것처럼 보이는 인간 본성에 대한 규범적 개념을 사용하고 있다. 그럼에도 내가 앞에서 맑스의 인식론적 변화로 언급했던 것은 인간 기술의 사회적 효용이 사람들을 단순한 도구로 다루는 것을 포함하지 않을 때 착취에 대한 맑스의 설명을 전개시키는 하나의 틀을 제공해 줄지도 모른다. 이 생각은 개략적으로 개인들이 왜곡되지 않은 선호들을 토대로 특정한 활동에 참여하는 것을 선택할 때만이 그리고 이 선택의 집단적 결과가 모든 개인들의 왜곡되지 않은 선호들이 완전하게 만족시킬 수 있는 사회질서일 때만이, 생산적 활동은 강제적이기보다는 자유롭고 서로에게 해롭기보다는 이익이 되리라는 것이다. 착취가 인간을 해롭고 도구적인 방식으로만 사용한다는 관념을 우리가 어떻게 이해해야 하는가에 대한 이 제안은, 초기의, 지지를 받지 못한 규범적 인간 본성 개념에 의존하지 않는다는 장점을 가지고 있다. 이것은 사람을 단순한 수단으로 다루는 것이 인간의 본질에 부합하지 않거나 유적 존재로서의 인간의 본질을 실현하는 것을 방해하는 방식으로 한 개인을 다루는 것이 아니다.

그럼에도 이 전략은 문제가 있다. 우리가 앞 장에서 살펴보았듯이, 자본주의의 해체가 왜곡되지 않은 선호들을 발생시키거나 완전하게 만족시키는 사회생활의 형태를 인도할 것이라는 맑스의 예언은 그의 사회이론의 가장 허약한 요소들 가운데 두 가지 요소에 의존한다. 첫째, 소수가 생산수단에 대한 배타적인 통제를 가지고 있는 한, 노동이 자유로울 수도 호혜적일 수도 없다는 점을 맑스는 알고 있지만, 그는 개인들로서 행동하는 소수 개인들에 의한 배타적 통제가 집합체로서 행동하는 소수에 의한 배타적 통제로 대체되지 않을 것이라는 자신의 믿음을 충분히 검토하지 않았다. 둘째, 그는 왜곡된 선호에서 왜곡되지 않은 선호로의 이행에 대한 본질적인 설명을 할 수 있는 유물론적 의식이론을 발전시키지 않았다. 이 두 가지 근본적인 문제가 성공적으로 다루어지지 않은 한, 맑스 착취론의 토대는 불완전하다. 이 문제들을 분명히 하는 데 있어서 내가 이 문제들의 해결 불가능성을 입증했다고 주장하지 않는다는 점을 다시 한번 강조하려 한다. 오히려 나의 목적은 맑스 사상에서 특징적인 부분에 충실한 것으로 남아있기 때문에 맑스 이론에 대한 가장 정당한 재구성이라고 여겨지는 것들의 공백을 분명하게 보여주는 것이다.

여기에서는 더 이상 추적할 수 없는 이러한 어려움들을 제쳐두면, 하나의 중요한 문제가 남아 있다. 즉 맑스에 따르면, 착취는 부정의의 한 형태인가? 이 질문에 답하는 것은 정의와 권리에 관한 맑스의 어렵고 도발적인 토론들의 체계적인 재구성을 요구할 것이다. 다음 장에서 이 과제에 대해 논의하려 한다.[42]

4장

정의와
권리에 대한
맑스의 비판

I

　정의와 권리에 대한 맑스의 비판을 평가하기 전에 모든 복
잡한 문제들이 분명하게 설명되어야만 한다. 그러나 지금까지의
노력은 불완전하고 때로는 혼란스러웠다. 분배적 정의 ― 그리고
분배의 권리들 ― 에 대한 맑스의 견해를 둘러싼 설명들은 정의와
권리 일반에 대한 그의 견해에 관한 설명으로 나아갔다. 비분배
적 권리들의 정의, 특히 시민권과 정치참여권에 대한 맑스의 복
잡하고 통찰력 있는 비판은 무시되었다. 마지막으로 심지어 지
나치게 제한된 분배적 정의 영역 내에서조차 맑스의 비판의 어
떤 근본적인 차원들이 간과되어 왔다. 나는 이 결함들을 교정
하면서 최근 문헌들의 기여를 논의하고자 한다.
　나의 계획은 다음과 같다. 첫째, 나는 분배적 정의에 대한 맑
스의 견해들을 더 포괄적으로 설명할 것이다. 그리고 나는 맑
스의 견해들이 이전의 분석에서 나타난 것보다 더 복잡하고 훨
씬 더 급진적이라는 점을 주장할 것이다. 둘째, 나는 시민권과
정치권의 정의에 대한 맑스의 비판을 재구성할 것이다. 셋째,
나는 포괄적인 정의 개념 ― 분배적 권리와 비분배적 권리를 포함
하고 형사상의 정의의 비판으로까지 확대될 수 있는 개념 ― 으로 칭
해질 수도 있는 것에 대한 맑스의 비판을 명확히 표현할 것이
다. 넷째, 나는 권리나 정의 개념들이 혁명적 동기 부여에서 하
는 역할이 있는지, 만약에 역할을 한다면 무슨 역할을 하는지
에 대한 맑스의 입장을 검토할 것이다. 나는 권리나 정의에 대

한 맑스의 다차원적인 비판이 지니는 어떤 주목할 만한 함의들 ─ 여태까지 전적으로 무시되었거나 완전하게 평가되지 않았던 함의들 ─ 을 탐구할 것이다. 이 함의들 가운데 가장 중요한 것은 간단히 아래와 같이 나열될 수 있을 것이다.

1) 자본주의 ─ 그리고 계급으로 분할된 모든 사회 ─ 에 대한 가장 심각한 비난 가운데 하나는 이 사회가 정의롭지 못하거나 개인의 권리를 침해한다는 것이 아니라 이 체제가 정의와 권리 개념에 대한 의존을 필요하게 만드는 결함 있는 생산양식에 기반하고 있다는 점이다.

2) 정의에 대한 요구들은 정의 개념들을 필요하게 만드는 상황에서는 충족될 수 없다. 그리하여 정의를 달성하려고 하는 노력들은 불가피하게 실패한다.

3) 권리나 정의 개념들은 자본주의를 공산주의로 대체하려고 하는 혁명적 투쟁 속에서는 주요한 동기 부여적 역할을 하지 않을 것이다.

4) 공산주의는 법률적 개념들 ─ 존중에 대한 법률적 개념을 포함하여 ─ 이 사회관계들을 구조화하는 데 중요한 역할을 하지 않는 하나의 사회일 것이다.

5) 본질적으로 정의감을 가지고 있는, 권리의 담지자인 존재로서의 인간이라는 개념은 근본적으로 결함이 있는 인간 사회의 형태 속에서만 일어날 수 있는 근본적으로 결함이 있는 개념이다.

II

이 책의 서두에서 나는 법률적 개념들 — 정의와 권리 개념들 — 이 사회철학에서 행할 수 있는 두 가지 기본적인 역할, 즉 **비판적** 역할과 **설명적** 역할이 있다는 점을 지적했다. 사회철학은, 이것이 정의나 부정의 혹은 권리의 보존과 침해라는 의미에서 어떤 사회에 대해 가장 근본적인 평가를 표현할 때, 법률적 개념들에 기본적인 **비판적** 역할을 배정한다. 그런 이론은 우리로 하여금 행동에 동기를 유발하는 시도 — 어떤 기존의 사회구조를 지지하거나 또는 그 사회를 개혁하거나 아니면 좀 더 충분하게 권리를 존중하거나 정의를 달성하는 사회로 대체하고자 하는 시도 — 에서 우리의 정의감이나 권리에 대한 언질commitment에 호소한다. 법률적 개념을 이렇게 비판적으로 혹은 행동을 이끌도록 이용하는 가장 명백한 최근의 예는 아마 "정의는 사회제도의 첫 번째 덕목이다 ⋯."라는 존 롤스의 명제일 것이다.[1]

사회철학이 한 저자가 사회에 대한 법률적 모델이라고 부른 것을 고수한다면, 사회철학은 근본적인 **설명적** 기능을 법률적 개념들에 배정한다.[2] 법률적 모델에 따르면, 주어진 사회를 이해하고, 이 사회가 다른 사회들과는 어떻게 유사하고 다른지를 이해하는 열쇠는 정의와 권리 개념을 이론적 개념으로서, 그리고 관습과 제도 속에서 이것들이 현실적으로 구현되는 것에서 분석하는 것이다. 몇 가지 조건을 가지고 헤겔은 법률적 개념에 기본적인 설명적 역할을 배정한 철학자에 대한 하나의 좋은 보기일 수 있다. 헤겔에게 한 사회를 이해하는 열쇠는 자유가 그 사회의 시민적·정치적 권리 속에서 구현되기 때문에 자유의 특징적인 개념을 자세하게 설명하는 것이다.

헤겔과 롤스에게 법률적 개념은 사회에서 생활하는 개인들의 의식을 설명하는 데 결정적인 역할을 한다. 우리가 살펴보았듯이 헤겔이 보기에 타인들로부터 권리 - 특히 재산권 - 를 가진 존재로서 인정을 받는 것은 개성의 발전을 위한 필요조건이다. 롤스에 따르면, 사회구성원들이 그들 자신과 타인을 **정의감을 소유하고 있는 권리를** 가진 존재로 생각하는 것은 질서가 잘 잡힌 사회의 구성원들에게서 나타나는 특징적인 현상이다. 나아가 롤스는 동등한 권리를 가진 시민으로서 자신과 타인을 존중하는 것은 사회를 안정시키는 커다란 힘이라고 주장한다.[3]

하지만 법률적 개념은 자기의식과 타인들의 의식을 설명할 때 아주 다른 역할을 할지도 모른다. 사회철학은 법률적 개념이 결정적인 설명적 기능을 수행하는 **사회변화** 이론을 제공해 줄 수도 있다. 예를 들어, 혁명적 동기 부여는 어떤 사회가 정의의 요구들을 충족하지 못하거나 권리들을 침해한다는 인식에서 비롯된 결과로 설명될 수 있을 것이다. 동일한 사회철학은 사회변화를 초래하기 위해, 사람들로 하여금 사회변화를 초래하도록 동기를 유발하기 위해 그리고 변화들이 어떻게 발생하는가를 설명하기 위해 법률적 개념을 사용할 수 있을 것이다.

이 두 가지 역할들을 마음속에 간직하면서 우리는 정의와 권리에 대한 맑스의 견해 가운데 가장 논쟁의 여지가 적은 것부터 시작할 수 있다. 즉 법률적 개념이 사회현상을 **설명하는** 데 가장 기본적인 개념이라는 생각을 맑스가 일반적으로 거부한 데서부터 말이다. 물론 법률적 모델에 대한 이 거부는 한 사회의 토대와 상부구조 간의 관계를 바라보는 맑스의 유물론적 견해에서 추론된다. 맑스의 유물론을 정확하고 유익하게 정식화하는 것은 결코 쉬운 과제가 아니다.[4] 하지만 우리의 목적을 위해 필요한 것은 맑스에게 정의나 권리 개념 그리고 이것들을 구체화하는 법률적 제도보다는 한 사회의 기본적인 생산력과 생산과정에 대한 분석이 전체로서 사회를 이해하는 열쇠를 제공해 준다는 인식이다. 그는 이 기본적인 생산력과 생산과정들이 "법적·정치적 상부구조를 야기하는 현실적인 토대"이며, 한 사회의 "사회적, 정치적, 그리고 지적인 삶의 과정의 일반적인 성격"을 조건 짓는 것은 "현실적 토대"이기 때문에, 그는 정의나 권리 개념들은 가장 근본적인 설명적 개념으로서 역할을 다할 수 없다고 결론짓는다.[5]

　　최근의 분석들은 주로 법률적 개념의 **비판적 역할** ― 어떠한 사회를 근본적으로 평가하기 위해 이러한 개념의 사용 ― 에 대한 맑스의 비판에 초점을 맞추었다. 로버트 터커[6]와 앨런 우드는 맑스가 자본주의를 정의롭지 않은unjust 것으로 비난하지 않고 있다고 주장했으며, 이들의 견해는 널리 유행하게 되었다.[7] 우리가 나중에 보게 되듯이, 이 저자들의 논의가 지닌 한 가지 문제점은 이들이 시민적 정의와 정치적 정의에 대한 맑스의 비판을 맑스의 분배적 정의 비판과 구별하지 않았다는 데 있다. 터커와 우드는 시민적 권리와 정치적 권리들에 대한 맑스의 특징적인 비판들을 검토하지 않고, 분배적 정의와 관련이 있는 텍스트로부터 맑스의 정의 비판에 관한 일반적인 결론을 내리고 있다.[8] 그러나 현재로서는 이 복잡한 논의는 접어 두기로 하고 터커-우드 명제, 즉 맑스는 자본주의를 어떤 분배적 정의 기준을 어기는 하나의 체제로 비난하지 않고 있다는 주장을 검토해 보기로 하자.

이 주장을 지지하고 있는 우드의 논의는 더 진전된 것이기 때문에, 나는 필요한 경우에만 터커와의 차이를 언급하면서 우드의 논의에 집중할 것이다. 우드가 하는 논의의 개요는 다음과 같다.[9]

1) 맑스에 따르면, 정의 기준은 오로지 그것이 비롯되고 그것에 상응하는 생산양식에 의미 있게 적용될 수 있다(그리고 각각의 생산양식은 특유한 정의 기준을 가지고 있다).
2) 맑스에 따르면, 노동자와 자본가의 임금관계는 이 관계에 적용되는 유일한 정의 기준, 즉 등가물들이 등가로 교환되는 것을 요구하는 기준에 따라 정의로운 것이다.

(1)과 (2)의 전제들을 토대로 우드는 이렇게 결론짓는다. 맑스에게 자본가의 노동자에 대한 착취는 이 착취가 예속형태이기 때문에 나쁜evil 것이기는 하지만 정의롭지 않은 것은 아니라고 말이다. 마찬가지로 그는 맑스의 견해에서 볼 때, 고대 그리

스의 노예제도가 나쁜 것이기는 하지만 정의롭지 않은 것은 아니었다고 말한다. 임금노동자와 자본가의 법률적 관계가 자본주의 생산양식에 상응하는 것과 마찬가지로 주인과 노예의 법률적 관계는 고대 그리스의 생산양식에 상응했기 때문이다.[10]

우드의 해석을 토대로 하여 생각해 볼 때, 맑스는 전제 (1)뿐만 아니라 훨씬 더 강한 명제에도 구속된다. 즉 주어진 생산양식은 그것이 초래하고 그것에 적용할 수 있는 유일한 정의 기준인 그 정의 기준을 항상 만족시킨다. 우드의 논점은 맑스가 자본주의와 노예제도를 정의롭다고 생각한다는 점이 아니다. 우드는 자본주의와 노예제도가 그들 각각의 정의 기준을 충족하지 못했을 수 있다는 점을 인정하고 있다. 오히려 그의 주장은 맑스에게 생산양식과 이것의 정의 기준 간에는 미리 확립된 조화가 있다는 것이다.[11] 우드는 (2)의 전제를 지지하는 다음과 같은 『자본』의 구절을 인용한다.[12]

노동력의 판매와 구매가 진행되고 있는 경계선 내에서의 국면은 사실상 인간의 천부적인 권리들의 사실상 그 낙원Eden이다. 거기에서는 단지 자유, 평등, 그리고 벤덤이 지배한다. 한 상품, 말하자면 노동력이라는 상품의 구매자와 판매자 둘 다는 오로지 그들 자신의 자유로운 의지에 의해서만 강요되기 때문에 자유인 것이다. 이들은 자유로운 행위자로서 계약을 맺고, 그래서 그들이 한 협약은 단지 그들이 자신들의 공동의 의지에 대한 법적인 표현을 부여해 주고 있는 형태일 뿐이다. 각자는 단순한 상품소유자로서 서로 관계를 맺고, 그래서 그들이 등가로 교환하고 있기 때문에 평등인 것이다.

전제 (2)에 대한 더 진전된 증거로서 우드는 또한 『자본』의 다른 구절도 인용하고 있다. 이 구절에서 맑스는, 자본가가 노동자로부터 잉여가치를 추출하는 것에 의한 거래가 등가물이 등가로 교환된다는 요구를 만족시키고 있기 때문에, "이 여건은 의심할 여지 없이 구매자에게는 하나의 좋은 행운이다. 그렇다고 해서 이 환경이 판매자에게 부정의는 결코 아니다."[13]라고 말한다.

우드는 노동자가 그의 노동력의 교환가치와 동등한 임금을 받기 때문에 노동자와 자본가의 거래가 등가물의 교환이라고 설명한다. 그리고 자본가가 구매하는 것은 결국 노동자의 노동력이라는 것이다. 그럼에도 불구하고 맑스에 따르면, 자본가는 노동자로부터 잉여가치를 추출할 수 있는데, 그 이유는 노동력의 사용가치(즉 노동력의 실행을 통해 생산된 가치)는 노동력 그 자체의 교환가치보다 더 크기 때문이다. 그리하여 우드는 이렇게 결론짓는다. 맑스에게 임금노동은 착취적이고, 착취가 예속의 한 형태이긴 하지만 이것이 정의롭지 않다는 것은 아니라고 말이다.

우드의 해석에 대해 여러 가지 중요한 반론들이 있다. 첫째, 낸시 홀름스트롬[14]이 지적했듯이 우드의 논의는 결코 결정적이지 못한데, 그 이유는 이 논의가 "교환의 배경을 추상화시키면서 자본가와 노동자 사이의 교환을 너무 협소하게 생각하고 있기 때문이다.[15] 홀름스트롬은 이렇게 말한다. 맑스의 논점은 설령 거래가 등가물의 교환이라 할지라도 이 거래가 **자유로운 교환이 아니라고** 말이다. 즉 노동자는 자본가에게 그의 노동력을 팔 것을 **강요당하고** 있는데, 그 이유는 생산수단을 통제하고 있는 사람은 자본가이기 때문이다. 그리하여 홀름스트롬은 다음과 같이 결론짓는다. 일단 우리가 거래의 강제적인 배경에 대한 맑스의 설명을 이해한다면, "그것을 정의로운 교환이라고 부르는 것이 단지 불성실하게 이행될 수 있는지 아니면 '이것이〔그릇되게〕정의롭다고 그릇되게 여겨진다'는 것을 의미하는지를 이제 알 것이다."[16]

홀름스트롬의 요지는 견고하며, 잘 다듬을 가치가 있다. 방금 인용한 구절들에 대한 가장 그럴듯한 독해는 이 구절들이 내가 자본주의에 특유한 어떤 정의 개념 – 특히 자유와 평등의 관념 – 을 향한 **내적 비판**이라고 부르게 되는 것을 표현하고 있다는 점이다. 개략적으로 나는 맑스의 요지가 이것이라고 여긴다. 자본주의 이데올로기에서 널리 보급되고 있는 정의 관념 – 그리고 좀 더 구체적으로 말하면 분배적 정의 – 은 자유와 평등을 상당히 강조한다. 그들의 시각을 임금노동 거래 그 자체에 국한시킴으로써 자본주의 이데올로기에 의해 마음을 **빼앗긴** 사람들은 임금노동관계와 궁극적으로 이 임금노동관계 위에서 세워진 전체적인 사회적 관계들을 정당화하기 위해 자유와 평등이라는 이상들에 도움을 청할 수 있다. 그러나 좁은 시야

134

tunnel-vision에 대한 이러한 곡예feat는 오히려 무너지기 쉬운 업적이다. 일단 우리가 거래 그 자체의 배후를 본다면, 우리는 노동자와 자본가의 각각의 지위에 있어서의 심오한 불평등들 때문에 그 교환이 자유로운 것이 아니라는 점을 알게 된다. 맑스는 이렇게 강조한다. 임금노동 거래들의 자유와 평등은 하나의 환상이라고 말이다. 즉,

> "자유로운" 노동자, 즉 자유로운 계약상의 협약의 결과가 어떻게 나타난다 할지라도 ⋯ 사회적 조건들에 강요되어 자신의 활동적인 삶의 전부를 파는 것에 동의한다.[17]

교환들이 동등한 사람 사이에 이루어진 자유로운 협약이라면, 그리고 오로지 자유로운 협약이라면 교환들이 정의롭다는 원칙이 근시안적으로 – 맑스가 자본주의 사회의 단순한 외양에 불과하다고 부른 것에 – 적용되는 한에서 임금관계는 정의로운 것처럼 보인다. 그러나 일단 우리가 자유와 평등의 이상들을 진지하게 그리고 일관되게 받아들이고 임의적으로 이들의 적용 범위를 좁히는 것을 거부한다면, 자본주의 자신의 정의 기준은 자본주의 자체의 비판을 위한 자료를 제공해 준다. 이런 이유로 나는 앞에서 인용한 구절을 자본주의에서의 정의에 대한 맑스의 내적 비판의 예로 해석한다.[18]

나아가 분배적 정의에 대한 맑스의 비판의 우드-터커 해석에 대해 아마도 더 결정적인 반론들이 있다. 첫째, 설령 맑스에

게 있어 임금관계에 적용될 수 있는 유일한 기준에 따라 이 관계가 정당하다는 점이 사실이라 할지라도, 맑스의 이데올로기론은 폭넓은 범위의 또 다른 내적 반론들을 제공해 주고 있다. 그러나 터커-우드의 미리 확립된 조화적 견해는 어떤 내적 비판의 가능성을 배제하고 있다.

정의 개념들, 사실상 맑스가 자본주의에서 발견한 더 협소한 분배적 정의 개념조차도 우드나 터커가 인식하고 있는 것보다 훨씬 더 복잡하다. 이 개념은 확실히 상품교환을 위한 하나의 기준에 국한되지 않는다. 맑스의 이데올로기적 사고에 대한 이론은 ─ 엥겔스가 허위의식이라고 부른 것 ─ 이 점을 매우 분명하게 해준다. 맑스 이데올로기론의 한 가지 목적은 자본주의가 정의롭다는 점을 보여주고자 하는 시도에서 결정적인 역할을 하는 잘못된 경험적인 믿음들을 폭로하는 것이다. 다른 법률적 개념들처럼 자본주의 정의 개념들은 대개 당연한 것으로 여겨지는 어떤 사실적인 일반화들을 전제한다.

맑스에게 임금관계가 정당하다는 견해는 노동자가 처한 상황과 자본가의 상황이 균등하다는 잘못된 사실적인 믿음에 근거하거나 아니면 적어도 이 상황들의 비균등성에 관한 어떤 사실들을 고려하지 않고 있다는 점에 근거한다는 사실을 우리는 이미 검토했다. 아마도 로크의 분배적 정의를 겨냥한 맑스의 가장 명석한 공격은 시원적 축적 혹은 원초적 획득original acquisition의 신화에 대한 공격이다.

이 시원적 축적은 신학에서 원죄와 동일한 역할을 정치경제학에서 한다. 아담은 사과를 물었고, 그 결과 원죄가 인간에게 떨어졌다. 이 이야기가 과거의 일화로 전해질 때, 이것의 기원이 설명된다. 오래전에 사라진 시간 속에 두 종류의 사람이 있었다. 한 종류의 인간은 근면하고, 총명하며, 그리고 무엇보다도 검소한 엘리트였다. 또 다른 종류의 인간은 게으른 불량배들이었다. 이들은 재산을 탕진하고, 점점 더 방탕한 생활에 빠져들었다. 신학적인 원죄의 전설은 우리에게 분명히 다음의 사실을 말해 주고 있다. 인간이 어떻게 스스로 이마에 땀을 흘리면서 밥을 얻어먹지 않으면 안 될 운명에 빠지게 되었는가. 그러나 경제학상의 원죄설은 그렇게 일을 할 필요가 조금도 없는 사람들이 어떻게 하여 존재하게 되었는지를 우리에게 밝혀준다. 신경 쓰지 마라! 그리하여 전자는 부를 축적하고 후자는 결국 자신의 살갗을 제외하고는 팔 것이 없는 일이 벌어지게 되었다. 그리고 노동을 함에도 불구하고 지금까지 노동 외에는 팔 것이 없는 대다수 사람의 빈곤과 노동하기를 오래전에 그만두었지만 변함없이 증가하고 있는 소수의 부는 이 원죄에서 비롯된 것이다. 이러한 무미건조한 유치함이 재산의 방어를 위해 매일 우리에게 설교한다. 실제의 역사에서 정복, 노예화, 약탈, 살인, 간단히 말해 힘이 큰 역할을 한다는 점은 널리 알려져 있는 사실이다. 정치경제학의 허약한 연대기에는 목가풍이 태곳적부터 크게 유행하고 있다. 권리와 "노동"은 모든 시대에 걸쳐 부유함의 유일한 수단이며, 진행되고 있는 현재의 시간은 항상 제외되었

다. 사실상 시원적 축적의 방법들은 결코 목가적이 아니다.[19]

내적인 법률적 비판과 외적인 법률적 비판 간의 차이는 또한 다음의 사실을 보여주고 있다. 즉 맑스에게 노예제도를 정의롭지 않은 것으로 비판하는 것은 아무런 의미도 없을 것이라고 우드가 말할 때, 그는 실수를 범하고 있다. 고대 그리스나 미국의 남부에서 노예소유주가 노예제를 정당화하는 그 이데올로기는 노예와 자유인 간의 차이에 관한 어떤 잘못된 경험적인 일반화를 포함했다. 노예들은 도덕적·지적으로 열등하게 타고났다고 간주되었다. 노예소유주의 견해에 의하면, 노예는 인간 혹은 완전한 인간에게 특징적인 합리성이나 도덕적 행위자와 같은 그러한 특징들을 가지지 못했다는 것이다. 법률적 언어로 노예소유주는 자유인에게는 정의롭지 않다고 취급되는 방식으로 노예를 취급할 수도 있다고 믿었다. 왜냐하면, 노예는 권리들을 부여하고 있는 자연적 특징들을 가지고 있지 못하기 때문이다.

노예소유주가 가지고 있는 노예와 자유인 간의 자연적 차이에 관한 그의 잘못된 믿음을 공격함으로써 그를 비판하는 것은 내가 내적인 비판으로 불렀던 것을 이용하는 것이다. 그러한 비판은 노예제 사회에서 이미 지배적인 개념들과 다른 어떤 법률적 개념에 의존하고 있지 않기 때문이다. 노예폐지론자들은 새로운 정의 개념에 호소할 필요가 없다. 인간에 대한 개념 혹은 자격을 갖춘 법률적 인격 개념이 적용되는 개인들의 범위에 관한 사회적으로 강화된 잘못된 경험적 믿음의 결과로서 구시대의 정의 개념이 엄청나게 잘못 적용되고 있다는 점만을 지적할 필요가 있을 뿐이다. 이 내적 비판은 사회이론에 대한 맑스의 가장 특징적이고 결실이 유익한 기여 가운데 하나를 명백하게 적용하는 것일 뿐이다. 즉 이것은 다양한 개인들의 본성에 속하는 것에 관한 왜곡된 믿음이 억압적인 사회제도에 대한 이데올로기적 정당화에서 중요한 기능을 한다는 바로 그 통찰이다.

우드나 터커처럼 맑스가 일차적으로 분배적인 부정의를 이유로 자본주의를 우선적으로 비판하지 않았다고 결론을 내리는 사람들은 그들의 결론에서는 옳았다. 그러나 그것은 단지 잘못된 이유들을 근거로 해서이다. 맑스의 내적 비판에 대한 관심이 보여주고 있듯이 그는 자본주의적 정의 기준에 따라 자본주의가 정의롭다고 생각하지 않았다. 설령 그가 자본주의의 정의 기준이 자본주의에 적절한 유일한 정의 기준이라고 생각했다 할지라도 말이다. 다음 절에서 나는 맑스가 내적 비판들을 빈번하게 사용했음에도 불구하고 그가 자본주의를 정의롭지 않은 것으로 부르기를 왜 자제했는지를 설명할 것이다.

III

내가 자본주의의 분배적 정의에 대한 내적 비판이라고 불렀던 것은 외적 비판과 대조된다. 외적 비판들은 두 가지 종류가 있다. 두 가지 경우 모두 비판이 진행되는 관점은 비판 중에 있는 정의 개념에 외적이다. 하지만 외적 관점은 하나의 대안적인 정의 관념 혹은 어떤 비법률적 관념일 수도 있을 것이다.

홀름스트롬과 다른 사람들은 적어도 자본주의에 대한 맑스의 외적 비판들 가운데 몇 가지는 공산주의적 정의 관념이라는 관점에서 − 공산주의적 생산양식에 기반한 정의관념과 이 관념의 요구들은 공산주의에서 만족될 것이다 − 착수되었다는 점을 시사하였다.[20] 나는 다른 곳에서[21] 적어도 분배적 정의의 경우에 이것은 틀렸다는 점을 논의했다. 더군다나 이것이 왜 틀렸는지를 이해하지 못하는 것은 분배적 정의에 대한 맑스의 비판이 얼마나 급진적인지를 이해하지 못하는 셈이다.

윌리엄 맥브라이드[22]가 강조했듯이 맑스는 사회주의 정의에 대해 말하는 그러한 자본주의 비판가들을 조소할 뿐만 아니라, 정의와 권리라는 언어의 사용을 그 자신이 의도적으로 피하려고 한 것처럼 보인다. 맑스가 왜 이렇게 해야 했는지에 대한 두 가지 탁월한 이유들이 있다. 첫째, 그는 어떤 사회의 분배가 파생적인 현상이라는 점을 계속해서 강조한다. 즉 분배의 일반적인 특징들은 그 사회의 기본적인 생산과정들의 성격에 의해 결정된다.[23] 내가 앞에서 언급했듯이, 맑스는 전체로서 한 사회를 이해하는 관건은 이 사회의 기본적인 생산과정들에 대한 분석인 까닭에, 한 사회를 비판하는 가장 근본적인 방법은 그러한 과정들의 결함을 드러내는 것이라고 추론하고 있는 것 같다. 맑스는 이 점을 『자본』에서 행하려고 시도한다. 이제 자본주의의 근본적인 결함이 이 체제가 가지고 있는 생산과정에 있기 때문에 사람들은 이렇게 결론을 내릴 수 있다. 공산주의의 근본적인 우월성이 이 체제의 분배제도에 있다기보다는 오히려 특징적인 생산과정에서 발견될 것이라고 말이다. 이러한 이유로 맑스가 공산주의적·분배적 정의 관념의 관점에서 자본주의에 대한 가장 심오한 비판을 착수했다고 한다면, 어울리지 않을 것이다.

하지만 맑스가 공산주의적·분배적 정의에 대한 외적 관점에서 자본주의를 비판한다는 주장을 거부할 훨씬 더 강력한 두 번째 이유가 있다. 맑스가 공산주의적·분배적 정의 기준에 의존하고 있다는 주장은 "정의로운 분배"와 "동등한 권리"에 관한 이야기가 "시대에 뒤떨어진 말뿐인 쓰레기"이며, 사회주의자들은 그러한 "이데올로기적인 허튼소리"에 몰두하는 것을 그만두어야 한다는 그의 훈계와 일치될 수 없다.[24] 맑스는 공산주의가 흄Hume과 롤스가 (분배적) 정의의 여건이라고 부르는 것이 더 이상 존재하지 않거나 혹은 이 여건이 사회적 삶에서 더 이상 중요한 역할을 하지 못할 정도로 감소한 어떤 사회일 것이라고 믿었다. 거칠게 말해 분배적 정의의 여건들은 분배적 정의 원칙의 사용을 필요하게 만드는 결핍의 조건들 ─ 그리고 희소 재화들을 위해 경쟁에 기반한 갈등의 조건들 ─ 이다. 맑스는 새로운 공산주의적 생산양식은 결핍과 갈등의 문제를 감소시켜서 분배적 정의 원칙이 더 이상 필요 없게 될 것이라고 주장한다.

내가 7장에서 논의할 이 예견은, 공산주의가 민주적인 **사회 조정형태**일 것이고 사회적·천연 자원들에 대한 민주적 통제는 지금까지 알려진 것보다 훨씬 더 효율적(즉, 생산적)이고 훨씬 더 조화로울 것이라고 하는 맑스의 믿음에 부분적으로 의존한다. 현재로서 나는 민주적 사회조정이 분배적 정의의 여건들을 제거할 것이라고 하는 이 예견이 맑스에게 결핍과 갈등이 공산주의에서 전적으로 사라질 것이라고 하는 전혀 설득력 없는 명제를 약속하게 하지 않는다는 점을 고찰하려 한다. 오히려 민주적 사회조정이 충분히 조화롭고 풍부해서 갈등들이 남아 있다 할지라도 분배적 몫에 대한 권리를 규정하는 법률적 원칙들에 의존할 필요가 없을 것이라는 생각이다. 이 기본적인 사회조직 원칙은 분배적 정의 원칙을 포함하지 않을 것이다.

이 해석에 따르면, 맑스는 다른 사람들이 분배적 정의의 여건들로 부른 것을 객관적 요소들과 주관적 요소들로 나눈다. 자본주의에서 객관적 요소들은 엥겔스가 생산의 무정부성이라고 부른 것, 즉 인적 자원과 천연자원들을 비효율적으로 그리고 제멋대로 소비적으로 사용함에 있다. 주관적 요소는 이기심, 경쟁 그리고 그 체제가 개인들에게 불러일으키는 점점 더 증대하면서 궁극적으로 자기 좌절적인 필요들을 포함한다. 맑스에 의하면, 공산주의적 생산양식은 자본주의 속에서 잠재되어 있는 엄청난 생산성을 자유롭게 할 것이다. 동시에 공산주의적 생산양식은 개인들을 협동적이며, 자치적인 존재로 변형시킬 것이다. 이 존재는 노동 그 자체에 본질적으로 만족할 것이고, 인간적 결사체association를 위한 그의 필요는 사물에 대한 욕구를 감소시킬 것이다. 인간적 주체의 변형에 대한 맑스의 가장 확대된 논의는 『1844년 파리논고』, 특히 "사적 소유와 공산주의"와 "소외된 노동"이라는 절에서 발견된다.[25] 2장에서 살펴보았듯이, 우리가 자본주의와 이 체제의 법률적 개념들에 대한 맑스의 가장 급진적인 비판들의 토대, 즉 완전하게 발전되고 사회적으로 통합된 공산주의적 인간, 요컨대 사회적·자연적 환경의 민주적인 합리적 통제에 참가하는 자유롭고 창조적인 생산자에 대한 (비법률적이지만) 평가적인 개념을 발견하는 곳은 이 초기의 논고와 후기 저작들에서 분산되어 있는 언급들에서이다.

맑스가 분배적 정의의 여건들의 초월을 예견하는 분산되고 너무 간단한 구절들 중 하나에서 그는 공산주의를 위한 분배적 정의 기준이라고 여겨질 수 있는 친숙한 사회주의 구호를 되풀이한다.

> 분업에 복종하는 예속상태가 사라지고 이와 함께 정신노동과 육체노동 사이의 대립도 사라진 후에, 노동이 삶의 수단일 뿐만 아니라 삶의 제1의 필요가 된 후에, 생산력이 또한 개인의 전면적인 발전과 함께 증대한 후에 그리고 협동적 부의 원천이 더 풍부하게 흘러 들어온 후에, 단지 그때만이 협소한 범위의 부르주아 권리가 말소되고 사회가 그의 기치를 내걸 수 있다. 즉 "각자는 능력에 따라, 각자에게는 필요에 따라!"[26]

우리는 맑스가 이러한 구호를 사용한 것과 정의와 권리에 대한 이야기가 시대에 뒤떨어진 말뿐인 쓰레기이자 이데올로기적인 허튼소리라는 그의 훈계, 결핍과 갈등이 공산주의에서 크게 감소될 것이라는 그의 견해와 어떻게 융화할 수 있는가? 내가 초기에 제안했던 것처럼, 그 대답은 이렇다. 맑스는 이 구호를 공산주의적·분배적 정의 원칙으로 제공하고 있는 것이 아니라 상황들이 사실상 공산주의에서 있게 될 그 방법에 대한 하나의 기술로서 이 구호를 제공하고 있다고 말이다.[27]

일단 분배적 정의의 여건들이 뒤로 남겨진다면, 사회가 충족시켜야 하는 요구들을 규정하고 사회가 보호해야 할 권리들을 명기하는 **규정적인 원칙**으로서 어떤 원칙이 들어설 여지는 없을 것이다. 이 해석의 장점 가운데 하나는 정의에 관한 맑스의 가장 중요한 언급들 – 그렇지 않았다면 일관적이지 않거나 전적으로 불가해한 것처럼 보이는 언급들 – 중에 몇 가지를 설명하게 해준다는 점이다.

이제 우리는 맑스가 노동자에 대한 자본가의 착취가 정의롭지 않다고 말하는 것을 자제한 이유를 이해할 수 있다. 일단 자본주의적·분배적 정의 기준이 일관되게 적용되고 임의적으로 피상적 임금관계에 한정되지 않는다면, 자본주의에 특징적인 자본주의의 분배적 정의 기준에 따라 그 착취가 정의롭지 않다고 맑스가 생각했음에도 불구하고 말이다. 왜냐하면, 맑스가 착취를 부정의의 한 형태로서 비방했다면, 맑스는 공산주의 사회가 정의로운 사회일 것이고, 이 사회의 우월성은 여기에 있다는 결론을 내리려고 했을 것이다. 이 결론은 맑스의 자본주의 비판과 공산주의에 대한 그의 관점이 가지는 급진적 성격을 모호하게 할 것이다. 일단 우리가 맑스 분석의 깊이를 이해한다면, 우리는 그에게 아마도 자본주의 – 그리고 모든 계급 분할 사회들의 ─ 의 가장 저주스러운 비판 가운데 하나가 이들의 생산양식이 심각할 정도의 결함을 가지고 있어서 이 체제들이 분배적 정의 원칙을 필요하게 만든다는 점임을 알 수 있다. 맑스가 생각하기에 분배적 정의 원칙이 꼭 필요하다는 사실은, 한 사회의 핵심을 형성하는 생산과정에서 결함이 있다는 확정적인 증거이다. 그리고 정의에 대한 논의의 관점에서 볼 때, 공산주의의 우월성은 이 체제가 분배적 정의의 올바른 원칙을 결국 생각해내고 효과적으로 이행함으로써 결국 분배적 정의의 문제를 해결한다는 데 있는 것이 아니다. 오히려 공산주의의 우월성은 이 체제가 분배적 정의의 모든 문제를 불필요하게 만든다는 데 있다. 이 해석의 장점은 홀름스트롬의 해석이 설명할 수 없는 세 가지 사실들을 설명하면서 터커와 우드에 대한 홀름스트롬의 사려 깊은 비판을 융합하고 있다는 점이다. 이 세 가지 사실은 (i) 정의로운 사회로서 공산주의를 언급하는 것에 대한 맑스의 거부, (ii) 공산주의가 분배적 정의의 여건들을 사라지게 할 것이라는 맑스의 견해 그리고 정의 원칙이 공산주의에서 필요하게 되지 않을 것이라는 함의, (iii) 정의나 권리에 관한 이야기는 "시대에 뒤떨어진 말뿐인 쓰레기"이며, "이데올로기적인 허튼소리"라는 그의 비난 등이다.[28]

이 시점에서 맑스의 논지가 단지 분배적 정의 원칙이 너무 제한된다는 점, 그리고 공산주의에서 이 원칙이 생산적–분배적 정의 원칙으로 칭해질 수 있는 것으로 대체될 것이라는 점에 대한 반론이 제기될 수 있을 것이다.[29] 이 해석을 토대로 분배적 정의에 대한 맑스의 외적 비판은 좀 더 근본적인 정의 관념의 관점에서 시작되는 것이기는 하지만 그럼에도 불구하고 정의 관념의 관점에서 시작된다는 점이다. 생산적-분배적 정의라는 공산주의 원칙들은 분배적 정의 개념들이 지니고 있는 피상성을 피할 것이다. 이 원칙들은 분배적 제도들의 파생적 성격을 분명하게 이해하는 것, 그리고 모든 다른 사회적 불평등의 근본인 생산의 통제에서 불평등을 제거하는 것에 대한 언질에 그 근거를 둘 것이다. 그러한 공산주의적인 생산적-분배적 정의 원칙은 분배적 몫에 대한 권리를 명기할 것이다. 하지만 훨씬 더 중요하게 이 원칙들이 사회의 생산과정의 통제에 참여할 각 개인들의 권리를 결정할 것이다.

분배적 정의에 대한 집착이 지니는 부적당함에 대한 맑스의 비판에 설득당하지만 새로운 생산양식이 결핍과 경쟁의 문제를 크게 감소시킬 것이라는 맑스의 예언에 회의적인 사람들에게 생산적-분배적 정의 이념은 매혹적이다. 그럼에도 자본주의에 대한 맑스의 외적 비판들이 그러한 어떤 관념에 기반을 두고 있지는 않은 것처럼 보인다. 그의 요점은 더 광범위한 공산주의적 생산적-분배적 정의 관념이 전통적인 분배문제를 풀기 위해 요구된다는 점이 아니다. 훨씬 급진적인 그의 주장은 일단 새로운 생산제도가 나타나면, 생산이나 분배를 위한 정의 원칙이 필요 없게 될 것이라는 점이다.

이 새로운 생산양식의 우월성은 사회가 생산통제에 대한 참여 그리고 파생적으로 생산된 재화의 몫에 대해 각각의 개인들의 주장을 인정하고 보호하는 제도에 있는 것이 아니다. 대신에 이 생산양식의 우월성은 이 생산양식이 하나의 사회조직형태라는 사실에 있을 것이다. 이 사회조직형태 안에서 그 누구도 그러한 주장을 억압하고 또한 이 주장을 인식하고 시행할 제도적 장치에 의존하는 것이 필요하다고 생각하지 않을 것이다.

분산되어 있는 몇몇 구절에서 맑스는 공산주의하에서의 생산과정의 조직에 관해 아주 모호하게 언급하고 있다.[30] 하지만 그는 생산이 정의 원칙에 의해 규제될 것이라는 점을 결코 시사하지 않고 있다. 그는 공산주의적 생산과정이 그러한 과정의 통제에 참여할 개인의 **권리**를 인정할 개념에 의해 구성될 것이라는 점을 말하지도 심지어 함축하지도 않는다. 오히려 그의 견해는 공산주의에서 "사람들에 대한 통치가 사물들에 대한 행정으로 대체된다"[31]는 엥겔스의 유명한 진술에 의해 정확하게 포착되는 것 같다. 이 이념은 생산에 관한 민주적 결정이 주로 정치적 혹은 법률적 판단이 아니라 욕구들을 만족시키는 가장 효율적인 수단에 관련되는 집단적인 과학적 판단으로 구성될 것이라고 말하는 것처럼 보인다. 그리고 이 이념은, 이 민주적 결정이 권리의 의미에서, 기관의 역할과 지위를 명기하는 법적인 틀 내에서 혹은 심지어 결정 과정 그 자체에 참여할 기회를 명기하는 법적인 틀 내에서 일어날 것이라고 시사하지도 않는다.

IV

위에서 언급한 다른 사람들처럼 지금까지 나의 분석은 분배적 정의에 대한 맑스의 비판에 초점을 맞추었다. 이제 우리는 시민적·정치적 권리의 정의justice에 대한 맑스의 비판들을 검토하기 위해 우리의 시각 범위를 넓혀야 한다. 이 비판들을 위해 단하나의 가장 중요한 출처는 맑스의 『유대인 문제에 대해』이다. 이 글이 분배적 권리들의 정의에 대하여 맑스가 쓴 글과 결합될 때만 우리는 맑스의 권리 비판의 포괄성을 이해할 수 있다. 유감스럽게도 터커, 우드, 홀름스트롬, 맥브라이드 그리고 다른 사람들은 풍부하고도 도발적인 초기의 글을 무시했다.

『유대인 문제에 대해』에서 맑스는 인간 권리들human rights, 인간의 권리들the rights of man 그리고 시민의 권리들the rights of the citizen을 구별하고 있다. "인간 권리들"은 가장 일반적인 범주이다. 이것은 두 개의 다른 하위범주들을 포함한다. 시민의 권리들은 정치적 참여의 권리들, 특히 투표권이다.[32] 인간의 권리들은 다음을 포함한다.

a. 표현, 사상, 그리고 믿음(특히 종교적 믿음)의 자유에 대한 권리
b. 법 앞의 평등권(정당한 법절차의 권리)
c. 사유재산권
d. 안전권(개인의 자유권 ― 생명과 육체의 보호)
e. 자유권the right to liberty [33]

맑스는 그가 정치적 해방이라고 부른 것의 한계를 다차원적으로 비판하는 과정에서 이러한 권리 범주들을 도입한다. 인간의 권리와 시민의 권리들은 그것을 통해 개인들이 정치적인 해방을 달성하는 그러한 권리들이다. 정치적 해방은 근대 자유주의 국가가 개인에게 인정해 주는 바로 그 해방이다. 『유대인 문제에 대해』에서 행한 주요한 공격은 정치적 해방은 진정한 인간해방에 못 미친다는 점이다. 맑스가 보기에 진정한 인간해방은 일단 국가가 사라진다면, 공산주의에서만 이루어질 수 있는 포괄적인 자유를 의미한다.

정치적 해방 비판의 맥락을 받아들이고 현실적인 정체political constitution에서 명시된 권리에 대한 맑스의 언급들을 받아들인다면[34], 그는 인간의 권리나 시민의 권리를 언급할 때, 우선 첫째로 적어도 **법적 권리** – 강제력으로 뒷받침된 법규제도에 명기된 권리 – 의 의미로 말하고 있다. 예를 들어 사유재산에 대한 (법적) 권리는 어떤 사람이 재화를 사용하거나 팔거나 혹은 다른 사람들에게 줄 수 있는, 강제력으로 뒷받침된 자유이다. 소극적으로 진술할 경우, 이 권리는 어떤 사람이 자신의 재화들을 사용하거나 팔거나 주거나 할 때 다른 사람들의 간섭을 **받지 않을**from, 강제적으로 보장된 자유이다.

밀이 강조했듯이[35] 권리는 강제력으로 뒷받침되거나 혹은 동류 집단의 압력이나 여론과 같은 덜 형식적인 제재들에 의해 지지를 받는다. 나중에 나는 인간의 권리나 시민의 권리에 대한 맑스의 비판이 이 권리들에 적용될 수 있는지의 문제를 생각해 볼 것이다. 물론 이 권리들이 강제력으로 뒷받침되고 있느냐 그렇지 않으냐의 여부와는 상관없이 말이다. 지금으로서는 우리는 강제력으로 뒷받침된 권리들에 국한할 것이다.

비분배적 권리들의 정의에 대한 맑스의 가장 급진적인 비판의 핵심은 다음과 같은 주장이다.

E "… 시민의 권리와 다른 것으로 소위 인간의 권리들은 단지 시민사회의 구성원, 즉 다른 인간들과 공동체로부터 분리된 이기적인 인간의 권리일 뿐이다."[36]

맑스는 "시민사회"를 그가 나중에 단지 자본주의로 언급하고 있는 것으로 이해한다. 거칠게 말해, 시민사회는 생산수단의 사적 소유, 하나의 상품으로서의 노동력을 포함하여 상품을 위한 시장, 그리고 증대하는 산업화를 특징으로 하는 사회조직 형태이다. 그러나 이 권리들이 단지 시민사회의 인간의 권리들이라고 말하는 것은 무엇을 의미하는가? 이 권리의 옹호자들이 이 권리들을 자유들의 가치 있는 사회적 보증물로 생각했던 대로 이해한다면, E는 다음과 같이 더욱더 분명하게 진술될 수도 있을 것이다.

E¹. 시민의 권리들과는 다른 것으로 인간의 권리들은 시민사회의 구성원들, 즉 인간과 공동체로부터 분리된 이기적 인간만을 위해 가치 있는 것(자유의 사회적 보증물로서)이다.

맑스가 함축하고 있듯이 시민사회의 모든 구성원들이 이기주의자인가 라는 문제는 당분간 무시하기로 하자. 그 대신에 단순화를 위해 E¹을 다음과 같이 재공식화하는 데 전념하기로 하자.

E². 인간의 권리들은 이기적이고 고립된 인간을 위해서만 가치가 있다.

E²는 맑스가 빈번하게 전개시킨 다음과 같은 역사적-인식론적인 주장보다 훨씬 더 강력하다는 사실에 주목하라.

H-E. 인간의 권리들이라는 관념은 단지 역사 발전의 일정한 시기에, 요컨대 시민사회의 부흥과 시민사회의 이기적 인간과 함께 발생한다(그리고 우세한 정치적 관념이 된다).

H-E는 역사적-인식론적 주장으로 칭해질 수도 있는데, 그 이유는 이 주장이 인간의 권리들이라는 개념conception이 역사를 관통하여 인간에게 이용되는 것은 아니라고 진술하고 있기 때문이다. 이 개념은 일정한 역사 발전이 일어난 후에 비로소 나타나고 알려지게 (혹은 널리 알려지게) 된다. 더 상세하게 설명하면, H-E는 인간의 권리들이라는 개념이 역사에서 개인의 위치와 상관없이 그리고 사회 발전과 상관없이 자명하거나 혹은 모든 합리적인 개인의 숙고로 발견될 수 있는 것이 아니라는 점

을 함축하고 있다.

H-E가 E²만큼 강한 어떤 것을 함축하지 않는다는 점을 언급하는 것이 중요하다. 시민사회가 이기적이고 정치적 개념이 어떤 사람에게 가치 있다고 할 때만 비로소 이 개념이 나타난다는 점을 인정할 경우에도 H-E는 기껏해야 더 약한 주장을 함축할 것이다.

Eʷ. 인간의 권리들은 시민사회의 이기적이고 고립된 인간에게 가치가 있다.

맑스가 분명히 개진시키고 있는 주장인 E²는 Eʷ보다 훨씬 더 강력하다. 왜냐하면, E²는 이 권리들이 이기적이고 고립된 인간에게만 가치가 있다고 말하기 때문이다. Eʷ는 이 권리들의 몇 가지 권리들이나 또는 모든 권리들이 맑스가 믿기에 시민사회를 대체할 새로운 사회의 비이기적이고 사회적으로 통합된 구성원들에게 가치가 있을 것이라는 가능성을 열어 놓고 있다. 다른 한편, E²는 이 가능성을 배제하고 있다. 즉 해당 권리들이 "단지" 시민사회가 창출해내는 그러한 부류의 개인들에게 가치가 있는 그러한 종류의 사회적 보증물이라는 것이다.

우리는 E²에 대해 무엇을 만들고자 하는가? 맑스가 가장 주목한 인간의 권리, 즉 사적 소유권에 대해 생각해 보자. 맑스는 "사적 소유권"을 "다른 사람에 대한 고려 없이, 사회로부터 독립적으로 자신의 소유물을 향유하고 임의적으로 처분할 수 있는 한 개인의 권리, 즉 이기심selfishness의 권리"로 이해하고 있다.[37] 그는 또한 "자유에 대한 인간의 권리들의 실제적인 적용은 사유재산에 대한… 권리"이며, 자유에 대한 이 권리는 "다른 사람들에게 해를 끼치지 않는 것을 행하고 이행하는 권리"라고 말하고 있다. 그런 다음 그는 이렇게 적고 있다.

> 두 영역들 사이의 경계가 울타리에 의해 정의되는 것과 마찬가지로 각각의 개인들이 다른 사람들에게 해를 입히지 않고 움직일 수 있는 한계들은 법률에 의해 규정된다. 문제가 되고 있는 자유는 고립된 개체monad로서 그리고 그 자신 속으로 깊숙이 들어간 것으로 취급된 한 인간의 자유이다.[38]

우리는 이제 인간의 권리들 가운데 하나의 권리를 특수한 경우에, 즉 사유재산에 E^2의 적용을 공식화할 수 있다. 즉

> E^2p. 사유재산권(사적 재산에 대한 권리) — 자신이 원하는 대로 자신의 재화들을 처분할 수 있는 권리 — 은 이기적이고 고립된 개인들에게만 가치가 있다.

사유재산에 대한 권리가 이기주의자들에게만 가치가 있다고 말하는 것은 그야말로 틀린 것 같다. 결국 어떤 사람이 적절하다고 생각하는 대로 자신의 재화들을 사용할 권리는 어떤 사람의 목적이 이기적이건 아니건 간에 상관없이, 요컨대 어떤

사람의 목적이 전적으로 이기적인 목적들인지의 여부에 상관없이 가치가 있을 수 있다.

여기서 맑스 주장의 핵심은 "다른 인간들과 공동체로부터 분리되어 있는" "고립된 단자"라는 관념에 있다. 그의 논지는 사적 소유권의 존재 – 그러한 권리에 대한 바로 그 필요 – 는 개인들 간에 이해관계의 기본적 갈등이 존재하는 상황을 특징짓고 영속시킨다는 것 같다. 그러한 상황에서 개인들의 재화들에 대한 안전한 소유는 한 개인의 유일한 보증물이다. 그리고 이 보증을 통해 개인은 생존적 이익을 포함하여 그 자신의 기본적 이익들을 만족시킬 수 있을 것이다. 이러한 환경에서 다른 개인들은 어떤 개인의 소유들을 증대시키는 단순한 수단으로, 그리하여 한 개인의 이익을 달성하는 전망을 증대시키는 단순한 수단으로 인식되거나 아니면 한 개인의 재화에 대한 통제력을 획득하고자 하며, 그럼으로써 한 개인의 기본적 이익들을 위협하는 훼방꾼으로 인지된다.

사유재산의 존재가 개인으로 하여금 기껏해야 각각의 다른 사람들을 단순한 수단으로, 그리고 최악의 경우에 파괴적인 위협으로 간주되게 한다면, 그리고 사유재산권이 다른 사람들에 의한 불법적 침해에 대항하여 자신을 보호하는 데 필요한 것이라면, 사유재산권을 인간이 고립되고, 이기적인 개체인 한에서 인간에게 가치가 있는 권리로서 기술하는 것은 의미가 있다. 그리고 개인들이 단지 사유재산의 존재를 위해서만 각각의 다른 사람들을 그렇게 보는 것이 아니라면, 사유재산권이 오로지 이기적이고 개체적인 인간에게만 가치가 있다고 말하는 것은 그럴듯하다. 게다가 사유재산권은 개인을 공동체로부터 분리시킨다고 말할 수 있는데, 그것은 사유재산권이 다른 사람들의 간섭으로부터 한 개인을 보호하고 다른 사람들의 복지에 대한 그 어떤 책임을 면제시킨다는 의미에서이다.

비록 어떤 사람이 사유재산권을 개인에게 다른 사람들에 대한 모든 책임을 면제시켜 주면서 불간섭을 보장하는 하나의 경계선 개념으로 비난할지라도 사람들은 아주 다른 종류의 재산권을 지지할 수도 있다는 점에 주목하라. 그러한 권리는 공동체 협업의 결실에 대한 몫을 보장하는 것일 것이다. 혹은 사람들은 사유재산에 대한 경계선 권리를 사회적 생산물의 몫뿐만 아니라 생산수단 통제도 보장하는 재산권으로 대체하기를 원할지도 모르겠다.

하지만 내가 앞서 논의했듯이, 맑스는 결함이 있는 자본주의 재산권을 우월한 공산주의적 재산권으로 대체하는 것을 옹호하지 않았다. 그는 어디에서도 그러한 공산주의적 재산권을 만들지 않았고, 공산주의에서 재산권이 있을 것이라고도 말하지 않고 있다. 대신에 그는 권리나 정의에 관한 이야기를 시대에 뒤떨어진 쓰레기이며, 이데올로기적인 허튼소리로 생각하고 있다. 왜냐하면, 내가 언급했듯이, 그의 비판은 어떤 재산권이 다른 재산권에 의해 대체되어야 한다고 하는 생각보다 훨씬 더 심오한 것이기 때문이다. 그는, 공산주의에서 갈등의 근원들이 사회적 생산물에 대한 개인들의 몫을 향유할 개인의 자유를 보장하거나 또는 개인들에게 생산수단 통제권을 보장하는 권리제도가 필요 없을 정도로 감소하게 될 것이라고 믿고 있다.

지금까지 나는 인간의 권리들에 대한 맑스의 비판을 사유재산권에 적용시키는 일에만 전념했다. 인간의 다른 권리들이 시민사회의 고립되어 있는 이기적 개인들에게만, 아니면 주로 이 개인들에게만 가치가 있다고 하는 비난은 별로 그럴듯하지 않다. 예를 들어 법 앞의 평등권과 언론의 자유권은 각각의 다른 사람들을 단지 수단으로 혹은 위험천만한 경쟁자로 보는 고립된 개인들에게는 경계선 권리로서 비판의 여지가 있는 것처럼 보이지 않는다. 자유언론에 대한 권리는 어떤 종류의 간섭을 금지하는 경계를 확립했다는 것은 사실이다. 그러나 어떤 의미에서 이것이 권리에 대한 비판인가?

내가 생각하기에 그 대답은 맑스가 권리들을 필요하게 만드는 개인 간의 갈등의 원천들에 관해 취하는 아주 간단하지만 일반적인 가정에 있다. 그는 갈등에 대한 한계로써 이용하기 위해 개인 간의 갈등의 잠재력이 권리들의 확립을 보장할 정도로 충분히 심각한 어떤 사회는 상당히 결함이 있는 사회라고 가정한다. 오로지 이 가정만이 권리 일반에 대한 맑스의 비웃음, 즉 인간의 모든 권리에 대한 그의 공격, 그리고 맥브라이드가 정확하게 묘사했듯이 맑스가 공산주의를 적절한 권리 개념이 효과적으로 수행되는 사회로 특징짓는 것을 의도적으로 거부한 것을 설명하기에 충분할 정도로 강력한 것이다.

인간의 권리들에 대한 맑스의 비판이 시민의 권리들로 이어지는 정도가 이제 분명하게 된다.『유대인 문제에 대해』에서 맑스는 이미 시민의 권리들, 즉 정치참여권에 대한 두 가지 기본적인 한계들을 지적했다. 첫째, 종교, 부, 교육 그리고 다른 요소들의 차이를 "사적 생활"에 귀속시킴으로써, 즉 공식적으로 이들의 영향을 정치적·법적 제도로부터 배제시킴으로써 시민의 권리들은 사실상 이 요소들에게 "사적 생활"의 자유로운 통제권을 부여해 주고 있는 셈이다. 둘째, 부, 교육 그리고 기타 등등의 영향력이 공식적으로 법적·정치적 제도들로부터 배제되어 있을 때조차도 만연하는 심각한 비공식적인 영향력들이 번성한다. 이 영향력들은 법적일 수도 있고 불법적일 수도 있다. 불법적인 영향력들은 공무원들의 뇌물수수와 선거 절차와 법정에서의 부패들을 포함한다. 하지만 맑스의 일차적인 강조점은 부와 지위에서의 차이가 다른 개인들이 그들의 동등한 시민권들을 행사할 수 있는 효율성 속에서 불평등을 만들어 내는 완전하게 법적인 방법에 대한 것이다. 선거운동과 효과적인 법적 대의제를 확보하는 데 있어 부가 행하는 역할[39]은 모두 잘 알려진 당대의 실례들이다. 시민권의 찬양자들은 국가가 시민사회의 계급적 이해관계의 알력을 초월해 있다는 환상을 영속시키는 데 기여한다.

맑스가 인간의 권리들과 시민권 간의 연관성을 검토하고 있는『유대인 문제에 대해』의 절에서 그가 순전히 이기적인 권리로서 인간의 권리에 대한 자신의 비판을 시민권으로까지 확대하려고 의도하고 있는지는 어쩌면 전적으로 분명한 것은 아니다. 하지만 다음의 구절은 그가 의도하고 있다는 점을 시사하고 있다.

정치적 해방은 한편으로 시민사회의 구성원, 즉 이기적이고 독립적인 개인으로의 환원이며, 다른 한편으로 한 시민, 즉 도덕적 개인으로의 환원이다. 현실적인 개별적 인간은 추상적 시민을 그 자신에게로 되돌려 놓아야 하며, 그의 경험적인 생활에 대한 개별적인 인간으로서 그의 개별적인 노동과 개별적인 관계 안에서 유적 존재가 되어야만 한다. 인간은 그 자신의 힘을 사회적 힘으로 인식해야 하며, 이것을 조직하고 그리하여 정치적 힘의 형태 속에서 사회적 힘을 그 자신으로부터 더 이상 분리시키지 않아야 한다. 오로지 이것이 달성되었을 때만이 비로소 인간해방은 완성될 것이다.[40]

맑스의 『헤겔 법철학 비판』의 유사한 구절에 대해 생각해 보자.

시민사회는 시민사회의 진정한 존재로서 시민사회의 정치적 존재를 실제로 확립함에 있어 시민사회의 정치적 존재와는 구별하여 비본질적인 것으로서 시민사회의 시민적 존재를 확립하였다. 그리고 전자[정치적 존재]가 분리될 경우, 후자[시민적 존재], 즉 그 반대는 무너진다.[41]

첫 번째 구절에서 인간의 권리들과 시민의 권리들은 시민사회에서 독립적인 이기주의자로서 인간의 존재와 그 자신의 협소한 이기심보다는 오히려 공동선과 연관된 도덕적 행위자인 시민으로서 그의 이상화된 생활 사이의 구분을 특징짓는 상응물이라는 점을 맑스는 분명히 말하고 있다. 이것이 함의하는 것은 이기적이고 고립된 개인이라는 개념이 더 이상 적용될 수 없는 공산주의에서 시민의 권리라는 개념과 더불어 시민으로서의 인간에 대한 상호 관계적 개념 또한 더 이상 적용되지 않을 것이라는 점이다. 두 번째 구절에서 맑스는 이기적이고 도구적인 상호작용의 영역인 시민사회와 개인들은 시민의 (법적) 권리들을 행사하는 정치적 영역이 상호 관계적이며, 하나가 폐지될 때, 또 다른 하나도 이것과 함께 무너진다는 점을 말하고 있는 것 같다.

이 해석이 옳다면, 맑스는 국가가 단지 시민사회와 대립하여 존재할 수 있는 것과 마찬가지로 시민의 권리도 단지 차별화된 형태로 인간의 권리들과 대립하여서만 존재할 수 있다고 주장한다. 시민사회가 존재하는 한에서만 국가가 필요한 것과 마찬가지로 정치참여 권리는 인간의 권리들이 필요한 곳에서만 필요하게 되고, 가치가 있다. 그러나 맑스가 믿기에 인간의 권리들은 단지 이기적이고 고립된 개인들에게만 가치가 있다. 즉 진정한 공동체 안으로 통합되지 않은 인간들에게 말이다. 따라서 맑스는 이렇게 결론을 내려야 한다. 즉 인간의 권리들과 시민의 권리들 모두 다 공산주의에서는 가치도 없고 설 자리도 없다고 말이다. 설령 그가 프롤레타리아계급의 구성원들을 위한 어떤 정치참여권이 자본주의에서 공산주의로의 이행 과정에서 가치가 있을 수 있고, 시민사회의 요소들이 남아 있다는 점을 인정하고 있다 할지라도 말이다. 사실 국가가 인간의 권리들과 시민의 권리들의 법적 제도를 포함했던 한에서 자본주의의 마지막 잔존물과 함께 사라질 것이라고 하는 맑스의 견해는 이 권리들 — 강제력으로 뒷받침된 보증물로서 — 도 역시 사라질 것이라는 점을 함축하고 있다. 이 해석이 옳다면, 맑스는 다음의 사실에 언질을 주고 있다.

E3. 인간의 권리들과 시민의 권리들은 시민사회의 이기적이며 고립적인 인간에게만 가치가 있고, 공산주의에서는 필요하지 않게 될 것이다.

E^{3}는 아주 급진적인 주장이다. 하지만 이 주장을 맑스가 언질을 주지 않은 좀 더 급진적인 주장으로 오해하지 않는 것이 중요하다.

E^4. 인간과 시민의 다양한 권리들에 의해 보장된 자유들은 자본주의가 사라짐으로써 사라질 것이다.

맑스는 공산주의 사회에서 개인들이 언론의 자유를 향유하지 못하거나 그들의 생명과 육체에 대한 폭행으로부터 자유롭지 못할 것이라고는 믿지 않는다. E^{3}은 공산주의에서 이러한 자유들을 위한 법적 보장이 필요 없을 것이라는 점을 나타낼 뿐이다.

시민적 권리 가운데 하나인 투표권에 대한 맑스의 입장은 그가 『유대인 문제에 대해』를 집필한 후에 의미 있는 변화를 경험했다는 점이 주장될 수도 있다. 『공산당선언』에서 잘 알려진 구절은 우리에게 이렇게 말해 주고 있다. 혁명의 첫 번째 진전은 모든 프롤레타리아계급을 위해 투표권을 쟁취하는 것이라고 말이다. 그리고 『뉴욕트리뷴』*The New York Tribune*(1852년 8월 25일자)에 게재된 차티스트 운동에 대한 기사에서 맑스는 이렇게 예견하고 있다. 보통선거권의 성과는 "노동계급의 정치적 패권 supremacy"이 될 것이라고 말이다.

하지만 맑스가 정치참여권의 가치에 대한 자신의 평가를 달리했다 할지라도, 이 점이 투쟁이 완성될 때 최종적으로 등장할 사회형태가 정치참여권 제도를 위한 필요성을 가질 것이라는 믿음을 함축하는 것은 결코 아니다. 나중의 구절들이 보여주고 있는 것은 특정한 시기에 투표권이 계급적 싸움에서 효과적인 무기가 된다는 점이며, 맑스가 전쟁에서 승리했을 때, 이 권리에게 다른 역할을 지정하고 있다는 어떤 제안이 그 어디에도 없기 때문에 우리에게는 맑스가 다른 권리들과 같이 이 시민권을 진부한 것으로 생각했다는 가설을 거절할 아무런 이유가 없다.

맑스가 E^2나 E^3를 진전시키기를 원할 것이라는 이유를 이해하는 열쇠는 권리들 – 자유의 법적 보장으로서 – 이 필요해지게 되고 그래서 가치가 있어지는 바로 그 상황을 고려하는 것이다. 가장 단순하게 말해, 특정한 자유를 위한 법적 보장은 적어도 그 자유에 대한 심각한 침해를 향한 상당한 잠재성이 있는 곳에서만 필요하게 된다. 이 점을 명심하면서 우리는 E²(혹은 E³)에 대한 맑스의 논의를 재구성할 수 있다.

i) 인간의 권리들 아래 명시된 자유들의 (법적) 보장으로서 권리들은 자유에 대한 심각한 침해의 잠재성이 있는 곳에서만 필요하게 된다.

ii) 인간(그리고 시민의)의 권리들 아래 명시된 자유들에 대한 심각한 침해는 계급적 이해관계들의 충돌과 계급 갈등이 야기하는 이기심에서만 발생할 수 있다.

iii) 공산주의 사회에서 계급은 존재하지 않을 것이고, 그래서 계급적 이해관계의 충돌도 계급적 이해관계에서 비롯되는 이기심도 존재하지 않을 것이다.

따라서

iv) 공산주의에서 법적 보장으로서 인간의 권리들(혹은 시민의 권리들, 이 권리들이 인간의 권리들의 상관물이라면)은 필요하지 않을 것이다.

E²(혹은 E³)를 지지하는 주장에 대한 이러한 개요가 지니는 중요성은 이것이 우리로 하여금 결정적인 전제 (ii)에 초점을 둘 수 있게 한다는 점이다 ― 이 전제는 법적 권리들을 가치 있게 만들

기에 충분할 정도로 심각한 개인 간의 갈등의 원천에 관한 강력하고, 대단히 일반적인 명제이다. 이 전제 (ii)는 강제력으로 뒷받침된 권리 원칙에 대한 제도를 요구하기에 충분히 심각한 사람들 간의 갈등은 계급 갈등과 계급 갈등이 야기하는 치명적으로 경쟁적이며, 이기적인 상호작용에 그 기초를 두고 있다. 갈등의 근원에 대한 이 가설은 물론 상당히 문제의 여지가 있다. 사실 나는 7장에서 이 가설은 권리들이 이에 대응하여 제기될 수 있는 문제들의 다양성을 이해하는 데 실패했다는 것을 나타낸다고 주장할 것이다.

내적 비판과 외적 비판의 구별은 분배적 권리들에 대한 그의 공격에도 그리고 시민적 권리들과 정치적 권리들에 대한 맑스의 비판에도 적용된다. 각각의 경우에 맑스의 비판 가운데 어떤 것들은 그가 공격하고 있는 권리 개념 내에서의 관점으로부터 시작하는 반면, 또 다른 비판은 외부에 있는 유리한 위치로부터 전개된다.『유대인 문제에 대해』에서 시민권과 정치권에 대한 맑스의 주요한 내적 비판은 부와 교육적·직업적 신분에서의 불평등의 영향으로부터의 정치적 해방의 불충분성을 논의하는 부분에서 찾을 수 있다. 정치적 해방의 단언적 목표는 개인들의 사회적 지위 ─ 모든 사람은 동등한 시민이다 ─ 와는 무관하게 각각의 개인적인 동등한 참정권과 법 앞의 평등에 따른 헌법적 조처라는 수단에 의해 그러한 요소들의 영향으로부터 법적·정치적 제도들을 해방시키는 것이다. 그러나 맑스에 따르면, 정치적 해방은 그 자신의 목표를 이룩하는 데 필연적으로 실패한다는 것이다. 사회적 지위의 불평등은 법적 채널과 불법적 채널을 통해 해로운 영향력을 계속해서 행사한다. 재산이 법적·정치적 절차들을 타락시킬 수 있는 한, 그리고 사회적 지위의 차이들이 다른 개인들이 그들의 동등한 권리를 행사할 수 있는 효율성에서의 불평등을 만들어 내는 한에서 정치적 해방은 평등한 시민권이라는 그 자체의 이상에 부합하지 못한다.

분배적 권리의 경우에서처럼 인간과 시민의 권리들에 대한 맑스의 외적 비판은 그가 행한 내적 비판보다 더 급진적이다. 외적 비판은 이 비판이 공격하고 있는 시민권과 정치권 개념의 외부에 있는 관점으로부터 진전되었다. 그리고 분배적 권리에 대한 맑스의 외적 비판의 경우에서처럼 이 외적 비판은 권리의 환경들을 넘어서 있는 사회에 대한 관점이다.

『유대인 문제에 대해』의 텍스트는 단지 부르주아 사회에서 예시된 그러한 개념들의 특정한 역사적 시각이라기보다는 맑스가 인간의 권리들과 시민적·정치적 권리라는 바로 그 개념을 공격하고 있다는 나의 결론을 결정적으로 지지해 주지는 않는다는 반론이 제기될 수 있을 것이다. 별개로 취해진 그 글에서 맑스의 비판들은 그에게 시민사회의 이기적이고 고립된 인간을 위한 권리들이 아닌 이러한 권리 가운데 어떤 권리나 혹은 모든 권리에 대한 "비부르주아적" 혹은 공산주의적 시각들이 있을 수 있다는 가능성을 확증적으로 배제하지는 못한다는 점이 사실일 수 있다. 덜 급진적인 이러한 해석을 토대로 맑스는 단지 자연권의 교의에 대한 가장 강력한 시각, 즉 역사에서 인간들의 장소와 이들이 살고 있는 사회 유형과는 상관없이 모든 인간들에 적절한 일련의 독특하고 "영속적"인 권리들이 있다는 명제와 더불어 어떤 특수한 **부르주아** 권리들만을 거부하고 있는 것으로 이해될 것이다.

물론 맑스는 이러한 방식으로 이해된 자연권 교의를 거부하고 있다는 것은 사실이다. 하지만 맑스는 또한 결함 있는 생산양식의 가공물인 것으로서 (법적) 권리라는 바로 그 관념을 비난하고 있고, 그러한 관념이 우월한 생산양식이 존재하게 될 때 진부한 것이 될 것이라고 믿고 있다는 나의 결론을 진지하게 취하는 데는 여러 가지 이유들이 있다. 첫째, 더 급진적인 해석만이 맑스가 어디에서도 결함이 있는 부르주아적 권리가 공산주의적 권리 ― 예를 들면, 공산주의적 언론의 자유나 공산주의적 참정권 등 ― 에 의해 대체될 것이라고 제안하고 있지 않다는 사실을 확실하게 설명할 수 있다. 맑스의 인식론적 견해들은 그로 하여금 공산주의에서 확립하게 될 다양한 권리들의 정확한 성격을 예언하지 않게 한다고 말하는 것이 그 하나이다. 그가 공산주의는 이런저런 종류의 권리들을 포함할 것이라고 주장하는 것조차도 삼가는 이유를 설명하는 것은 아주 다른 문제이다. 게다가 인간의 권리와 시민권을 비판할 때, 맑스는 자신이 단지 이 권리들의 부르주아적 관점만을 비판하고 있다고 그 어디에서도 말하고 있지 않다. 사실상 그는 예를 들어, 일반적인 참정권 개념과 그러한 권리들이 부르주아 사회에서 취하는 특수한 형태를 결코 구분하지 않고 있는 것 같다.

둘째, 우리가 이미 살펴보았듯이, 맑스는 평등한 권리에 관한 이야기가 ― 단지 **부르주아적인** 평등한 권리에 관한 이야기만이 아닌 ― 이데올로기적인 허튼소리이며, 시대에 뒤떨어진 말뿐인 쓰레기라고 비난한다. 만약에 그가 어떤 권리 개념에 대한 일정한 역사적 시각들만을 비난하고 있다면, 우리는 맑스에게 그가 행한 권리에 관한 경멸적인 언급들뿐만 아니라 특정한 역사적 권리 개념을 주의 깊게 한정할 것이라고 기대할 것이다. 하지만 그는 그렇게 한정하지 않는다.

셋째, 『고타강령비판』에서 맑스는 분명하게 **어떤 권리에 대한 바로 그 개념**이 동등한 기준의 적용을 의미한다고 주장한다. 그러나 동등한 기준이 다른 개인들에게 적용될 때마다 그러한 개인들은 만족스럽지 못한 방법으로 다루어질 것이다. 이 주장은 생산자들이 그들이 제공한 노동에 비례하여 사회적 생산물의 몫에 대한 권리를 가진다는 원칙을 맑스가 비판하는 의미 맥락에서 발생한다. 그러나 맑스는 이 주장이 **그런 권리**에 대한 비판이라는 점을 분명하게 하고 있다.

> 생산자들의 권리는 그들이 제공한 노동에 비례한다. 평등은 측정이 동등한 기준, 즉 노동으로 만들어진다는 사실에 있다.
> 그러나 어떤 사람은 다른 사람보다 육체적으로 혹은 정신적으로 우월해서 동일한 시간에 더 많은 노동을 제공하거나 또는 더 오랜 시간 동안 노동할 수 있다. 그리고 하나의 척도로써 이용하기 위해 노동은 지속성이나 강도에 의해 정의되어야 한다.

그렇지 않을 경우, 노동은 측정의 기준이 더 이상 될 수 없다. 이 동등한 권리는 불평등한 노동을 위한 불평등한 권리이다. 권리는 계급적 차이를 인정하지 않는다. 왜냐하면, 모든 사람은 다른 사람들과 같이 단지 노동자이기 때문이다. 그러나 이 권리는 암묵적으로 불평등한 개인적 재능을 인정하고, 그리하여 생산적 능력을 자연적 특권으로 인정한다. 따라서 이 권리는 모든 권리와 같이 내용상으로 볼 때 불평등의 권리이다. 그러므로 권리는 그 성격상 오로지 동일한 척도를 적용한다. 그러나 불평등한 개인들(만일 그들이 불평등하지 않다면, 그들은 서로 다른 개인이 아닐 것이다)이 동일한 척도로 측정될 수 있는 것은, 오로지 그들이 동일한 관점 아래 놓이는 한에서, 즉 어떤 특정한 측면에서만 파악되는 한에서이다. 예를 들어, 이 경우에 개인들은 노동자로서만 간주되고 그들에게서 그 이상의 것은 없으며, 다른 모든 것들은 무시된다. 게다가 어떤 노동자는 결혼을 했고, 다른 노동자는 결혼을 하지 않았다. 어떤 노동자는 다른 노동자보다 더 많은 아이들이 있으며, 그리고 기타 등등. 그리하여 동등한 노동성과와 사회적 소비자원의 동등한 몫으로 인해 어떤 사람은 다른 사람보다 더 많이 받으며, 어떤 사람은 다른 사람보다 더 부유해질 것이며, 기타 등등. 이러한 모든 결함들을 피하기 위해 권리는 평등하게 되는 대신에 오히려 불평등할 것이다.[42]

맑스가 특정한 역사적 권리 개념에 자신의 비판을 제한하고 있다면, 이 구절은 설명이 불가능한 것은 아니라 할지라도 매우 어려운 구절일 것이다.

V

탐구되지 않았던 맑스의 정의와 권리에 대한 내적 비판의 아주 일반적인 요소가 여전히 존재한다. 간단히 말해 그것은 정의의 여건들이 정의 요구가 결코 충족될 수 없는 바로 그러한 조건들이기 때문에 정의에 대한 탐구가 소용없다는 명제이다. 로버트 터커는 다음의 구절에서 이 명제를 설명하려 한다. 비록 그의 토론이 정의가 분배적 정의와 융합됨으로써 훼손되고 있기는 하지만 말이다.

이제 맑스가 정의에 대해 혐오감을 가지고 있는 이유를 찾아내는 것이 그렇게 멀리 있지 않다. 정의 이념은 둘 또는 더 많은 집단이나 원칙들이 갈등을 겪고 있는 상황에서 정당한 균형을 내포한다. 정의 이념은 전형적으로 상호 간의 주장들의 한계에 기초를 둔 조정 또는 해결을 포함한다. 지금 사회주의자들이 자본주의 사회에서 경제적 관계들을 언급하면서 정의의 요구를 제기하는 것은 올바른 균형이 자본과 노동 사이의 갈등에서 승인되거나 아니면 조정이 이루어질 수 있다는 점을 함축한다. 이것은 자본과 노동 사이의 전쟁에서 협상에 의한 평화 혹은 적어도 휴전의 가능성을 시사하는 것이었다. 이것은 맑스에 대한 파문이었다. 그가 이해했던 것처럼, 이 갈등을 해결할 가능성은 없었고, 이 두 적대자 간의 주장에 경계를 설정할 방법은 없었다.[43]

이 구절은 자본주의에 대한 맑스의 비난이 분배적 정의에 그 토대를 두고 있지 않았다는 점을 보여주고자 하는 터커의 결론으로 나타나는 것이지만, 그는 총칭적인generic 정의 개념으로 불릴지도 모르는 것에 관한 중요한 지적을 하는 것으로 보일 수 있다. 롤스는 총칭적인 개념을 아래와 같이 명료히 하고 있다. 즉 정의 원칙들은 경쟁적인 정의 관념들의 갈등 위에 "기본적인 권리와 의무들을 배정하고, 사회적 협동의 혜택과 부담들을 적절하게 배분하는 것을… 결정하는 데" 필요하게 된다는 데 핵심 개념이 있다는 점이다. 그런 다음 롤스는 계속해서 이렇게 언급한다. 다른 정의 관념들을 주장하는 사람들은, "그 어떤 자의적인 구별들이 기본적 권리와 의무들을 배정함에 있어 개인들 간에 만들어지지 않을 때, 그리고 이 규칙들이… 경쟁적인 요구들 사이의 적절한 균형을 결정할 때"[44], 제도들이 정의롭다는 점에 동의할 수 있다고 말이다.

이 총칭적인 정의 개념은 맑스가 비판한 분배적 정의 개념, 시민적·정치적 정의 관념들을 포함할 만큼 충분히 광범하다. 맑스의 국가 이론과 종합하여 볼 때, 그의 계급갈등론은 다음의 사실을 함축한다. 즉 총칭적인 정의 개념은 그 개념을 초래하고 그 개념이 적용되는 그러한 환경들과 이 개념이 적용되는 그러한 환경들에서 충족될 수 없는 요구를 한다는 점이다. 터커가 옳게 지적했듯이 맑스의 견해에 따르면 계급 갈등은 - 경쟁적인 요구들에 대한 적절하거나 혹은 공정한 그 어떤 균형도 가능하지 않고 - 오로지 계급이 폐지됨으로써 종식될 수 있다. 게다가 우리가 살펴보았듯이, 국가가 강제하는 모든 권리 체제 및 의무 체제를 포함하여 국가는 계급 갈등의 산물이며, 계급 갈등과 함께 사라질 것이라고 맑스는 믿고 있다.

우리가 앞에서 살펴보았듯이[45], 맑스의 저술에는 두 가지 차별적인 국가 개념들이 있다. 그 첫 번째 개념은 『공산당선언』[46]에서 가장 명백하게 나타난다. 이에 따르면, 국가는 지배적인 경제적 계급에 의해 행사된 계급전쟁에서의 무기라는 것이다.

맑스의 두 번째 국가 개념은 주로 『프랑스 내전』과 『브뤼메르의 18일』에서 찾을 수 있다. 여기에서 그는 일정한 상황하에서 관료적 국가는 자본가계급과 프롤레타리아계급 간의 투쟁으로부터 일정 정도의 독립성을 획득할 수 있다는 점을 강조한다. 이러한 상황하에서 공무원은 서로 싸우는 계급들을 우습게 보면서 자신들의 이익을 위해 통치할 수 있다는 점이다.[47]

맑스의 두 가지 국가 개념에 따르면, 국가는 전통적인 정치이론에서 말하고 있듯이 국가에게 정당한 권위를 부여해 준다는 그런 유일한 기능만을 이행하는 것이 아니다. 맑스의 두 가지 국가 개념의 어느 경우에도 국가는 경쟁적인 요구들 사이의 "올바른" 혹은 "적절한" 혹은 "공정한" 혹은 "불편부당한" 균형을 이룩함으로써 총칭적인 정의 개념의 요구들을 만족시키는 제도가 아니다. 맑스의 관점에서 볼 때, 국가는 불가피하게 다른 계급에 의한 한 계급의 억압을 강화하거나 아니면 그 자신의 강화를 위해 공중을 착취하거나 아니면 이 모두를 행한다.[48] 어떤 경우에도 국가는 갈등을 해결해 주는 공정한 중재자로 행동하지도, 또는 공동의 이익을 보장하지도 않는다. 이 점은 과도기적인 사회주의 국가에서조차도 해당되며, 이러한 이유로 맑스는 이 국가를 프롤레타리아계급의 독재로 부르고 있다. 그리고 동시에 그는 여기에서도 국가는 다른 계급에 대항하여 한 계급에 의해 행사되는 무기라는 점을 강조하고 있다. 즉 여기서 국가 역시 요구들에 대하여 올바른 균형을 취하거나 아니면 공동의 이익을 증진시키고자 노력하는 공정한 심판자가 아니다. 사실 맑스가 생각하기에 계급 분할 사회에서 진정한 공동의 이익은 있을 수 없다.

정의에 대한 요구들을 초래하는 환경에서 이 요구들이 만족될 수 없다는 생각을, 우리가 앞에서 행한 노동자와 자본가 간 교환에서의 분배적 정의 관련 논의에 적용해 보면 그것이 맑스의 입장과 부합한다는 점이 훨씬 더 잘 드러난다. 나는 앞에서 자본주의에 대한 맑스의 내적 비판 가운데 하나가 임금관계에서 자본주의가 교환이 **동등한** 사람들 사이의 **자유로운** 교환이어야 한다는 자본주의 자체의 원칙을 어기고 있다는 점이었음을 논의했다. 그러나 우리는 노동력의 구매자와 판매자 사이의 자유롭고 동등한 교환원칙이 단지 충족되지 않은unsatisfied 것이 아니라 **충족될 수 없는**unsatisfiable 것이라는 비난을 덧붙일 때 비로소 맑스의 비판의 급진적 성격을 파악하게 되었다.

맑스가 생각하기에 생산수단을 소유하고 있는 사람과 그렇지 못한 사람 사이에서 진정으로 자유롭고 동등한 교환은 가능하지 않다. 그리고 그것은 "자본가"와 "노동자"로 정의되는 생산수단의 소유자와 비소유자라는 의미에서이다. 그리하여 자본가와 노동자가 자본가와 노동자로 남아 있는 한, 이들이 자유롭고 동등한 교환에 참가하는 것은 불가능하다. 이제 다음과 같은 결론이 나온다. 교환이 단지 외관상으로 자유롭고 평등하다는 반대를 극복하기에 충분할 만큼 심오하고 유일한 변화는 생산수단의 사적 소유의 폐지에 있다는 점이다. 그러나 자본가, 노동자 그리고 이들 사이의 교환관계는 생산수단의 사적 소유가 있는 곳에서만 존재하기 때문에 이 변화는 노동자와 자본가 사이의 원칙이나 정당한 교환을 충족시키는 변화로 볼 수 없다. 만약에 맑스가 좀 더 곤혹스러운 내적 비판으로까지 가지 않고 멈추어 섰다면, 그는 그 자신을 개혁주의자들과 구별하는 데 성공하지 못했을 것이다. 개혁주의자는 자유롭고 평등한 교환원칙이 충족되지는 않지만 노동자의 임금을 향상시키거나 또는 비스마르크의 독일에서처럼 복지 혜택으로 임금을 보충해 줌으로써 이 원칙을 충족시킬 것을 제안한 사람들이다.

연관성이 있고 심오하기도 한 내적인 법률적 비판이 있다. 이 비판은 범죄와 처벌이라는 주제에 대해 맑스가 행한 다음과 같은 논평들을 확장시킴으로써 제프리 머피가 발전시킨 것이다.[49]

일반적으로 처벌은 개선이나 협박의 수단으로 옹호되었다. 지금 당신은 다른 사람들의 개선이나 협박을 위해 나를 처벌할 어떤 권리를 가지고 있는가? 그리고 게다가 카인Cain 이후로 세계에는 처벌에 의해 협박당하지도 개선되지도 않았던 가장 완전한 증거를 입증할 역사 – 통계와 같은 것 – 가 있다. 이와는 정반대이다. 추상적 권리의 관점에서 추상적으로 인간의 존엄성을 인정하는 단 하나의 처벌 이론이 있다. 그것은 칸트의 이론이다. 이것은 특히 헤겔이 처벌 이론에 부여했던 좀더 엄격한 공식이다. 헤겔은 이렇게 말한다. "처벌은 범죄자의 권리이다. 처벌은 범죄자 자신의 의지의 행위이다. 범죄자는 권리의 침해를 그 자신의 권리로 선언하였다. 그의 범죄는 권리의 부정이다. 처벌은 이 부정에 대한 부정이다. 그래서 결과적으로 처벌은 그 자신에 의해 범죄자에게 간청되고 강요된, 권리의 주장이다."

범죄자를 단지 대상, 즉 정의의 노예로 간주하는 대신에 헤겔이 그를 자유롭고 자기결정적인 존재의 지위로 고양시키고 있는 까닭에 이 정식에는 그럴듯한 어떤 것이 분명히 있다. 하지만 이 문제를 더 꼼꼼히 살펴볼 경우, 우리는 독일 관념론이 대부분의 다른 경우에서처럼 기존의 사회규칙들에 단지 초월적인 구속력만을 주었다는 점을 알게 된다. 진정한 동기를 가진, 그리고 – 인간 그 자신을 위한 인간의 많은 속성 가운데 하나인 – "자유의지"의 추상인 개인을 억누르는 다양한 사회적 환경들을 가진 개인들을 바꾼다는 것은 하나의 망상이 아닌가? … 단지 새로운 범죄자들에게 공급할 방을 만들기 위해 수

많은 범죄자들을 집행하는 교수집행인들을 찬양하는 대신에 이 범죄들을 초래하는 제도의 변화를 심각하게 성찰할 필요성이 있지 않은가?[50]

머피는 이 구절로부터 다음과 같은 그럴듯한 결론을 내린다. 즉 맑스는 공리주의 이론들에 대해 응보형벌주의론의 도덕적 매력을 인정하기는 하였지만, 이 응보형벌주의론의 "적용 가능성"을 부정했다. 공리주의 이론들은 우리에게 범죄자들은 특히 다른 사람들이 법률을 어기는 것을 저지하는 방법으로서 사회에 이익을 가져다주는 하나의 수단으로 **사용될** 수 있다는 도덕적으로 모순된 견해를 가지게 한다. 적어도 더 그럴듯한 시각에서 응보형벌주의는 사회구성원들 사이에서 부담과 혜택의 적절한 균형이 복구되는 메커니즘으로서 처벌을 정당화한다. 즉 범죄자는 박탈로 고통을 당해야 한다. 규제들이 모든 사람의 혜택을 위하여 모든 사람에게 부과되는데, 타인이 준수하는 행위의 규제를 불공정하게 그는 이용하였기 때문이다.

머피에 따르면, 범죄의 예견가능성에 관한 맑스의 논평들은 계급 갈등에 대한 그의 관점과 종합해 볼 때, 처벌의 정당화를 필요하게 만드는 자본주의 조건에서 가장 그럴듯한 정당화 – 응보형벌주의 – 조차도 실패한다고 말한다. 머피는 이렇게 지적한다. 응보형벌주의가 처벌을 정당화하는 것의 그럴듯함은 처벌 제도가 있는 사회의 성격에 관한 일정한 경험적 가정들에 달려 있다고 말이다. 이러한 가정 가운데 두드러진 가정은 사회적 관계들이 주로 상호 혜택을 주며, 결과적으로 법률에 의해 개인들에게 가해진 규제의 부담은 모든 사람에게 대체로 동등하게 배분된다는 것이다.

「인간과 처벌」Persons and Punishment에서 허버트 모리스는 이렇게 강조한다. 위에서 언급한 처벌에 대한 응보형벌주의적인 정당화는 또한 다른 가정, 요컨대 "… 개인들은 〔자유롭게〕 선택할 수 〔있으며〕, 규칙에 대한 고려를 근거로 하여 선택할 수 있다"는 가정에 의존한다.[51] 이 가정이 충족되지 않는다면, 처벌은 상호 혜택을 주는 사회협동을 위해 필요한 제약에 대한 다른 사람들의 준수를 이용하기로 자유롭게 선택했던 범죄자가 만든 불공정한 상황을 교정하는 것으로 정당화될 수 없다.

맑스는 어쩌면 이렇게 논의할 것이다. 법률이 부과한 제약의 부담들은 다른 사회계급의 구성원들에게 불평등하게 배분되었을 뿐이라고 말이다. 몇몇 경우에 피지배계급에게 부담이 되어 그 계급 구성원이 그 법률을 어기는 것을 자유롭게 선택했다고 말하는 것은 잘못된 일이라고. 이것은 피지배계급의 구성원 그 법률을 어기지 않을 것을 자유롭게 선택할 수도 있었을 거라는 점을 함축한다. 그리하여 위에서 인용한 구절에서 맑스는 범죄를 "낳는" 체제 속에서 신뢰할 수 있는 범죄예측성을 강조한다. 그리고 그는 응보형벌주의가 "진정한 동기들, 즉 개인을 압박하는 다양한 사회 환경들을 가진 '자유의지'의 추상인 개인…"을 바꾼다는 것을 시사한다. 이러한 입장의 논지는 재산법의 경우에 가장 설득력이 있을지도 모르겠다. 이 주장은 재산이 없는 노동자에게는 다른 사람의 재산을 취하는 것에 대해 규제를 요구하는 법률을 만들어 내는 동일한 제도가 노동자의 욕구들을 만족시키는 그 어떤 다른 수단으로부터 그를 배제시키거나 아니면 적어도 어떤 다른 수단들을 극도로 어렵게 한다는 것이다.

위에서 언급한 맑스주의의 두 가지 비판은 분명히 맑스를 포함하여 많은 사람들이 가장 그럴듯한 처벌의 정당화로 간주하는 것에 대한 내적 비판들이다. 왜냐하면, 이 양자는 응보형벌주의적 견해의 적용가능성을 위해 필요한 가정이 충족되지 않았다고 주장하기 때문이다. 어떤 경우에 (일반적으로) 그 가정은 사회가 상호 혜택을 주는 제도라는 점이다. 다른 경우에 가정은, 모든 개인들이 법률에 복종하는 것, 즉 법률이 강제하는 구속의 짐을 견디어 내는 것을 자유롭게 선택할 수 있다는 점이다. 이 두 가지의 어떤 경우에도 비판은 대안적인 처벌 이론에 의존하고 있지 않다.

가장 급진적인 형태에서 이 반대들은 해당 가정들이 처벌 제도를 만들고 그리하여 처벌 제도의 정당화에 필요한 것을 만드는 조건에서 충족되지 않았다는 것이 아니라 충족될 수 없는 것이라고 주장할 것이다. 달리 표현하면, 행위 — 처벌 제도는 이 행위에 대한 대응이다 — 를 야기하는 계급 갈등의 조건들은 상호 혜택을 주는 사회관계들과 법률에 복종할 (혹은 복종하지 않을) 모든 사람의 자유에 대한 가정들이 충족되지 않은 바로 그러한 조건들이다. 범죄와 처벌에 대한 간단하고 분산된 비평들을 토대로 형사상의 정의에 대한 이러한 내적 비판 가운데 어느 하나를, 특히 이 비판의 가장 급진적 형태로, 맑스의 입장으로 여기기는 아마 어려울 것이다. 그럼에도 이 비판들은 우리가 맑스의 더 광범한 계급지배론의 맥락에서 이 비평들을 생각해 볼 때, 적어도 강력하게 제안되는 것처럼 보인다. 그리고 이 비판들은 시민적 정의, 정치적 정의 그리고 분배적 정의에 대한 맑스의 내적 비판과 동일한 일반적 구조를 보이고 있다.

VI

서두에서 나는 정의나 권리 개념이 사회이론에서 행하는 두 가지 다른 역할들을 구별했다. 그 첫째는 비판적 혹은 행동지침적인 역할이며, 둘째는 설명적 역할이다. 맑스의 유물론은 법률적 개념들에 대한 주요한 어떤 설명적 역할을 배제하고 있다는 점을 앞에서 지적했다. 일단 우리가 법률적 개념의 비판적 사용에 관한 맑스의 입장을 이해한다면, 맑스가 사회적 변화를 설명하는 방식에 관해서 놀라운 사실들이 밝혀진다.

맑스의 혁명적 동기 부여 이론에서 가장 눈에 두드러지는 특징 가운데 하나는 개인의 정의 의식 혹은 권리에 대한 개인의 언질에 의존하는 것을 그 이론이 거부하고 있다는 점이다.[52] 맑스가 공산주의자동맹Communist League과 같은 지도적 집단에 배정하고 있는 중요한 전술적이고 교육적인 기능은 잠시 동안 접어두기로 하자. 혁명적 행동을 위한 맑스의 시나리오는 다음과 같은 요소들을 가지고 있다.[53] 자본주의가 발전함에 따라, 맑스가 자본주의의 "모순들"로 부른 것이 아주 심각하게 되어서 이 모순들은 프롤레타리아계급에게서 명백하게 나타난다. 그 수가 지속적으로 감소하는 소수의 재산을 가진 비노동자(자본가)는 지속적으로 증대하는 다수의 재산이 없는 노동자들(프롤레타리아)과 대치한다. 재산소유자들 – 생산수단을 통제하는 사람들 – 은 더 부유하게 된다. 반면에 단지 노동력만을 가지고 있는 사람들은 더욱더 가난으로 빠져든다. 사회는 과잉풍요가 만들어 낸 빈곤이라는 역설에 직면한다. 즉 노동자는 그와 그의 동료들이 구매할 수 있는 것보다 더 많이 생산하기 때문에 과잉생산위기가 발생하고 노동자는 해고된다. 일단 프롤레타리아계급이 계급전쟁의 기본적 사실들을 인식한다면, 그는 그 자신의 이해관계와 전체로서 그가 속한 계급의 이해관계가 자본주의의 전복을 요구한다는 점을 깨닫게 된다.

프롤레타리아의 혁명적 행동이라는 이 개념은 정의 원칙 또는 어떤 종류의 도덕적 원칙들을 위한 어떤 의미 있는 동기 부여적 역할을 쓸모없게 한다. 맑스에 따르면, 요구되는 모든 것은 자기이익 혹은 계급적 이해관계라는 동기 부여이다. 정의감이나 어떤 도덕적 기준에 대한 호소는 필요 없다. 사실상 맑스는 프루동과 같은 도덕적인 사회주의자들을 조롱했을 뿐이다. 프루동은 대중의 정의감에 호소함으로써 이들에게 사회혁명을 할 것을 충고했다. 『공산당선언』에서 맑스는 공산주의자들이 "그 어떤 도덕성도 설교하지 않을" 것을 강조한다. 그리고 공산주자들의 적절한 기능은 대중이 그들 자신의 이해관계를 좀 더 분명하게 알도록 교육하는 것이며, 혁명적 노력을 가장 효과적인 행동과정으로 이끄는 데 있다는 점을 그는 분명히 하고 있다.[54] 공산주의자는 정의 원칙을 공식화하거나 프롤레타리아의 정의감을 자극하기 위해 설득 기술을 사용하는 사람이 아니다.

맑스에 따르면, 자기이익이나 계급적 이해관계는 항상 혁명적 투쟁들에서 주요한 동기였다. 18세기 프랑스에서 출현하는 부르주아계급은 자신들의 선good을 이룩하기 위해 군주정을 분쇄하는 것이 필요하다고 생각했다. 프롤레타리아계급의 이해관계가 부르주아계급의 파괴에 있는 것과 마찬가지로 말이다. 그러나 부르주아 혁명가들이 그들의 명분을 제시하였던 방법과 프롤레타리아트가 자본주의에 공격을 가하는 방법에는 중요한 차이가 있다. 프랑스를 포함하여 이전의 모든 혁명에서 소수인 혁명적 계급은 다른 계급들의 지지를 획득하기 위해 그들 자신의 특수한 이익을 보편적 권리로, 특수한 이점을 공동선으로 나타내는 것이 필요하다고 생각했다. 그러나 일단 프롤레타리아계급이 아주 적은 소수에 반대해 광범한 다수가 된다면, 권리와 정의에 관한 모든 핑계는 벗어던져 버릴 수 있다. 또한 보통선거권을 이룩하기 위해 프롤레타리아계급을 향해 행했던 맑스의 호소 역시 프롤레타리아의 정의감에 눈을 돌렸던 것이 아니었다. 이것은 프롤레타리아의 전략에 대한 감각, 즉 이들이 그들의 계급적 적을 부수어 버리고자 한다면, 이들이 정치적 지배를 달성해야 한다는 증대하는 의식에 대한 호소이다. 『고타강령

비판』에서 맑스는 다른 사람들에게 정의에 대한 호소들을 멀리할 다른 이유를 제시한다. 이 호소들은 필요하지 않을 뿐만 아니라 불화를 일으키고, 혼란스럽기까지 하다는 것이다. 왜냐하면, 다양한 사회주의적 분파들의 각각은 그 자신의 정의 관념과 권리 관념을 가지고 있기 때문이다.[55]

우리는 이제 적어도 맑스가 왜 정의와 권리에 관한 이야기를 시대에 뒤떨어진 말뿐인 쓰레기라고 생각했는지를 이해할 수 있다. 첫째, 맑스는 그의 유물론적인 분석을 통해 법률적 개념 일반에 대해 어떤 근본적인 설명적 역할을 부여해 주는 것을 거부했다. 둘째, 그의 자본주의 비판에서 정의와 권리 관념은 주요한 역할을 행하지 못한다. 그는 때때로 내가 맑스의 내적 비판으로 불렀던 것 내에서 부르주아의 정의와 권리 관념을 부르주아 자신들에 반대하는 것으로 방향을 돌리고 있다. 하지만 자본주의에 대한 그의 가장 급진적 공격은 정의나 권리 관념의 외부에 있는 관점으로부터 제공되었다. 셋째, 맑스에게 공산주의적 정의와 권리 개념은 단지 혁명적 동기를 유발하거나 설명하기 위해 혹은 그 투쟁이 지향하는 신사회 건설을 위한 기본적인 규범적 원칙들로서 요구되는 것이 아니다. 그리하여 맑스에게 권리나 정의에 관한 이야기는 이러한 모든 의미에서 시대에 뒤떨어진 것이다.

이제 우리는 그의 입장들에 대한 주요한 차원들을 가진다. 그래서 우리는 맑스의 내적·외적 비판들이 어떻게 연관되는지를 이해할 수 있다. 그의 내적 비판들은 단지 이차적이며, 파괴적인 기능만을 할 뿐이다. 이 비판들은 부르주아 이데올로그들이 자본주의는 정당하다는 점을 보여주기 위해 시도한 주장들을 분쇄하기 위해 기획되었다. 권리들이 공산주의에서 필요하지 않을 것이라고 하는 맑스의 테제는 권리들이 공산주의에 앞선 과도기적 시기의 어떤 단계들에서 유용할 것이라는 가능성을 배제하지 않고 있다. 반면에 과도기적 시기에 대한 다소 개략적이고 신중한 그의 기술들은 분명히 법률적 개념에 의존하지 않는다. 게다가 맑스는 프롤레타리아계급이 혁명적인 사회변형에 영향을 미치기 위해 어떻게 동기화되는지를 설명함에 있어 정의나 권리 개념에 확정적이고 건설적인 역할을 지정하지 않는다. 도덕적 사회주의자들의 혼란스러운 훈계에 대한 그의 공격은 단지 프롤레타리아가 자기이익을 호소할 방법을 분명하게 하는 파괴적인 목적만을 가지고 있을 뿐이다.[56]

VII

이제 개인 사이의 갈등의 근원과 권리나 정의의 여건들이 공산주의에서는 초월될 것이라는 낙관적인 예견에 관한 맑스의 불분명한 가정들은 접어 두기로 하자. 그 대신에 우리는 지금 공산주의에서 개인들 – 맑스가 생각하고 있듯이 – 이 나타낼 의식형태에 대한 맑스의 견해가 지니는 함의들에 전념해야 한다. 이 생각은 공산주의에서 인간들은 그들 자신이나 다른 사람들을 권리 소지자로 생각하지 않을 것이라는 점이다.

이러한 공산주의적 의식이 가지는 특징의 함의들을 이해하기 위해 우리는 지금까지 행한 토론에 의존했던 권리에 대한 직관적인 관념을 더 분명하게 해야만 한다. 물론 권리 개념에 대한 분석은 복잡하고 논쟁적인 과제이다. 하지만 이 정도는 상대적으로 간단하고 논쟁의 여지가 없다.

한 개인이 그 자신을 권리의 소지자로 생각한다면, 그는 그 자신을 어떤 것에 대해 — 어떤 방식으로 취급되거나 아니면 어떤 방식으로 취급되지 않을 — 타당하거나 정당한 주장이나 자격을 가진 것으로 생각한다. 그는 그 자신을 바람직한 존재로서 단지 요구할지도 모르는 어떤 것으로서가 아니라 그가 마땅히 받아야 하는 것으로서 권리를 가지고 있다는 점을 요구할 수 있는 존재로 생각한다. 로널드 드워킨Ronald Dworkin과 존 롤스 같은 저술가들은 한 개인을 권리의 소지자로 생각하는 것이 무엇인지에 대해 보다 강하게 특성을 부여한다. 즉 효용이라는 것의 고려 때문에 유린당할 수 없는 주장을 가지는 개인을 생각하는 것이다.[57]

「권리들의 본질과 가치」The Nature and Value of Rights에서 조엘 파인버그Joel Feinberg는 권리소지자에 대한 이러한 개략적인 개념에 내용을 첨가한다.

물론 권리를 가진다는 것은 '주장하기'claiming를 가능케 한다. 그러나 권리에 특별한 도덕적 의미를 주는 것은 바로 그 주장하기다. 권리들의 이 특징은 인간인 것이 무엇인지에 관한 관습적인 수사학과 연관된다. 권리를 가짐으로써 우리는 "인간처럼 똑바로 서 있을"stand up like a man 수 있으며, 눈으로 다른 사람들을 쳐다볼 수 있고, 어떤 근본적인 방식으로 어떤 사람과 동등하다고 느낄 수 있다. 자신을 권리의 소유자로 생각하는 것은 지나치게 자긍심이 있게 되는 것이 아니라 적당하게 자긍심을 가지는 것이고, 다른 사람의 사랑과 존경을 받을 가치를 가지는 데 필요한 최소한의 자존심을 가지는 것이다. 정말로 다른 사람에 대한 존중(이것은 흥미를 돋우는 생각이다)은 단지 그들의 권리에 대한 존중일지도 모르겠다. 그래서 타인에 대한 존경은 타인의 권리에 대한 존경이 없이는 있을 수 없다. 그리고 "인간의 존엄성"이라고 칭해지는 것은 단지 요구들을 주장하는, 인정된 능력일지도 모르겠다. 한 개인을 존중함은 그를 주장을 할 수 있는 잠재적인 보유자로 여기는 것이다.[58]

이 구절에는 두 가지 중요한 사실이 들어 있다. 첫째, 자신을 권리소지자로 여기는 것은 그 자신이 타인에게 어떠한 것을 요구할 수 있음을 주장하는 것으로, 즉 "똑바로 설 만한" 굳건한 무언가를 가진 것으로 생각한다. 다른 사람들에 대해 배상을 요구한다는 관념과 "인간처럼 똑바로 서 있다"는 은유는 아주 흥미롭다. 이것들은 자신을 권리를 가지는 것으로 생각하는 것에 대한 결정적 사실, 요컨대 주장하고, 자신의 마땅한 것으로서 자신이 주장하는 것을 위해 "똑바로 서는" 것이 필요한 개인들 간의 갈등에 잠재적인 당사자로 자신을 본다는 것을 나타낸다. 개인 간의 관계가 충분히 조화롭거나 갈등 해결이 자발적이라면, 주장이나 요구를 할 경우도 없을 것이며, 그래서 권리 관념이 들어설 여지는 없을 것이다. 마찬가지로 개인의 이익과 사회적 효용 사이에 잠재적인 불일치가 없다고 한다면, 드워킨과 롤스가 개진한 강한 권리 개념도 필요 없을 것이다.

둘째, 파인버그는 많은 다른 권리이론가들이 종종 자신이든 아니면 다른 사람이든 간에 한 개인에 대한 존중은 그를 권리의 소지자인 존재로 존중하는 것을 나타낼 뿐이라고 제시한다.

한 개인을 존경할 만한 가치 있는 존재로 생각하는 것은 그를 권리의 소지자로 생각하는 것을 함의한다고 가정해 보자. 만약 그렇다면, 그리고 공산주의 사회구성원들이 그들 자신을 권리의 소지자로 생각하지 않을 것이라면, 이들은 그들 자신을 존중받을 만한 가치가 있다고 여기지 않을 것이라는 결론이 내려진다. 물론 이 점은 그들이 스스로를 존경받을 가치가 없는 존재로 여길 것이라고 말하는 게 아니다. 오히려 이 사실은 그들이 권리 개념이나 존중 개념이 필요 없다고 말하는 것이다. 그들에게 세상은 존중받을 가치가 있는 권리 소지자로 가득 차 있는 것이 아니라 연인들, 친구들 혹은 동료들로 이루어질 것이다.

하지만 또한 맑스가 예상했듯이, 이것은 공산주의에서 사람들은 권리를 가지지 않거나 또는 존중을 받을 만한 가치가 없을 것이라고 말하는 것도 아니다. 맑스가 이 점을 일관되게 주장하였든 그렇지 않았든 간에 그 누구도 사실상 다른 사람의 주장을 존중하거나 자신에게 주장할 자격이 있다고 요구할 필요가 없다고 생각하는 한 사회의 이면에서 논리적으로 모순되는 것은 없는 것처럼 보인다. 이 생각은 일관성이 있다. 적어도 인간이 단지 인간으로 된다는 것으로 인해 가지는 일정한 권리가 있다고 가정한다면 말이다. 공산주의 사회에서 사람들이 권리를 가지지만 그 어떤 권리 개념을 사용하지는 않을 것이라고 말하는 것은 두 가지 점을 말할 것이다. 즉 그러한 사람들은 일정한 방식으로 서로를 자발적으로 대우하며, 그리고 이 자발성이 실패했을 경우, 각각은 그러한 대우를 요구하는 것이 정당화될 것이다. 공산주의 사회의 외부 관찰자는 그가 조사하는 과정에서 공산주의에서 사람들은 권리를 가진다고 주장할지도 모르지만 권리 개념은 공산주의적 삶에서 자리를 차지할 여지가 없을 것이다.

맑스가 믿는 것처럼 보이듯이 어떤 권리 개념이 경쟁, 결핍, 개인 사이의 갈등, 그리고 인간으로부터의 인간의 고립 등을 통제하고 최소화하는 데 실패했던 사회들에서만 사회조직에서 중요한 역할을 한다면, 그리고 존중이라는 개념을 가지는 것이 권리 소지자로서의 사람에 대한 개념을 수반하는 것이라고 한다면, 존중 개념을 필요로 하는 어떤 사회는 근본적으로 결함이 있다는 결론이 나온다. 이것이 정말로 맑스의 입장이라고 한다면, 맑스에게 자본주의 사회의 잘못된 점은 이 사회가 권리와 존중 개념이 부과한 기준에 따라 생활하는 데 실패한 것에 있는 것이 아니라 이 사회가 그러한 개념들을 필요로 할 정도로 잘못 조직되었다는 데 있다는 결론이 나온다.

아주 최근의 문헌에서 무비판적으로 가정되었기는 하지만, 사람 그 자체에 대한 존중이 본질적으로 권리-소지자로서의 사람들의 위상을 적절하게 인정하는 것을 포함하고 있다는 테제는 문제의 여지가 많다. 법률적 개념이 아닌 그런 개인들에 대한 일관되고 유용한 존중 개념이 있다는 점을 그럴듯하게 주장하기 위해 우리들은 두 가지 일을 해야 할 것이다. 첫째, 그러한 개념이 사람들에 대한 존중 개념으로 여겨지려면 이 개념이 충족시켜야 하는 어떤 기본적인 기준을 우리는 명확하게 표명해야 한다. 둘째, 사람들은 그 기준을 충족시키지만 권리 (혹은 정의) 개념에 의존하지 않는 어떤 개념을 제시해야 한다.

내가 여기에서 그것들에 대해 논의할 수는 없지만 그것과 관련되는 기준들은 아래와 같은 것들을 포함할 것이라고 나는 생각한다.[59]

a) 사람 그 자체에 대한 존중 개념은 **모든 사람은** – 단지 사람이라는 사실에 의해 – 지성, 매력, 기타 등등과 같은 특징에 있어서의 차이와는 상관없이 **평등한** 존중의 대상들이라는 생각을 포함해야 한다.

b) 사람 그 자체에 대한 존중 개념은 인간에게만 적용되어야 하며, 인간과 비인간을 구별하는 어떤 행위자 특징들을 가지고 있다는 사실에 의해 사람들에게 적용되어야 한다.

c) 사람 그 자체에 대한 존중 개념은 사람 그 자체를 존중하는 것은 해당 존재가 한 인간(비인간 혹은 "단순한 물건"과는 구별되는 것으로서)이라는 사실에 대한 적절한 인정 ― 사고와 행동에서 ― 을 나타내고 있다는 생각을 포함해야 한다.

사람 그 자체에 대한 존중이라는 법률적 개념은 일반적으로 세 가지 모든 기준들을 충족하는 것으로 전형적으로 제시되었다는 점이 아주 분명한 것 같다. 물론 "적절한 인정"이라는 개념이 어떻게 기입되어야 하는지에 대하여 심각한 의견의 불일치가 있을 수 있으며, 적절한 인정이라는 개념에 내용을 제공하기 위하여 경합하는 여러 권리 원칙들이 언급될 수 있다.

참으로 흥미롭게도 칸트는 그 자체로 분명하게 법률적이지는 않지만, 세 가지 모든 기준들을 만족시키는 사람 그 자체에 대한 존중 개념을 제시한다. 이 개념에 따르면, 사람 그 자체를 존중하는 것은 이들이 물건이 아니라 그 자체가 목적이라는 사실에 대한 적절한 인정을 포함한다. 그래서 이 사실에 대한 적절한 인정은 우리가 사람들을 단순한 수단으로 취급해서는 결코 안 된다는 점을 요구한다. 칸트는 또한 사람 그 자체에 대한 존중이라는 관념이 사람들이 단순한 물건들과 같은 방식으로 이 측정되는 방식으로 측정할 수 있는 평가의 적절한 대상이 아니라는 관념을 포함하고 있다. 즉 그가 말하기를 사람들은 그 어떤 가격도 매길 수 없는 존엄성을 가지고 있다는 점이다.[60]

칸트 자신은 『윤리형이상학』*Metaphysics of Ethics*에서 사람들에 대한 존중 개념이 사람들에 대한 우리의 권리와 의무들을 명기하는 다양한 실질적인 도덕적 원칙들을 준수할 것을 요구하고 있다고 주장하면서 사람들에 대한 존중 관념에 대해 더 확실한 내용을 제시한다. 그럼에도 도덕철학자들이 어떤 종류의 권리와 의무들이 인간에 대한 존중에 의해 요구되는지를 둘러싼 합당한 논쟁에 참여할 수 있다는 사실은 사람들에 대한 존중과 권리들에 대한 개념 사이의 연계가 분명하지도 않고, 문제의 소지가 없는 것도 아니라는 점을 시사하고 있다.

우리는 자본주의에서 소외에 대한 맑스의 가장 신랄한 비판 가운데 몇 가지가 자본주의에서 사회적 상호작용이 사람들과 단순한 물건 사이의 구별을 인지하지 못하거나 심지어 무너뜨리는 방식에 주목하고 있다는 점을 살펴보았다. 그는 자본주의를 사람들이 그저 사물에 종속되어 있는 단순한 수단으로 취급받고 그 자신을 그렇게 취급하는 제도라고 비난한다. 즉 노동자는 기계의 단순한 부속물이며, 노동자와 자본가는 다 같이 자본의 노예들인 것이다. 더욱이 맑스는 이렇게 강조한다. 자본주의에서 화폐제도는 사람들과 사람들이 가지고 있는 능력을 상품, 즉 측정할 수 있는 가치품목, 즉 가격을 가진 물건으로 전환시킨다.

이와는 달리 공산주의는 사회적 상호작용의 한 형태라고 일컬어진다. 그리고 이 형태에서 인간들은 상품으로 취급되지 않으며, 단순한 물건은 인간의 풍요로움을 위해 있고, 인간들은 물건을 위해 일하는 도구로서 기능하지도 않는다. 그러한 사회를 개인과 제도 들이 사람과 사물 사이의 구별에 대하여 적절하게 인지하는 사회로 묘사하는 것은 그럴듯하게 보인다. 이곳에서 이러한 인지는 단지 행위자로서의 인간들의 특징에 의해 모든 사람에게 동등하게 확대된다. 만약에 이 기술이 정확하다면, 맑스가 이해하고 있듯이 공산주의는 앞에서 언급한 세 가지 기준을 충족시키는 개념이 작동하는 사회이다. 그리고 만약에 그렇다고 한다면, 그러한 사람들에 대한 존중 개념이 공산주의에서 역할을 할 것이라는 점을 부정할 아무런 이유도 없는 것처럼 보인다. 내가 논의했듯이 공산주의는 권리 개념이 중요한 역할을 하지 않을 사회가 되리라는 점을 맑스가 믿고 있다는 점을 용인할 경우에, 우리는 사람에 대한 존중이라는 공산주의적 개념의 내용이 무엇으로 판명되든지 간에 공산주의가 인간의 권리를 세분화하지는 않을 것이라고 가정해야 한다. 좀 더 어려운 질문은 바로 이것이다. 즉 권리 개념에 의존하지 않게 된다면, 그러한 개념은 충분한 내용을 제공해서 이론가들이 전형적으로 존중에 대한 법률적 개념에 지정하고 있는 인간관계를 구조화하는 데 기본적인 역할을 이행할 수 있을까?

VIII

소외되지 않은 사회라는 맑스의 비전이 비법률적인 '사람에 대한 존중' 개념을 포함하든 그렇지 않든 간에 그의 소외론은 자본주의 사회에서 작동하는 법률적인 '사람에 대한 존중' 개념을 탁월하게 비판하고 있다. 맑스 자신은 존중에 대한 분명한 분석을 제공하지 않고 있기 때문에, 그의 소외론이 그러한 비판을 위한 자료들을 제공해 준다고 말하는 것이 더 정확할지도 모르겠다. 따라서 아래에서 도출되는 것은 맑스 연구의 재구성으로서보다는 맑스 연구로부터 결론을 발전시키기 위한 하나의 시도로 가장 잘 간주될 수 있을 것이다.

맑스는 이렇게 주장한다. 화폐제도와 신용제도들이 칸트나 헤겔과 같이 다양한 권리이론가들에 의해 그토록 자주 제안된, 사람과 단순한 사물 사이의 구별을 무너뜨린다고 말이다. 인간과 모든 인간의 특성들 – 도덕적 특성을 포함하여 – 은 상품, 즉 측정할 수 있는 가치의 대상이 된다. 사람의 노동력뿐만 아니라 성적인 능력과 예술적인 재능도 일차적으로 교환가치를 가진 품목으로 간주되는 시장사회에서 사람들을 가격이 아닌 "내적인 가치"를 가진 존재로서 대우하는 도덕적 권고는 중요한 언어적인 풍습이 된다.

신용제도에서 심지어 도덕적인 미덕들은 – 이 미덕들은 사적인 이익을 얻기 위한 수단으로서가 아니라 사람들 자신을 위해 가치가 있는 것으로 가정된다 – 일차적으로 자본을 획득하는 데 유용한 담보물로서 가치가 있다.

신용의 본성은 무엇인가? 여기에서 좋은 사람이란 신뢰성이 있는 사람을 뜻한다. 샤일록Shylock[셰익스피어의 작품 『베니스의 상인』에 나오는 비정하기 이를 데 없는 고리대금업자]과 같이 지불할 수 있는 사람 말이다… 부자가 그가 생각하기에 부지런하고 신뢰할 수 있는 가난한 사람에게 신용을 주는 경우를 생각해 보자.… 이러한 예외와 이 낭만적인 가능성이 가정된다 할지라도 가난한 사람의 생명, 재능 그리고 활동은 부자에게 빌린 돈을 다시 갚을 수 있게 보장해 준다. 가난한 사람의 모든 사회적 미덕들, 즉 그의 생명과 그의 존재라는 자산은 부자에게 정상적인 이자와 함께 그의 자본의 상환을 나타낸다. 가난한 사람의 죽음은 그 채권자에게 최악의 가능성이다. 그것은 그의 자본과 이자의 죽음이다. 신용제도에서 발생하고 있는 것과 같이 화폐의 견지에서 한 인간을 평가함에 있어 불명예를 생각해 보자… 신용은 한 인간의 도덕성에 대한 경제적 판단이다… 인간의 개별성과 인간의 도덕성은 무역의 한 품목과 그 속에 화폐가 존재하는 재료가 되었다.[61]

부르주아 이데올로기는 사람에 대한 존중이라는 그 자신의 특징적이고 법률적인 개념을 찬양하면서 사람과 단순한 물건 사이의 구별의 이러한 파괴subversion를 숨기려고 한다. 이 개념은 시장관계가 인간생활 전체를 침범할 때 발생하는 불평등, 착취, 그리고 가치의 파괴를 가차 없이 무시한다. 이 개념은 사람을 사람으로서 인정하는 것을 부르주아 사회에서 두 가지 기본적인 권리 범주에 상응하는 두 가지 형태의 법률적인 인정으로 바꾸어 버린다. 사람 그 자체에 대한 존중은 재산권 소유자와 동등한 참정권자로서 사람들의 지위를 인정하는 것과 동일시된다. 가난해진 노동자, **임대료를 받아 생활**하는 부유한 자본가, 매춘부 그리고 고객, 고위공무원 그리고 정치적으로 무능한 "시민", 이 모두는 시장에서 계약을 맺을 동등한 권리와 선거에서 투표할 동등한 권리를 가지고 있다.

시장사회의 가장 세련된 지지자들조차도 진지한 토론도 행하지 않고 동등한 교환권을 가진 존재로 개인을 인정하는 것이 사람 그 자체의 존중에 대한 적절한 표현이라고 전형적으로 가정한다. 다음의 구절에서 로버트 노직Robert Nozick은 사적 교환에 바탕을 두고 있는 사회가 분명하게 사람들을 목적으로 대우해야 한다는 원칙을 어기고 있다는 반론을 진지하게 검토하지도 않으면서, 우리가 사람들을 단순한 수단으로서가 아니라 목적으로서 취급해야 한다는 원칙이 요구하는 것이 무엇인지에 대해 아주 허약한 개념을 택하고 있다.

다른 집단이 교환으로부터 충분하게 이득을 취할 입장에 있어 그 집단이 그 교환을 흔쾌히 성사시키는 것으로 충분하다. 설령 당신이 그 교환에서 받는 재화에 그가 하나 혹은 더 많이 사용하는 것에 반대한다 할지라도 말이다. 그런 조건하에서 다른 집단은 그 점에서 하나의 수단으로만 이용되지는 않는다.[62]

평소와 다름없이 계약의 자유에 대한 동등한 권리를 이렇게 묘사하는 것은 실질적인 교환들이 나타나는 시초의 자산에서 존재하는 냉혹한 불평등의 배경을 무시하고 있다. 동시에 이 묘사는 한 집단이 받은 "재화"가 법적·정치적 절차들을 왜곡시킴으로써 그리고 의미 있는 노동과 자율적인 활동을 할 기회를 제한함으로써 체계적으로 다수자에게 불이익을 주는 제도들을 재생산하는 데 기여하기 위해 사용될 수도 있다는 사실에 어떠한 도덕적 적실성도 부정하고 있다. 노직의 착취 개념은 이에 상응하게 무기력해 보인다. 즉 교환이 물리적인 강제나 속임수로부터 비롯되지 않는다면, 착취는 없다는 것이다!

우리는 이미 살펴보았다. 단지 노동력만을 가지고 있는 사람과 생산수단을 통제하고 있는 사람의 피상적인 평등에 대한 맑스의 비판의 위력을 말이다. 그리고 우리는 또한 정치적 해방을 맑스가 강력하게 비판하는 것을 어느 정도 자세하게 검토했다. 그 해방은 평등한 시민권에 멈추어 서서 다른 사회계급의 구성원들이 그러한 권리들을 행사할 수 있는 효과성에 있어서 불평등이 광범하다는 사실을 무시하고 있다. 이 두 경우에서 맑스는 권리소유자의 자격 인정을 사람과 단순한 사물 사이를 구별하지 못했다는 것만이 아니라 이 구별을 없애는 데 중요한 역할을 한 것으로 간주한다. 교환에 참가할 권리와 정치과정에 참여할 권리를 가진 존재로서 개인을 단순히 인정하는 것은 사람의 존중에 대한 추상적이고 피상적인 개념이다. 하지만 이 인정은 사람을 단순한 물건으로 취급하는 제도에서 아주 구체적이고 기본적인 역할을 행하고 있다.

맑스는 사람이 사람으로서 대우받는 새로운 사회형태를 예견하고 지지하고 있다. 그러나 우리는 그가 이 사회형태를 하나의 법률적인 사회로 특징짓고 있지 않다는 점을 살펴보았다. 따라서 우리는 자본주의의 법률적 존중 개념에 대한 맑스의 비판을 더 적절한 권리 개념에 기반을 둔 더 적절한 **법률적** 존중 개념을 위한 방법을 준비하려는 노력으로 간주할 수 없다. 그 대신에 우리는 맑스가 생각한 대로의 공산주의는 사람에 대한 존중이 권리소유자의 지위를 인정하는 것이 아니거나 또는 공산주의는 우리의 생활과는 급진적으로 달라서 그러한 사람에 대한 존중 개념을 필요로 하지 않는 사회생활의 한 형태라고 결론지어야 한다.

IX

이 시점에서 나의 해석에 대해 중요한 반론이 제기될 수 있겠다. 맑스의 권리 비판에 대해 터커, 우드, 홀름스트롬, 맥브라이드, 머피 그리고 다른 최근의 저술가들처럼, 나는 강제력으로 뒷받침된 권리 개념과 동료 집단 압력이나 여론과 같은 비강제적 수단에 의해 지지받고 있는 것으로서의 권리 개념 사이의 중요한 구별을 무시하는 경향이 있었다. 맑스의 가장 급진적인 권리 비판(이 반대는 계속될 것이다)은 단지 전자, 즉 강제력으로 뒷받침된 권리 개념에 주목하고 있다. 그리하여 맑스는 공산주의가 강제력으로 뒷받침받는 권리 개념을 필요로 하지 않을 것이라는 테제에만 언질을 준다. 맑스는 공산주의에서는 그 어떤 권리 개념에 대한 필요가 적거나 없을 것이라는 테제에 관해서는 언질을 주지 않는다. 권리를 강제하는 장치로서 국가는 공산주의에서 사라질 것이라는 맑스의 주장과 모든 강제는 "비인간적"이고[63], 진정으로 인간적인 공산주의 사회에서는 설 여지가 없다고 하는 그의 테제는 강제력으로 뒷받침된 권리들이 폐기될 것이라는 점만을 함축할 뿐이다. 또한 권리 개념과 존중 개념 간의 연계를 가정하면서 그의 급진적 권리 비판이 그로 하여금 공산주의에서 자신과 다른 사람에 대한 존중 개념이 없을 것이라는 예견에 전념하도록 하지는 않았다.

더 극단적인 형태로 이 반대는 이렇게 주장할 것이다. 맑스는 심지어 강제력으로 뒷받침된 권리들의 소멸에 언질을 준 것이 아니라 분리되고, 소외된 강제기구인 국가에 의한 권리집행의 폐기에만 언질을 줄 뿐이라고 말이다. 이 극단적인 형태는 아주 타당해 보이지 않는다. 이 반대는 다음과 같은 사실을 무시하고 있다. 즉 맑스는 국가에 의한 인간 권리들의 집행만이 아니라 인간 권리들의 내용과 기능을 비판하고 있다는 사실을. 게다가 맑스가 권리를 비판하고 있는 위에서 인용한 구절의 어디에서도 그는 법률적 개념의 내용과 기능의 결함과 이 권리들이 분리되고 강제적인 기구에 의해 집행되고 있다는 사실 간의 그 어떤 강한 연계성도 지적하지 않고 있다. 이 극단적인 형태의 반대는 (국가에 의한 권리와 정의의 강제에 관한 것만이 아닌) 권리와 정의에 관한 맑스의 일관된 조롱적인 비평들도, 그리고 그가 공산주의를 국가 없는 형태가 아닌 비강제적인 사회조직형태로 묘사하고 있다는 사실도 설명해 줄 수 없다.

따라서 나는 더 온건한 형태의 반대에 집중할 것이다. 이 온건한 형태는 다음의 사실을 인정하고 있다. 즉 맑스는 강제력으로 뒷받침된 권리들의 폐기에 언질을 두고 있으며(그저 권리를 집행하는 기구로서 국가의 소멸이 아니라), 강제력으로 뒷받침된 권리들의 폐기에 언질을 두고 있다는 점을 부정한다는 점이다. 적어도 더 온건한 형태의 이 반대도 역시 거부해야 할 세 가지 좋은 이유들이 있다. 첫째, 내가 알고 있는 한에서 맑스 자신은 권리와 강제력으로 뒷받침된 권리를 결코 구별하지 않고 있다. 둘째, 강제가 비인간적이라는 그의 비난과 비강제적인 사회조직형태로서 공산주의에 대한 그의 서술이 그 자체로 그에게 단지 강제력으로 뒷받침된 권리들의 폐기하도록 한다는 점은 사실이다. 하지만 맑스의 주장은 권리와 정의에 관한 이야기는 ─ 단지 집행에 관한 이야기가 아니라 ─ 시대에 뒤떨어진 이데올로기적 허튼소리라는 것이다. 셋째, 내가 앞에서 논의했듯이 인간의 권리와 시민의 권리에 대한 맑스의 비판들을 강제력으로 뒷받침된 권리 개념에 국한하려는 시도는 아주 타당해 보이지 않을 것이라는 점이다. 맑스의 테제는 분명하다. 즉 권리의 내용과 기능으로 인해 권리는 전前 공산주의적 인간에게만 가치가 있을 뿐이다. 즉 자신의 동료들을 권리 원칙이 규정한 경계선의 배후에서 의심스러운 눈초리로 쳐다보는 고립된 개인에게만 말이다. 내가 믿기에 공산주의에서 사회적으로 통합된 개인은 강제력으로 뒷받침된 권리가 아닌 권리를 필요로 할 것이고 소중히 여길 것이라고 말하는 것으로 맑스를 해석하는 것은 임시변

통일 것이다$^{ad\ hoc}$. 그럼에도 맑스의 견해들에 대한 나의 평가는 다음과 같은 가정에 의존하지 않을 것이다. 즉 맑스는 강제력으로 뒷받침된 권리들이 아닌 권리들의 쇠퇴에 대해 더 급진적인 예견을 하고 있다는 가정 말이다. 그 대신에 7장에서 나는 공산주의가 강제력으로 뒷받침된 권리를 필요로 하지 않을 것이라는 주장과 공산주의에서는 공적인 불승인과 같은 다른 제재들에 의해 지지받는 권리에 대한 의미 있거나 주요한 역할이 없을 것이라는 테제를 평가할 것이다.

하지만 맑스의 권리 견해를 둘러싼 더 급진적 해석과 덜 급진적 해석 양자 모두를 해석하는 내 방식에 중요한 제한을 가하는 하나의 가능한 맑스주의적 응답이 있다. 어떠한 맑스주의자는 다음에 대하여 반대할 수 있다. 최근의 몇몇 저술가들이 **일반적** 권리들이라고 부르는 것은 공산주의 사회조직에서 어떤 의미 있는 역할을 하지 않을 것이라는 것만을 맑스가 예견했다는 一 특별한 권력의 쇠퇴에 대하여서도 맑스가 예견하였다는 것을 보여주는 것에 대하여서는 아무런 말도 하지 않았다는 一 명제에 대하여서만 그럴듯하게 옹호되었다는 점이다. 개략적으로 말해 일반적 권리들은 계약 체결과 같은 몇몇 특별한 자발적인 행위들과는 무관하게, 그리고 예를 들면 부모와 자식의 관계와 같은 어떤 특수한 관계들에서 신분과는 무관하게, 개인들에게 속하는 권리들이다. 인간의 권리들은 일반적 권리들 중에서 가장 일반적인 권리이다. 특별한 권리들은 약속과 같이 개인들이 수행하거나 혹은 어떤 특별한 관계로서 발생하는 자발적 행위들을 통해 만들어진 권리들을 포함한다.

그러한 특별한 권리들에 대한 비판을 더 이상 논하지 않는 가운데 공산주의의 사회적 삶이 중요한 방식으로 특별한 권리들을 야기시킨다고 말해지는 약속이나 다른 자발적 행위들의 제도에 의존하지 않을 것이라고 하는 테제로 그에게 부담을 지우는 것은 그럴듯하지 않고 설득력이 없을 뿐만 아니라 냉혹한 처사일지도 모른다. 따라서 나는 맑스의 권리 비판에 관한 나의 결론을 분배적 정의와 시민적·정치적 권리들을 포함하고 있는 일반적 권리들의 범주로 제한할 것이다.

하지만 나는 논의 과정에서 특별한 권리의 존속을 인정하면서 맑스는 일반적 권리들의 쇠퇴를 예견했다고 주장하는 해석이 사실상 맑스의 옹호자들에게 더 큰 짐을 지울지도 모른다는 점만을 언급할 것이다. 특별한 권리 개념을 가지고 있던 어떤 사회는 일반적 권리의 원칙들을 정식화하기 위한 개념적 자원을 가질 것이고 또한 이기심이나 계급 갈등에 뿌리를 두지 않고 있는 그러한 갈등을 포함하여 사회조정과 갈등 해결이라는 광범한 문제들을 처리하기 위해 개념적 자원의 유용성을 잘 이해할 것이라는 점이 논의될 수도 있기 때문이다. 달리 표현하면, 공산주의에서 사람들이 중요한 점에서 특별한 권리에 의존할 것이라는 점이 일단 인정된다면, 공산주의가 사회조직의 중요한 요소로서 일반적인 법률적 원칙을 도입하지 않고 조화와 크게 증대된 생산성을 이룩할 것이라고 하는 예언을 지지하기란 훨씬 더 어려운 일이 될지도 모른다. 7장에서 나는 자세하게 법률적 원칙이 이기심이나 계급 갈등이 미미하거나 혹은 존재하지 않고 결핍의 문제들이 상당히 개선된 어떤 사회에서조차도 행할지 모르는 다양한 역할을 자세하게 조사할 것이다.

정의 개념이 충분히 광범하게 될 경우, 정의에 대한 맑스의 견해와 연관이 있는 우리의 검토 중에서 좀 더 심오한 또 다른 조건이 요구될 것이다. 우리는 정의 원칙이 규정적인 원칙이라는 가정에서 우리의 논의를 진행시켰다. 이 규정적인 원칙이 지니는 특징적인 역할은 개인이나 집단의 경쟁적인 주장들을 조정하기 위한 궁극적인 토대를 제공하는 데 있다. 그리고 그렇게 이해한 정의의 여건들은 적어도 그러한 원칙들을 필요하게 하는 종류의 되풀이되는 갈등이 심각하게 잠재하고 있는 그 조건들이라는 사실을 우리는 언급하였다. 이 견해에 따르면, 정의는 넓은 의미에서 판결적이며 적대적인 개념이다.

하지만 우리가 정의 개념을 좀 더 광범하게 이해하거나 정의가 갈등관계에 있는 세력들을 조정하고 상호 간에 경계를 설정하는 문제라기보다는 조화롭고 자발적인 질서의 문제라는 아주 다른 개념이 있다는 점을 인정해야 한다는 점이 논의될 수 있을 것이다. 사실 『국가』*Republic*에서 정의로운 폴리스에 대한 플라톤의 비전은 후자의 정의 개념의 가장 오래된 사례라는 점이 주장될 수 있다. 그럴듯한 해석을 토대로 볼 때 플라톤의 요지는 이렇다. 적절하게 설계된 사회는 역할과 기능의 적절한 배치가 판결적인 원칙들과 특히 극도로 적대적인 권리 개념에 의존하게 만드는 갈등의 근원들을 최소화하거나 적어도 크게 감소시킬 사회일 것이라는 점이다. 제도적인 고안물이 이 조화를 이룩하기 위해 필요하다. 그러나 일단 적절한 제도적 장치들이 적재적소에 존재한다면, 조화는 적대적 관계들과 판결할 필요에서 크게 벗어나게 된다는 의미에서 자발적이다.

우리가 두 개의 차별적인 정의 개념들이 있다는 점을 인정하는 단계를 취할지라도, 우리는 이 개념들이 아무런 공통적인 것이 없다는 점을 가정할 필요는 없다. 예를 들어, 동등한 인간은 동등하게 대우를 받아야 한다거나 아니면 아마도 정의는 각자에게 당연히 받아야 할 것을 주고 있다는 원칙에 의해 조정될 수 있는 것이라는 몇몇 극도로 추상적인 정의 원칙들이 있을 수 있다. 하지만 판결적인adjudicative 정의론에서 후자의 원리는 자연발생적인 조화로서 정의론에서와는 아주 다른 어떤 것을 의미할 것이다. 플라톤이 그리는 사회에서 개인이나 집단은 사회적 자원이나 정치적 권위에 대해 경쟁적인 주장을 균형 잡거나 그 경계를 설정하기 위해 토대를 제공해 주는 그러한 원칙에 호소하는 것이 필요하다고 생각하지 않을 것이다. 그 대신에 플라톤의 의미에서 각자는 마땅히 받아야 할 것을 받는 곳에서 각자는 그가 지정받은 기능을 자발적으로 행하고 다양한 기능들이 조화로운 질서 속에서 맞춰질 것이다.

우리가 정의 개념들 간의 이러한 기본적인 차이를 인식한다면, 우리는 맑스가 판결적인 혹은 적대적인 정의 개념에 대해 체계적인 비판을 하고 있다는 주의를 요하는 진술로서 우리의 해석에 조건을 달아야 한다. 하지만 우리는 논의를 더 진행하려는 유혹에 빠질 수도 있을 것이다. 그래서 맑스가 판결적이거나 적대적인 개념들을 거부했을 뿐만 아니라 자발적인 조화로운 질서로서 특별한 정의 관념을 지지하고 있다고 주장하려 할 것이다. 게다가 우리는 다음과 같은 견해를 맑스에게 돌릴 수 있을 것이다. 즉 적절한 종류의 자연발생적 질서를 달성하고 유지하는 열쇠는 각 개인이 자연적 환경과 사회적 환경을 형성하고 통제하는 데 동등한 사람으로 참여한다는 점, 그리고 이 조건이 충족될 때, 동등한 사람들은 동등하게 대우를 받아야 하고, 각자는 당연히 받아야 할 것을 가진다고 말하는 것이 가능하리라는 견해 말이다. 하지만 이 두 개의 마지막 주장들은 상당히 그릇된 것이다. 맑스 자신은 이 두 가지 정의 개념을 구별하지도 않고, 분명하게 그의 비판들을 전자에 국한하지도 않으며, 또한 정의의 언어를 그가 공산주의라고 부른 자연발생적인 조화로운 질서에 대한 비전에 분명하게 적용하지도 않기 때문이다. 물론 이것이 맑스가 그의 자본주의 비판과 대안적인 정의 개념의 적용으로서 공산주의에 대한 그의 비전을 표현해야 했으며, 표현할 수 있었을 것이라는 결론을 내리지 못하게 한다는 말은 아니다. 그러나 이것은 급진적인 사회비판의 기본적 어휘에서 정의에 관한 모든 이야기를 삭제하려고 한 그의 단호한 노력들을 무시하는 것이다.

X

이제 우리가 행한 탐구의 주요한 결과들을 간단하게 요약할 수 있다. 권리와 정의에 대한 맑스의 비판의 최근의 탐구들은 그의 입장이 지니고 있는 복잡성을 제대로 포착하지 못했다. 첫째, 맑스의 입장을 재구성하려고 하는 시도들은 때때로 사회철학이 법률적 개념에 지정할 수도 있는 설명적 기능과 비판적 기능을 분명하게 구별하지 못했다. 둘째, 이 시도들은 한편으로는 분배적 정의라는 권리에 대한 맑스의 공격과 비분배적 정의라는 권리에 대한 그의 비판을, 다른 한편으로는 그의 내적 비판과 외적 비판을 구별하지 못함으로써 방해를 받았다. 셋째, 저술가들은 두 개의 아주 다른 종류의 외적 비판들, 즉 대안적인 정의 개념으로부터의 비판과 정의의 고려를 넘어선 새로운 관점으로부터의 비판을 전혀 구별하지 않았다. 마지막으로 이전의 분석들은 인간이 공산주의에서 그 자신을 생각하는 방식에 대한 맑스의 비판의 급진적 함의들을 탐구하지 않았다.

나는 권리와 정의에 대한 맑스의 비판이 이 개념들의 설명적 기능과 비판적 기능으로까지 확대된다는 점을 논의했다. 그리고 나는 이 비판이 내적 비판과 외적 비판을 포함하고 있다는 점, 그리고 분배적 정의 권리와 시민적·정치적 권리 모두에 적용되며, 또한 형사상의 정의론에도 적용될 수 있다는 점을 논의했다. 게다가 나는 다음의 사실을 논의했다. 존중과 권리 간에 강한 연계성을 인정한 맑스는 공산주의가 권리를 넘어선 사회일 뿐만 아니라 존중도 넘어선 사회일 것이라는 예언에 전념하고 있다는 점이다. 마지막으로 나는 존중과 권리 간의 그런 강한 연계성의 존재와 결과적으로 맑스가 그런 예견에 전념하고 있다는 주장에 어떤 의구심을 제기하였다.

맑스의 비판의 가치는 이렇다. 아마도 현대의 도덕적·정치적 이론에 상상할 수 있는 가장 급진적인 도전을 구성한다고 말이다. 맑스는 우리가 자명한 것으로 보려고 하는 두 개의 교의들, 즉 정의는 사회제도의 제1의 미덕이라는 원칙과 권리–소지자로서의 사람들에 대한 존중이 개인들의 제1의 미덕이라는 원칙에 대해 체계적인 공격을 제공해 주고 있다.

5장

혁명적 동기 부여와 합리성

I

우리는 다음의 사실을 살펴보았다. 즉 최근의 문헌이 맑스의 자본주의 분석이 도덕적 개념들을 사용하는가, 특히 어떤 정의 개념을 사용하는가의 문제, 혹은 비도덕적인가, 엄격하게 과학적 분석인가의 문제에 집중하고 있다는 점이다. 하지만 맑스가 혁명적 동기 부여를 설명하면서 법률적인 원칙에 (만약에 있다고 한다면) 어떤 역할을 지정하고 있는지는 별로 주목하지 않았다.

맑스는 대중에게 반란을 일으키라고 자극하기 위해 정의 원칙을 포함하여 도덕적 원칙에 호소하는 도덕적 사회주의자들에 대해 그 자신의 견해가 우월하다는 점을 되풀이하여 주장한다.[1] 그리하여 맑스가 자본주의에 대한 비도덕적인 설명이나 적어도 비법률적 분석을 제공하고 있다는 주장은 혁명적 동기 부여에 대한 그의 설명과 조화를 이루는 것처럼 보일 것이다. 하지만 나는 혁명적 동기 부여에 대한 맑스의 설명이 현 상태로는 결함이 있다는 점, 그리고 이 결함들을 치유하는 것은 그의 사회이론에 상당한 수정을 요구할지도 모른다는 점을 주장할 것이다.

II

우리는 앞 장에서 논의한 프롤레타리아계급의 혁명적 동기 부여에 관한 맑스의 설명의 주요한 특징들을 논평함으로써 시작할 수 있다. 자본주의 발전의 특정한 단계에서 맑스가 체제의 "모순들"이라고 부른 것이 첨예화되어 이 모순들이 가장 비열한 부르주아적 위선자를 제외한 사람들에게는 분명하게 드러난다.[2] 그 수가 줄어드는 소수의 재산을 가진 비노동자들은 점점 더 증대하는 다수의 재산이 없는 노동자와 노골적으로 대립한다. 악화되어 가는 경제순환의 고된 노동이라는 올가미에 갇힌 노동자들은 너무 생산적이라는 이유로 해고된다. 부는 소수의 수중으로 축적된다. 반면에 가속화되어 가는 빈곤화와 정신적, 육체적 타락은 다수의 운명이다. 혁명적 리더십에 의해 지원받은 프롤레타리아는 계급투쟁에 관한 이러한 기본적 사실들(맑스가 역사에 대한 유물론적 개념과 그의 자본주의 분석에서 체계화한)을 인식한다면, 그는 모든 다른 프롤레타리아의 이익뿐만 아니라 그 자신의 이해관계가 그 체제의 전복을 요구한다는 점을 깨달을 것이다.[3]

맑스에게 프롤레타리아의 혁명적 동기 부여가 자기이익이라거나 혹은 계급이익이라고 말하는 것은 억제된 표현이다. 왜냐하면, 때때로 맑스는 그 이해관계가 모든 사람의 가장 기본적인 이익 – 생존을 위한 이익 – 으로서의 이해관계라는 점을 확인하는 정도로 그의 논의를 진전시키기 때문이다. 맑스에게 "계급전쟁"이라는 표현은 과장이 아니다. 『공산당선언』에서 그는 이렇게 천명한다. 사회 자체의 존재는 더 이상 자본가계급의 지배와 양립할 수 없다고 말이다.[4]

내가 앞 장에서 언급했듯이 프롤레타리아 혁명적 동기 부여라는 맑스의 관념에서 주목할 만한 사실은 이 개념이 법률적 원칙들을 포함하여 도덕적 원칙들의 어떤 동기 부여적 역할을 쓸모없게 만든다는 점이다. 사실 생존을 위한 이해관계인 자기이익이 충분한 곳에서는 정의감이나 혹은 어떤 도덕적 기준에 호소할 필요가 없다. 이것이 모든 사람에게 유익하다고 맑스는 믿는다. 모든 비과학적인 사회주의 분파는 정의와 공정에 대한 그 자신의 관념을 가지고 있기 때문이다. 이러한 도덕적 관념들에 대한 주의 깊은 분석을 할 필요가 없는데, 효과적인 혁명적 동기 부여는 결코 이 관념들에 달려 있지 않기 때문이다. 맑스는 정의에 관한 이야기는 "시대에 뒤떨어진 말뿐인 쓰레기"[5]이며, 공산주의자들은 "도덕에 관해 설교할" 필요가 없다고 결론을 내린다. 특별한 법률적 개념들과 도덕적 원칙 일반이 없어도 되는 것으로 다루려고 하는 이러한 두드러진 경향은 확실히 맑스 혁명론의 가장 차별적인 특징 가운데 하나이다.

맑스에 따르면, 이전의 혁명계급의 동기 부여 역시 자기이해관계였다. 가령, 프랑스에서 흥기하는 자본가계급은 그 자신의 선을 달성하기 위해 구체제를 전복할 필요가 있다는 사실을 알았다. 그러나 부르주아 혁명이 그들의 투쟁을 나타내었던 방식과 프롤레타리아계급이 사회질서를 공격할 때 보여주었던 방식 간에는 중요한 차이점이 있다. 프랑스혁명을 포함하여 과거에 일어난 모든 혁명에서 다수가 아닌 혁명계급은 다른 계급의 지지를 획득하고자 그 자신의 특수한 이익들을 보편적 권리로 표명하는 것이 필요하다는 사실을 알았다.[6] 중간계급들이 "프롤레타리아화"되고, 그래서 프롤레타리아계급이 거대한 다수가되어 아주 적은 계급이 화해할 수 없는 적대자로서 프롤레타리아계급과 대치한다는 맑스의 가정을 인정한다면, 그러한 이데올로기적인 겉치레는 더 이상 필요 없다. 이전의 혁명적 계급들과 같이 프롤레타리아계급은 그 자신의 이익에 의해 동기화motivated된다. 그러나 이전의 선임자들과는 달리 프롤레타리아계급은 이 사실을 대담하게 인정한다. 그리고 맑스가 도덕적 원칙에 대한 호소와 연관시킨 혼동과 분열을 인정한다면, 프롤레타리아 투쟁의 자기 본위적인 특징을 주장함으로써 얻어지는 그어떤 것이 있다.

III

혁명적 동기 부여에 대한 맑스의 설명에 가해지는 비판들은 종종 사회주의 혁명을 위해 투쟁하는 비프롤레타리아에 대해서는 분명하게 적용할 수 없다는 점에 초점을 맞추었다. 이 수수께끼 같은 현상의 가장 널리 알려진 실례는 맑스와 엥겔스 그들 자신이다. 맑스는 소부르주아였으며, 엥겔스는 대부르주아였다. 이 둘은 프롤레타리아 운동에 전 생애를 헌신했다. 이러한 경우가 혁명적 동기 부여에 대한 맑스의 설명에 문제를 제기하고 있지만 이 경우가 가장 흥미로운 경우는 아니다. 맑스의 이론에 제기된 가장 흥미로운 도전은 그것이 **프롤레타리아의 혁명**

적 동기 부여에 대한 하나의 설명으로조차도 불충분하다는 훨씬 더 급진적 비난에 대답할 수 있는지를 알아보는 것이다.

이러한 좀 더 급진적인 유형의 비판은 맑스의 설명의 기술적인descriptive 정확성이나 아니면 **규범적인** 적합성을 비난할 수 있다. 기술적인 비판은 맑스의 이론이 프롤레타리아 혁명들이 사실상 동기를 부여받는 방식에 대한 적절한 설명으로서 정확하지 않다는 점을 보여주고자 하였다. 규범적인 비판은 이렇게 반박한다. 어떤 프롤레타리아가 사실상 혁명가로 되든 그렇지 않든 간에 혁명가로 되기에 충분한 이유가 있다는 점을 맑스가 보여주지 못했다고 말이다.

몇몇 논자들은 이렇게 주장했다. 맑스의 이론이 규범적으로는 적절하지만 기술적으로는 정확하지 못하다고 말이다. 자본주의의 전복은 프롤레타리아계급의 이해관계이며, 그래서 이 구성원들이 이것을 믿고 이 믿음 위에서 합리적으로 행동했다면 이들은 혁명적 행동을 했을 것이다. 그러나 사실상 여전히 부르주아의 이데올로기에 사로잡혀 있는 많은 노동자들은 그들 자신의 가장 좋은 이익이 무엇인지를 인식하지 못한다. 이들의 동기 부여에서 실패는 인지적cognitive인 근원을 가지고 있다는 것이다.

또 다른 일반적인 반대는 이렇다. 맑스의 이론이 규범적으로 그리고 기술적으로 다 실패했다는 것이다. 맑스는 자본주의의 탄력성과 개혁에 대해 자본주의가 가지고 있는 잠재력을 과소평가했다는 것이다. 많은 노동자들은 자신들의 운명이 맑스 시대 이후로 현저하게 개선되었다는 단순한 이유를 들어 혁명가로 되지 않았다. 자본주의의 결정적인 모순들은 복지국가의 관용적인 노력에 그 자리를 내주었다. 맑스의 견해의 규범적인 불충분성은 당연히 다음과 같이 보이는 것 같다. 즉 프롤레타리아의 개선된 조건을 인정한다면, 혁명적 활동이 합리적이라는 점은 더 이상 명백하지 않다는 점이다.

IV

그러나 별로 검토되지 않았던 훨씬 더 급진적인 반대objection가 있다.[7] 이 장의 목적은 이 반대를 자세하게 설명하는 것이며, 전체로서의 맑스 사회이론이 가지는 함의를 이끌어 내고 이 이론의 힘을 평가하는 것이다. 가장 노골적이고 대담한 형태로 진술해 볼 때, 혁명이 프롤레타리아계급에게 최선의 이익이며, 프롤레타리아계급 구성원 각자가 그러하다는 점을 깨닫는다고 할지라도, 이 계급의 구성원이 합리적으로 행동하는 한에서는 일치된 혁명적 행동을 **이루어 내지 못할 것**이라는 비난이다.[8] 이러한 놀라운 결론은 일치된 혁명적 행동이 프롤레타리아계급에게는 기술적 의미에서의 공공재public good라는 전제에 기반하고 있다. 공공재는 한 집단에 있는 어떤 사람들이 이용할 수 있다면 그 재화를 생산하는 비용을 분담하지 않은 사람들을 포함하여 그 집단의 각기 다른 구성원도 이용할 수 있는 어떤 대상이나 상황을 의미한다.

사회적 조정의 기본적 문제를 초래하는 공공재의 다섯 가지 특징들이 있다. (i) 그 집단의 모든 구성원이 아니라 몇몇 구성원에 의한 행동이 각 구성원들에게 그 재화를 제공하는 데 충분하다. (ii) 그 재화가 생산될 경우, 모든 구성원, 요컨대 이 재화의 생산에 기여하지 않았던 사람들도 이용할 수 있게 될 것이다. (iii) 그 재화의 생산에 기여하지 않았던 사람들에게 그 재화를 향유하지 못하게 방해할 실제적인 방법은 없으며, 또한 과도한 비용들을 물릴 방법도 없다.[9] (iv) 개인의 기여는 그 개인에게는 비용이다. (v) 각각의 개인이 그 재화로부터 얻게 되는 것의 가치는 이 재화를 생산하는 데 들어간 비용의 몫보다 크다.[10]

　　이 다섯 가지 특징들이 인정된다면, 해당 공공재의 제공은 무임승차라는 문제로 인해 위협받는다. 그 집단의 각 구성원이 만약 합리적이라면 다음과 같이 판단할 것이다. 즉 "내가 기여하든 하지 않든 간에 상관없이 다른 사람들은 재화 G를 제공하는 데 충분히 기여하거나 아니면 기여하지 않을 것이다. 전자라고 한다면, 나는 그 재화를 무료로 사용할 수 있을 것이며, 나의 기여는 낭비될 것이다. 후자라고 한다면, 나의 기여는 다시 나에게 손실이 될 것이다. 그래서 합리적인 자기이익은 나는 기여하지 않아야 하고 다른 사람들의 노력들에 '무임승차'할 것을 요구한다."

　　무임승차문제는 청정 공기, 에너지 보존, 인구통제, 그리고 인플레이션 방지 등과 같은 공공재에서 일어난다. 이 상황은 행렬 M에 의해 설명될 수 있다.

	다른 사람들	
	기여함	기여하지 않음
개인 기여함	G의 이익 2 기여의 비용	G의 무이익 4 기여의 비용
기여하지 않음	G의 이익 1 기여의 무비용	G의 무이익 3 기여의 무비용

M의 4개의 칸에 있는 이 숫자들은 산물들 사이에 존재하는 개인의 선호를 나타낸다. 즉 왼쪽의 더 낮은 칸이 가장 선호되며, 오른쪽의 위의 칸은 가장 적게 선호된다.

공공재 문제는 오로지 합리적인 이기주의자들, 즉 그들 자신의 효용을 극대화하고자 하는 개인들에게 발생한다는 것이 가끔 가정된다. 하지만 이것은 행렬 M이 보여주는 것처럼 그렇지 않다. 기여나 비기여noncontribution를 생각하는 개인은 그 자신의 효용을 극대화하는 사람이 아니라 그 집단의 전반적인 효용을 극대화하는 사람이다. 행렬 M은 또한 이 상황을 정확하게 파악하고 동일한 무임승차문제를 드러내고 있다. 집단효용을 최대화하는 각각의 사람은 다음과 같이 판단한다. "내가 기여하든 아니면 기여하지 않든 간에, 충분한 수의 타인들이 기여하든 기여하지 않든지 할 것이다. 만약에 충분한 타인들이 기여한다면, 나의 기여비용은 그 어떤 선도 행하지 않는다. 반면에 나의 기여비용은 그 집단이 G로부터 얻은 효용으로부터 삭감된다. 만약에 충분한 타인들이 기여하지 않는다면, 나의 기여비용은 다시 그 집단의 효용에서 삭감된다. 그래서 집단효용을 최대화하는 것은 내가 무임승차자이어야 할 것을 요구한다." 그리고 게다가 집단효용을 극대화하고자 하는 각각의 다른 사람도 동일한 방식으로 판단하기 때문에 재화 G는 확보되지 않을 것이다. 그러면 행렬 M은 개인 효용을 최대화하는 사람만큼이나 집단 효용을 최대화하는 사람에게도 문제를 드러낸다. 왜냐하면 "비용"과 "이익"이 단지 개인들에게 계산되든지, 아니면 전체로서 집단에게 계산되든지 간에 그 결과는 같기 때문이다.[11]

프롤레타리아의 경우에 곧바로 적용된다. 합의된 혁명적 행동은 하나의 집단으로서의 프롤레타리아에 해당하는 공공재이다. 그러나 각각의 프롤레타리아는 그 자신의 이익을 극대화하고자 하든 그의 계급의 이익을 극대화하고자 하든, 자신의 혁명적인 행동을 억누를 것이다. 이러한 반대가 지니는 급진적 성격은 과소평가되어서는 안 된다. 요점은 비행동이 합리성과 양립될 수 있다는 점이 아니다. 합리성이 비행동을 요구한다. 게다가 그 문제는 개인들의 기여비용이 아주 높고, 하물며 희생적이 아니라는 가정에 의존하는 게 아니다. 혁명적인 자기희생이라는 현상은 도덕적인 심리학자들에게는 흥미로운 문제이다. 그러나 그 문제는 내가 여기서 다루려는 문제는 아니다.

프롤레타리아의 혁명적 동기 부여에 관한 맑스의 설명에 대해 제기되는 공공재 반대는 기술적으로 혹은 규범적으로 이해될 수 있다. 규범적 반대로서 그것은 혁명적 투쟁에 참여하려고 하는 확실한 이유를 가지기는커녕 프롤레타리아는 혁명적 투쟁을 지지하는 것을 철회할 확실한 이유를 가지고 있다는 주장이다. 프롤레타리아가 사실상 그 자신의 효용이나 그의 집단의 효용의 극대자라는 가정이 수용될 경우, 기술적인 반대가 뒤따른다.

V

맑스의 혁명적 동기 부여 이론에 대한 공공재 반대의 심각성은, 이 동기 부여 이론이 자본주의의 쇠망에서 자본주의적 경쟁의 역할을 둘러싼 맑스의 견해와 일단 연관되면, 한층 더 강해진다. 맑스에 따르면, 빈곤화되고 착취당한 프롤레타리아를 양산해 냄으로써 ─ 이에 대한 구원은 그 체제의 전복에 놓여 있다 ─ 자본가들은 "그들 자신의 무덤을 파는 사람들"[12]을 만들어 낸다. 자본가들의 자멸의 역학은 맑스 경제학 이론의 통합적 부분이며, 그 내용은 상당히 복잡하다. 하지만 우리의 목적을 위해서는 간단한 개요로 충분할 것이다.

모든 자본가는 반드시 성공적으로 경쟁해야 하며, 그렇지 않으면 그의 자본을 결국 잃게 된다. 성공적으로 경쟁하기 위해 자본가는 그의 노동자로부터 점점 더 많은 잉여가치를 추출해야만 한다. 그는 맑스가 착취의 정도라고 부른 것을 증대시켜야 한다.[13] 그러나 프롤레타리아에게 가해지는 압박의 증대로 인해 결국 프롤레타리아의 상황은 참을 수 없는 것이 된다. 즉 희생자들이 이제 혁명가로 된다. 노동자로부터 점점 더 많은 잉여를 짜내는 것이 모든 자본가들에게 상당히 합리적 행위이다. 왜냐하면, 일방적으로 그의 노력을 완화하는 것은 그에게는 재앙이 될 것이기 때문이다. 하지만 모든 자본가의 부분에 존재하는 합리성은 자본가계급의 죽음을 초래한다.

자본가들의 곤경과 프롤레타리아의 곤경 사이의 구조적 유사성들이 두드러진다. 각각의 경우에 그 집단의 모든 구성원들에 공통적인 하나의 이해관계가 존재한다. 프롤레타리아의 경우에 생산수단 통제를 극복하고자 하는 공통적인 이해관계가 있다. 자본가들에게는 자신들의 생산수단 통제, 그리고 이와 함께 병행하는 권력과 부의 보전에 공통적인 이해관계가 있다. 그러나 각각의 경우에 그 집단의 각각의 구성원에 의한 합리적 평가는 분명하게 무행동으로 이끈다. 각각에게 합리적인 것은 모두에게는 파멸을 초래한다.

하지만 맑스는 필요한 협력은 프롤레타리아의 경우에는 곧 나타나지만 자본가의 경우에는 그렇지 않을 것이라고 가정한다. 프롤레타리아의 협력에 대한 맑스의 확신이 오해일 수도 있다는 점을 우리는 이미 살펴보았다. 그는 공공재 문제가 프롤레타리아에게도 발생한다는 가능성을 그저 간과했던 것처럼 보인다. 하지만 자본가들의 경우에 맑스는 공공재 문제를 알았을 뿐만 아니라 또한 이 문제가 해결될 수 없다는 것을 자신의 혁명론의 초석으로 삼았다. 왜냐하면, 프롤레타리아에게 더 많은 잉여가치를 뽑아내려고 하는 자본가의 지속적인 노력은 혁명적 동기 부여의 성장에 필요한 조건이 된다고 가정되었기 때문이다. 따라서 프롤레타리아의 혁명적 동기 부여에 관한 맑스의 이론에 대한 공공재의 형성이 어렵다는 이유로 제기된 반대에 대응하는 적절한 응답은 (i) 자본가들과 프롤레타리아가 직면한 문제들이 다르다는 점을 보여주어야 한다. 그렇지 않고 유사성이 인정된다면, (ii) 문제가 하나의 경우에는 해결될 수 있지만 다른 경우에는 해결될 수 없는 이유를 설명해야만 한다.

　여기서 맑스주의자들이 직면하는 과제는 특히 대안 (ii)가 선택될 경우에 몹시 힘든 과제다. 우리가 나중에 살펴보듯이 공공재 문제에 대한 가장 공통적인 응답은 협력보다 비협력에 더 많은 비용이 들게 함으로써 개인의 선호를 재구성하기 위하여 강제력으로 뒷받침된 규제에 호소하는 것이다. 하지만 강제적인 해결에 대한 전망은 프롤레타리아에게보다 자본가들에게 훨씬 더 밝은 것처럼 보인다. 왜냐하면, 맑스의 견해에서 볼 때 사회에서 지배적인 강압적인 장치 – 국가 – 를 통제하는 사람은 바로 자본가들이기 때문이다. 맑스 시대 이후로 노동자들의 혁명적 열기를 식힐 정도로 충분히 그들의 상황을 견딜 수 있게 만들고자 자본가계급이 사실상 효과적으로 국가에 대한 통제를 이용했다는 것이 그럴듯하게 주장될 수 있다. 사실상 현대의 복지국가는 – 재산이 없는 사람들의 생활환경을 개선해 주면서 생산수단의 사적 소유의 큰 영역을 보존해 주는데 ─ 자본가들의 홉스적 고충에 대한 하나의 해결책을 위한 이상이다. 재분배 프로그램은 빈곤해진 혁명 대중이 형성되는 것을 저지한다. 반면에 이 프로그램이 강제적인 조세를 통해 재정이 지원된다는 사실은 개별적인 자본가가 무임승차자가 되려고 하는 유혹을 감소시키며, 또한 혁명을 방지하는 것에 대한 자신의 기여는 그의 동료들의 기여와 조화를 이룰 것이라는 점을 그에게 확신시킨다.

프롤레타리아의 혁명적 동기 부여에 대한 맑스의 설명에 반대하는 공공재 반대를 논박하는 데 사용될 수 있는 전략에는 두 가지 유형이 있다. 첫 번째는 공공재 문제가 존재한다는 사실을 인정하지만 이 문제가 해결될 수 있다는 점을 보여주고자 한다. 두 번째는 프롤레타리아에게는 공공재 문제가 존재하지 않는다는 점을 보여주고자 한다. 이 가운데 하나의 전략이 프롤레타리아의 동기 부여에 대한 맑스의 설명을 옹호하는 것으로 이용되려면, 그것이 그 설명의 다른 양상들과 그리고 전체로서 맑스의 사회이론과 맞아떨어져야만 한다. 이 절에서 나는 첫 번째 전략을 추구하고 평가할 것이다. 7절(VII)에서 나는 두 번째 전략을 고려한다.

공공재 문제에 대해 일반적으로 인정된 해결책에는 3가지 유형이 있다. 그 첫 번째는 (1) 강제에 의존하며, 두 번째는 (2) 내가 과정상의 편익*in-process* benefit이라고 부르는 것에 의존하며, 세 번째는 (3) 도덕 원칙들에 의존한다. 앞에서 언급했듯이, 첫 번째 해결책은 기여보다는 비기여가 더 비용이 들게 함으로써 개인의 선호들을 재구성하기 위해 강제를 사용하는 것이다. 두 번째는 다음의 사실을 주장한다. 즉 개인이 과정의 결과물과는 상관없이 참여과정 그 자체로부터 어떤 편익들을 얻을 것이며, 그리고 이러한 과정상의 편익들이 기여비용을 능가할 것이라는 점이다. 세 번째는 다음의 사실을 주장한다. 어떤 내면화된 도덕 원칙들에 대한 고수는 개인으로 하여금 무임승차로 이끄는 비용-편익계산을 하지 못하게 함으로써 그 문제를 해결할 것이라는 점이다. 이에 대한 하나의 실례는 사람들로 하여금 정의롭지 않거나 비인간적인 사회질서를 전복하기를 요구하는 원칙일 것이다. 3가지 유형에 대한 각각의 해결책이 상세하게 검토될 것이다. 그리고 나는 다음의 사실을 주장할 것이다. 첫 번째와 세 번째 해결책을 위해 제안된 해결책이 유망하다고 할지라도, 맑스는 자신의 이론에서의 중대한 변화 없이는 이를 이용할 수 없는데, 그 이유는 그 해결책이 사회주의 혁명의 성격에 대한 가장 기본적인 맑스의 생각 가운데 몇 가지와 갈등을 일으키기 때문이다.

1) 공해에 강제적으로 부과되는 처벌은 강제적 해결책에 대한 당대의 실례가 된다. 사회의 지배적인 강제력으로서의 홉스의 주권은 정치이론에서 고전적인 실례이다. 프롤레타리아의 경우에 강제적 해결책은 힘이 적용되는 기간에 따라 두 가지 가운데 하나의 방식으로 적용될 수 있다. 힘은 혁명투쟁 동안에 아니면 혁명투쟁 후에 적용될 수 있다. 전자의 경우에, 어떤 집단은 혁명적 활동을 삼가는 프롤레타리아에 대항하여 폭력을 즉

각적으로 사용할 것이라고 위협할 것이다. 후자의 경우에, 어떤 집단은 프롤레타리아가 일단 권력을 장악하면 비기여자들에게 폭력을 사용하겠다고 위협할 것이다.

강제적 해결책을 둘러싼 두 가지 해석이 실제로 발생했던 혁명들을 설명하는 것으로서 기술적으로 정확할 수도 있지만, 그 어떤 해석도 사회주의 혁명에서의 강제의 역할에 대한 맑스의 견해와 일치하지 않는다. 내가 아는 한 어디에서도 맑스는 다음의 사실을 제시하지 않는다. 즉 목전의 폭력이나 혁명 후의 폭력에 대한 위협이 프롤레타리아가 행동하는 동기 부여를 제공하는 데 역할을 한다고 말이다. 물론 폭력이 부르주아에 대항하여, 그리고 **룸펜프롤레타리아**에 대항하여 혁명 동안에 사용될 것이라고 맑스가 예견했다는 점은 사실이다.[14] 게다가 프롤레타리아가 권력을 장악한 후에 일정 기간 동안, 프롤레타리아는 부르주아의 잔재나 여전히 부르주아적 태도에 전염되어 있는 프롤레타리아에 대항하여 아마도 강제를 행사할 필요가 있다는 점을 프롤레타리아 **독재**라는 맑스의 교의는 함의하고 있다.[15] 그러나 프롤레타리아가 행동하도록 자극하기 위해 강제가 필요하게 될 것이라고 맑스는 말하지 않으며, 심지어 시사하지도 않는다.

다음과 같은 질문이 제기될 때, 또 다른 문제들이 발생한다. 즉 프롤레타리아의 참여를 보장하기 위해 누가 프롤레타리아를 강제할 것인가, 그리고 더 중요하게는 무엇이 이 동기 부여자들을 고무하고 그들의 동기 부여가 집단행동을 어떻게 달성하는

가? 만약에 동기 부여자들이 그들 자신의 효용이나 그들 계급의 효용을 극대화하고자 하는 바람에 의해 동기가 부여된 프롤레타리아 자신들이라고 한다면, 공공재 문제는 되풀이된다. 다른 한편 동기 부여자들이 프롤레타리아의 구성원이 아니라, 말하자면 비프롤레타리아 지식인들이라고 한다면, 맑스주의자에게 두 가지 문제들이 남게 된다. 첫째, 그들의 동기 부여에 대한 설명이 여전히 필요하다. 그 설명이 이러한 비프롤레타리아들이 어떻게든 프롤레타리아의 이해관계와 동일하게 된다고 주장한다면, 이 동일화의 성격이 설명되어야만 한다. 둘째, 그러한 동일화를 수용할 경우에도 공공재 문제는 확신적인 강제적 동기 부여자 집단을 형성하기 위해 필요한 협력의 수준에서 다시금 되풀이된다. 그러한 집단의 형성은 그 자체로 프롤레타리아의 공공재 문제를 해결하고자 하는 목적으로 그러한 집단을 형성하고자 하는 사람들에게는 하나의 공공재이다.

다음의 사실을 유념하는 것이 중요하다. 즉 공산당이 프롤레타리아의 전위대라는 맑스의 교의가 강제적인 해결책의 어떤 해석에 대한 텍스트상의 지원을 제공하지는 않는다는 점이다.[16] 맑스의 요점은, 공산주의자들이 혁명적 경찰이고 이 경찰의 기능이 프롤레타리아를 위협하여 행동하게끔 하는 데 있는 게 아니다. 오히려 그의 생각은 공산주의자들이 그 운동의 교육적·전술적 엘리트라는 데 있다. 그들은 "국적과는 상관없이 전체 프롤레타리아의 공동 이익을 지적하고 전면에 내세운다."[17] 그리고 그들은 대중의 혁명적 노력이 그들의 가장 효과적인 표출을 달성한다는 것을 보장한다. 첫째, 교육적 기능은 혁명적 계급을 형성하는 데 있어서 엘리트에게 중요한 기능을 할당한다. 그러나 그 기능이 공공재 문제에 대한 해결책을 제공해 주지는 못한다. 왜냐하면, 교육적 기능은 어떤 공동 이익에 대한 단순한 인식이 공동 이익의 달성에 기여하는 데 충분하다고 가정하기 때문이다. 물론 이것은 바로 공공재 반대가 부정하는 것이다. 둘째, 전술적 기능이 어떤 해결책을 제공해 주지는 못한다. 왜냐하면, 이 기능은 혁명적 프롤레타리아의 존재를 가정하고 그것의 전술적 배치에 대한 문제만을 다루기 때문이다. 그리고 심지어 교육적 기능도 전술적 기능도 프롤레타리아에 반대해 혁명적 엘리트가 강제하는 것을 제안하지 않는다. 맑스주의자가 이 문제에 대해 "전위대"에 강제적인 기능을 할당함으로써 맑스를 수정하려고 한다면, 그는 여전히 효과적인 강제적 집단을 만들어 내는 동기 부여를 설명해야만 한다는 점을 다시 강조하는 것이 중요하다.

2) 과정상의 편익해결책에 따르면, 기여 과정에 본질적인 어떤 재화들은 기여비용을 상쇄한다. 이러한 현상에 대한 그럴듯한 예들을 발견하는 것은 어렵지 않을 수 있다. 혁명적 테러리스트뿐만 아니라 적십자 자원봉사자, 그리고 평화시위자들도 공동체, 우애, 그리고 연대를 상당히 중요시하는데, 그들은 이것들을 공동투쟁에서 참여자로서 경험한다. 하지만 그 문제에 대한 이러한 해결책이 지니는 힘과 관련하여 세 가지의 심각한 한계들이 있는 것 같다.

첫째, 맑스는 체제의 전복에서 프롤레타리아의 이익보다는 오히려 결사가 주는 그러한 파생적 재화들이 프롤레타리아의 혁명적 동기 부여에 주요한 요소라는 점을 어디에서도 시사하지 않고 있다.

『1844년 파리논고』에서 인용한 아래 구절은 내가 과정상의 편익이라 부른 것을 맑스가 알고 있다는 사실을 시사하고 있다.

> 공산주의적 장인들[수공업자들]이 결사를 형성할 때, 교육과 선전이 그들의 첫 번째 목표이다. 그러나 그들의 결사 자체는 새로운 욕구 — 사회를 위한 욕구 — 를 만들어 내며 그리고 하나의 수단으로 나타났던 것이 목적이 되었다. 이러한 현실적인 발전의 가장 놀라운 결과들은 프랑스 사회주의 노동자들이 함께 만날 때 나타났다. 흡연, 식사 그리고 음주는 이제 더 이상 사람들을 함께 모으는 단순한 수단이 아니다. 단체, 결사, 사회가 또한 그 목표로서 가지는 오락은 그들에게 충분하다. 인간의 형제애는 공허한 문구가 아니라 하나의 현실이다….[18]

그럼에도 그는 결사라는 이 재화들에 경쟁적이고 이기적인 장벽들이 궁극적으로 어떻게 극복될 수 있는지는 설명하지 못한다. 그는 과정상의 편익에 대한 생각을 자신의 중기와 후기 연구에서 행한 자본주의 쇠퇴 이론을 지배하는 혁명적 동기 부여에 대한 합리적인 이익이론으로 통합함으로써 이 재화에 중요한 기능을 할당하려고 시도하지 않는다.

이 해결책이 가진 두 번째 어려움은 다음과 같다. 즉 과정상의 편익들에 그러한 결정적인 기능을 할당했던 프롤레타리아 혁명론은 환경에 대한 하나의 설명을 해야만 했을 것이라는 점이다. 그러한 환경 밑에서 그러한 편익들은 동기를 부여하는 충분한 요소이다. 왜냐하면, 결사에 대한 이러한 본질적인 편익들은 항상 마련되는 것이 아니며, 또한 마련된다 할지라도 항상 실질적이지도 않다는 점이 분명하기 때문이다. 역사에서 억압자들에 대해 효과적인 저항을 이룩하지 못했던 사람들의 수많은 실례를 볼 수 있다. 설령 그들이 공통의 생활형태와 박해 경험을 공유하고 있다 할지라도 말이다. 과정상의 편익 해결책에 의존하는 맑스주의자는 가령 프롤레타리아의 그 경우가 나치 유럽에서 집단 거주지역에 사는 유대인의 경우와 어떻게 다른지를 설명해야만 한다. 겉으로 보기에 사람들은 공동체, 박애, 그리고 연대라는 자원들이 굳게 단결된 인종집단에서 가장 풍부했을 것이라고 생각하였을 것이다.

첫 번째 그리고 두 번째와는 무관한 더 심각한 세 번째 어려움이 있다. 계속 진행 중인 공동투쟁의 과정이 이미 존재하는 곳에서, 지속적인 협력의 존재를 설명하기 위해 과정상의 편익들에 호소하는 것은 타당하게 보인다. 그러나 과정상의 편익들이 미래에 있을 수 있다는 단순한 가능성은, 그 과정이 진행 중에 있는 것이라면, 그 과정이 어떻게 시작했는지에 대한 하나의 설명으로서는 이점이 무엇인지 미심쩍다. 이 문제는 자본주의 체제가 구성원들의 경쟁과 이기심을 조장하고 진정한 형태의 공동체를 철저하게 손상시킨다는 맑스의 주장에 의해 크게 악화되었다. 자본주의에서 경쟁적인 이기심과 개인주의라는 일반적 분위기에 덧붙여, 맑스는 프롤레타리아의 협력에 대한 두 가지 연관된 장애물들을 강조한다. 즉 그것은 (i) 고용된 노동자와 고용되지 않은 "산업예비군" 사이의 직업 경쟁과 (ii) 관리직에 고용된 노동자들 사이의 경쟁이다. 한때 맑스는 노동자들 사이의 관계가 자본가들 사이에서보다 더 경쟁적이라고 말하기까지 한다. 그러나 맑스는 공동체와 공동체의 편익에 대한 이들 장애물이 자본주의 내에서 어떻게 극복될 수 있는지는 적절하게 설명하지 않으면서 그 대신에 그는 다음과 같은 비계몽적인 언급만을 하고 있을 뿐이다.

> 경쟁은 개인들을 서로 분리시킨다. 경쟁은 자본가들을 분리시킨다. 그러나 경쟁은 노동자들을 훨씬 더 분리시킨다. 경쟁이 그들 모두에게 초래된다는 사실에도 불구하고 말이다. 그러므로 이러한 결합의 목적을 위해 — 이것이 단지 지역적인 것이 아니라면 — 필요한 수단, 즉 대산업도시들과 저렴하고 빠른 커뮤니케이션이 먼저 대규모의 산업에 의해 생산되어야만 한다는 사실과는 별도로 이 개인들이 결합할 수 있기까지는 오랜 시간이 필요하다. 따라서 이 고립된 개인들 — 이 개인들은 매일 이러한 고립을 재생산하는 조건에서 생활하고 있다 — 위에 그리고 대항해 서 있는 모든 조직적인 힘은 오랜 투쟁을 거친 후에야 비로소 극복될 수 있다.[19]

여기서 그 문제가 인식되고, 문제의 해결에 필요한 조건들(노동자들의 집중, 개선된 커뮤니케이션의 수단)이 작성된다. 그러나 그 어떤 해결책도 제시되지 않는다. 우리는 그 해결책이 오래 걸릴 것이라는 관측에 위로받을 뿐이다. 맑스는, 이기심·경쟁·개인주의를 근절하고 인간을 "공동체적 존재"로 변형시키는 것은 혁명 과정으로 시작되며, 인간이 공산주의 속에서 성장할 때만 완수된다는 점을 주장한다.[20] 불행하게도 혁명적 협력과정에 의해 생긴 심리적 변형은 변형되지 않은 개인들이 우선적으로 어떻게 그 과정에 참여하게 되는지를 설명할 수 없다.

이러한 문제에도 불구하고, 과정상의 편익이라는 개념에 중요한 역할을 전개하고자 하는 시도는 맑스의 혁명적 동기 부여론의 결함들을 해결하기 위한 가장 유망한 접근법인 것처럼 보인다. 우선 한 가지 이유는 과정상의 편익들은 다양한 현실적인 혁명적 운동에서(다른 요인들 중에서) 하나의 주요한 동기 부여적 요인(다른 요인들 중에서)인 것처럼 보인다. 게다가 맑스 자신이 프롤레타리아의 공공재 문제를 알지 못했다 할지라도, 그리고 그가 과정상의 편익이라는 개념에 특별한 이론적 기능을 할당하지 않았다 할지라도, 수정된 맑스주의 견해는 맑스의 혁명론에 가장 특징적인 것의 많은 것들을 보전하면서 그렇게 시도할 수 있을 것이다. 특히 법률적 원칙들에 의존하는 것에 대한 거부와 자기이해관계 또는 계급적 이해관계가 성공적 혁명에서 주요한 동기 부여적 요인이라는 주장과 같은 가장 특징적인 것들을 보전하면서 말이다. 과정상의 편익이라는 해결책이 극복해야만 하는 어려움들을 설명함에 있어, 그리고 맑스 자신이 자신의 혁명 시나리오에서 과정상의 편익이라는 개념에 중요한 기능을 할당하지 않고 있다는 점을 강조함에 있어, 나의 목적은 더 적당한 맑스주의 입장에 중요한 과제들을 더 분명하게 확인하는 데 도움을 주는 것이다. 이 과제들이 성공적으로 이행될 때까지, 효과적인 혁명적 동기 부여는 법률적 원칙들(혹은 강제)에 의존할 필요가 없다는 맑스의 주장은 적절하게 지지를 받지 못할 것이다.

3) 다음의 사실이 주장될 수 있다. 즉 어떤 도덕적 원칙들이 지니는 특징적인 기능은 사회조직의 다른 문제들뿐만 아니라 공공재 문제들에 하나의 해결책을 제공한다는 점이다. 이 기능의 탓으로 돌릴지도 모르는 도덕적 원칙들 중에는 다양한 유형의 일반화 원칙이 있다. 이것은 약속을 지킬 의무를 부과하는 원칙들, 그리고 우리에게 정의로운 또는 인간적인 혹은 자유로운 사회제도들의 확립을 도울 것을 요구하는 원칙들이 있다.[21] 이 생각은 그러한 원칙의 고수가 개인들이 개인적 또는 집단적 효용을 극대화하려고 행동하였다면, 그 누구라도 다가오지 않는 그 경우들에 협력을 가져다준다는 것이다. 당면한 경우에, 인도적인humane 제도들을 확립하는 것을 도울 의무를 부과하는 어떤 원칙을 고수하는 것은 프롤레타리아를 위해 필요한 이 기능에 기여할 것이라는 점이 주장될 수 있을 것이다.[22]

우리가 맑스 자신이 도덕적 원칙들에 그러한 기능을 수용할 수 있었는지라는 질문을 잠시 동안 제쳐둔다면, 프롤레타리아의 공공재 문제에 대한 이 해결책이 강제적 해결책보다 더 타당해 보이는 하나의 이유가 있다. 내가 앞서 논의했듯이, 자본가계급과는 달리 프롤레타리아계급은 선행하는 기존의 강제적인 장치에 대해 통제를 행사하지 못한다. 그러므로 프롤레타리아의 경우에 강제적인 해결책은 공공재 문제를 단지 더 깊은 수준으로 밀어낼 뿐이다. 그럴 경우 그 문제는 납득이 가는 강제적 장치를 만드는 데 필요한 협력을 달성하는 문제가 되어버린다. 이런 이유로 도덕적 원칙 해결책은 고려해 볼 가치가 있다.

공공재 문제에 하나의 맑스주의적 대응으로 도덕적 원칙들에 호소할 때, 당면하는 직접적인 어려움은 당연히 그 문제가 프롤레타리아의 동기가 자기이익이거나 계급적 이해관계라는 맑스의 근본적인 주장을 거부해야 한다는 점이다. 하지만 우리가 논의를 더 진전시키기 전에 맑스의 이론이 도덕적 요소들을 포함하는지, 아니면 "엄격하게 과학적"인 것인지에 대한 계속 되풀이되는 논의에서 종종 무시된 하나의 차이를 만드는 것이 중요하다. 우리는 두 가지 질문들을 구별해야만 한다. (a) 도덕적 개념은 맑스의 자본주의 분석과 그의 역사 일반에 대한 분석에서 중요한 역할을 하고 있는가? (b) 도덕적 개념은 프롤레타리아의 혁명적 동기 부여에 대한 맑스의 이론에서 중요한 역할을 하고 있는가? 4장에서 나는 후자의 문제에 대한 부정적인 대답의 증거가 있다는 점을 언급했다. 즉 맑스는 대중을 봉기하도록 하기 위해 도덕적 훈계에 의존하는 사회주의자들을 되풀이하여 조롱하고 있으며 공산주의자들은 그 어떤 도덕도 설교하지 않는다고 주장하고 있다. 전자의 문제에 대한 대답은 훨씬 더 의심스럽다. 나는 다음의 사실을 논의했다. 즉 맑스의 자본주의 분석이 단지 내적 비판들에서 정의와 권리의 개념들을 사용하고 있다는 점, 그리고 이것들이 그의 근본적인 비판이 아니라는 점을 말이다. 그러나 자본주의가 착취적이라는 점, 자본주의는 하나의 공동체적인 존재로서 인간을 자연으로부터 소외시킨다는 점, 자본주의가 비인간적인 제도이며, 왜곡된 노예제도형태라는 맑스의 비난들은 도덕적 혹은 적어도 규범적인 개념들에 의존한다. – 그 개념들이 정의 개념이든 아니면 그렇지 않든 간에 – 맑스의 자본주의 분석이 도덕적 개념들을 사용하고 있다는 점을 인정하면서 프롤레타리아 혁명에 대한 그의 설명에서 도덕적 원칙들에 동기 부여적인 역할을 부정하는 맑스를 보존하기를 원하는 한결같은 맑스주의자에게 어떤 해결책이 도움이 된단 말인가? 그러한 입장은 다음과 같은 사실을 주장할 것이다. 즉 자본주의에 대한 도덕적 비난과 프롤레타리아의 자기이익 모두가 그 체제의 전복을 지시하고 있지만, 도덕적 원칙에의 호소는 쓸모없을 것이라고 말이다. 왜냐하면, 자기이익으로도 충분할 것이기 때문이다. 어떤 사람의 자기이익 – 사실상 어떤 사람의 생존 – 이 혁명적 행동을 지시하는 곳에서, 어떤 사람이 도덕적으로 봉기해야만 한다는 훈계는 쓸데없는 메아리인 것이다. 맑스의 자본주의 분석이 도덕적 개념들을 사용하고 있다는 주장과 혁명적 동기에 대한 그의 설명이 그러한 개념들에 그 어떤 중요한 역할을 할당하지 않고 있다는 주장을 조화시키려고 하는 이러한 방식은 공공재 문제를 다루지 않은 채 남겨두고 있다. 그것은 단지 다음의 사실을 가정하고 있다. 즉 그 자신의 이해관계나 아니면 그의 계급의 이해관계에 대한 인식이 효과적인 혁명적 행동을 만들어 낼 것이라는 점이다. 맑스는 도덕과 이익이 한목소리로서 말하는 것처럼 보이는 곳에서조차도 도덕이 여전히 배제할 수 없는 기능을 가질 수 있다는 가능성을 간과하였던 것처럼 보인다.

공공재 반대를 논박하고자 하는 맑스주의자들에게 두 가지 주요한 전략이 있다는 점이 앞에서 언급되었다. 첫 번째 전략은 그 문제가 존재한다는 점을 인정하고, 강제, 과정상의 편익, 아니면 도덕적 원칙에 호소함으로써 그 문제를 해결하려 하는 것이다. 나는 이 해결책 가운데 어떤 해결책도 혁명적 동기 부여에 대한 맑스의 이론에서 중요한 역할을 행하지 못했다는 점을 논의했다.[23] 게다가 과정상의 편익 해결책이라는 점을 있을 수 있는 예외로 한다면, 맑스로서는 자기 이론의 중요한 요소들을 거부하지 않고서는 공공재 문제에 대한 이러한 해결책들을 받아들일 수 없다는 점을 나는 논의했다. 맑스주의자에게 소용이 될 수 있는 두 번째 주요한 전략은 어떤 공공재 문제도 프롤레타리아에게 존재하지 않는다는 점을 보여주려고 하는 것이다. 이것이 우리가 이제 검토해야만 하는 바로 두 번째 유형의 대답이다.

VII

두 번째 전략에 대한 세 가지 해석만이 고려할 가치가 있는 것 같다. 그 첫 번째는 맑스의 유물론에 대한 특정한 해석에 호소하는 것이다. 두 번째는 프롤레타리아의 궁핍화라는 교의에 한 극단적 해석에 호소하는 것이다. 그리고 세 번째는 합리성 개념에 대한 맑스의 역사주의적historicist 비판에 호소하는 것이다.[24]

가장 간단한 형태인 첫 번째 해석은 다음과 같다. 즉 프롤레타리아가 공공재 문제에 직면하는 반대는 오해에 기반을 두고 있다. 그 오해는 혁명적 운동이 개별적인 프롤레타리아 측에서 숙고와 계산을 통해 나온다는 것이다. 그러나 맑스의 견해 ― 올바른 견해 ― 는 혁명적 투쟁에서 개인의 참여는 단지 사회의 물질적 토대에서의 변화에 대한 하나의 대응이라는 점이다.[25] 개인적 결정을 강조하는 것은 역사를 형성하는 물질적 힘들을 무시하고 있다 ― 그것은 관념론에 추파를 던지는 것이다. 이익에 관한 개인의 추론이 존재한다고 할지라도, 그것은 단지 하나의 반향reflection, 즉 부수적으로 덮어 씌워진 것에 불과하다. 즉 역사의 추동력은 한 사회의 생산양식의 변형에 있다.

일관된 맑스주의자는 이 대답을 수용하기를 주저한다. 왜냐하면, 그것은 맑스 유물론에 대한 아주 애매모호한 해석에 의존하기 때문이다. 사회가 물질적 생활수단을 생산하는 그 과정이 가지는 결정적인 중요성을 강조하는 것이 개인들이 숙고하고, 계산하며, 그리고 그들의 이익이나 그들 집단의 이익에 따라 행동하는 것을 부정하는 것은 아니다. 맑스는 개인이 자신의 필요나 이익을 인지함으로써 개인의 행위가 이것들을 의도적으로 표출한다는 사실을 결코 부정하지 않았다. 오히려 맑스의 테제는, 개인이 가진 필요와 이익은 그리고 이것들에 대한 개인의 인식은 사회구조에서 차지하는 그의 위상에 의해 조건 지어진다는 점, 그리고 물질적 생산과정들이 그 구조의 토대라는 점이다.[26] 그렇다면 맑스 유물론은 프롤레타리아의 필요와 이익을 그의 행동과 연관시키는 이론에 대체물이 아니다. 그것은 그러한 이익과 필요가 어떻게 발생하게 되고, 프롤레타리아가 어떻게 이데올로기적인 겉치레cosmetics의 혜택 없이 이익과 필요가 존재하는 대로 그 필요와 이익을 이해하게 되는지에 대한 하나의 설명이다. 더 중요하게는 내가 여기서 이 점을 논의하지는 않겠지만 유물론에 대한 이러한 해석은 어떤 해석이 가장 강력한 텍스트의 지지를 받는지와는 상관없이 부수 현상적인 해석보다 훨씬 더 타당해 보인다. 아마도 공공재 문제에 대한 유물론적 응답의 가장 매력적이지 않은 특징은 프롤레타리아가 혁명가가 되어야 할 이유에 관한 질문을 사람들이 이해할 수 없게끔 만든다는 점이다.

프롤레타리아에게 공공재 문제가 존재하지 않는다고 주장하는 두 번째 논쟁방식은 앞에서 언급한 조건 (iv)가 충족된다는 점을 부정하는 것이다. 맑스주의자는 다음과 같이 주장할 수 있을 것이다. 즉 프롤레타리아의 상황은 자본주의 밑에서 계속적으로 생활해야 하는 부담이 너무 커서 노동자가 비용으로서 그의 혁명적 노력을 더 이상 계산하지 않는 그 시점에 도달할 때까지, 나빠진다고 말이다. 하지만 공공재 문제를 피하기 위한 이 전략은 지나친 대가를 치르게 된다. 이 전략은 프롤레타리아트의 가속화되는 빈곤화라는 맑스의 예언에 대한 가장 극단적인 해석에 의존하며, 그리고 그 예언은 지금까지 잘못된 것으로 판명되었다.

프롤레타리아에게 공공재 문제가 존재하지 않는다는 점을 보여주고자 하는 보다 타당해 보이는 세 번째 시도는 다음과 같이 묘사될 수 있다. 맑스에 따르면, 합리성에 대한 개념을 포함하여 우리의 가장 기본적인 개념들은 역사적으로 결정된 사회적 생산물이다. 개인적 또는 집단적 효용극대화로서의 합리성이라는 개념은 **부르주아적 합리성** 개념이다. 공공재 반대는 부르주아 합리성을 합리성 그 자체와 동일시하는 오류를 범하고 있다. 그리하여 부르주아 합리성이 혁명적 행동을 좌절시킨다고 할지라도, 합리성(그 자체)이 프롤레타리아가 혁명에 참여하는 것을 저지할 것을 요구한다는 결론이 도출되지는 않는다.

이 응답이 적절하지 않을 여러 가지 이유들이 있다. 첫째, 공공재 반대가 가지는 중요한 힘은 개인적 또는 집단적 효용극대화가 "합리성"이라는 존칭honorific title에 부합하는지에 의존하는 게 아니다. 그걸 당신이 좋을 대로 뭐라고 부르든, 그 문제는 그러한 극대화가 희망했던 협력을 가져다줄지를 보여주거나, 혹은 그렇지 않다면 효과적인 혁명적 동기 부여에 대한 어떤 대안적인 설명을 제공해 주는 것이다.

둘째, 프롤레타리아의 혁명적 행동이 프롤레타리아의 이익에 의해 동기가 부여된다는 맑스의 주장을 봉기에 있어서 프롤레타리아는 그들의 개인적 또는 계급적 이해관계들을 극대화하려고 한다는 주장으로서 해석하는 것이 가장 타당해 보인다. 사람들이 전자의 주장을 어떻게 다르게 해석할 것인지를 상상하는 것은 어렵다.[27]

셋째, 역사주의적 응답은 그 자체에 반대하는 방향으로 돌려질 수 있다. 개인적 또는 집단적 효용극대화로서 합리성 개념은 역사적으로 조건 지어진 합리성 개념이며 부르주아 생산양식과 맞아떨어지는 합리성 개념이라고 가정하자. 역사주의적 응답에서 명백하게 되지 않았지만 더 진전된 주장, 즉 사회주의 생산양식에 고유한 다른 합리성 개념이 있다고 또한 가정해 보자. 각각의 주장들의 각각은 지지를 필요로 한다. 내가 믿기에 그 지지는 맑스의 저술이나 후기 맑스주의자들의 저술에서 찾을 수 없다. 그러나 그 문제는 제쳐두기로 하자. 대신에 합리성에 관한 이 주장들을 인정하고서 우리는 다음을 질문한다. 프롤레타리아의 동기에 대한 정확한 맑스주의 설명은 무엇인가?

역사주의적 응답이 효과적이고자 한다면, 그것은 두 가지 테제들을 확립해야만 한다. (i) 프롤레타리아는 부르주아적 합리성 개념이 아니라 사회주의적 합리성 개념에 따라 합리적이라는 것이다. 그리고 (ii) 공공재 문제는 사회주의적인 의미에서 합리적인 개인들에게는 발생하지 않는다는 것이다.

물론 후자의 테제는 일관성이 있는 사회주의 합리성 개념이 밝혀질 때 비로소 확립될 수 있다. 게다가 그러한 합리성 개념이 포함할 수 있는 중요한 제한들이 있다. 만약에 합리성에 대한 호소가 혁명적 동기 부여에서 도덕적 원칙을 위한 중요한 역할을 거부하고 있는 맑스와 양립할 수 있다면 말이다. 특히 사회주의적인 합리성 개념은 그러한 종류의 원칙 – 예를 들어, 정의원칙 – 을 포함할 수 없다. 맑스는 그러한 종류의 원칙을 도덕적 사회주의자들을 공격할 때 경멸했다.

사회주의적 합리성 개념의 내용이 어떤 것으로 판명되든지 간에, 프롤레타리아의 혁명적 활동에 대한 하나의 설명으로서 그 개념에 대한 호소는 맑스에게 부당한 것으로 보인다. 다음의 사실을 기억하자. 맑스에게 부르주아적 합리성 개념은 맑스 자신이 강조했듯이 단지 부르주아 사이에서가 아니라 자본주의에 **전반에 걸쳐서** 지배적인 합리성 개념일 것이라는 점을. "각 시대의 지배적인 이념은 그 시대의 지배계급의 이념이었다."[28] 그렇다면 독특한 사회주의적 합리성 개념은 혁명적 투쟁과정에서 대두하는 개념이어야만 할 것이다. 즉 혁명적 협력과정은 프롤레타리아를 부르주아적 의미에서의 합리적인 인간에서 사회주의적 의미에서의 합리적인 인간으로 변형시킨다. 그러나 프롤레타리아의 투쟁에서 대두하는 새로운 형태의 합리성은 개인들이 그 투쟁에 어떻게 참여하게 되었는지를 설명할 수 없다.

새로운 사회주의 형태의 합리적 협력이 자본주의 공장 내에서 나타나며, 그리고 이 현상은 개인들이 어떻게 혁명적 과정에 참여하게 되는지를 설명한다고 응답할 수 있다. 『자본』에서 인용한 다음의 구절은 이러한 견해에 근거가 약한 지지로서 언급될 수 있다.

> (자본주의 공장에서) 노동자가 다른 사람들과 체계적으로 협력할 때, 그는 그의 개성이라는 족쇄를 벗어버리고 종species으로서의 능력을 발전시킨다. … (노동계급)은 자본주의 생산양식이라는 바로 그 메커니즘에 의해 훈육되고, 결합되며, 그리고 조직된다.[29]

이 응답에는 두 가지 직접적인 문제가 있다. 첫째, 자본주의 공장 내에서 나타나는 새로운 형태의 합리성에 대한 관념은 자본주의에서 공장노동이 일자리를 위해 경쟁하는 가운데 노동자가 노동자에 등을 돌리고, 인간을 그의 공동체적 본성으로부터 소외시키며, 그의 육체를 힘들게 하고, 그의 정신을 황폐화한다는 맑스의 반복적인 비난들과 어떻게든 일치되어야 한다.[30] 이것은 하찮은 과제가 아닐 것이다. 둘째, 공공재 문제를 풀 수 있는 새로운 형태의 합리적 협력이 자본주의 공장에서 나타날 것이라고 말하는 것으로는 충분하지 않다. 이 테제를 지지하기 위해서는 경험적 조사가 필요하다. 맑스는 어디에서도 그러한 조사를 하지 않고 있다.

보다 최근의 연구자들은 성공적인 노동조합 활동이 공장이라는 맥락 내에서 나타나는 그 과정들을 연구했다. 그러한 연구의 결실들을 활용하고자 하는 맑스주의자는 조심스럽게 그렇게 해야만 한다. 강제와 도덕적 동기 부여에 의존하는 것을 맑스가 거부하고 있다는 점을 인정하면, 노동조합들이 공공재 문제들을 어떻게 극복하는지에 대한 보다 분명하고 공통적인 설명들 가운데 몇 가지는 맑스주의자에 의해 채택될 수 없다. 예를 들어, 노동조합원들만을 고용하는 사업장closed shop에서 노동자를 강제하는 것에, 혹은 "공정한 임금"fair wage이나 혹은 정의로운 사회질서를 요구하는 데 동기를 부여하는 힘에 근본적인 역할을 할당하는 설명들은 맑스주의자들에게 쓸모가 없다. 나의 요점은 새로운 형태의 합리적 협력 ― 강제나 도덕적 원칙들에 의존하지 않는 형태 ― 이 자본주의 공장에서 일어날 수 있다는 말이 아니다. 나는 그러한 설명이 공공재 문제에 대한 하나의 적절한 응답으로 이용되고자 한다면, 그 설명은 경험적 연구에 의해 만들어지고 확인되어야만 한다는 점을 역설할 뿐이다.

VIII

앞에서 말한 분석은 프롤레타리아의 동기 부여에 대한 맑스의 이해관계이론을 지지하는 사람들이 설명하기에는 어렵지만 또한 무시하기에도 어려운 두 가지 현상들을 설명하는 데 도움을 줄 수 있다. 그 두 가지 현상이란 프롤레타리아 구성원에 반대해 혁명가가 폭력을 사용하는 것과 정의와 권리에 관해 맑스가 "한물간 언어적 쓰레기"로 불렀던 것에 혁명가가 의존하는 것이다. 프롤레타리아의 구성원에게 폭력을 사용하는 것은 후진 국가들의 미발전된 계급의식에 기인하는 하나의 예외라고 일반적으로 교묘하게 둘러대어 모면한다. 그러나 내가 논의했듯이 프롤레타리아에게 공공재 문제가 존재한다면, 헌신적인 엘리트가 프롤레타리아를 강제하는 것이 전체 프롤레타리아가 그 자신의 이익이 그 체제의 전복을 지시한다는 것을 확신하고 있는 곳에서조차도 필요하게 될 수 있다. 게다가 정의나 인간의 권리 개념들이 맑스의 가차 없는 과학적 분석을 이겨낼 수 없는 혼란스럽고, 더 이상 쓸모가 없는 관념들이라고 믿는 맑스주의자는 이러한 타당해 보이는 개념에 대한 호소가 혁명의 성공을 위해 필요하다는 가능성을 고려해야만 한다. 그렇다면 헌신적인 혁명가는 도덕적 원칙에 관한 두 가지 모순적인 견해들 ― 그 하나는 비전적인esoteric 것이며, 또 다른 하나는 대중적인exoteric 것 ― 을 유지한다는 전망에 직면할 것이다.

도덕적 원칙의 중요한 역할을 인정함으로써 혁명적 동기 부여에 대한 맑스의 이론을 회복시키려고 하는 맑스주의자는 스스로 아주 힘든 과제를 맡은 셈이다. 그는 어떤 적절한 도덕적 원칙이나 일련의 도덕적 원칙들을 만들어야만 한다. 하지만 가장 광범위하게 인정된 도덕적 원칙조차도 보다 심각한 공공재 문제들을 풀 수 없다는 사실을 믿을 이유가 있다.[31] 예를 들어, 다른 사람들도 노력할 것이라는 점을 보장한다고 가정할 경우, 우리로 하여금 정의롭거나 인간적이거나 혹은 자유로운 사회질서를 확립하는 데 도울 것을 요구하는 원칙을 고려해 보라. 한편으로, 그것을 타당해 보이게 만드는 것은 이 원칙의 보장규정이다. 그러나 동일한 규정은 강제에 의지하지 않고 공공재 문제들을 해결하는 데 있어서 그 원칙을 비효율적으로 만든다. 롤스는 정의로운 제도들을 확립하고 지지하는 것을 돕는 의무는 강제적 장치가 다른 사람들도 보답할 것이라는 점을 보장하는 곳에서만 적용된다고 기술함으로써 이것을 인식하고 있다.[32] 다른 한편으로, 보장규정이 삭제된다면, 그 결과로 나타나는 원칙은 강제에 호소하지 않고 공공재 문제를 해결하기에 충분히 강할 것이지만 그 원칙의 바로 그 강력함이 그 해결을 타당하지 않게 만들 것이다. 만약 다른 사람들이 보답할 것이라는 합당한 보장을 사람들이 가진다면, 사람들은 정의롭거나 인간적이거나 혹은 자유로운 제도들을 확립하는 것을 도와야만 한다고 말하는 것이 하나의 일이 된다. 다른 사람들이 무엇을 하든지 그리고 자신의 파멸이 어떤 결과를 초래하든지에 상관없이 사람이 그러한 제도들을 확립하는 것을 도와야만 한다고 요구하는 것은 아주 다른 문제이다. 내가 여기에서 이 점을 논의할 수는 없다. 그러나 나는 어떠한 맑스주의자가 그럴듯하게 제시할 수 있는 도덕적 원칙들 가운데 전부는 아니지만 많은 것은 프롤레타리아의 공공재 문제를 해결하기에는 너무 약하거나 아니면 독립적인 그럴듯함을 누리기에는 너무 강한 것이 아닌가 하는 의심이 든다. 하여튼 도덕적 원칙들을 언급하는 맑스주의자는 그 원칙들이 그 문제를 해결할 수 있으며 그 원칙들은 프롤레타리아가 합당하게 그 자신을 맡길 수 있는 원칙이라는 점을 보여주어야만 한다.

하지만 수정된 맑스주의적 설명이 극복하여야 하는 다른 심각한 장애물이 아직 존재한다. 프롤레타리아가 그럴듯하게 받아들이고 조정이라는 문제를 해결하는 도덕적 원칙들이 있다는 점을 보여주는 것만으로는 충분하지 않다. 수정된 맑스주의의 설명은 또한 자본가들이 유사한 해결책을 얻을 수 없다는 점을 보여주어야만 한다.

혁명적 동기 부여에 대한 맑스의 설명에 관해 내가 제기했던 어려움들은 여기에서 결정적 반대로서 나타나지 않는다. 하지만 이 반대들은 많은 사람들이 맑스 사회사상의 강력한 요소 중 하나로 간주했던 것에 심각하게 도전한다. 즉 법률적 개념에 의한 동기 부여를 생략한 합리적인 자기이익 동기 부여 이론을 제공했다는 맑스의 주장에 대해서 말이다. 더욱 중요하게는 이 장의 고찰들이 더 적절한 맑스주의 이론을 위한 과제를 더 분명하게 확인하는 데 도움을 주었기를 바란다. 다음 장에서 맑스 사상을 평가하는 시각이 뒤바뀐다. 즉 나는 내가 가장 포괄적이고 타당한 현대의 정의론이라고 생각하는 것에 대한 맑스주의적 반대들을 밝히고 평가함으로써 법률적 이론에 대한 맑스의 비판이 가지는 힘을 평가하고자 한다.[33]

6장
맑스와 롤스

I

거의 십 년 동안 존 롤스의 책,『정의론』(1971)은 숨 막힐 정도의 격리를 너무 자주 겪어 왔던 여러 분야의 학문 구성원 사이에서 대화를 풍요롭게 이끌어 왔다. 롤스가 검토하는 사회 정의라는 논쟁에 공통적으로 관심을 가지면서 철학자, 정치학자, 경제학자, 사회학자 그리고 법률가는 이를 이례적으로 깊게 그리고 엄밀하게 지속적으로 탐구하고 있다.『정의론』이후 롤스의 출판물은 더 많은 논의를 자극할 것 같다.

어떤 저술가는『정의론』이 일종의 철학적 로르샤흐 검사로 쓰일 것이라고 시사했다. 그리고 사실 롤스의 풍부하면서 때로는 애매한 책에 대한 반응은 롤스의 견해보다는 비판 그 자체에 대하여 더 많은 것을 종종 드러낸다.[1] 비록『정의론』이 좌파로부터 날카롭게 비판을 받았지만, 그 반론은 부분적으로는 적어도 롤스나 맑스, 혹은 양자 모두에 대한 오해에서 비롯된 것으로 종종 보이곤 한다. 이전의 장들에서 제시된 분석은 정의에 대한 맑스의 견해를 이해하는 보다 적절한 틀을 제공해준다. 이 장에서 두 이론을 더 명료하게 하기 위해 롤스의 복잡한 견해를 우선 요약하고자 한다. 그런 연후에 내가 보기에 롤스의 견해에 대한 맑스주의적 반론 가운데 가장 중요하고 영향력이 큰 것을 명확히 하고 평가하겠다. 끝으로 근본적인 의견의 불일치를 축소하지 않고, 롤스의 이론이 가진 힘과 깊이를 고양하는 어떤 맑스주의의 중심적 요소를 그의 이론이 동화시키고 있다는 사실을 보여주고자 한다. 여기서 고려된 롤스에 대한 반론은, 그것이 사회 이론에 대한 맑스의 독특한 기여라는 관점에서부터 제기되었고 제기될 수 있었던 비판이라는 것을 지적하기 위하여 "맑스주의적"이라고 불린다. 내가 여기서 고려하고 있는 반론을 제기한 비판가 중에서 그 누구도 맑스주의자 혹은 맑스주의적 사회 이론가라거나 스스로를 그렇게 지칭할 것이라고 가정해서는 안 된다. 나의 출발점으로 롤스 관련 문헌에서 실제로 제기된 비판을 사용하는 이유는 두 가지이다. 첫째, 이 비판은 맑스와 롤스를 이해하고 평가하는 데 이제까지와 마찬가지로 앞으로도 지속적으로 영향력을 가지게 될 반론이다. 둘째, 그 주제에 대해 현재 가용할 수 있는 가장 중요한 저서들 가운데 적어도 몇몇을 명백하게 고려하지 않고서는 두 이론을 맞추어 보려고 하는 것은 책임 있는 일이 아닐 것이다.

나는 내가 처음에 맑스 연구에 착수하였던 것과 똑같은 이유에서 맑스와 연관되는 한 권의 책에서 나타나는 롤스의 작업에 이렇게 많은 주의를 기울이기로 하였다. 말하자면, 나는 맑스를 사회 이론의 역사에서 위대한 인물일 뿐만 아니라 현대의 사상에 기여할 바가 많은 사상가로 간주한다. 이러한 이유에서 정의에 대한 맑스 사상을 적절히 평가하기 위해서는 정의에 대한 가장 유효한 이론이라고 내가 믿는 바와 비교하여 그의 사상을 평가하여야 한다고 나는 생각한다. 그래서 이 장에서는 법적인 이론화에 대한 비판가로서 맑스를 평가하려는 나의 노력의 주요한 하나의 요소를 제시하며, 마지막 장에서는 다른 요소를 제시할 것이다. 나의 분석이 철저할 수는 없다. 그러나 나의 분석이 정의와 권리라는 문제에 관여하는 맑스주의 사상가와 비맑스주의 사상가 사이에 보다 유익한 의견 교환을 위한 길을 마련해주기를 나는 바란다.

II

1. 『정의론』에서 롤스의 목표

롤스의 『정의론』은 두 가지 기본적 목표가 있다. 하나는 개개의 사안에 대해 우리가 내리는 서로 다른 숙고된 도덕적 판단의 기초가 되며 그 판단을 설명하는 일반적인 정의 원칙 몇 가지를 명료하게 하는 것이다. 롤스는 개별적인 행동, 법률, 정책, 제도적 관행 등에 관해 우리가 만들었고 만들 수도 있는 무한정으로 많은 일련의 도덕적 평가들을 우리의 도덕적 판단으로 생각한다. 숙고된 도덕적 판단*considered* moral judgments은 우리가 순간의 열정이 아니라 반성적으로reflectively 내리는 도덕적 판단이다. 그것은 불편부당성과 일관성을 가져다주는 여건에서 우리가 내리거나 내리게 되는 도덕적 평가이다. 인종차별이 정의롭지 않다는 판단은 우리가 정의와 관련하여 가장 기본적으로 굳건하게 지니고 있는 숙고된 도덕적 판단의 한 실례이다. 보다 개별적으로 숙고된 도덕적 판단의 한 예는 스미스 씨라는 어떤 고용주가 존스 씨라는 어떤 지원자를 단지 흑인이라는 이유로 고용을 거부하는 것은 정의롭지 않다는 판단과 같은 것이다.

롤스의 두 기본 목표 중에서 두 번째는 사회 정의 이론으로서 공리주의를 능가하는 이론을 전개하는 것이다. 공리주의에는 몇 가지 해석이 있다. 롤스는 두 가지에 주목한다. 고전적 공리주의와 평균적 공리주의이다. 고전적 공리주의는 사회제도가 집합적인 효용을 극대화할 때만 정의롭다는 견해로 정의될 수 있다. "효용"은 행복이나 만족으로 혹은 개인의 선택에 의해 드러나는 개인의 선호로 정의된다. 일련의 제도적 배열arrangements이 산출하는 집합적 효용은, 이들 배열의 영향을 받는 각 개인에게 그 배열들이 산출하는 효용을 합산함으로써 산정된다.

사회 정의 이론의 하나로서 **평균**적 공리주의는 사회제도가 일인당 평균 효용을 극대화할 때에만 그 제도가 정의롭다는 견해로 정의될 수 있다. 여기서 "효용"은 고전적 공리주의에서처럼 행복이나 만족으로 혹은 선택에 의해 드러나는 선호로 정의된다. 주어진 일련의 제도적 배열이 산출하는 집합적 효용을 제도적 배열에 영향을 받는 사람들의 수로 나누면, 일인당 평균 효용이 산정된다. 그렇다면 롤스의 두 번째 기본 목표는 그가 개진하는 정의 원칙들이 고전적 공리주의와 평균적 공리주의보다 우월하다는 사실을 보여주는 것이다.

롤스에게 이 두 가지 기본 목표는 밀접하게 연관되어 있다. 왜냐하면 롤스가 자신의 원칙을 정당화하는 것을 검토할 때 우리가 보다 명확하게 알게 되듯이, 그는 자신의 원칙이 사회 정의에 대한 우리의 숙고된 도덕적 판단을 더 잘 설명한다는 것을 밝힘으로써 그의 견해가 공리주의를 능가함을 보여주고자 하기 때문이다. 바꾸어 말하면, 사회 정의에 대한 우리의 숙고된 도덕적 판단에 근거가 되는 것은 공리주의보다는 자신의 정의 원칙이라는 것을 롤스가 밝혀줄 수 있다면, 이것이 롤스의 견해를 선호하고 공리주의를 반대하게 되는 논지가 될 것이다.

2. 정의의 일의적primary 주제

롤스는 다음과 같이 기술한다.

> 많은 다른 종류의 것들이 정의롭고 정의롭지 않다고 한다 : 법, 제도, 그리고 사회체제뿐만 아니라 결정, 판단, 그리고 비난을 포함하는 많은 종류의 개별적인 행동에 대하여 그렇게 말한다. 또한 우리는 사람의 태도와 기질, 그리고 사람 그 자신이 정의롭거나 정의롭지 않다고 말한다.[2]

그래서 정의에 대한 많은 다른 주제가 있다 ― 즉, "정의롭다(정의에 맞다)"just와 "정의롭지 않다(정의에 어긋난다)"unjust라는 용어가 적용될 수 있는 많은 종류의 것들이 있다. 다양한 정의의 주제에 상응하여 정의에 대한 다양한 문제가 있다. 롤스는 그가 정의에 대한 일의적인primary 주제라고 보는 것, 즉 그가 사회의 기본 구조basic structure라고 부르는 것에 초점을 둔다. 어떠한 사회의 기본 구조는 주요한 사회적, 정치적, 법적 그리고 경제적 제도의 전체 조합을 의미한다. 우리 사회의 주요한 제도의 몇 가지 예로서 그는 헌법, 생산수단의 사적 소유, 경쟁적인 시장, 그리고 일부일처제 가족 등을 열거한다. 사회의 기본 구조는 사회 구성원들의 사회적 협업에서 나온 부담과 혜택을 분배하는 기능을 담당한다. 사회적 협업에서 나오는 혜택(편익)benefit에는 부와 소득, 음식과 숙소, 권위와 권력, 권리와 자유가 포함된다. 사회적 협업에서 나오는 부담burden에는, 예를 들어 납세의 의무를 포함하는 다양한 책임, 의무duty 그리고 책무obligation가 포함된다.

롤스에 따르면 정의의 일의적인 주제는 사회적 기본 구조인데, 그것이 개인의 생활 전망에 심대한 영향을 미치기 때문이다.

여기에서 직관적인 생각은 이 구조에는 다양한 사회적 지위가 있다는 점과 각각 다른 지위로 태어난 사람들은 경제적, 사회적 여건만큼이나 정치적 체제에 의해 부분적으로 결정되는, 인생에 대한 각기 다른 기대를 가지고 있다는 점이다. 이렇게 하여 사회제도는 다른 출발점보다도 어떤 특정한 출발점에 호의를 보이지만, 사회제도는 삶에 대하여 인간이 가지는 시초의 기회에 영향을 미친다. 그러나 불평등은 공적merit과 응분desert이라는 개념에 호소함으로써 정당화될 수 없다. 사회 정의의 원칙이 우선 처음 적용되어야 하는 것은 어느 사회의 기본 구조에서 불가피하다고 가정되는 이러한 불평등이다. 그렇다면 이 원칙들은 특정한 정치적 헌법과 경제적·사회적 체제의 주요한 요소를 선택하는 것을 규제한다.[3]

여기서 롤스의 논점은 하나의 예를 들어 설명될 수 있다. 우리 사회의 기본 구조에서 연유하는 어떤 차별적인 양상으로 인해 일반적으로 흑인과 멕시코계 미국인이 백인 남성보다 낮은 인생의 전망을 가진다. 집단으로서 그들의 평생 소득이 더 낮고, 교육적·사회적 기회가 열등하고, 의료 서비스에의 접근이 제한적이라는 의미에서 그들 인생의 전망은 일반적으로 더 낮다. 기본 구조가 명백하게 인생의 전망에 영향을 주는 다른 예로서 교육받지 못한 부모의 아이들은 – 인종이나 성에 관계없이 – 고등교육을 마칠 전망이 더 낮다는 사실을 생각해 보라.

3. 정의의 일의적인 문제

사회의 기본 구조가 개인에게 미치는 영향은 출생에서 나타나며 살아가면서 지속되기 때문에 정의의 일의적인 주제는 기본 구조이다. 그러면 정의의 일의적인 문제는 정의로운 기본 구조가 만족시켜야 하는 일련의 원칙을 만들고 정당화하는 것이다. 사회 정의에 대한 이들 원칙은 기본 구조가 롤스가 말하는 일의적 선들primary goods을 얻을 전망을 어떻게 분배하게 되는지를 명시할 것이다. 일의적 선에는 소득과 부만큼이나 기본적 권리와 자유, 권력, 권위, 그리고 기회가 포함된다. 『정의론』에서 일의적 선들은 아래의 것이라고 말한다.

… 모든 합리적인 사람이 원하는 것으로 간주되는 것들. 이 선들은 사람의 어떠한 합리적인 인생계획에도 통상적으로 사용

된다.[4]

일의적 선들은 (a) 목표를 추구하는 데 최대한으로 융통성이
있는 수단(혹은 조건)으로 혹은 (b) 목적을 비판적으로 그리고
지식을 가지고 선택하고 계획하는 조건으로 이해된다.[5] 목표가
무엇이든 상관없이 그 목표를 달성하는 데 일반적으로 부가 유
익하다는 점에서 가장 광범한 의미에서 부는 최대한으로 융통
성이 있는 수단이다. 자의적인 구속으로부터의 자유는 목표를
효과적으로 추구하는 조건이다. 언론과 정보의 자유는 지식을
가지고 식별력이 있는 방식으로 목표를 선택하고 달성하고자
계획하려면 필요하다. 정의로운 기본 구조란 일의적 선들을 얻
을 전망을 적절하게 분배하는 구조일 것이다.

우리 사회의 기본 구조에 관한 사실들에 적용되면, 정의 원
칙들은 두 가지를 해야 한다. 첫째, 특정한 제도나 제도적 관행
의 정의와 부정의에 대한 구체적인 판단을 제시해야 한다. 둘째,
기본 구조에서의 부정의를 시정하기 위하여 정책과 법을 펼치
는 데 우리에게 지침이 되어야 한다.

4. 정의의 일의적인 문제에 대한 해결책으로서 롤스의 두 원칙들

롤스는 정의로운 기본 구조로 여겨질 수 있는 것을 구체화
하는 문제에 대한 해결책으로 다음의 두 가지 원칙을 제안하고
옹호한다.

제1원칙 :

각자는 모든 사람의 유사한 자유 체계와 양립할 수 있는 평등한 기본적 자유의 가장 광범위한 전체 체계에 대해 평등한 권리를 가져야 한다.[6]

제2원칙 :

사회적·경제적 불평등은
(a) 최소 수혜자에게 최대의 혜택이 되도록 그리고
(b) 공정한 기회평등이라는 조건 아래 모든 사람에게 개방된 직무와 지위에 결부되도록 배열되어야 한다.[7]

롤스는 첫 번째 원칙을 최대한의 평등한 자유의 원칙the Principle of Greatest Equal Liberty이라고 부른다. 두 번째 원칙에는 두 부분이 있다. 첫 번째 부분은 차등 원칙Difference Principle이다. 사회적·경제적 불평등은 최소 수혜자들에게 최대의 혜택이 되도록 배열되어야 한다고 이 원칙은 명시한다. 두 번째 부분은 공정한 기회평등의 원칙the Principle of Fair Equality of Opportunity이다. 사회적·경제적 불평등은 공정한 기회평등이라는 조건 아래 모든 사람에게 개방된 직무와 지위에 결부되도록 배열되어야 한다고 명시한다. 우리가 롤스 이론에 대한 맑스주의자의 반론을 평가하기를 원한다면, 그 전에 아주 일반적인 이 원칙들 각각을 주의 깊게 해석해야 한다.

5. 최대한의 평등한 자유의 원칙

롤스의 정의의 첫 번째 원칙은 '최대한의 평등한 자유의 원칙'이다. 이것은 다음의 기본적인 자유들을 포함한다.

a) 정치과정에 참여할 자유(투표권, 공직에 입후보할 권리 등)
b) 언론의 자유(출판의 자유를 포함하여)
c) 양심의 자유(종교적 자유를 포함하여)
d) 인격의 자유(법의 지배라는 개념에 의해 정의된 대로)
e) 자의적인 구속과 압수로부터의 자유, 그리고
f) 개인적 재산을 가질 권리.[8]

각자는 a)에서부터 f)에 이르기까지 열거된 자유로 이루어진 가장 광범한 전체 체계에 대하여 평등한 권리를 가져야 하며, 각자는 같은 전체 체계에 대해 평등한 권리를 가지는 다른 모든 사람과 양립할 수 있어야 한다고 이 원칙은 명시하고 있다.

6. 차등 원칙

사회적·경제적 불평등은 최소 수혜자에게 최대의 혜택이 되도록 배열되어야 한다고 차등 원칙은 명시한다. 이 원칙을 이해하려면, "사회적·경제적 불평등"과 "최소 수혜자"라는 두 가지 핵심적인 문구의 의미를 밝혀야 한다.

나중에 이유가 보다 명백하게 밝혀지겠지만, 롤스의 첫 번째 원칙과 차등 원칙은 일의적 선들의 전체 집합 중에서 두 가지 다른 부분 집합을 분배하는 것으로 간주되어야 한다. 첫 번째 원칙은 일의적 선들이라는 전체 집합 중에서 하나의 부분 집합, 말하자면 위에 열거된 기본적 자유를 분배한다. 차등 원칙은 다른 부분 집합을 분배하고 있다. 이에는 부, 소득, 권력, 그리고 권위라는 일의적 선들이 포함된다. 그래서 차등 원칙에서 "사회적·경제적 불평등"이라는 문구는 부, 소득, 권력, 그리고 권위라는 일의적 선들을 얻게 되는 사람들의 전망에서의 불평등을 지칭한다.[9]

차등 원칙에서 두 번째 중요한 문구도 일의적 선들 중에서 이와 같은 부분 집합을 지칭하는 것으로 해석되어야 한다. 최소 수혜자들은 부, 소득, 권력, 그리고 권위 등의 일의적 선들을 얻을 전망에서 가장 불리한 사람들이다. 달리 표현하면, "최소 수혜자들"이라는 문구는 이 선들을 얻을 가능성이 가장 낮은 사람들을 지칭한다.

이제 우리는 차등 원칙을 이해할 수 있게 되었다. 차등 원칙은 부, 소득, 권력, 그리고 권위라는 일의적 선들을 얻을 전망에서 나타나는 어떤 불평등도 이 선들에 관하여 가장 불리한 사람들에게 최대한으로 혜택이 주어지도록 해야만 하는 방식으로 기본 구조가 배열되어야 한다고 요구한다.

기본 구조라는 제도가 어떻게 최소 수혜자를 유리하게 하는 불평등을 만들어낼 수 있는지를 하나의 예를 통해 알 수 있을 것이다. 어떤 산업에서 대규모의 자본 투자를 해야만 고용을 증대시키고 새로운 재화와 서비스를 생산할 수 있다고 가정해 보자. 고용을 증대시키고 새로운 재화와 서비스를 생산함으로써 그러한 자본 투자가 사회에서 최소 수혜자에 속하는 구성원들에게 궁극적으로 커다란 혜택이 된다고 가정해 보자. 그러한 자본 투자가 될 수 있다면, 특히 현재 고용되지 않은 사람들을 고용하고 이미 고용된 사람들의 임금을 인상시킴으로써 최소 수혜자들이 소득을 얻을 전망을 크게 증대시킨다고 가정해 보자. 그러나 개인들은 기업이 성공하여도 그 기업으로부터 큰 이윤을 얻을 기회가 없다면, 그 개인들은 대규모로 자본 투자에서 오는 위험을 감수하려고 하지 않을 것이라고 가정해 보자. 그러한 경우에 자본 투자에 대한 절세tax advantage와 이윤에 대한 낮은 과세를 제시하면, 투자할 동기가 생길 것이다. 최소 수혜자의 전망을 최대한으로 하는 데 그러한 세법이 필요하다면, 차등 원칙은 그러한 세법을 요구할 것이다. 이 경우에 성공한 투자자는 사회의 다른 사람들보다 부와 권력이라는 일의적 선에서 더 많은 몫을 누리게 될 것이다. 그러나 일의적 선에 대한 전망에서 이러한 불평등이 최소 수혜자의 기대를 최대화하기 위하여 필요하다는 것이 인정된다면, 그 불평등은 차등 원칙에 따르면 정당화될 것이다. 만약 다른 제도적 배열이 최소 수혜자의 전망을 더 크게 증대시킨다면, 차등 원칙에 준하여 그 배열은 더 정의롭다. 최열위最劣位 처지에 놓인 사람들the worst off의 전망을 최대화하는 것으로 간주될 수 있는 기본 구조에서의 어떤 불평등에 관한 보다 근본적 예로서 대통령의 특별한 권력에 관한 미국 헌법의 조항들을 고려해 보자. 차등 원칙에 따르면, 이 조항들이 가져다주는 권력에서의 불평등은 이 조항들이 최열위 처지에 놓인 사람의 전망을 최대화하여야만 정당화된다.

위에서 기술한 형태로 롤스가 차등 원칙을 처음 소개하지만, 그는 그것을 **대표적인 최열위자**representative worst-off man라는 개념을 사용하여 곧바로 다시 기술하게 된다. 롤스는 대표적인 최열위자가 어떻게 정의되어야 하는지에 대해 자세히 설명하지는 않는다. 대신에 그는 두 개의 다른 정의를 개략적으로 설명하고 "〔그 정의들 중에서〕 어느 하나 혹은 그것들을 어떻게 조합해도 아주 쓸모가 있을 것"이라고 시사한다.[10] 첫 번째 정의에 따르면, 우리는 미숙련 노동자 같은 어떤 특정한 사회적 지위를 먼저 선택하여 최열위자는 미숙련 노동자의 평균소득이나 그 이하의 소득을 가진 사람으로 정의한다. 그렇다면 대표적인 최열위자의 전망은 "이 계급 전체의 평균"으로 정의된다. 롤스가 제시하는 다른 정의는 최열위자들을 중간median 소득의 반보다 소득이 적은 모든 사람으로 기술하며, 이 계급의 평균 전망을 대표적인 최열위자의 전망으로 정의한다.

차등 원칙을 이렇게 복잡하게 기술하는 것은 롤스에게는 사소한 일이 아니다. 이것은 롤스가 강조하는 절차적인 정의의 한 예이다. 롤스는 여러 가지 다양한 절차적 정의를 구별하고 있다. 그러나 우리의 목적에 중요한 사실은 절차적 정의가 '대표적인 최열위자' 같은 제도적 배열과 관념을 이용한다는 점이다. 제도적 배열과 관념을 이용함으로써 실제의 개별적인 사람들에게 초점을 맞추지 않고 정의 원칙을 적용할 수 있게 된다. 롤스에 의하면, 절차적 정의의 커다란 이점은 다음과 같다. "정의가 요청하는 바를 충족시키는 데 있어서 수많은 다양한 상황과 개별적인 사람들의 변동하는 상대적인 지위들에 대해 계속 파악하려고 할 필요가 없다는 것이다. 만약 그러한 자세한 것들이 연관이 있다면, 발생하게 될 아주 많은 복잡한 것을 다루기 위해 원칙을 규정하는 문제를 사람들은 피하게 된다."[11]

7. 공정한 기회평등의 원칙

공정한 기회평등의 원칙은 비슷한 기술, 능력 그리고 동기 부여를 가진 사람들이 평등한 기회를 가지는 것을 보장하기 위해 형식적인 기회평등을 넘어설 것을 요구한다. 다시 한 가지 예가 도움이 될 것이다. A와 B라는 두 개인이 기술적인 훈련을 요구하는 어떤 지위를 갖기를 원한다고 가정해 보자. 게다가 두 사람은 관련되는 기술과 동기 부여에서는 평등하지만, B의 가정은 부유하여 B의 훈련비를 기꺼이 댈 수 있는 반면에 A의 가정은 극히 가난하여 훈련비를 지불할 수 없다고 가정해 보자. 롤스의 공정한 기회평등 원칙은 A가 저소득 계급에 태어났다고 해서 비슷한 기술과 동기를 가진 다른 사람에게는 유용한 기회가 박탈되지 않도록 하기 위해 A에게 재정적 지원을 하는 제도적인 배열을 요구하게 될 것이다.[12]

8. 정의의 우선성

정의의 두 번째 원칙은 두 개의 다른 원칙들 – 차등 원칙과 공정한 기회평등 원칙 ― 을 포함하고 있으므로 모두 합쳐 세 가지 정의 원칙이 있다.[13] 세 가지 원칙을 개진한 다음 롤스는 이 세 가지 원칙에 순서를 부여하는 두 가지의 우선성 규칙priority rule 을 제시한다. 정의의 한 원칙을 충족하려는 노력이 다른 원칙을 충족하려는 노력과 갈등을 일으킬 수 있기 때문에 우선성의 규칙이 필요하다. 첫 번째 우선성 규칙은 정의의 제1원칙, 즉 최대한의 평등한 자유의 원칙은 전체로서 두 번째 원칙에 사전적辭典的으로 우선한다lexically prior는 것을 명시하는데, 두 번째 원칙에는 차등 원칙과 공정한 기회평등 원칙이 있다. 하나의 원칙이 다른 원칙에 사전적으로 우선한다는 것은, 두 번째 원칙이 요구하는 바를 충족시키기 전에 첫 번째 원칙이 요구하는 바를 우선 충족해야만 한다는 것이다. 그래서 롤스의 첫 번째 우선성 규칙은 사회 정의의 첫 번째 우선성이 최대한의 평등한 자유에 있다는 점을 명시한다. 최대한의 평등한 자유가 보장된 후에만 차등 원칙과 공정한 기회평등 원칙에서 요구되는 것을 달성하는 노력을 자유롭게 할 수 있다.

두 번째 우선성 규칙은 정의의 두 번째 원칙에 있는 두 부분 사이의 우선성 관계를 명시하고 있다. 이 규칙에 따르면, 공정한 기회평등 원칙은 차등 원칙에 사전적으로 우선한다. 차등 원칙이 요구하는 바를 충족시키기 전에 공정한 기회평등 원칙이 요구하는 바를 충족시켜야 한다는 것이다.

첫 번째 사전적 우선성의 규칙으로 표현되는 자유의 우선성은 롤스의 이론에서 가장 두드러진 양상 가운데 하나이다. 첫 번째 사전적 우선성 규칙은, 기본적 자유는 모든 사람에게, 혹은 최소 수혜자에게조차 보다 많은 물질적 혜택을 주기 위하여 제한될 수 없다는 점을 천명한다. 조건이 자유를 효과적으로 행사하게끔 허용하는 곳에서는 각자에 대하여 모든 것을 고려하여 모든 이들에게 보다 많은 자유를 위해 자유는 제한될 수 있다. 환언하면, 어떤 기본적 자유는 제한될 수 있지만, 우리 각자에게 보다 광범한 자유의 전체 체계를 달성하기 위해서만 제한될 수 있다는 것이다. 예를 들면, 언론의 자유가 제한되지 않아서 표현의 자유가 편향적인 심판을 가져오게 되는 상황에서 공정한 심판을 받을 권리를 확보하는 것이 필요하다면, 언론의 자유는 어느 정도 제한될 수 있다. 기본적 자유들 사이의 교환은 허용되지만, 모든 것을 고려하여 결과로서 전체 체계가 더 많은 기본적 자유를 가져다주는 경우에만 그 교환은 허용된다. 부와 같은 다른 일의적 선과 기본적 자유를 거래하는 것은 허용되지 않는다.

9. 정의 원칙에 대한 롤스의 정당화

롤스는 자신의 정의 원칙을 세 가지 다른 유형으로 정당화한다. 두 가지는 숙고된 도덕적 판단에 호소하는 것에, 세 번째는 롤스가 말하는 그의 이론에 대한 칸트적인 해석이라고 부르는 것에 근거를 둔다.

첫 번째 유형의 정당화는 어떤 원칙이 무엇이 정의롭다거나 정의롭지 않다는 것에 대한 우리의 숙고된 도덕적 판단을 설명한다면, 이것은 그 원칙을 수용하는 좋은 이유가 된다는 명제에 근거한다. 어떤 원칙이 어떤 행동이나 제도의 정의 혹은 부정의에 대한 우리의 숙고된 도덕적 판단을 설명한다고 말하는 것은 적어도 다음과 같은 점을 말하는 것이다. 즉, 그 원칙이 인정되고 행동과 제도에 대하여 관련되는 사실이 인정된다면, 논의되고 있는 숙고된 도덕적 판단을 표현하는 진술을 도출하는 것이 가능하다는 점 말이다. 두 번째 유형의 정당화에 따르면, 우리의 숙고된 도덕적 판단에 따라 정의 원칙을 선택하는 적절한 조건하에서 어떤 원칙이 선택된다면, 이것은 원칙을 받아들일 좋은 이유가 된다. 그렇다면 어떤 원칙이 정의롭거나 정의롭지 않은 것에 대한 우리의 숙고된 도덕적 판단을 설명하거나, 우리의 숙고된 도덕적 판단에 비추어 볼 때 정의 원칙을 선택하기에 적절한 조건에서 선택된다면, 그 원칙이 우리의 숙고된 도덕적 판단에 부합한다고 말하기로 하자.

첫 번째의 두 유형의 정당화 모두가 숙고된 판단에 호소하지만, 두 가지 유형은 무엇에 대한 숙고된 도덕적 판단인가에 따라 구별될 수 있다. 첫 번째 부합정당화는 정의롭거나 정의롭지 않은 것에 대한 우리의 도덕적 판단에 호소하는 것이며, 롤스의 원칙이 이 판단을 설명한다고 주장한다. 이것을 **원칙부합 정당화** principles matching justification라고 부르기로 하자. 두 번째 부합 정당화는 우리의 숙고된 도덕적 판단에 호소하는데, 정의롭거나 정의롭지 않은 것이 아니라 어떤 **조건들**이 정의 원칙을 선택하는 데 적절한가에 대한 것이다. 두 번째 유형의 정당화를 조건부합 논증conditions matching argument이라고 부르자.

롤스는 한편으로 숙고된 판단과 다른 편으로 원칙이나 원칙을 선택하는 조건 사이의 상호 조정과정이라는 목표를 지칭하기 위하여 "반성적 평형"reflective equilibrium이라는 용어를 사용한다. 원초적 입장에서 선택되는 원칙과 개별적인 사안에 대한 우리의 숙고된 판단들 사이에 불일치가 있다면, 그 판단들에 더욱 잘 부합하는 원칙을 만들어 내기 위해 우리는 조건을 조정할 수 있다. 그러나 다른 방향으로도 수정할 수 있다. 즉 원칙에 대한 숙고와 원칙이 선택되는 조건의 타당함이 개별적인 사안에 대한 우리의 판단 가운데 어떤 것을 수정하도록 할 수 있다. 아래의 문구에서 롤스는 내가 첫 번째의 두 유형의 정당화라고 부르는 것이 함께 작동하는 모습을 마음속에 그리고 있다.

> 뒤로 물러서거나 앞으로 나아가서, 어떤 때에는 계약 여건의 조건을 바꾸고 다른 때에는 우리의 판단들을 철회하고 그 판단들을 원칙에 맞춤으로써, 시초의 상황에 대한 어떤 서술을 마침내 찾게 될 것이라고 나는 가정한다. 이러한 서술은 합리적인 조건을 표현하고 적절하게 간결하게 되고 조정된 우리의 숙고된 도덕적 판단에 일치하는 원칙을 만들어 낼 것이다. 이러한 상황을 나는 반성적 평형이라고 지칭한다.[14]

조건부합 논증에는 세 단계가 있다. 첫째, 정의 원칙을 선택하는 일련의 조건이 명료화되어야 한다. 롤스는 그가 명료하게 하는 일련의 선택 조건을 "원초적 입장"original position이라 부른 다. 둘째, 명료화된 조건은 우리의 숙고된 판단에 일치하여 적절 한 선택 조건이라는 것을 보여주어야 한다. 셋째, 롤스의 원칙이 이 조건에서 선택될 것이라는 점이 입증되어야 한다.

롤스는 『정의론』 1장에서 조건부합 정당화를 서술한다.

> 어떤 정의 원칙이 〔원초적 입장〕에서 동의될 것이기 때문에 그 원칙은 정당화된다고 우리는 말할 것이다. 나는 이 원초적 입 장이 순수하게 가설적이라는 점을 강조했다. 만약 이 동의가 결코 실제로 이루어지지 않았다면, 우리가, 도덕적이든 다른 것 이든, 이들 원칙에 왜 관심을 가져야 하는지를 묻는 것은 당연 하다. 원초적 입장에 구체화된 조건은 〔정의 원칙의 선택에 적절 한 조건으로〕 우리가 사실상 받아들이는 조건이라는 것이 그 답이다.[15]

롤스는 원초적 입장을 구성하는 조건이 우리의 숙고된 판 단에 따라 받아들이는 조건이라는 주장을 한 후에 다음의 경 고caveat를 즉각 제시한다. 그런데 이 경고는 세 번째 유형의 정 당화가 된다.

> 우리가 〔원초적 입장의 조건을 받아들이지〕 않는다면, 아마도 철학적 성찰에 의해 받아들이도록 설득당할 수 있을 것이다.[16]

그의 책 "칸트적인 해석"이라는 절에서 롤스는 원초적 입장을 구성하는 조건에 대한 어떤 종류의 철학적 정당화를 지지한다. 이 정당화는 자율적인 행위자, 즉 "본체적 자아"noumenal self라는 칸트의 관념에 근거한다. 칸트에게 자율적인 행위자는 그의 의지가 개별적인 욕망보다는 합리적인 원칙에 의해 결정되는 행위자이다. 그리고 행위자가 어떠한 개별적인 욕망을 가졌느냐에 따라 단순히 이 행위자나 저 행위자를 위한 것이 아니라, 모든 사람을 위한 원칙으로 쓰일 수 있다는 것이 합리적인 원칙의 특징이다.

내가 제안하는 바는 우리가 원초적 입장을 본체적인 자아가 세상을 보는 시각으로 생각하자는 것이다. 본체적 자아로서〔원초적 입장이라는 시각에서 선택하는〕당사자들은 그들이 원하는 어떤 원칙이든 선택할 완전한 자유가 있다. 그러나 그들이 선택하는 바로 이 자유와 더불어 가지적intelligible 영역의 합리적이며 평등한 구성원으로서, 즉 세상을 이러한 방식으로 보고 사회 구성원으로서 그들의 인생에서 이러한 시각을 표현하는 존재로서 그들의 자율적인 본성을 표현하려는 욕망을 그들은 또한 가지고 있다. … 원초적 입장에 대한 서술은 본체적 자아라는 관점, 즉 자유롭고 평등한 합리적 존재가 되는 것이 의미하는 바를 기술한다. 그러한 존재로서 우리의 본성은 이 본성이 선택을 결정하는 조건에 반영될 때 우리가 선택하게 되는 원칙에서 행동할 때 드러난다. 그래서 인간은 그들이 원초적 입장에서 인정하는 방식으로 행동함으로써 그들의 자유를, 즉 자연과 사회의 우연성으로부터의 그들의 독립성을 드러낸다. 그럴 경우 적절히 이해된다면, 정의롭게 행동하려는〔말하자면, 원초적 입장에서 선택되는 원칙에서 행동하려는〕욕망은 우리가 무엇인 바, 혹은 우리가 될 수 있는 바, 즉 선택할 자유를 가진 자유롭고 평등한 합리적인 존재를 가장 완전하게 표현하려는 욕망에서 부분적으로 도출된다.[17]

이 문구는 "칸트적 해석"의 나머지와 마찬가지로 지나치게 압축적이며 복잡하지만 우리의 목적을 위해 하나의 중심적인 명제가 도출될 수 있다. 당신과 나와 같은 사람들이, 원초적 입장에서 선택될 것으로 우리가 인정하는 원칙을 받아들인다면, 우리는 우리의 본성을 본체적 자아로 표현하는 것, 즉 자율적으로 행동하는 것이다.[18] 이 명제를 지탱하는 두 가지 주요한 근거가 있다. 그 근거는 원초적 입장의 두 가지 양상에 부합한다. 첫째, 곧 논의되지만 무지의 장막veil of ignorance은 개별적인 욕망에 대한 정보를 배제하기 때문에 그 원칙을 수용하는 것은 행위자가 가질 수 있거나 가지지 않을 수 있는 개별적인 욕망에 의존하지 않는다. 둘째, 원칙의 선택에 대한 형식적 제약formal constraints에는 원칙들이 보편화될 수 있어야 한다는 요구가 있기 때문에 선택된 원칙은 칸트의 의미로 합리적인 원칙일 것이다.

『도덕 형이상학의 기초』에서 임마누엘 칸트는 자율성을 합리성과 일치시키는 도덕 철학을 제시한다.[19] 그래서 칸트에게

"왜 자율적으로 행동해야만 하는가?"라는 문제에 대한 대답은 궁극적으로 합리성이 자율적으로 행동하는 것을 요구한다는 명제로 환원된다. 만약 롤스가 원초적 입장에서 선택되는 원칙을 우리가 수용할 때 우리가 자율적으로 행동한다는 사실을 입증할 수 있고, 그리고 만약 칸트식으로 자율성을 합리성과 일치시킬 수 있다면, 그 결과는 원칙부합 정당화와 조건부합 논증과는 다르게 롤스의 원칙을 정당화하는 것이다.

롤스의 두 가지 부합 정당화가 이끌어낸 비판적인 반응을 인정한다면, 세 번째, 즉 독립적인 유형의 정당화를 전개하는 것은 지극히 중요하다. 부합 논증을 거부했던 이들은 다음의 두 가지 이유 가운데 하나를 들어서 거부했다. 어떤 이들은 롤스의 원칙이나 그의 선택조건이 다른 사람들 자신의 숙고된 도덕적 판단들에 부합하지 못한다는 주장을 들어 다른 사람들의 숙고된 판단들 사이에 상당한 합의가 있다는 롤스의 가정을 거부하였다. 다른 이들은 비록 사람들의 숙고된 도덕적 판단 사이에 합의가 광범하게 존재한다고 하더라도, 합의가 존재한다는 사실 자체가 정당화하는 힘을 갖고 있지 않다고 말했다. 만약 롤스의 칸트적인 해석이 그럴듯한 칸트적인 정당화로 전개될 수 있다면, 숙고된 판단들로부터 나오는 두 유형의 논증들에 대한 반론이 이론적으로 옳다고 드러나더라도, 그 반론이 롤스의 이론에 치명적인 것으로 증명되지는 않을 것이다.

우리는 II절에서 원칙부합 정당화를 이미 다루었다. 거기에서 롤스의 기본적인 목표 가운데 하나가 공리주의보다 더 나은 정의이론을 제시하는 것임이 지적되었다. 그의 이론이 공리주의(그리고 그가 고려하는 다른 이론들)보다 월등히 나은 한 가지 중요한 점이 있는데 그것은 그의 이론이 정의에 대한 **가장 기본적인 숙고된 판단들**을 더 잘 설명한다는 데 있다. 롤스에 따르면, 그의 원칙은 이 판단들에 체계적인 기초를 제시한다. 또한 그는 이 원칙들이 이제까지 우리가 접하지 못했던 새로운 사안으로 우리의 숙고된 판단들을 확장하는 데 있어서 더 나은 지침을 제공한다고 주장한다.

그의 정의 원칙들을 당면한 사실들에 적용하면 정의롭거나 정의롭지 않은 것에 대한 우리의 숙고된 도덕적 판단을 간단한 방식으로 내려주기 때문에, 경합하는 다른 원칙들보다 자신의 원칙들이 월등히 낫다고 롤스는 주장한다. 그는 그의 원칙이 사회제도의 정의에 대한 숙고된 판단들을 더 간단하게, 그리고 더 그럴듯하게 설명하기 때문에 선호될 수 있다고 결론을 내린다.

원칙부합 정당화를 롤스가 이용하는 두드러진 예의 하나는 자신의 원칙이 공리주의적 원칙보다 **자유**에 대한 우리의 숙고된 판단을 더 잘 설명한다는 그의 논증이다. 롤스는 기본적 자유의 분배에 있어서 사람들을 차별하는 기본 구조가 정의롭지 못한 기본 구조라는 신념이 가장 기본적으로 숙고된 우리의 도덕적 판단의 하나라는 점을 시사한다. 롤스는 공리주의적 원칙으로부터 이 기본적인 도덕적 판단을 도출하고 해당 신념에 대한 공리주의적 기초를 부여하는 것이 가능할 수 있다는 점을 인정한다. 그렇지만 롤스는 자유에 대한 이러한 기본적인 숙고된 판단을 도출하기 위해서는 몇 가지 의심스러운 경험적 가정을 해야만 하는데 거기에는 각자가 다양한 기본적 자유를 향유하는데 대체로 동일한 능력이 있다는 가정이 포함된다고 주장한다. 왜냐하면, 심리학적인 사실의 문제로서 기본적 자유에서 각자가 대체로 평등하게 만족하지 않는다면, 기본적 자유의 평등한 분배보다 불평등한 분배에서 보다 많은 효용을 얻을 수 있기 때문이다. 달리 표현하면, 자유의 향유에 대한 평등한 능력이라는 경험적인 가정이 거짓으로 드러난다면, 공리주의는 기본적 자유를 불평등하게 분배하기를 요구할 것이다. 자유를 향유하는데 더 낮은 능력을 가졌다고 여겨지는 사람들의 자유는, 제한되는 것이 더 큰 집합적 혹은 평균적 효용을 가져다준다면, 제한될 것이다. 더 일반적으로 말하면, 롤스는 공리주의가 어떠한 의심스러운 어려운 가정에 의존하지 않는 한, 집합적이거나 평균적인 효용을 최대화하기 위해 어떤 개인들을 체계적으로 불리하게 하는 제도적 배열들을 허용하기 쉽다는 이유를 들어서 공리주의를 반대한다.

이와는 대조적으로 최대한의 평등한 자유의 원칙은 기본적 자유의 분배에 있어서 기본 구조가 사람들을 구분하지 않아야 한다는 우리의 숙고된 도덕적 판단에 대해 간단하고 확실한 기초를 제공한다. 더군다나 롤스의 원칙들은 모두 함께 고려해 보면, 제도적 배열들은 집합적이거나 평균적인 효용을 위하여 어떤 개인들에게 불리하지 않게 되도록 보장되어 있다. 그래서 자신의 정의론은 사회 정의에 대한 우리의 가장 기본적인 숙고된 판단을 가장 간단하게 그리고 가장 그럴듯하게 설명하고 있다고 롤스는 결론 내린다. 즉 더 적게 그리고 덜 의심스러운 경험적 가정에 의존하면서도 우리의 숙고된 판단들을 설명한다는 것이다.

롤스의 조건부합 정당화에서 가장 독특한 양상은 정치적 조직에서 수용할 수 있는 원칙들은 사회 구성원 사이에 상호 구속하는 계약의 산물로 간주될 수 있다는 전통적인 관념을 이용하고 있다는 점이다. 그리하여 원초적인 입장을 함께 구성하는 조건들은 적절하게 묘사된 당사자the parties들이 서로 계약을 맺는 조건들로 간주된다.

사회의 기본 구조에 대한 정의 원칙들은 자신들의 이익을 증진하는 데 관심을 가진 자유롭고 합리적인 사람들이 그들의 연합체의 근본적인 조건을 규정하는 것으로 평등한 시초의 입장에서 받아들이게 되는 원칙들이다. 이 원칙들은 앞으로의 모든 동의를 규제하게 된다. 요컨대, 그것들은 맺을 수 있는 사회적 협조의 종류와 확립될 수 있는 정부의 형태를 명확히 규정한다. 나는 정의 원칙들을 보는 이 방식을 공정으로서의 정의 justice as fairness라고 부를 것이다.[20]

사회계약이라는 개념은 몇 가지 이점이 있다. 첫째, 그것은 우리로 하여금 정의 원칙들을 합리적인 집단 선택의 산물로 간주하게 한다. 둘째, 계약적 의무라는 개념은 이 집단 선택에 참여하는 사람들은 그들이 선택하는 원칙에 '기본 언질'basic commit-ment을 하게 되며, 이 원칙에 대한 순응은 정당하게 강제될 수 있음을 강조한다. 셋째, 상호 이익에 대한 '자발적 동의'voluntary agreement로서의 계약이라는 개념은 정의 원칙이, "덜 좋은 상황에 놓여 있는 사람들을 포함하여" 사회에서 "모든 사람의 자발적인 협조를 이끌어 내도록" 해야 한다는 점을 시사한다.[21]

가설적 사회계약이라는 생각을 이용하기 위해서는 두 가지 일을 해야 한다. 첫째, 동의가 이루어지게 되는 가설적 상황은 명확한 일련의 원칙에 대하여 동의를 하게 하는 방식으로 조심스럽게 서술되어야 한다. 달리 표현하면, 가설적 선택 상황에 놓여 있는 합리적인 사람들이 다른 것이 아니라 일련의 이 원칙을 선택할 것이라는 결론을 도출할 수 있도록 그 상황이 기술되어야 한다.

둘째, 이 가설적 상황으로부터 추론이 실제로 이루어져야 한다. 우리는 첫 단계에서 기술된 가설적 상황에 놓여 있는 합리적인 사람들이 어느 원칙을 선택하게 될 것인지를 정확하게 결정해야만 한다. 이제 첫 번째 단계부터 시작하여 롤스의 두 단계의 논증을 좀 자세하게 검토해 보자.

롤스는 가설적인 선택 상황을 원초적 입장이라고 부른다. 이는 정의 원칙들이 유래하거나 도출되는 선택 상황이라는 것을 의미한다. 원초적 입장에는 네 가지 주요한 요소, 즉 (a) 당사자들의 합리적인 동기 부여, (b) 무지의 장막, (c) 올바름right이라는 개념의 형식적인 제약, 그리고 (d) 경합하는 정의 원칙들의 목록

이 있다. 롤스가 생각하는 가설적 선택 상황의 본질을 이해하기 위하여, 그리고 가설적 상황이 정의 원칙을 선택하는 데 있어서 적절한 조건에 대한 우리의 숙고된 판단에 부응한다고 그가 왜 생각하는지를 알기 위하여, 이제 이들 네 가지 요소 각각을 간단하게 설명해야 한다.

(a) 계약 당사자들은 자신의 인생 계획을 합리적인 방식으로 추구하도록 동기를 부여받았다. 롤스에게 인생의 계획은 일생 동안 추구되어야 하는 일관성이 있는 일련의 기본적인 목표를 의미한다. 인생의 계획이 무엇이 되든지 간에 일의적 선들은 일반적으로 유용하기 때문에 당사자 각자는 일의적 선들의 몫을 가능한 한 많이 가지려고 한다. 추구하려고 하는 가치 있는 인생 계획을 가진 독립적 행위자로서 각자는 자기 자신을 생각한다는 의미에서 당사자들은 상호 간에 무관심하다.[22]

(b) 원초적 입장의 당사자들은 롤스가 집합적으로 무지의 장막이라고 지칭하는 일련의 정보상의 제약을 받는다. 그 개념은 어떤 정보가 당사자들에게서 박탈된다는 것이다. 어느 누구도 그가 (혹은 그녀가) 부자인지 가난한지, 흑인인지 백인인지, 남성인지 여성인지, 숙련공인지 미숙련공인지, 약한지 혹은 강한지를 모른다. 당사자들에게서 이러한 정보를 박탈하는 것은 편견을 가지고 원칙을 선택하는 것을 방지하고자 하는 것이 주목적이다.

정의 원칙들은 무지의 장막 배후에서 선택된다. 이것은 어느 누구도 원칙을 선택하는 데 자연적 기회의 산물이나 사회적 여건의 우연성에 의해 유리하게 되거나 불리하게 되지 않을 것이라는 점을 보장한다. 모두가 비슷한 상황에 놓여 있고 어느 누구도 자신의 개별적인 조건에 유리하도록 원칙을 고안할 수 없기 때문에 정의 원칙들은 공정한 동의나 교섭의 결과이다. 원초적 입장이라는 여건, 즉 각자에 대한 모든 사람의 관계에 대칭성이 주어지면, 이 시초의 입장에서 도덕적 인격으로서의 개인들 사이는 공정하다. … 우리는 원초적 입장이 적절한 시초의 균형 상태이며, 그래서 거기에서 내려진 기본적인 동의는 공정하다고 말할 수 있다. 이것은 "공정으로서의 정의"라는 명칭이 적절하다는 점을 설명하고 있다. 즉, 그것은 시초의 공정한 상황에서 정의 원칙들이 합의된다는 생각을 알리는 것이다.[23]

여기서 직관적인 관념은 정의 원칙들을 선택하는 데 있어서 도덕적인 관점에서 자의적인 요소에 영향을 받아서는 안 된다는 점이다. 만약, 예를 들어, 어떤 집단의 사람들이 원초적 입장에서 다른 사람들은 가난한 데 비해 자신들은 부유하다는 사실을 안다면, 빈자에게는 불이익을 증진시키면서 부자에게는 더 큰 이익을 가져다주는 정의 원칙들을 선택할 수 있을 것이다. 마찬가지로 자신이 다수의 지배적인 인종에 속한다는 사실을 아는 사람은 어떤 소수를 불리하게 차별하는 원칙들을 선택할 수 있을 것이다.

(c) 또한 원초적 입장에서 당사자들은 특정한 형식적 제약

을 만족시키는 원칙에 대한 자신들의 선택을 제한하는 것으로 묘사된다. 당사자들이 선택하는 정의 원칙들이 적절한 역할을 하도록 하려면, 그 제약들이 충족되어야 한다는 것이 제약을 설정하는 근거이다. 롤스에 따르면, 정의 원칙들은 기본 구조가 어떻게 권리, 부, 소득, 권위, 그리고 다른 일의적 선들을 분배하는지를 정확히 정함으로써 사회적 협조의 조건을 규정하는 공적인 헌장을 제시하는 데 그 적절한 역할이 있다. 정의 원칙들이 이 목표를 달성할 수 있으려면, 원칙들은 (i) 일반적이며, (ii) 적용에서 보편적이며, (iii) 보편화할 수 있으며, (iv) 공지할 수 있으며, (v) 판결적adjudicative이며, 그리고 (vi) 최종적이어야 한다는 점을 롤스는 제시한다.

일어날 수 있는 모든 혹은 거의 모든 사회 정의의 문제들을 원칙이 망라하려고 한다면, 일반적이어야 한다. 원칙이 요구하는 바가 모든 사회 구성원에게 적용되어야 한다는 의미에서 **적용에 있어서 보편적**이어야 한다. 또한 정의 원칙은 당사자들이 이 원칙을 보편적으로 받아들이는 것을 인정할 수 있는 원칙이어야 한다는 의미에서 **보편화할 수 있어야** 한다. 만약 정의 원칙들이 우리의 행동과 정책에 지침이 되고, 개별적 사안을 정당화하는 근거로 역할을 하려면, 모든 사람에게 **공지될 수**publicizable 있으며 이해될 수 있어야 한다. 정의의 문제는 사회적 협업에 의해 생산된 혜택에 대하여 여러 다른 개인들이 갈등하는 곳에서 일어나기 때문에 갈등하는 요구들에 **순서를 정하고**ordering, 이로써 분쟁을 해결하는 방식을 제시해야 한다. 그런 의미에서 **판결적**adjudicative이어야만 한다. 마지막으로 정의 원칙들은 **최종적**final이어야 한다. 즉, 정의 원칙은 정의에 대한 분쟁에 **궁극적인**ultimate 항소법정을 제공하는 원칙이어야 한다.[24]

(d) 롤스가 기술하는 원초적 입장에는 또한 경합하는 정의의 원칙들에 대한 목록이 있는데 이 원칙들을 두고 당사자들이 선택하게 된다. 롤스에 따르면, 주요한 경합하는 원칙은 두 가지 형태의(고전적 그리고 평균적) 공리주의 그리고 롤스의 정의 원칙들이다.

(a)에서 (d)에 이르는 조건들을 나열한 것으로써 롤스의 계약론적 논증의 첫 번째 단계, 정의 원칙들의 선택을 위한 원초적 입장, 즉 가설적인 상황에 대한 기술은 끝났다. 이제 계약론적 논증의 두 번째 단계, 즉 원초적인 입장에 대한 지금까지의 기술이 인정된다면, 당사자들이 롤스의 정의 원칙들을 선택하게 될 것이라는 점을 보여주는 시도를 간략하게나마 그 윤곽을 살펴보자.

정의 원칙들을 선택하는 것이 합리적인 선택의 문제라고 파악함으로써 롤스는 현대의 결정이론가들이 제시한 기법을 이용할 수 있다. 무지의 장막이 부과한 정보의 제약을 인정하면서, 원초적 입장에서 정의 원칙을 선택한다는 문제를 결정이론가는 불확실성하에서 합리적 선택을 하는 문제라고 일컫는다.

그 생각은 당사자들은 그들이 사는 사회의 기본 구조에 적용될 수 있는 일련의 정의 원칙들을 선택하게 될 것이라는 점이다. 일련의 다른 원칙들은 자유, 부, 권위, 그리고 다른 일의적 선들에 대한 전망에서 다른 분배를 가져다줄 것이다. 당사자들은 사회에서 자신의 현재 지위를 모르기 때문에 이런저런 일련의 정의 원칙을 선택하는 것이 그들에게 개인적으로 어떻게 영향을 미칠지를 정확하게 예측할 수 없다. 당사자들은 그들의 인생 전망에 심대하게 영향을 미치는 원칙을 선택하게 되지만, 각 선택지가 가져올 결과가 불확실한 상황에서 선택하게 되는 것이다.

결정이론가들은 불확실한 상황에서 결정을 내리는 데 필요한 다양한 규칙을 제안했다. 원초적 입장의 당사자들이 적용해야 하는 적절한 결정 규칙은 '최소 극대화 규칙'maximin rule(받게 되는 최소치minimum를 극대화maximize하는 원칙)이라고 롤스는 주장한다. 최소 극대화 규칙에 따르면, 사람들은 최악의 결과 중에서 가장 최선의 결과를 가져다주는 대안을 택하게 된다. 최소 극대화 규칙은 사람들이 사실상 가장 안전한 대안을 선택하도록 하는 것이다.

정의 원칙들에 대하여 롤스가 계약론적으로 논증하는 데 있어서 그가 제시하는 결정이론적 유형은 두 단계를 밟는다. 첫째, 원초적 입장을 구성하는 조건들은 원초적 입장의 당사자들로 하여금 최소 극대화 원칙을 이용하는 것이 합리적이게끔 만든다고 롤스는 주장한다. 둘째, 그는 당사자들이 최소 극대화라는 결정 규칙을 이용하면, 목록에서 경합되는 다른 원칙들보다 자신의 정의 원칙을 택하게 될 것이라고 주장한다. 롤스에 따르면, 공정한 기회평등의 원칙과 차등 원칙을 수반하는 최대한의 평등한 자유의 원칙은 목록에 있는 어느 일련의 원칙들이 가져다줄 수 있는 최악의 결과들 중에서 최선의 결과를 보장한다.

롤스가 왜 공리주의에서 가능한 최악의 결과가 자신의 원칙에서 가능한 최악의 결과보다 더 나쁠 것이라고 생각하는지를 정확하게 이해하는 것이 중요하다. 롤스는 앞서 보았듯이 공리주의는 자유를 제한하는 것이 전체에 보다 큰 효용을 가져다준다면, 어떤 이들의 자유를 심하게 제한하는 것을 요구하거나 적어도 허용한다고 주장한다. 그래서 공리주의에서 최악의 결과는 노예가 되거나 예속 상태에 놓이거나 그렇지 않으면 적어도 다른 사람들이 가진 것보다 적은 몫의 자유를 가지는 것이다. 그래서 원초적 입장의 사람은 자신이 사회에서 최악의 집단의 구성원이 될 수도 있는 가능성을 고려하게 된다. 롤스가 주장하는 바는 보다 많은 집합적인 효용을 산출하기 위해 소수의 이익을 희생할 수 있기 때문에 공리주의에서 최열위자는 참으로 열악한 처지에 놓이게 될 수 있다는 점이다. 이에 비해, 최대한의 평등한 자유의 원칙은 사전적으로 우선하기 때문에 어떤 사람의 기본적 자유도 전반적인 효용의 최대화를 위해 희생되지 않는다는 점을 보장한다. 그렇게 함으로써 일어날 수 있는 이러한 최악의 결과가 배제된다. 더군다나 최대한의 평등한 자유의 원칙과 평등한 기회균등의 원칙의 사전적 우선성을 따르게 되어 차등 원칙은 부, 소득 그리고 권위에서의 불평등은 최소 수혜자에게 최대의 이익이 되도록 하여야 한다고 요구한다. 그리하여 원초적 입장의 당사자들은 최소한 위험부담 전략을 채택하며, 그의 원칙을 선택하고, 공리주의를 포함한 다른 관념을 거부할 것이라고 롤스는 결론 내린다.

롤스의 최소 극대화의 규칙이 가장 많은 관심을 끌었지만, 최소 극대화라는 결정 규칙에 의한 논증이 그의 정의 원칙들에 대한 계약론적 정당화를 망라한 것은 아니다. 그는 결정이론을 이용하지 않는 비형식적인 계약론적인 논증을 몇 가지 기술한다. 이들 중에는 (i) 자기 존중으로부터의 논증, (ii) 언질의 부담으로부터의 논증, 그리고 (iii) 안정으로부터의 논증이 있다. 이 요약이 가지는 제한들을 인정하면서, 우리는 비형식적인 논증이 최소 극대화라는 규칙이 가지는 논증으로부터 독립된다는 사실을 강조하기 위해 비형식적인 논증을 아주 간단하게 다음과 같이 묘사할 수 있다.

(i) 롤스는 "아마도 가장 중요한 일의적 선은 자기 존중이라는 선"이라고 강조한다. 그 이유는

자기 존중이 없이는, 어느 것도 할 만한 값어치가 없는 것처럼 보일 수 있으며, 혹은 설사 어떤 것이 우리에게 가치가 있다고 하더라도, 우리는 그것을 얻으려는 의지가 부족해질 수 있다. 모든 욕망과 활동은 공허하고 무의미하게 되며, 그리고 우리는 무관심과 냉소주의에 빠진다. 그러므로 원초적 입장의 당사자들은 어떤 희생을 치르더라도 자기 존중을 저해하는 사회적 조건을 피하려고 할 것이다.[25]

그리고 그는 자기 존중에 대한 공지성의 효과를 강조한다. 롤스는 그의 정의의 두 원칙에 따라 사회의 기본 구조가 배열된다는 것에 대한 공적인 지식은 두 가지 방식으로 개인의 자기 존중을 지지할 것이라고 주장한다. 첫째, 모든 사람의 최대한의 평등한 자유와 공정한 기회평등을 보장한다고 사회가 언질을 주는 것은 각자에 대한 무조건적인 존경을 공적으로 표현하는 것으로 보인다. 둘째, 롤스는 차등 원칙이, 모든 사람에게 이익이 되도록 사회적 선을 분배하는 것을 보장하는 한에서 **상호성**reciprocity의 원칙이라고 기술한다. 롤스는 상호성 혹은 상호 이익이라는 개념은 각자가 자신이 생각하는 선을 추구하는 것이 존중된다는 가정과 일치한다고 말한다. 그래서 부와 소득이 상호 이익이라는 원칙에 의해 규제된다는 일반적 지식은 또한 개인의 자기 존중에 대한 사회적인 지지를 가져다준다. 그래서 롤스는 가설적 계약의 당사자들은 정의에 대한 그의 관념이 "다른 원칙보다는 〔자기 존중〕에 더 지지를 보내며 그리고 〔이것이〕 그들이 그것을 채택하는 강력한 이유이다."라고 결론 내린다.[26]

(ii) 언질의 부담 논증[27]은 당사자들이 그저 만장일치의 선택이 아니라 **계약**, 즉 성실한 동의를 한다는 것을 당사자들이 아는 것이 원초적 입장의 한 가지 조건이라는 사실을 이용한다.

언질의 부담으로부터의 논증은 공정으로서의 정의에서 중요한 위치를 차지하며, 계약(동의)이라는 공정으로서의 정의 개념은 공정으로서의 정의에 본질적이다. … 일반적으로 동의될 수 있는 부류의 일들은 합리적으로 선택될 수 있는 부류의 것 내에 포함되거나 그것보다 적다. 우리는 위험을 무릅쓰려고 결정할 수 있으며, 동시에 만약 일이 나쁘게 된다면, 우리의 상황을 되돌리기 위해 할 수 있는 것을 하겠다고 아주 작정할 수 있다. 그러나 우리가 동의를 하면, 그 결과를 받아들여야 하며, 그리고 선의로 약속을 하기 위해서, 우리는 그 약속을 존중하려고 해야 할 뿐 아니라 그렇게 할 수 있다는 사실을 충분한 이유를 가지고 믿어야만 한다.[28]

그래서 당사자들은 실제로 계약을 하게 된다. 즉 그들은 그저 동의한다고 말하는 것이 아니라 구속력이 있는 동의를 하게 된다. 구속력 있는 동의를 하게 되면, 동의를 지킬 수 있을지, 즉 선택한 원칙에 완전히 순응할 수 있을지를 고려한다. 그리고 동의를 지킬 수 있을 것인지를 고려하게 되면, 인간의 동기 유발 human motivation에 대한 사실들이 그러한 순응을 가능하게 하는지를 고려해야만 한다. 나아가 동기를 유발하는 것으로 어떤 일련의 원칙에의 순응이 가능한지를 결정하는 것만으로는 충분하지 않다. 당사자들은 또한 순응의 심리적인 비용이 지나친 것인지를 결정해야 한다. 롤스는 이 심리적 비용을 '언질의 부담'strains of commitment이라고 부른다. 당사자들은 롤스의 원칙에 연관된 언질의 부담이 경합하는 원칙들에 연관된 부담보다 덜 심각하다는 결론을 내릴 것이라고 롤스는 주장한다. 다시금 공리주의의 사례가 이 계약론적 논증에 중심적인 예를 제공한다.

전반적이거나 평균적인 효용을 최대화하기 위해 어떤 개인들의 이익이 희생되어야 한다는 점을 공리주의가 요구할 수 있기 때문에 공리주의에는 정의에 대한 롤스의 관념보다 더 큰 언질의 부담이 있다.

(iii) 롤스의 세 번째 비형식적인 계약적 논증, 즉 안정으로부터의 논증은 위에서 검토한 자기 존중으로부터의 논증과 언질의 부담으로부터의 논증의 성공 여부에 적어도 부분적으로는 달려 있다. 롤스는 원초적 입장의 당사자들은 정의의 관념이 성공적으로 수행될 경우, 다른 것이 같다면, 최대한의 안정을 향유하는 사회적 질서를 가져다주는 정의 관념을 선택할 것이라고 주장한다.[29] 수행에서 지나친 언질의 부담이 생기거나 자기 존중을 저해하는 관념은 불안정하게 될 것이다. 그의 관념은 언질의 부담을 최소화하고 자기 존중을 최선으로 지지하기 때문에(혹은 그가 그렇다고 보여주었다고 믿기 때문에), 그의 관념이 경합하는 다른 관념보다 더 안정적이라는 믿음에서 선택될 것이라고 그는 결론을 짓는다.

『정의론』에서 아마도 가장 주목할 만한 점은 그 책이 개별적인 논증과 정당화 유형을 다양하게 제시하고 있다는 점이다. 그 이론을 적절하게 평가하자면, 롤스가 다양하게 옹호하는 방침의 각각을 주의 깊게 구별하고 비판적으로 평가해야 한다.

10. 정의로운 기본 구조를 위한 롤스의 모델

자신의 정의 원칙을 명료히 하고 이 원칙을 위한 논증을 하고 나서 롤스는 우리 사회의 기본 구조가 이 원칙들을 만족시키기 위해 어떻게 배열될 수 있는지에 대해 간단히 설명한다. 이 설명이 정의로운 사회에 대한 자세한 청사진을 제시하려는 것은 아니지만 두 가지 중요한 기능들을 제공하려고 한다. (1) 원칙이 실제적으로 함축하는 바를 검토함으로써 정의 원칙의 내용을 더욱 정확하게 규정하는 데 도움이 된다. (2) 우리가 롤스의 논증을 숙고된 도덕적 관점에서 평가하게 되면, 우리 사회의 기본 구조에 정의 원칙을 적용하려는 시도가 필요하다. 왜냐하면, 롤스의 원칙이 우리의 숙고된 도덕적 판단을 가장 잘 설명하는지를 알기 위해서는 두 가지 과업을 수행해야 하기 때문이다. 첫째, 정의 원칙이 우리 사회의 기본 구조에 관한 사실들에 적용되었을 때, 롤스의 원칙이 정의에 대한 어떠한 개별적인 판단을 가져다주는지를 결정하여야 한다. 둘째, 원칙들이 가져다주는 개별적인 판단들이 정의롭거나 정의롭지 않은 것에 대한 우리의 숙고된 판단과 부합하는지를 살펴보아야 한다. 롤스의 원칙들이 우리 사회에서 어떻게 충족될 수 있는지에 대한 상당히 구체적인 계획은 첫 번째 그리고 두 번째 과업을 수행하는 데에도 아주 중요하다.

정의로운 사회구조의 모형에 대한 윤곽을 제시하는 데 있어 롤스는 차등 원칙을 충족할 것이라고 자신이 생각하는 제도적 배열에 주로 집중한다. 롤스가 생각하기로는 정부의 네 개의 부문部門, 즉 (a) 할당 부문the allocation branch, (b) 안정 부문the sta-bilization, (c) 이전 부문the transfer branch, 그리고 (d) 분배 부문the distribution branch을 만듦으로써 우리 사회에서 차등 원칙이 요구하는 바가 가장 잘 충족된다.[30]

롤스는 공정한 기회평등 그리고 최대한의 평등한 자유가 인정되면, 차등 원칙은 위에서 열거한 정부의 네 개의 부문과 상응하여 아래의 양상을 보여주는 제도적 배열에 의해 충족될 것이라고 주장한다. (1) 자본과 자연 자원의 사적 소유가 있다. 자유 시장 체제는 정부의 할당 부문에 의해 유지된다. (2) 그 기능이 "합당한 완전 고용을 달성하려고 하는…" 안정 부문이 있다. (3) 정부의 이전 부문은 "병이나 고용을 위한 가족수당family allowance과 특별 지출special payments에 의하거나 혹은 보다 체계적으로는 등급화된 소득 보조graded income supplement(부의 소득세 negative income tax[저소득자에 대한 정부의 교부금])와 같은 계획에 의해 사회적 최소한〔즉, 모든 이들에게 최소한의 소득〕을 보장한다." (4) "조세와 재산권의 필요한 조정이라는 수단에 의해 분배의 몫에 있어서 근사한approximate 정의를 보전하는 것이 그 과제"인 분배 부문이 있다. 분배 부문에는 두 가지 측면이 있다. "첫째, 그것은 몇 가지의 상속세와 증여세를 부과하며, 유산bequest의 권리에 대한 제한을 정한다." 둘째, "정의가 요청하는 세수를 증대하기 위하여" 과세계획을 확립한다.[31]

그런데 정의로운 사회를 위한 이 모델에서 주목할 만한 사실은 (2)에서 언급한 "합당한" 완전 고용 조처를 가능한 예외로 삼는다면 이 모델은 가장 좁은 의미에서 순전히 분배적인 조처를 통하여 차등 원칙을 충족하려고 한다는 점이다. 말하자면,

롤스는 보다 나은 사람에게 과세하고, 그 결과를 최열위자들에게 이전함으로써 이 시점에서나 미리 알 수 있는 미래의 우리 사회에서 차등 원칙이 충족될 수 있다고 가정한다. 그래서 그는 대표적인 최열위자들이 부, 권력, 권위 등에 대해 가지는 전망은 소득 보조와 더불어 자유 시장에서 얻는 임금을 끌어올림으로써 최대화될 수 있다고 가정한다. 대체로 보아 시장이 차등 원칙을 충족하는 일의 부분을 담당할 것이며, 과세와 소득 이전이 나머지 일을 할 것이라는 생각이다. 여기서 주목해야 할 결정적인 사실은 롤스가 정의 원칙은 경쟁적인 시장의 철폐와 사회주의의 채택이 없이도 우리 사회에서 충족될 수 있다고 믿는다는 점이다. 그는 생산수단의 공적 소유로의 이전 없이 정의가 달성될 수 있다고 주장한다. 그럼에도 불구하고 어떤 상황에서는 차등 원칙의 충족은 생산수단의 공적 소유라는 의미에서 사회주의를 허용하거나 요구할 수 있다는 점을 강조한다. 우리 사회에서 어떻게 정의 원칙이 충족될 수 있는지에 대한 그의 가정과는 구별되는 것으로서 그의 정의 원칙들 자체에는 공적 소유 대 사적 소유라는 문제에 대해 이러한 의미에서는 언급이 없다. 원칙들이 특정한 사회에 대한 경험적 자료에 적용될 때에만 원칙들은 생산수단에서의 재산권이라는 문제를 결정할 수 있다.

III

롤스의 이론에서 주요한 윤곽을 살펴보았다. 그래서 우리는 이제 그의 이론에 대한 가장 심각한 맑스주의적 반론으로 보이는 점을 고려할 수 있겠다.

내가 믿기에 그 반론들은 다음과 같다.

1) 분배가 생산에 의존한다는 것을 깨닫지 못하고, 롤스는 생산을 무시하고 분배에 초점을 둔다.

2) 롤스는 사회 계급의 존재가 인간 사회의 영구적인 양상이라고 잘못 가정한다.

3) 반성적 평형이라는 롤스의 방법은 가장 기본적인 도덕적 판단조차도 계급에 상대적이라는 점을 인정하지 않는다. 만약 프롤레타리아와 부르주아가 각기 반성적 평형에 도달하는 과정을 거치고 각기 정의에 대한 시종일관한 이론을 얻는다면, 그 이론들은 다르고 참으로 양립할 수 없을 것이다. 사람이 가진 가장 굳건한 숙고된 도덕적 판단과 이 판단을 일련의 도덕적 원칙이나 도덕적 원칙을 선택하는 일련의 조건과 조화시키려는 시도는 그 사람의 계급의식에 의해 결정된다.

4) 롤스는 인간 본성에 대한 자유주의적·부르주아적 혹은 개인주의적·공리주의적 관념을 무의식적으로 (그리고 무비판적으로) 가정하고 있다. 이에 따르면 인간은 그 본성이 창조적으로 그리고 사회적으로 활동하는 존재라기보다는 단순한 "효용의 소비자"이다.

5) 선에 대한 "엷은" 혹은 "도덕적으로 중립적인" 이론에만 의존한다고 주장하면서 롤스는 사실상 인간에 대한 선의 실질적인

관념(혹은 인간의 규범적인 이상)을 채택한다. 그리하여 그는 다른 것 중에서 특히 공동체와 연대라는 맑스주의적 덕성을 두드러지게 하는 선의 관념을 자의적으로 배제한다.

6) 롤스의 가설적인 계약론적 접근법은 계급 갈등을 무시한다. 요컨대, 그것은 우리가 살고 있는 계급으로 나누어진 사회에서는 존재하지 않는 공동 이익을 가정한다. 계급 갈등을 이해한다면, 롤스의 원초적 입장에서의 어떠한 동의도 할 수 없다.

7) 롤스는 현재의 사회에서부터 롤스적인 질서가 잘 잡힌(질서 정연한) 사회로의 이행에 대한 이론을 결여하고 있다. 그래서 그의 이론은 유토피아적이다. 특히 정의감sense of justice(정의에 대한 감각)이 사회 변동을 가져다주는 동기 부여에 어떻게 효과적일 수 있는지에 대해 설명하고 있지 않다.

8) 롤스의 이론은 자유주의 이론에서 특징적인 실패에 시달리고 있다. 말하자면, 사회·경제적 불평등이 평등한 권리가 효과적으로 행사될 수 있는 데에서 불평등을 가져다준다는 문제를 적절하게 인식하지 못하며 그의 이론은 시민적·정치적 권리에 우선성을 부여하고 있다.

9) 롤스는 그가 정의에 대한 보편적 원칙이라고 생각하는 것을 제시한다. 그러나 상부구조와 토대의 관계에 대해 맑스의 분석이 보여주는 것처럼 모든 시대의 모든 사회에 '적용될 수 있는' 일련의 정의 원칙은 있을 수 없으며 하물며 모든 시대의 모든 사회에 '타당한' 일련의 정의 원칙도 있을 수 없다. 어떤 주어진 일련의 원칙은 특정한 생산 양식에서부터 비롯되며, 그 양식에

분별력 있게 적용될 수 있을 뿐이다. 그리고 다른 생산 양식은 역사의 다른 시기에 다른 사회에서 존재한다.

10) 정의가 사회 제도의 첫 번째 덕성이라는 롤스의 진술은 정의 이론에 대한 바로 그 필요성이 생산 양식에 있어서 심오하면서도 궁극적으로 제거될 수 없는 결점을 드러낸다는 사실을 그가 이해하지 못하고 있다는 점을 알려준다. 정의의 여건은 인간 조건에서 피할 수 없는 양상이라고 롤스는 가정한다. 정의의 문제는 정의의 여건의 주관적이며, 객관적인 구성요소를 제거하는 새로운 생산 양식으로의 이행을 통하여 해결될 수 없고 해체될 뿐이라는 점을 롤스는 이해하지 못한다.

1. 『롤스의 이해』*Understanding Rawls*에서 월프는 다음과 같이 그 첫 번째 반론을 진술한다.

더 넓게 보아서 … 롤스의 실패는 고전적이며 신고전적인 정치 경제학의 사회-정치적 전제와 이와 연관된 분석 방식을 무비판적으로 수용하는 데에서 자연적으로 그리고 불가피하게 생겨난다. 생산보다는 분배에 주로 초점을 둠으로써 롤스는 그 분배의 참다운 근저를 흐리게 한다. 맑스가 『고타강령비판』에서 말하듯이, "소비수단의 어떠한 분배도 생산 조건 자체의 분배의 결과일 뿐이다. 그러나 후자의 분배는 생산 양식 자체의 양상이다." 롤스는 올바른 방식으로 정의 원칙들을 추구했는가? 아니다. 그의 이론은, 아무리 잘 되었고 복잡하더라도, 결국은

순수한 분배이론이다.[32]

월프는 "순수한 분배이론"이 의미하는 바를 명료하게 하지 않는다. 『고타강령비판』의 문구를 인용하면서 "소비재"means of consumption 분배에 대한 이론을 의미한다는 것을 암시하지만 말이다. 이 비판은 틀린 것이다. 롤스의 이론은 소비재의 분배나 혹은 보다 넓게 생산과 유익하게 대비되는 어떤 의미에서의 분배와도 전적으로나 심지어 우선적으로 관계되는 것이 아니다.[33]

첫째, 롤스의 최대한의 평등한 자유의 원칙과 공정한 기회평등의 원칙은 소비재의 분배에 관한 원칙이 아니다. 전자는 평등한 시민적·정치적 권리의 배열을 명기하고 있다. 그것은 어떤 방식으로 간섭받지 않으면서 어떤 행동을 하고 어떤 과정에 참여하는 입헌적으로 보장된 자유로 이해된다. 후자는 직무와 지위로의 접근에 대한 조건을 명기하고 있다. 게다가 최대한의 평등한 자유의 원칙과 공정한 기회평등의 원칙은 차등 원칙에 사전적으로 우선한다는 사실을 기억해야만 한다. 그래서 차등 원칙이 소비재의 분배에 대한 원칙이라고 하더라도 롤스가 소비재의 분배에 주로 초점을 두었다고 말하는 것은 부정확하다. 그 이유는 그렇게 해석하는 것은 차등 원칙에 사전적으로 우선하는 정의의 두 원칙을 무시하기 때문이다.

둘째, 차등 원칙도 소비재의 분배에 관한 원칙이 아니다. 무언가를 분배한다면, 차등 원칙이 "분배하는" 것은 부와 소득만이 아니라 권력과 기회, 그리고 롤스가 자기 존중의 기초라고 부른 것도 포함하는, 사회적인 일의적 선들의 목록에 대한 삶의 전망이다. 그러나 차등 원칙이 개인이나 집단 사이에 선을 나누는 원칙이라면, 차등 원칙은 어떤 종류의 분배적인 원칙도 아니다. 오히려 어떤 사회적인 일의적 선에 대한 삶의 전망의 배열이 존재하도록 기본 구조의 제도들이 고안되어야 한다는 사실을 차등 원칙은 요구한다.

분배되는 것이 소비재에 국한되지 않는다고 하더라도, 사실상 롤스의 세 가지 기본적 원칙의 어느 것도 전적으로 분배적인 원칙이 아니다. 이들 원칙의 어느 것도 기본적인 생산 과정에서 변화를 요구할 수 있다는 단순한 이유 때문이다. 이것은 차등 원칙의 경우에 가장 분명하게 나타난다. 앞서 지적했듯이 차등 원칙의 충족은 생산수단의 사적 소유에서부터 공적 소유로의 변동을 요구할 것이라는 가능성을 롤스는 명백하게 열어두고 있다. 더군다나 어떤 배열이 대표적인 최열위자가 가질 수 있는 인생의 전망을 최대화하는지를 결정하는 데 자기 존중을 포함해야 한다는 롤스의 주장을 우리가 진지하게 받아들인다면, 그리고 많은 맑스주의자들이 주장하듯이 "의미 있는 노동"이 자기 존중의 필요 조건이라면, 차등 원칙이 생산 양식에서 변동을 요구할 수 있는 것으로 보인다.

첫 번째 맑스주의적 반론을 지지하는 월프와 다른 지지자들이 빠졌던 혼동에 대한 하나의 설명이 있다. 우리 사회의 현재 상태에 대하여 롤스가 사실적으로 평가하는 것에 근거하여 그의 원칙이 다양한 여건에서 요구하게 되는 것과 그의 원칙이 요구할 것이라고 롤스 자신이 생각하는 것을 우리는 구분해야만 한다. 내가 롤스의 이론을 요약하면서 지적했듯이, 그의 원칙이 우리 사회에 적용될 수 있는 방법에 대한 롤스의 논의는 차등 원칙을 충족하는 제도적 배열에 우선적으로 초점을 둔다. 그리고 이것은 정부의 네 부문을 만듦으로써 달성될 수 있다고 결론을 짓는다.

차등 원칙을 이행하는 이 다소 보수적인 도식에 초점을 둔다면, 몇몇 맑스주의적 비판가가 한 것처럼 롤스의 정의론은 좁은 의미의 분배, 즉 소득의 분배에 전적으로 혹은 우선적으로 관계된다는 결론을 내리게끔 유혹을 받을 것이다. 그러나 최열위자들의 소득 기대를 증대시키는 것은 차등 원칙의 범위에 포함된 다른 사회적, 일의적 선들의 전체 영역에서 그들이 가진 전망을 최대화할 것이라는 경험적으로 의심스러운 가정을 롤스가 하기 때문에, 그가 과세와 이전 계획을 이용하는 것으로 보인다는 점을 지적하는 것이 중요하다.

이 가정이 얼마나 강력한지 고려해 보자. 이 가정은 현재 그리고 미래로 이어지는 시기에 자기 존중에 대한 전망을 포함하여 최열위자들의 전반적인 전망은 조세 수입을 이용하여 그들의 임금을 보충함으로써 최대화될 수 있다는 주장을 담고 있다. 이것이 이루어질 수 있다는 점을 보여주는 어떤 경험적 증거도 롤스가 열거하지 못했다는 것은 아주 잘못된 일이지만 문제는 이 사실만이 아니다. 보다 심각한 문제는 자기 존중(그리고 권위)은 이 단순한 방식으로 소득과 연관된다는 가정에 반하는

경험적인 증거가 현재의 우리 사회에도 많이 있다는 점이다.[34]

예를 들어, 어떤 사람의 자기 존중이 자신의 일이 의미가 있거나 중요하다든가 혹은 자신의 일에는 자신의 더 높은 능력 중에서 어떤 것을 행사하는 것이 포함되어 있다는 믿음에 크게 의존한다고 가정해 보자. 이미 지적했듯이, 롤스는 자기 존중을 차등 원칙의 범위에 포함시킨다. 그래서 자기 존중이 의미 있는 일에 의존하는 한에서 차등 원칙은 의미 있는 노동에 대한 필요를 고려하는 제도적 배열을 요구할 것이다. 그러나 롤스의 단순하고 다소 보수적인 과세와 이전 계획이, 의미 있는 일에 대한 최열위자들의 전망이나, 의미 있는 일을 통한 자기 존중의 전망을 증대시킨다는 어려운 과제를 다룰 수 있게 되리라는 사실을 증거도 없이 가정하는 것은 희망사항일 뿐이다. 단순히 복지국가의 익숙한 세제와 이전 조처를 통해 소득 재분배를 함으로써 현재의 우리 사회에서 이들 문제가 해결될 수 있다고 가정하는 것은 맑스 시대에 프랑스의 사회주의자들이 범했던 것과 동일한 실수를 범하는 셈이다. 그것은 사람들의 생산적인 활동에 밀접하게 관계되는 문제가 좁은 의미에서 순전히 분배적인 조처로써 해결될 수 있다고 가정하는 것이다.

여기에서 나의 목적은 롤스에 대한 맑스주의적인 반론을 검토하는 것이지만, 지적해둘 것이 있다. 방금 제기된 반론에 대해 롤스가 응답하려고 시도하다 보니 그는 어떤 익숙한 자유지상주의적인 비판을 방어하는 것이 더욱 어렵게 되었다. 로버트 노직 같은 자유지상주의자들은 차등 원칙이 재화를 이용하고 이전하는 개인의 자유를 자주 그리고 견딜 수 없게 간섭하게 된다고 비난했다.[35] 그런데 만약 더 잘 사는 사람으로부터 소득을 긁어내어 최열위자들에게 이전함으로써 시장 메카니즘을 보완하여 차등 원칙이 충족될 수 있다면, 이러한 지유지상주의의 반론이 가진 힘은 크게 감소될 것이다. 만약 차등 원칙을 충족하는 것이 단순히 과세를 통한 소득 재분배의 문제라면, 강제 노동이나 직업 선택 자유에 대한 다른 직접적인 제한을 가할 필요가 없을 것이기 때문이다. 그리고 잘 고안된 세법은 정당한 기대에 대한 안정적이고 예상할 수 있는 틀을 제공할 것이기 때문에 자유지상주의자는 개인의 소유물을 자주 그리고 예측할 수 없게 가져간다고 두려워할 필요가 없다. 게다가 개인이나 사적 연합체가 그들의 예측할 수 있는 과세 책임을 충족하는 한, 새로운 삶의 형태나 협조적인 모험사업을 전개하는 것을 정부가 더 이상 제한할 필요가 없다. 끝으로 과세와 이전 정책은 – 생산에 직접적으로 관여할 경우와는 반대로 – 정부 권력의 암적 성장을 야기하지는 않을 것이다. 정부 권력의 암적 성장은 직접적인 통제가 요구하는 것이며 자유지상주의자들이 개인의 자유를 가장 크게 위협하는 것의 하나로 당연하게 바라보는 것이다.

나는 자유지상주의자의 반론에 대한 롤스적인 응답의 적절성에 대해서는 여기서 평가하지 않겠다. 대신에 그 응답이 자유지상주의자에 대한 확실한 답변이 되려면, 롤스는 차등 원칙의 범위를 아주 좁혀야만 하는데 그럴 경우 생산을 무시하고 분배에만 초점을 두었다는 맑스주의의 비난에 노출될 것이다. 다른 한편, 롤스가 (자기 존중, 권력, 그리고 권위는 배제하면서까지) 차등 원칙의 범위를 소득의 전망에 제한시킴으로써 차등 원칙을 약화하는 것을 거부한다면, 과세와 이전 계획을 통하여 개인의 자유를 최소한으로 파괴하고 간섭하면서 차등 원칙이 충족될 수 있다는 것을 우리에게 재확신시켜줌으로써 자유지상주의자가 제기하는 반론의 힘을 무디게 할 수는 없을 것이다.

그의 이론은 – 이론의 적용에 대한 그의 생각과는 구별되어 – 차등 원칙의 범위를 소득 전망에 제한함으로써 그 범위를 제한하기를 거부하는 것이 분명한 것 같다. 만약 자유지상주의자의 반론을 보다 효과적으로 충족하기 위하여 롤스가 차등 원칙의 범위를 제한한다면, 그로 인해 그는 일의적 선이라는 이론이 지지하는 역할을 위반하는 셈이기 때문이다. 그 이론은 정의 원칙들에 내용을 제공하기 위해 도입되었다. 원초적 입장의 당사자들은 아주 제한된 선들의 부분 집합이 아니라 선의 전체 영역을 원하는 것으로 기술된다. 일의적 선이라는 이론을 덜어내어 문제를 해결하는 것은 그 이론을 그럴듯하지 않게 만드는 것이다. 그렇다면 롤스는, 차등 원칙이 그가 묘사하는 분배적인 배열에 의해 충족될 수 있다는 가정이 근거가 없음을 인정할 때에만, 그의 이론이 생산은 무시하고 분배에 집중하였다는 맑스주의자의 비판에 효과적으로 답할 수 있는 것으로 보인다. 그렇지만 맑스주의자에 대해 이렇게 응답하는 것이 가져다주는 대가는, 그렇게 응답하지 않았더라면 자유지상주의의 반론에 대해 간단하고 결정적인 응답이 될 수 있다는 점을 배제하는 것이

다. 일의적 선이라는 이론은 그 대가를 치를 것을 요구한다.[36]

연관된 반론은 맑스주의자에게도 유용한 데 이것은 보다 더 심각하다. 그것은 최열위자들의 전망을 최대화하는 제도적 배열을 선택하는 집합을 정확하게 규정하기가 어렵다는 점을 고려할 때 나타난다. 차등 원칙을 적용하려면, 최열위자의 전망에 각각의 다른 제도적 배열이 기여하는 바에 대하여 그 대안적인 배열의 서열을 매겨야만 한다. 그러나 대안들의 집합을 어떻게 만들 것인가? 롤스는 공리주의가 우리로 하여금 개인들 사이의 효용의 비교를 평가할 수 없게 한다고 흠을 잡는데, 그러나 그의 이론은 비슷한 반론에 직면하게 된다. 요컨대, 차등 원칙은 무한정 많은 수의 가능한 제도적 구조들을 비교할 것을 요구한다.

롤스는 우리가 모든 논리적으로 가능한 (최대한의 평등한 자유와 공정한 기회평등과 양립할 수 있는) 제도적 배열들을 고려하도록 요구받지는 않는다고 아마 답할 것이다. 지금 우리 사회에서 현존하는 변동에 대한 가능성에 주의를 기울임으로써 우리는 대안들의 영역을 아마 좁혀야 할 것이다. 롤스가 생산수단의 공적인 혹은 사적인 소유에 의해 최열위자들의 전망을 최대화하는 것이 달성될지를 고려할 때에 그는 아마 이 점을 유념하고 있을 것이다.

나는 이들 체제 그리고 많은 중간적인 형태의 어느 것이 정의의 요청에 가장 충실하게 답을 하는지는 미리 결정될 수 없다고 생각한다. 전통, 제도, 각국의 사회적 힘, 그리고 각국의 특별한 역사적 상황에 크게 달려 있기 때문에 이 문제에 대한 일반적인 답은 아마도 없을 것이다. 정의 이론은 이들 문제를 포함하지 않는다. 그러나 그것이 할 수 있는 것은 몇 가지 변형을 허용하는 정의로운 경제 체제의 윤곽을 도식적인 방식으로 명백히 하는 것이다. 그렇다면 어떤 주어진 사례에 관한 정치적 판단은 어떤 변형이 실천에서 가장 잘 작동할 것인지에 달려 있을 것이다. 정의 관념은 그러한 정치적 평가에 필요한 부분이지만 그것으로 충분하지 않다.[37]

우리 사회의 어떤 경험적 양상을 인정한 후 어느 정도 실행 가능한 제도적 배열들만을 포함시킴으로써, 우리가 감당할 수 있는 숫자의 일련의 대안들에 도달한다는 것이 롤스의 생각인 것 같다. 그러나 **어느** 양상들이 적절하며, 그 양상들이 **실행 가능**한 배열이라고 여겨지는 것을 어떻게 정확하게 제약하게 되는가? 사회의 "전통, 제도, 사회적 힘, 그리고 특별한 역사적 상황"에 비추어 실행 가능한 일련의 대안들을 구성하는 것은 최열위자의 전망을 최대화하는 것이 무엇인지를 결정하는 과제를 훨씬 더 가능해 보이게 만든다. 그러나 이것은 터무니없는 대가를 치르고서야 비로소 얻어질 수 있다. 최열위자들의 전망을 최대화하는 것이 ─ 그래서 정의로운 것이 ─ **기존의 부정의**에 너무 의존하는 것으로 보이기 때문이다. "양립 가능성" 혹은 "실행 가능성"이 어떻게 해석되는가에 따라 극단적으로 정의롭지 못한 불평등한 사회의 전통, 제도, 사회적 힘, 그리고 역사적 상황과 관련하여 양립할 수 있거나 실행 가능한 대안적인 제도적 배열들은, 정의로운 제도적 구조를 포함하지 않을 수 있다. 그리고 이 배열들은 어떤 상당한 의미에서 최열위자들의 전망을 최대화하는 정의로운 제도적 구조도 포함하지 않을 수 있다. 예를 들어, 소수가 거대한 부, 권력, 그리고 교육적 우세를 누리고 있는 사회에 우리가 살고 있으며, 이들 가운데 많은 이들이 유리한 사회적 지위로 태어나지 않았다면 그러한 혜택을 누리지 못할 것이라고 가정해 보자. 이 사회의 제도, 전통, 그리고 사회적 힘들이, 생산적인 사회적 협업의 조건이 커다란 불평등을 허용하거나 심지어 필요로 한다는 기대를 다시금 강화한다고 가정해 보자. 부의 상속에 근거를 두는 불평등을 포함하여 엄청난 불평등이 보다 커다란 생산력에 대한 동기를 부여하는 데 필요하다고 명시적으로 가정해 보자. 그러한 "역사적 상황"에서 우리 사회의 전통, 제도, 그리고 사회적 힘과 관련하여 실행 가능한 것에 대한 "정치적 판단"은 정의의 이름을 빌려 현존하는 불평등을 정당화하는 경향을 가질 것이다. 게다가 특별히 권력의 지위에 있는 이들 사이에서 동기 부여의 필요성에 대해 그러한 불평등주의적 가정이 널리 유포된다면, 최열위자들의 기대를 최대화하는 배열이 극단적으로 불평등한 것일 수 있다. 권력을 가진 많은 수의 사람들이 동기 부여가 노력을 이끌어내는 데 필요하다고 믿는 곳에서는 동기 부여가 줄어들면 충분한 노력이 나오지 않을 수 있다. 생산성은 떨어지고, 최열위자들의 전망은 낮아질 수 있다. 그러한 조건하에서 차등 원칙은 반작용에 대한

처방이 될 수가 있다.[38]

이러한 반론은 롤스가 **이상적 이론**ideal theory이라고 부르는 것의 한 요소로서 차등 원칙에 문제를 제기한다. 정의가 이상적으로 요청하는 바를 결정하는 데 있어서 우리가 현재의 배열을 ─ 현재의 동기 부여 구조와 그 구조가 생산성에 미치는 영향을 포함하여 ─ 어떻게 고려하게 될 것인지에 대한 어려움이 있다. 이 것은 이상적인 것이 일단 확인된 후에 어떻게 이상적인 것을 향해 움직일 것인가를 결정한다는 나중의 문제와는 구별이 된다. 그렇다면 롤스는 딜레마에 빠지게 된다. 즉 우리가 최열위자들의 전망을 최대화하는 것을 결정하는 데 실행 가능한 집합에 (논리적 가능성이 아닌 다른) 제한을 두지 않든지, 아니면 우리가 그의 제안을 따라 기존 사회의 전통, 제도, 사회적 힘, 그리고 역사적 상황과 관련하여 실행 가능한 다른 배열들만을 고려해야만 한다. 전자의 전략을 통해서는 수많은 가능한 배열 가운데 어느 배열을 달성하려고 할지 결정하는 데 있어서 비자의적인 방식을 택하는 것이 불가능하다. 반면에 후자는 정의라는 이름으로 가장 미심쩍은 불평등을 정당화하겠다고 위협한다.

맑스주의자는 의식과 동기 부여의 전개에 대한 유물론적 이론이 이 중대한 때에 필수 불가결하다고 그럴듯하게 주장할 것이다. 그 이론에 의하면, 사적인 이득은 생산적 노력에 필요한 동기 부여라는 **믿음**이 유포되는 것에 의해 설명되고 사적인 동기 부여가 현재 필요하다는 사실은 사유재산제의 존재에 의해 설명된다. 맑스에 따르면, 그 제도는 자본주의에서 특징적인 동기 부여 구조를 인간에게 본질적인 동기 부여로 잘못 이해하는 이데올로기를 안고 있다. 그리고 자본주의 사회는 사적인 자극에 의해 동기를 크게 부여받는 사람들을 만들어냄으로써 이러한 이데올로기적인 왜곡을 다시금 강화한다. 더군다나 맑스의 이론은 사유재산이 폐기된 곳에서는 사적인 자극이 없어도 높은 생산성이 달성될 수 있다는 점을 보여주려고 한다. 또한 그의 이론은 기존의 사적 자극의 체제가 사적이지 않거나 공동체주의적인 자극의 체제에 의해 대체되는 과정을 설명한다고 주장한다.

그런데 만약 의식과 동기 부여에 대한 유물론적인 이론이 이러한 방식으로 적절하게 전개될 수 있다면, 롤스가 그랬듯이 다음과 같이 말하는 것이 가능하다. 즉 최열위자들의 전망을 최대화하는 것은 현재의 동기 부여 구조와 현재의 신념을 포함하는 기존의 사회적 조건에 달려 있다는 것이다. 현재의 정의롭지 못한 불평등을 그저 정당화하지 않고도 이렇게 말할 수 있다는 것이다. 그러한 이론은 우리로 하여금 현재의 동기 부여 구조와 그 구조가 생산성에 가하는 제한의 본질을 고려하게 할 것이며, 동시에 이들 제한이 어떻게 극복될 수 있으며 극복될 수 있을 것인지를 설명할 것이다. 그러나 롤스는 이러한 일을 하게 되는 의식과 동기 부여에 대한 이론을 제안하지도 않고, 그러한 이론에 대한 필요성을 인식조차 하지 않는다. 대신에 그는 정의가 요청하는 바가 현재의 동기 부여 구조의 제한에 대한 이데올로기적인 비판의 도움이 없이도 그리고 이러한 제한을 겪지 않는 새로운 동기 부여 구조의 전개를 설명하지 않고도 결정될 수 있다고 가정하는 것 같다. 간단히 말해 이데올로기에 대한 이론이 없이도 정의에 대한 적절한 이론이 있을 수 있다고 롤스는 잘못 가정한다. 그렇다면, 차등 원칙이 기존 사회의 특별한 양상을 고려해야 한다는 롤스의 견해는 만약 그 견해가 롤스가 현재 가지고 있지 않은 이론으로 보완되지 않는다면 받아들일 수 없는 보수적인 결과를 가져다준다고 우리는 결론 내릴 수 있다.

2. 두 번째 맑스주의적 반론은 다른 이들 중에서도 맥퍼슨C. B. Macpherson에 의해 개진되었다. 그에 따르면, 롤스의 이론은 사회 계급의 영속성을 무비판적으로 가정한다. 이 반론에 따르면, 롤스는 역사 발전의 한 단계에 있는 사회의 양상을 인간 사회자체의 불가피한 양상으로 착각하고 있다는 점이다.

그는 〔롤스는〕 계급으로 분열된 사회 내에서만 권리와 소득의 다양한 분배가 가지는 도덕적 가치를 판단하는 기준으로 그의 정의 원칙들을 제안하고 옹호한다. 그의 명백한 가정은 사람들의 인생 전망에 영향을 미치는 제도화된 불평등은 "어느 사회에서도 불가피"하다는 것이다. 그리고 그는 소득이나 부에 의한 계급 사이의 불평등을 언급한다. "정의의 두 원칙이 다루도록 우선적으로 고안되는" 것은 불가피하다고 가정하는 기본적인 불평등이다. 다시 말해 그가 재차 말하고 있듯이 "기본 구조에서 연유하는 인생의 전망의 차이는 불가피하며, 그리고 이 차이가 언제 정의로운가에 대해 말하는 것이 바로 두 번째 원칙〔차등 원칙〕의 목표이다.[39]

이 반론을 평가하는 데 있어 즉각적인 어려움의 하나는 "계급"이라는 의미가 사회 이론에서 단일하지 않다는 사실이다. 맑스는 단순히 어떤 불평등을 식별하기 위해서가 아니라 오히려 생산수단에 대한 다양한 집단의 관계를 지칭하고자 그 용어를 사용한다. 맑스에게 주요한 계급 분열은 생산수단을 가진 자본가와 그렇지 못한 프롤레타리아 사이에서 발생한다. 일반적으로, 맥퍼슨은, 인용된 문구에서는 명백하게 드러나지는 않지만, 계급에 대한 이러한 맑스적인 관념으로 서술하는 것으로 보인다.[40] 우리는 우선적으로 롤스에 대한 맑스주의적 반론에 관심을 가지기 때문에 롤스의 차등 원칙이 맑스적 의미에서 계급 분열의 존재를 전제하는지의 여부를 살펴보면서 시작하자. 나중에 보다 광범하게 해석되는 반론을 검토할 것인데, 거기에서는 "계급들"이 소득에서 차이가 나는 집단을 지칭할 수 있다.

위 인용문에서 맥퍼슨은 차등 원칙을 오해하고 있다. 롤스가 생산은 무시하고 분배에 전적으로 초점을 두고 있다고 비난하는 사람들처럼 맥퍼슨은 차등 원칙이 "소득과 부"를 분배하는 데 한정된 것처럼 기술한다. 나는 그렇지 않다는 것을 이미 주장했다. 그러나 맥퍼슨의 비판에는 보다 심각한 다른 혼동이 있다. 첫째, 차등 원칙은 맑스적인 의미의 사회 계급이 아니라 사회적·일의적 선들의 복잡한 지표에 대한 인생 전망에 의하여 나타나는 개인들 사이의 차이를 지칭한다. 우리가 일의적 선들의 지표에 따른 다양한 집단 분열에 비추어 대표적인 사람의 지위를 어떻게 정의하게 되는가를 개략적으로 논의하는 곳에서 롤스는 "계급"[41]이라는 용어를 사용하고 있다. 그러나 그는 이들 계급이 생산수단 통제라는 기준에 따라 전적으로 정의된다거나 우선적으로 정의된다고조차 결코 말하지 않는다. 둘째, 차등 원칙이 생산수단의 사적 소유와 맑스적인 의미에서 계급의 폐지를 요구할 수도 있는 가능성을 열어둘 때, 롤스는 맑스적인 의미의 계급이 불가피하다고 가정하지 않는다는 점을 명백히 하고 있다. 셋째, 맑스주의적 반론은 롤스의 이론이 의미하는 바와 차등 원칙이 적용되는 조건에 대한 그의 보다 사색적인 소견을 구별하지 못한 데에 근거를 둔다는 점이 다시 지적되어야 한다. 기본 구조는 사람의 인생 전망에 (생산수단이 사적으로 혹은 공적으로 통제되는 것과는 관계없이) 상당한 불평등을 초래하게 된다는 것이 롤스의 견해이다. 그러나 겉보기와는 다르게 차등 원칙은 맑스의 의미에서 계급 불평등이든 아니든 그 자체로는 불평등을 논리적으로 전제하지 않는다.

롤스는 차등 원칙을 공식화하는 데 할 수 있었던 만큼 항상 명료한 것은 아니었다. 그리고 이 점이 맥퍼슨과 다른 이들을 미혹시켰을 수도 있다. 맥퍼슨은 롤스를 다음과 같이 그 원칙을 공식화하는 문구에 명백하게 고정시킨다.

D. 기본 구조는 사회적·경제적 불평등이 (부, 소득, 권력 등의 전망에서) 최열위자 집단의 전망을 최대화하도록 배열되어야 한다.

그러나 차등 원칙에 대한 롤스의 주요 논지의 본질은 차등 원칙이 엄격한 평등과 양립할 수 있는 방식으로 해석되어야만 할 것을 요구한다. 그 논지에 따르면, 당사자들은 최소를 극대화하는 원칙, 즉 연관이 있는 사회적·일의적 선들의 전망에 대한 최소한의 몫을 최대로 할 것을 요구하는 원칙을 선택한다. 이 원칙은 D가 아니라 아래의 것이다.

M. 기본 구조는 최열위자 집단의 (부, 권력 등에 대한) 전망을 최대화하도록 배열되어야 한다.

그의 저서 이후에 출간된 한 논문에서 차등 원칙을 "최소 극대화 기준"maximin criterion으로 지칭함으로써 롤스는 이러한 해석을 확인하였다. D가 아니라 M이 최소의 것을 극대화할 것을 요구하는 기준이다.

M과는 다르게 D는 왜 최소의 것이 최대화되기를 요구하지 않는가를 알기 위해서는 D는 평등한 분배에 조건을 **달지 않는**다는 사실에 유념하는 것이 중요하다. 롤스 자신이 알고 있는 것처럼 평등한 분배에서 각자의 몫은 어떤 불평등한 분배에서 최열위자의 몫보다 적을 수 있다. 그래서 D는 어떠한 평등한 분배

도 허용하는데 평등한 몫이 아무리 적을지라도 최소의 몫이 최대화되기를 요구하지는 않는다.

M이 최열위자 집단이나 혹은 엄밀하게 말해 대표적인 최열위자들의 지위를 언급하는 것이 사실이다. 그러나 그렇다고 해서 이것이 롤스로 하여금 불평등은 불가피하다는 가정에 논리적으로 언질을 주게 하는 것은 아니다. 평등한 분배에서도 "최열위자 집단"(혹은 "대표적인 최열위자 지위")이 지시하는 대상이 있기 때문이다. 평등한 분배에서는 최대한의 몫과 최소한의 몫이 일치한다. 즉, 평등한 분배에서 받을 수 있는 최소한의 것은 어떤 사람이라도 받을 수 있는 것과 똑같다. 그럼에도 그것은 최소한의 것, 즉 받을 수 있는 최소한의 몫이다. 만약 대표적인 최열위자 집단을 어떤 집단도 그보다 더 낮은 전망을 가지지 않는 집단으로 정의하고, 그리고 최우위最優位자 집단을 어떤 집단도 그보다 더 높은 전망을 가지지 않는 집단이라고 정의한다면, 그럴 경우 평등한 분배에서는 최열위자 집단과 최우위자 집단이 동일하다. 그래서 M이 최열위자 집단을 (혹은 지위를) 지칭한다는 사실은 그 원칙이 불평등을, 더구나 맑스의 계급 불평등을 전제로 하고 있다는 점을 보여주는 게 아니다.

논지는 이제 다음과 같이 요약될 수 있다. 원칙 D는 평등한 분배에 제약을 두지 않으며 최소의 몫이 가능한 한 높을 것을 요구하지 않는다. 하지만 최소 극대화 원칙은, 당사자들이 M 즉 최소의 몫이 최대화되게 하는 원칙을 선택할 것을 요구한다. 그러므로 만약 롤스가 주장하는 대로 당사자들이 최소 극대화

전략을 선택한다면, 그들은 D를 택하지 않고 오히려 M을 택한다. 최소의 몫이 최대화되도록 요구하는 것은 단지 M이기 때문이다. 원칙 M, 즉 차등 원칙은 어떤 불평등, 더군다나 맑스의 계급의 존재를 전제하지 않는다. 여기서 내가 그 점을 더 논하지는 않겠지만 나는 차등 원칙을 옹호하는 롤스의 다른 논증도 D가 아니라 M을 옹호하는 것이라고 생각한다.

왜 롤스가 차등 원칙을 M이 아니라 D로 잘못 제시하며, 그래서 맥퍼슨과 다른 이들이 왜 차등 원칙이 불평등 혹은 계급 불평등을 전제로 한다고 결론을 내릴 수 있었는지를 이제 설명할 수 있다. 롤스는 M, 즉 차등 원칙을 개진하는데 이는 불평등을 전제하지 않지만, 그는 또한 아래 E와 같은 경험적인 가정을 유지한다.

E. (적어도 정의의 여건에서) 불평등이 불가피하거나 비록 불가피하지는 않더라도 최열위자들의 전망을 최대화하는 동기를 부여하기 위해 필요하다.[42]

M과 E는 함께 D를 의미하기 때문에 롤스가 차등 원칙을 논하면서 때로는 D를 지칭해야 하는 것이 놀랄 만한 일은 아니다. 만약 이 설명이 정확하다면, 롤스는 차등 원칙의 논리적인 전제(즉, 차등 원칙은 불평등은 말할 것도 없고 맑스주의적인 계급을 포함하지 않는다는)와 최열위자들의 전망을 최대화하는 것은 불평등을 요구하거나 적어도 허용한다는 그 자신의 경험적

판단을 구분하지 않음으로써 오해를 부추겼을 수도 있다. 그럼에도 그는 사회적 불평등의 불가피성을 가정하는 어떤 원칙을 제안하지 않았다. 그의 논지가 그러한 원칙에 언질을 주는 것도 아니다.

끝으로, 맑스주의적인 부류이든 아니든 간에 계급 분열이 인간 사회에 불가피하다는 것을 롤스가 믿는다고 우리가 가정하는 것이 잘못인 데는 더 깊은 이유가 있다. 이 믿음을 롤스에게 돌리는 것은 그가 정의론, 즉 정의의 여건에 놓여 있는 사회에 적용되고 오직 그 사회에만 적용되는 이론을 제공한다는 사실을 간과하는 것이다. 정의의 여건에 대한 롤스의 논의 그리고 그 논의가 의존하는 흄David Hume의 설명에서 주요한 점은 정의 원칙을 필요로 하게 되는 조건들을 식별하는 것과 어떤 인간 사회는 그러한 여건에 처하지 않을 수도 있다는 가능성을 열어 두는 것이다. 그래서 맑스가 생각했던 것처럼 정의의 여건이 계급 분열을 포함하고 계급 분열과 더불어 사라질지라도 그리고 사실상 우리 자신이 정의의 여건에 놓여 있다는 것을 우리가 항상 알 것이라고 롤스가 잘못 가정한다는 점이 드러날지라도, 롤스의 원칙이 계급의 불가피성을 전제한다는 결론이 나오지는 않는다. 결과로서 나타나는 것은 롤스가 그의 원칙 적용의 영역에 대해 틀렸다는 점이다. 비록 우리가 항상 정의 원칙을 필요로 할 것이라고 롤스가 잘못 생각했다고 하더라도, 이것 자체가 그의 원칙들은 그것들이 의도하는 일에 부적절하다는 점을 보여주지는 않는다. 그것은 정의 원칙들이 항상 필요한 것이 아니라는 점을 보여준다. 나는 이 가능성의 중요성을 9절에서 고려하고자 한다.

3. 세 번째 맑스주의적 반론은 롤스의 가장 근본적인 방법론상의 도구, 즉 반성적 평형이라는 개념에 반대하는 것이다. 롤스에 따르면, 숙고된 도덕적 판단은 두 가지 방식으로 적절한 정의 이론을 찾아내는 데 사용된다. (i) 우리는 정의에 대한 우리의 가장 안정된 도덕적 판단들과 작으면서도 강력한 일련의 원칙들을 부합시키려고 한다. 그런데 이 원칙들은 도덕적 판단들을 설명할 수 있고 심지어 그 판단들을 예전에 다루기 힘들었던 사안들로 확장할 수 있다. 판단에 비추어 원칙을, 그리고 원칙에 비추어 판단을 하나의 응집력이 있고 그 자체로 일관성이 있는 이론이 나올 때까지 수정하고 제한함으로써 원칙과 정의에 대한 숙고된 판단 사이의 반성적 평형 상태에 우리는 이르게 된다. (ii) 가설적인 계약론적 접근법을 이용하여 우리는 정의 원칙을 선택하는 적절한 조건들에 대한 숙고된 도덕적 판단에 호소한다. 다시 수정과 제한이라는 과정이 양방향으로 이루어진다. 원초적 입장에서 조건들이 수정되지 않으면 그 조건들이 개별적 사안에 대한 우리의 판단과 갈등을 일으키는 원칙을 만들어낸다는 것을 우리가 깨닫게 되면, 개별적인 사안에서 정의에 대한 우리의 판단으로 일부 조건이 수정될 수 있을 것이다. 또 우리가 생각하는 적절한 선택 조건에서 채택될 원칙들과 개별적인 판단들이 조응하도록 하기 위하여 그 판단들이 수정될 수도 있을

것이다.

앞서 보았듯이 반성적 평형이라는 방법에서 롤스는 (i)과 (ii)를 이용한다. 게다가 그는 다음과 같은 점을 암시한다. 우리는 선택 원칙의 적절한 조건에 대하여 철학 이전prephilosophical의 판단을 할 뿐만 아니라, 아마도 인간에 대한 여러 경합하는 이론들이나 합리성에 대한 여러 경합하는 이론들의 적절성에 대한 우리의 판단을 포함하여 명백하게 철학적인 고려에도 호소한다.[43]

맑스주의적 반론을 가능한 간단히 표현하면, 반성적 평형이라는 방법이 단일한 일련의 정의 원칙을 가져다줄 수 없다는 것이다. 그 어려움은 각기 다른 문화나 다른 역사적 시기에 사는 사람들이 정의에 대한 개별적인 판단, 원칙 혹은 원칙 선택의 조건들에 대해 다를 수 있다는 것, 그리고 성찰하고 수정하는 과정이 아무리 오래 지속되더라도 차이는 여전할 수 있다는 것만이 아니다. 더 근본적인 어려움은 현시점에서 우리 사회에서조차 계급의식의 차이로 인해서, 롤스의 방법을 이용하는 프롤레타리아가 응집력이 있는 정의 이론을 가지게 된다면, 그 이론은 같은 방법을 이용하는 부르주아로부터 나타나는 이론과 다르거나 그것과 갈등을 일으킬 것임이 확실하다는 점이다. 원칙 선택 조건과 이 조건으로부터 도출되는 원칙들이 서로 조정될 수 있는 것처럼, 어느 계급에 속하는 개인이든 정의에 대한 개별적 판단에서 처음에 나타났던 차이가 원칙에 대한 반성을 거쳐 수정될 수 있고 그 반대도 마찬가지일 것이다. 그러나 과정의 각

단계에서 조정은 그 사람의 사회적 계급에 특유한 시각에 의해 통제될 것이며, 프롤레타리아와 부르주아가 각기 응집력이 있는 이론에 이른다 하더라도 그 이론은 동일하지 않을 것이다.

이렇게 추상적인 방식으로 기술하면, 이 맑스주의적 반론은 평가하기가 어렵다. 롤스는 정의를 다룰 때 그가 이용하는 반성적 평형이라는 방법은 "도덕 철학에 특유한 것이 아니라"[44] 과학적인 이론화에도 마찬가지로 본질적이라고 우선적으로 대답할 수 있다. 그렇다면 경합하는 과학적 이론들의 해결할 수 없는 불일치의 가능성에 대해 고심할 이유가 없는 것처럼 정의의 이론들의 해결할 수 없는 불일치의 가능성에 대해 고심할 이유가 없다고 롤스는 주장할 수 있다.

이 점에서 반론을 제기하는 자는 이를테면, 물리학 이론의 경우보다는 정의 이론의 경우에 문제가 사실상 더욱 크다는 점을 계급의식에 대한 맑스의 시사적이지만 불완전한 견해에 의지하여 주장할지도 모른다. 개인의 계급이익은 계급투쟁과 그렇게 밀접하게 연관되지 않은 현상에 관한 이론을 평가할 때보다는, 도덕적 문제에 대한 개인의 신념과 사회 이론을 평가할 때 더 중요한 통제적인 역할을 한다. 바꾸어 말하면, 반성적 평형이라는 방법은 자연 과학에서의 신념에는 중요한 수렴을 가져다 줄 수 있을지라도, 환원될 수 없는 계급 이익의 대립은 다른 사회계급의 구성원으로 하여금 정의에 대한 동일한 이론이나 동일한 사회과학 이론에 도달하지 못하게 할 것이다.

이 반론이 유력하려면 더욱 구체적으로 이루어져야 한다. 계급의식의 차이가 정의에 대한 숙고된 판단에서 차이를 가져다 준다고 말하는 것으로는 충분하지 않다. 반성적 평형이라는 방법이 이것을 어려움 없이 인식할 수 있기 때문이다. 계급적 시각의 차이가 정의에 대한 단일한 이론으로의 수렴을 영구적으로 막는다는 것을 보여주어야만 한다. 맑스주의자는 계급의식의 차이가 원칙이나 원칙을 선택하는 조건에 대한 우리의 숙고된 판단이나 철학적 견해에서 어떻게 해결할 수 없는 불일치를 만드는지를 보여주어야만 한다. 특히 롤스 이론의 어떤 요소들이 계급의식을 반영하는지를 보여주어야만 한다. 특히 맑스주의자는 계급 태도와 계급 신념의 해결할 수 없는 차이가, 원초적 입장의 조건들을 상술하는 것(당사자들에 대한 특징 부여와 원초적 입장으로부터 원칙들을 도출하는 것을 포함하여)에 적절한 철학적 토대를 부여하려는 롤스의 노력을 무효화한다는 점을 보여주어야만 할 것이다. 게다가 맑스주의자는 해결되지 않는 불일치라는 문제가 롤스의 전반적인 기획에서 얼마나 심각한지를 결정해야만 한다. 우리는 각자가 사회에서 차지하는 지위와는 상관없이 그리고 각자의 이익이 현존하는 부정의와 어떻게 연관되는지와는 상관없이 이론이 모두의 충성을 이끌어 내지 않는다면 이론은 적절하지 않다고 가정해서는 안 된다.[45]

맑스주의적 반론 그 자체에 반대함으로써 이러한 반론을 많이 중화시키는 응답이 있다. 스스로 의식을 했든 안했든 간에 맑스 자신은 반성적 평형이라는 방법을 이용했던 것으로 보인다. 그러므로 사회 철학에서 그 방법의 효력을 부인하는 것은 맑스 저작의 가치를 부인하는 셈이다. 맑스는 역사와 자신의 사회에 대한 다소 비체계적인 평가와 사실에 기초를 두는 신념을 가지고 (우리 모두가 그렇게 해야만 하는 것처럼) 시작했다. 그의 지적인 삶은 헤겔과 포이에바흐로부터 전수된 철학적 원칙, 고전 정치경제학자의 저작으로부터 얻은 경제적 개념, 프랑스인으로부터 빌린 사회주의 사상, 그리고 당시 정치적 사건들에 대한 자신의 경험 사이에서 상호 조정하는 과정을 거쳤다. 그의 설명적인 노력과 평가적인 노력에서 상대적으로 작지만 강력한 일련의 원칙과 그의 숙고된 판단 사이를 맑스는 조정하고자 했다. 그는 어떤 개념들을 (리카도로부터의 노동가치론과 같은 것을) 이용하고 세련되게 하였는데, 그 개념들이 가장 중요한 사실 몇 가지를 포함하여 수많은 사실들을 가장 잘 설명한다고 믿었기 때문이다.

이어받은 개념들이 부적절하다고 증명될 때, 그는 노동과 노동력의 구분과 같은 새로운 개념을 발전시켰다. 이는 그렇지 않았다면 이해할 수 없는 자료를 설명하고 고전 정치경제학의 틀 내에서는 표현될 수 없는 비판의 근거를 제공하기 위해서였다. 법적인 개념은 자본주의에 가장 깊숙이 자리 잡고 있는 악을 적절하게 파악하지 않는다고 그가 믿었기 때문에 소외와 착취론에서 그는 비법률적인 평가적 개념을 전개하였다. 반성적 평형이라는 개념은 참으로 필요한 것으로 보인다. 이것은 맑스의 저작이 다른 과학적인 이론화의 예들과 갖는 공통점을 보여주기 위해서만이 아니라 맑스, 엥겔스, 그리고 레닌과 같은 부르주아 지식인들이 어떻게 그들 계급의 협소한 지평을 초월하여 자본주의 질서를 전복하려고 하는 혁명이론을 전개할 수 있었는지를 보여주기 위해서이다. 이 응답은 하나의 딜레마로서 다르게 제시될 수 있다. 즉, 계급의식의 제약이 허약해서 반성적 평형이라는 방법이 성공적으로 작동될 수 있거나 그렇지 않으면 제약이 너무 강력해서 맑스 사상의 전개가 (엥겔스와 레닌의 사상도 마찬가지로) 설명될 수 없게 된다.

맑스주의자는 반성적 평형이라는 **방법**이 적어도 사회 경제적 위기가 이데올로기의 장막을 찢기 시작하는 자본주의 역사의 순조로운 순간에는 계급 시각의 편견을 극복할 수 있다는 점을 인정할지도 모른다. 그럼에도 그 방법을 **롤스가 적용**한 것은 사실상 성공적이지 않았으며, 이것은 아마도 롤스가 정치경제학에 대하여 통찰력 있는 연구에 정통하지 못했기 때문일 것이라고 맑스주의자는 주장할 것이다.

설명을 절약하기 위하여 나는 여기서 롤스의 반성적 평형이라는 방법의 사용에 대하여 맑스주의자들이 가지고 있는 전혀다른 해석을 더 이상 개진하지 않겠다. 대신에 롤스의 정의 원칙들, 원칙 선택의 조건들, 혹은 선택 조건들에서부터 원칙들로 옮겨가는 그의 주장 등에 초점을 두는 몇 가지 다른 맑스주의자의 반론을 검토함으로써 맑스주의자의 반론들에 간접적으로 접근하겠다. 이 반론들이 철저하게 탐구된 이후에야 롤스가 그 방법을 이용하면서 계급의식과 계급이익의 중요성을 무시한다는 비판을 평가할 수 있을 것이다.[46]

4. 맥퍼슨과 월프를 포함하여 몇몇 롤스 비판가들은 롤스의 전반적인 접근법에 대하여 근본적으로 반론을 제기했다. 롤스는 맑스가 오래전에 드러내었던 함정에 빠졌다고 그들은 주장한다. 롤스는 인간에 대한 역사적으로 편협한 관념에 그의 이론을 기초하였다는 것이다. 더 정확하게 말하면, 18세기와 19세기 초의 고전 정치경제학자들과 자유주의 철학자들이 범했다고 맑스가 폭로한 실수를 롤스가 범한 것이다. 롤스는 자본주의 사회에서 나타나는 인간의 특징을 인간의 본질적인 양상으로 오인한다. 맑스주의자들은 이러한 역사적으로 편협한 인간에 대한 관념을 자유주의 관념, 부르주아 관념, 자유주의적 부르주아 관념, 개인주의적 관념 혹은 효용의 단순한 소비자로서의 인간 관념이라고 각기 다양하게 이름 붙인다. 이 관념이 포함하고 있는 것에 대해 어떤 불일치가 있기는 하지만 아래의 항목이 항상 강조된다.

i) 개인들의 목적은 그들이 살고 있는 사회 제도와 무관하게 주어졌으며, 그리고 (다소) 고정되어 있다. 모든 인간이 사회적 지위나 역사에서의 위치와는 무관하게 추구하는, 그리고 인간의 구성에 본질적인 양상인, 어떤 기본적인 목적(예를 들면, 홉스에 따르면 타인에 대한 권력)이 있다.

ii) 인간은 자신의 효용을 최대화할 때 그리고 그럴 때에만 합리적으로 행동한다(이기적인 효용극대화로서의 합리성).

iii) 사회적 배열들은 (특정한 결사와 전체로서의 사회는) 전적으로 혹은 우선적으로 개인의 목적에 대한 수단으로서 개인에게 가치가 있다.

맥퍼슨은 위와 같은 인간 관념을, 인간이 본질적으로 자유롭고 의식적이며 사회적으로 활동한다는 맑스의 견해와 대비시키기 위해서 단순한 "효용 소비자"로서의 관념이라고 부르는 것이 분명하다.[47]

우리는 위에서 열거한 세 항목 중에서 일부나 전부를 롤스가 인간 자체의 양상이라고 가정하고 있는지를 살펴보아야만 한다. 유념해야 하는 첫 번째 사항은 롤스가 원초적 입장에 이 특성들을 귀속시키는지를 보여주는 것으로 충분하지 않을 것이라는 점이다. 왜냐하면 롤스 자신이 주장하듯이[48] 당사자들에게 특징을 부여하는 것을 실제의 인간을 기술하는 것과 구별해야 하기 때문이다. 당사자들에게 특징을 부여하는 것을 포함하여 원초적 입장이라는 것은 아주 추상적인 구성물, 즉 이론에서 구체적이며 제한된 역할을 하는 전문화된 방법론적인 고안물이다. 그러므로 당사자들에 대한 롤스의 진술에서 추출한 것을 인간에 대한 일반화라고 해석하는 것은 완전히 잘못이다.[49] 불행하게도, 롤스가 인간에 대해 부르주아적, 자유주의적 혹은 개인주의적 관념을 무비판적으로 가정한다고 비난하는 이들은 롤스가 당사자들에 대해 말하는 것과 롤스가 언질을 주는 인간의 본성에 대한 견해가 구별된다는 점을 간과하는 경향이 있었다. 그 대신에 그들은 롤스가 당사자들에게 특징을 부여하는 방식이, 인간 본성에 대한 왜곡되고 낡은 관념이라고 그들이 생각하는 것을 롤스가 견지하고 있다는 결정적인 증거라고 지적할 뿐이다.[50]

더군다나 롤스가 당사자들의 특징으로 부여하는 것을 인간에 대한 그의 관념을 구성하는 것으로 해석할 수 있다고 하더라도, 그것이 인간에 대한 자유주의적, 부르주아적 혹은 개인주의적 관념을 구성하는 세 가지 명제 가운데 어느 것도 그가 받아들이고 있다는 점을 보여주지는 않는다. 당사자들에 대한 롤스의 서술이 이 세 가지 명제 가운데 어느 것도 포함하지 않기 때문이다. 무엇보다도 『정의론』과 그 후의 연속된 몇몇 논문에서 롤스는 원초적 입장에서의 당사자들은 합리적인 이기주의자들이 아니라는 점을 명백하게 기술하고 있다. 그들은 전적으로 자신에게 관계되는 선호를 최대화하는 사람이 아니다.

〔당사자들은〕 자신의 인생 계획이 있다. 이 계획들 혹은 선에 대한 관념들은 그들로 하여금 각기 다른 목적과 의도를 가지게 하며, 이용 가능한 자연적이며 사회적인 자원들에 대해 대립적인 요구를 하도록 한다. 더욱이 이 계획들이 추진한 이익들은 어떤 자아에서의 이익이라고 가정되지 않지만, 선에 대한 자아의 관념들이 인정할 만한 가치가 있다고 여기고, 그리고 만족할 만한 것으로 자아를 위하여 요구하는 자아의 이익들이다.[51]

롤스의 당사자들이 합리적인 이기주의자라고 주장하는 이들은 자아에서의*in the self* 이익과 자아의*of the self* 이익 사이의 차이를 간과하였다. 방금 인용한 문구에서 롤스는 이 구별을 통해서, 당사자들이 선에 대한 그들 자신의 관념을 가지고 있는 것으로 여겨지지만, 그 선에 대한 관념은 이기적 즉 전적으로 혹은 우선적으로 자아에 관련된 것이라고 가정되지 않는다는 점을 강조한다. 당사자들이 아는 것은 그들이 선에 대한 자신의 관념을 가지고 있다는 것이다. 그런데 그 관념이 이기적으로, 이타적으로, 혹은 그 사이의 어떠한 것으로 드러나게 되는지는 무지의 장막으로 인해 당사자들에게 가려진 사실이다.

「선성goodness에 대한 공정」에서 롤스는 당사자들이 이기주의자가 아니라는 점을 다시금 강조한다.

> 오해의 또 다른 원인은 동기 부여 가정의 본질과 그 범위이다. 당사자들이 상호 무관심하다는 점이 그들이 개인적인 목표를 가진 자기 본위의 개인들임을 의미하는 것으로 때로는 간주되었다. 때문에 자아 중심적인 경제적 경쟁자들 혹은 권력 추구자들 사이의 관계가 시사적인 패러다임으로 간주된다. 그러나 보다 더 도움이 되는 사례는 다른 종교의 구성원들 사이의 관계이다. 왜냐하면, 정의의 여건하에서 그들은 상호 무관심하면서 자기 본위적이지도 않고 반드시 개인주의적인 인생 계획을 추구하고 있지도 않기 때문이다.[52]

그렇다면, 당사자들이 합리적 이기주의자로 ─ 이기적인 선호를 최대화하는 사람으로 − 기술되지 **않았다**는 점이 분명하다. 그들의 선 관념이 전적으로 혹은 우선적으로 이기적이거나 개인주의적이라고 기술되지 않기 때문이다. 그래서 당사자들에 대한 롤스의 서술에서부터 인간의 본성에 대한 그의 견해를 도출하는 것이 정당하다고 하더라도, 그는 (ii), 즉 합리성은 이기적인 효용 극대화라는 명제에 언질을 주지 않는다.

더군다나, 롤스가 당사자들을 합리적 이기주의자라고 특징 짓기 때문에 그가 (iii), 즉 사회적 배열은 개인의 목적을 달성하는 데 수단으로서 전적으로 혹은 우선적으로 가치가 있다는 명제에 언질을 주고 있다고 맑스주의자는 주장할 수 없다. 덧붙여, 인간에 대한 롤스의 관념은 (iii)을 포함한다는 맑스주의자의 비난을 거부할 다른 이유가 있다. 사회 통합이라는 선에 대한 논의에서 − 거기에서 그는 당사자들이 아니라 실제의 인간에 대해 언급하는데 − 그는 사회 제도와 사회 관계가 도구적인 가치만 있다고 하는 인간 본성에 대한 견해가 부적절하다는 점을 강조한다.

인간의 사회적 본성은 사적인 사회라는 관념과 대비할 때 가장 잘 나타난다. 그래서 인간은 사실 궁극적 목적을 공유하며, 그들 공통의 제도를 그 자체 선한 것으로 평가한다.53

요컨대, 원초적 입장에서 당사자들에 대한 롤스의 서술에서도, 그리고 인간의 본성에 대한 그의 명백한 언급에서도 롤스는, 인간은 합리적인 이기주의자라는 견해, 합리성은 이기주의적인 효용 극대화이라는 견해 (ii), 그리고 사회적 배열은 이기주의적이든 혹은 비이기주의적 목적에 대한 것이든 오로지 수단으로 가치가 있다는 명제 (iii)도 언질을 주지 않는다.

(ii)와 (iii)을 롤스의 입장으로 여길 수 없는 더 깊은 이유가 있으며, 이를 분명하게 하는 것이 롤스가 명제 (i) 또한 명백하게 거부하고 있음을 보여줄 것이다. 특히 저서 출간 이후의 논문에서, 원초적 입장에서의 당사자들은 고정되고 사회 제도를 형성하는 영향으로부터 독립적인 목적을 가진 것으로 간주되어서는 안 된다는 점을 그는 분명히 하고 있다. 예를 들면, 「알렉산더와 머스그레이브에 대한 응답」에서 그는 이렇게 말한다.

당사자들은 그들의 근본적인 이익을 포함하여 그들의 다른 모든 이익이 어떻게 사회 제도에 의해 형성되고 통제되는지에 대한 최고 서열의 이익highest-order interest을 자신들이 가진 것으로 여긴다. 그들은 자신들이 어떤 주어진 시기에 가질 수 있는 근본적인 이익들의 어떤 특정한 복합체를 추구하는 것과 불가피하게 묶어져 있거나 동일하다고 생각하지 않는다. … 오히려 자유로운 인간들은 자신의 궁극적 목적을 수정하고 변경할 수 있으며, 이들 문제에 대해 자신들의 자유를 보전하는 것에 첫 번째 우선성을 부여하는 존재로 스스로를 생각한다. 따라서 그들은 자유롭게 추구하거나 거부할 궁극적 목적을 원칙적으로 가질 뿐만 아니라 이들 목적에 대한 원래의 충성과 지속적인 헌신은 자유로운 조건하에서 형성되며 확인된다. 〔정의의〕 두 원칙은 이 조건들을 유지하는 사회 형태를 확고히 하기 때문에 원칙들은 동의를 받을 것이다. 이 동의에 의해서만 당사자들은 자유로운 인간으로서 그들의 최고 서열의 이익이 보장된다는 점을 확인할 수 있다.[54]

이 문구는 당사자들이 자유로운 인간인 한에서, 당사자들이 자신의 목적을 수정할 자유를 보전하고 그리하여 우리의 목적을 형성하는 제도를 선택하는 데에 최고 서열의 이익이 있다고 말한다. 그리하여 롤스는 당사자들만이 아니라 실제의 인간(자유로운 한에서), 즉 그들 자신의 자율성에 대한 고려에 의해 동기를 부여받는 행위자들에게 이 최고 서열의 이익을 귀속시킨다. 나는 나중에(7절에서), 자율성에 대한 우리의 관심이 정의로운 사회로의 전환에서 효과적인 동기로 기여할 수 있다고 생각할 이유를 롤스가 우리에게 제시하였는가 라는 문제를 제기할 것이다. 지금으로서는 롤스에 따르면, 인간이 **자유로운 합리적인** 인간인 한에서 당사자들도 실제의 인간도 단순히 효용을 극대화하는 사람이 아니라는 점을 지적해두는 것으로 만족하고자 한다. 어느 경우에도 롤스가 합리성을 인간이 가지는 어떤 선호의 극대화에 한정하지 않기 때문이다. 그러므로 "효용"이 이기적(예를 들면, 전적으로 혹은 우선적으로 자기 본위적인)이고 비이기적인 선호를 둘 다 포함하도록 (ii)가 수정된다고 하더라도, (ii)는 당사자들이나 혹은 실제의 사람들에 대한 진술로서 롤스에게 부합하는 것으로 여겨질 수는 없다.

이 점에서 맥퍼슨이 롤스적인 인간을 단순한 "효용의 소비자"로 특징짓는 것이 부적절하다는 점은 명백하다. 당사자들은 어떤 종류의 변경될 수 없는 선호에, 그리고 더더욱 "소모품"에 대한 선호에 수동적인 노예가 아니다. 대신에 롤스는 당사자들과 우리가 자유롭고 도덕적인 인간인 한에서 우리 자신을 적극적인 선택자로, 즉 경험의 세계에 직면하면서 시간을 두고 자신의 선에 대한 관념을 비판하고 수정하며, 그 관념에 책임을 지는 존재로 기술한다. 내가 다른 곳에서 주장했듯이[55], 롤스의 공정으로서의 정의 이론은 만족을 극대화하는 사람들, 즉 주어진 선호들이 무엇이든 간에 그 선호들을 극대화하려고 노력하는 존재에 대한 공정으로서의 정의 이론이 아니라, 목적을 비판적으로 선택하는 자들에 대한 공정으로서의 정의 이론이다.[56]

롤스의 비판자들에게 공정하게 말하자면, 『정의론』에서 (나중의 논문들과는 대조적으로) 원초적 입장의 당사자들은 단순히 효용을 극대화하는 (이기적이든 아니든) 사람이라는 견해를 뒷받침하는 문구들[57]이 있다는 사실을 말해야만 한다. 『정의론』에서 그러한 문구가 보이며, 「분배적 정의」 그리고 「공정으로서의 정의」 같은 초기의 논문에서 더 자주 나타나지만, 저서 간행 후의 논문들에서는 보이지 않는 이유에 대한 설명이 있다고 나는 생각한다. 당사자들은 효용을 극대화하는 사람보다는 목적을 비판적으로 선택하는 사람이라는 점을 롤스가 『정의론』에서 아주 명료하게 하지 못한 것은 중대한 방법론적인 불안정성을 반영하는 것인데, 이것은 나중의 논문에서 최종적으로 해결된 것일 수가 있다. 그의 초기 논문과 아마도 보다 적은 정도로는 『정의론』에서 롤스는 효용 극대화로서의 합리성이라는 엄격하고 겉보기에 문제가 되지 않는 개념을 포함하여 경제학 그리고 특히 결정이론의 개념적 도구가 가진 힘과 엄밀함에 이끌렸다. 그러나 『정의론』에서조차 합리성이라는 경제적 관념을 주저 없이 포용하지 않도록 하는 다른 흐름, 말하자면 그의 저서에서 특히 칸트적인 해석이라는 절에서 때때로 나타나는, 자율성이라는 칸트적인 관념이 있다. 『정의론』에서 자유의 우선성에 대한 논증을 전개하면서 롤스는 적어도 어떤 기본적인 자유는 주어진 목적을 위한 수단으로서만이 아니라 목적에 대한 합리적인 비판과 수정을 위한 조건으로서 가치가 있다는 생각에 묵시적으로 의존하는 것 같다.

그런데 양심의 평등한 자유는 원초적 입장에 있는 사람들이 인식할 수 있는 유일한 원칙인 것 같다. 그들은 지배적인 종교적 혹은 도덕적 교의가 원한다면, 타인들을 박해하거나 억압하도록 허용함으로써 자신들의 자유를 운에 맡겨 둘 수는 없다. 설령 어떤 사람이 (다수가 존재한다고 가정하면) 다수에 속하는 것으로 드러나리라는 점이 보다 예상된다고 (무엇인가 문제가 제기될 수 있는 것을) 인정하더라도 이러한 방식으로 도박을 하는 것은 사람이 종교적 혹은 도덕적 신념을 심각하게 받아들이지 않거나 자신의 신념을 검토할 자유를 높이 평가하지 않

는다는 점을 보여주는 것이다.〔강조 추가〕[58]

마찬가지로 칸트적 해석이라는 절에서 롤스는 당사자들은 "궁극적 목적의 선택에서 자유가 허용되는" 방식으로 특징이 주어져야 한다고 말한다.[59] 이 절의 나중에 가서 롤스는 원초적 입장의 당사자들이 경제학 이론의 단순한 효용 극대화를 하는 사람이라는 가식에서 벗어난다.

> 나의 제안은 우리가 원초적 입장을 본체적 자아가 세상을 보는 관점으로 생각한다는 것이다. 본체적 자아로서 당사자들은 그들이 원하는 어떤 원칙도 선택할 완전한 자유를 가진다. 그러나 그들은 또한 그들의 본성을 정확하게 선택할 바로 이 자유와 더불어 가지intelligible의 영역의 합리적이며 평등한 구성원으로서 그들의 본성을 표현할 욕망을 가진다. ⋯ 그래서 그들은 어떤 원칙을 일상생활에서 의식적으로 따르고 그에 맞추어 행동할 때 공동체에서 이 자유를 가장 잘 명시하는지를, 즉 자연적 우발성과 사회적 우연성으로부터 그들의 독립을 가장 완전하게 드러내는지를 결정해야만 한다.[60]

이 절의 앞 부분에서 인용된 이후 발표된 논문의 한 구절에서 롤스는 다음의 사실을 명백하게 기술한다. 원초적 입장의 당사자들은 주어진 목적을 극대화하는 존재가 아니라, 그들이 목적을 비판적으로 선택하고 수정하는 것을 허용하는 조건에서 그

들의 삶을 영위하는 것을 보장하는 데 최우선적인 언질을 주는 자율적인 행위자라는 점이다.[61]

그렇다면 나의 가설은 이렇다. 초기의 논문에서 롤스는 당사자들을 합리적인 경제적 행위자, 즉 주어진 고정된 선호를 극대화하는 사람으로 기술하는 경향이 있었다. 그런데 그것은 당사자들에 이러한 특징을 부여하는 것만으로 결정이론이라는 형식적인 도구를 이용할 수 있으리라는 가정에서였다. 나중의 논문과 보다 적은 정도로는 저서에서 당사자들 그리고 우리가 자유로운 도덕적 행위자인 한에서 우리 각자는 그저 효용을 극대화하는 사람이 아니라 목적을 비판적으로 선택하는 사람이라는 점을 명확히 하였다. 이로써 롤스는 자율성에 대한 칸트적인 해석을 점차 강조하였다. 이러한 변동은 차이에 반영된다. 그 차이란 『정의론』을 한편으로 하고, 다른 편으로는 「알렉산더와 머스그레이브에 대한 응답」, 「평등에 대한 칸트적인 관념」, 그리고 「목적에 대한 책임」과 같은 나중의 논문[62]에서 롤스가 일의적 선 이론을 다루는 것에서 나타나는 차이이다. 『정의론』에서 일의적 선은 최대한으로 융통성이 있는 자산으로, 즉 아주 넓은 범위의 선호를 실현하기 위한 효과적인 수단으로, 그래서 무지의 장막이 거두어지면 자신의 주어진 선호가 무엇으로 드러나게 될지 모르는 사람들에게 매력적인 것으로, 전적이지는 아니라고 하더라도 주로 제시된다. 그러나 나중의 논문에서 일의적 선은 넓은 범위의 선호를 실현하기 위한 효과적인 수단으로서만이 아니라 기본적인 선호 그 자체를 비판적으로 형성하고

수정하는 데에 필요한 조건을 제시하는 것으로 보인다.[63]

　　이처럼 당사자는 효용 극대자로서 특징이 부여되다가 목적의 비판적 선택자라는 관념으로 바뀌는데, 이러한 변동이 가지는 중요성이 낮게 평가되어서는 안 된다. 비록 여기에서 나의 목적은 오로지 롤스에 대한 맑스적인 비판을 구별하여 검토하는 것이지만, 이 변동이 롤스 저작의 두 가지 중심적인 양상을 새롭게 밝히고 있다는 점을 지적하고자 한다. 첫째, 당사자에게 효용 극대자라는 특징을 부여하는 것을 롤스가 거부했다는 점을 인정한다면, 그가 그의 원칙을 지지하기 위해 결정이론적인 논지에 여전히 의존할 수 있는가 하는 문제가 제기된다. 왜냐하면 그 논지는 그렇게 특징을 부여할 것을 요구하기 때문이다. 둘째, 롤스의 공리주의와의 논쟁은 이제 와서는 전적으로 다른 양상을 띠게 된다. 만약 나중의 논문이 강조하는 것처럼 원초적 입장의 당사자들이 효용 극대자가 아니며, 일의적 선들이 단순히 효용 극대자를 위한 선들로 이해되지 않는다면, 롤스가 인정하는 것보다 공리주의와 그의 입장을 가르는 벽은 처음부터 더 높았던 것처럼 보인다. 만약 당사자들에게 특징을 부여하는 것이 인간에 대한 비공리주의적인 관념이나 이상을 근본적으로 대변한다면, 롤스와 공리주의 사이의 주요한 논쟁은 원칙들의 선택이라는 수준에서가 아니라 당사자들에게 어떻게 특징이 부여되어야 하는지에 대한 논쟁의 수준에서 아주 초기에 제기된다. 당사자들에게 이러한 특징을 지우는 것이 일단 인정된다면, 효용 원칙이 어떻게 진지한 경합자가 될 수 있는지조차도 이해하기 어렵게 된다. 일단 우리가 나중의 논문들에서 강조된 당사자들에 대한 롤스의 특징 부여를 인정한다면, 목적의 자율적인 선택자에 적합한 원칙을 만들어내는 것이 보다 쉽게 된다. 그러나 이 이득은 롤스의 논쟁의 부담을 바꾼다는 대가를 지불함으로써 생기는 것이다. 이제 우리는 왜 원초적 입장이 효용 극대자보다는 자율적인 목적 선택자로서의 인간이라는 관념을 포함해야 하는지를 보여주어야만 한다.

당사자들은 효용의 극대자라기보다는 자율적인 목적 선택자라는 점을 롤스는 인정한다. 설령 그렇더라도 맑스주의적인 비판자들은 위의(308쪽) i), ii), 혹은 iii)의 명제에서 파악되지 않는 당사자들에 대한 롤스의 관념에는 근본적으로 개인주의적인 어떤 것이 있다고 주장할 수 있다. 말하자면, 롤스는 각각의 인간을 자신의 선의 관념을 증진하는 데 관여하고 선에 대해 다르거나 경합하는 관념을 가진 다른 이들에 반대해 그의 주장을 밀어붙이려고 하는 개인으로 본다는 것이다. 롤스적인 인간은 인간들 사이에는 이익의 차이만이 아니라 갈등이 있을 것이라고 가정하는 존재이다. 그 갈등은 심각하고 그래서 서로에 대해 밀어붙이려고 하는 주장을 판결하는 기준으로 권리 원칙을 수립할 필요가 있다. 맑스주의자는 계속해서 본질적으로 갈등적이거나 대립적인 것으로서의 인간의 상호작용에 대한 관념은 맑스의 저서에서 나타난 공동체주의적 관념과는 반대되는 것으로 개인주의적이라고 주장한다. 롤스가 개인주의적인 특징 부여가 적절하다고 가정할 때, 그는 부르주아 편견을 드러낸다는 것이다.

롤스가 인간의 본성에 대해 일시적으로 편협한 관념을 가정했다는 비판에 대한 이러한 해석은 두 가지 잘못에 근거한다. 첫째, 이러한 해석은 적절한 대비는 개인주의와 **다원주의적 관념** 사이가 아니라 개인주의와 공동체주의의 관념 사이의 대비라고 그릇되게 가정한다. 당사자들에 대한 롤스의 특징 부여와 (정의의 여건에서) 실제의 인간에 대한 그의 언급이 공동체주의적 관념이라고 일컬어질 수 있는 바를 그가 거부한다는 점을 보여주는 것은 사실이다. 그러나 공동체주의적 관념을 이렇게 거부하는 것은 개인주의에 언질을 주는 것이 아니라 단지 다원주의에 언질을 주는 것이다.

그런데 앞서 나온 용어들 각각은 다른 저술가에 의해 다양한 방법으로 사용되었다. 그리고 나는 여기서 이것들을 분류하지는 않겠다. 나는 "공동체주의자"라는 말을 거칠게 보면 인간 사회를 철저한 이익 공동체로 혹은 좀 더 강하게는 이익의 동일체identity로 보는 것으로 이해한다. 공동체주의자가 상정하듯이 사회에는 개별적 이익 사이에서나 개별적 이익과 공동의 이익 사이에서 중대한 차이가 있어서 그것이 심각한 갈등의 근거가 되거나 어떤 사람이나 어떤 집단이 상대방에 반대하여 주장을 강요할 근거가 되지 않는다. 또한 거칠게 말해 나는 "다원주의"를 공동체주의를 부정하는 것으로 이해한다. 다원주의적 관념에 따르면, 개인과 집단 사이에는 이익의 심각한 차이가 있다. 그리고 이 차이는 개인들이 자기 주장을 타인에게 밀어붙이는 것이 필요할 수 있다고 인지하는 상황에서 나타난다. "다원주의"를 이렇게 이해하면, 그것은 개인주의보다 포괄적이다. 개인주의는 이익의 차이와 갈등이 원자론적 (개인주의적) 정점에 도달하는 상황을 제시하기 때문이다. 공동체주의적 관념을 거부하는 데에서 다원주의는 주요한 갈등이 개인으로서의 개인들 사이가 아니라 집단들 사이에 일어날 수 있다는 가능성과 대부분의 개인들은 어떤 다른 사람들과 이익을 공유하거나 일치시킬 수 있다는 가능성을 열어둔다.

당사자들에 대한 롤스의 특징 부여와 정의의 여건에서 실제 사람들에 대한 그의 언급은 모두 개인주의적 관념보다는 다원주의적 관념을 드러낸다. 원초적 입장의 당사자들은 타인과의 결사의 자유, 특히 도덕적이거나 종교적인 공동체에 참여할 자유를 보호받고자 최대한의 평등한 자유 원칙에 우선성을 부여한다고 한다. 마찬가지로 앞에서 살펴보았듯이 사회적 통합이라는 선에 대한 롤스의 논의는 정의로운 사회가 집단의 다원성에 대한 틀을 제공한다는 점을 강조하면서, 개인들이 어떤 집단이나 집단들과 이익을 공유하거나 심지어 자신들의 이익을 집단이나 집단들의 이익과 일치시키는 것이 중요하다는 점을 역설한다.

맑스주의자의 반론이, '당사자들에 대한 롤스의 특징 부여나 실제 인간에 대한 롤스의 관념이 비공동체주의적이라는 것, 즉 다원주의적이라는 것'이라고 더 정확하게 서술될 수 있다는 점을 맑스주의자가 인정한다고 가정해 보자. 이 점에서 맑스주의자의 두 번째 실수가 분명하게 드러난다. 이렇게 개정된 형태에서조차 반론은 당사자들에 대한 롤스의 특징 부여와 실제 인간에 대한 그의 논의가 정의의 여건과 결부되어 있다는 사실을 무시한다. 당사자들은 근본적인 권리와 의무를 적절히 할당하는 원칙을 세우고자 한다. 그리고 그 원칙은 개인으로서나 공동체의 구성원으로서 당사자들이 서로에 대해 밀어붙일 수 있는 주장을 판결하는 데 최종적인 항소 법원으로서 쓰일 것이다. 그렇게 하는 이유는 그들이 정의의 여건 내에 존재하며, 자신들이 그 여건 내에 존재한다는 사실을 인정하기 때문이다. 마찬가지로, 정의로운 사회의 틀 내에서 공존할 수 있는 종교적이며 도덕적인 공동체의 다원성을 롤스가 논의할 때, 정의의 여건 내에서 인간 사회는 다원적이라는 주장에 롤스가 언질을 줄 뿐이다. 그런데 이것은 어떤 여건하에서 어떤 인간 사회도 하나의 철저한 이익 공동체 혹은 이익의 동일체로서 존재할 수 없다는 더 강력한 주장에 롤스가 언질을 준 것은 아니다.

게다가 우리가 우리들 자신을 정의의 여건 내에 있는 인간 사회로 국한한다면, 개인주의나 공동체주의보다는 다원주의가 정의 이론가가 다루어야 할 관념이라고 롤스가 가정하는 것은 옳다.

우리가 4장에서 보았듯이 정의의 여건은 급기야 소멸할 것이라는 명제에, 그래서 인간 사회는 마침내 더욱 조화로워져서 개인으로서, 공동체의 구성원으로서 개인들이 타인에 대해 권리의 (일반적인) 주장을 밀어붙일 필요를 인식하지 않게 될 것이라는 예측에 맑스는 언질을 주는 것 같다. 그 의미에서 맑스는 개인주의나 다원주의도 인간 조건의 영구적인 양상이 아니라고 믿는다. 그러나 롤스의 원칙이 그로 하여금 다원주의의 영속성을 지지하게 한다는 비판은 근거가 없다. 롤스는 정의의 여건에서 다원주의를 가정할 뿐이다. 이 가정은 정의의 여건이, (온건한) 희소라는 조건하에서 사람이나 집단 사이에서 양측의 주장을 심사할 원칙이 필요한 여건인 한에서는 평범한 사실이다. 이 장의 10절에서 정의의 여건의 본질과 영속성에 관한 롤스와 맑스 사이의 불일치를 좀 자세하게 탐구하고자 한다. 정의의 여건이 복음서의 빈자Gospel's poor처럼 항상 우리와 함께 있을 것이라고 롤스가 무비판적으로 가정하였다고 판명된다 하더라도, 이것은 롤스가 인간 본성에 대한 개인주의적 관념을 가정했다는 잘못된 주장과는 전혀 다른 것이다.

5. 롤스를 비판하는 좌파 중에서 몇몇은, 원초적인 입장의 당사자들이 일의적 선들을 욕망한다고 특징 짓는 것은 선에 대한 경합하는 여러 관념에 대해서 도덕적으로 중립적이지 못하다고 주장한다. 왜냐하면 그러한 당사자들이 선택한 원칙은 공동체의 가치나 연대의 가치에 커다란 중요성을 부여하는 – 맑스의 것을 포함한 – 선에 대한 특정 관념들을 경시하거나 배제할 것이기 때문이다.[64] 그러나 반론을 제기하는 사람들이 '롤스의 정의 원칙들은 여러 경합하는 선good 관념들에 대해서 중립적이지 않기 때문에 그의 이론에서 무언가가 빠져 있다'고 말하는

것이 아니라는 점이 중요하다. 정의 원칙들이 선에 대한 어떤 관념을 배제한다는 것을 롤스는 물론 동의할 것이다. 그 어떤 것도 정의롭지 않다고 배제하지 않는 정의 원칙은 쓸모가 없을 것이기 때문이다. 오히려 반론은 롤스가 원초적 입장에서 이용하고 있는 선에 대한 이론이 "엷은" 이론이어야 한다는 자신의 방법론적 가정을 어겼다는 데에 있을 것이다. 그것은 인간의 선에 대한 실질적인 관념이나 인간에 대한 규범적인 이상을 가정하지 않고 오히려 그러한 관념이나 이상들 사이에서 중립적인 이론이어야 한다는 방법론적 가정이었다.

애디나 슈워츠Adina Schwartz는 일의적 선으로서 부wealth에 몰두하는 것은 맑스적인 의미에서 참다운 공동체의 존재와 양립할 수 없다고 말했다. 그러나 롤스가 사용하는 부라는 개념은 너무 광범하기 때문에 이러한 해석에 기반한 반론은 그럴듯하게 보이지 않는다. 롤스가 부를 일의적 선의 하나로 열거할 때 그는 부를 너무 광범하게 정의하기 때문에 도서관 같은 공적 시설로의 접근 등 비개인주의적인 형태의 부를 포함하여 재화와 서비스에 대하여 사회적으로 인정되는 어떤 형태의 접근도 사실상 포함하고 있다고 설명한다.[65] 아마도 더 설득력이 있는 예는 아래의 것이다. 즉 종교의 자유와 표현의 자유 같은 어떤 주장된 일의적 선들 중에서 몇몇은 어떤 상황에서는 특정한 형태의 공동체가 번성하는 데 필요한, 또는 심지어 그 공동체가 존재하는 데 필요한 가치와 신념의 일관성과 양립 불가능할 수도 있다. 만약 그렇다면, 원초적 입장의 당사자들이 일의적 선들에 현저한 가치를 부여한다는 가정은 여러 선 관념들에 대해서 중립적인 것이 아니게 된다.

이러한 유형의 반론을 제기한 사람들은 다음과 같은 가정 하에서 반론을 제기했을 수 있다. 당사자들은 자신의 선 관념이 무엇이든지 간에 일의적 선들이 유용하다고 생각하기 때문에 일의적 선들을 욕망하는 개인적 효용 극대자들이라는 가정이다. 나중의 논문에서 롤스는 가장 분명하게 이러한 특징 부여가 적절하지 못하다는 것을 인지하고 당사자를 효용 극대자가 아니라 자율적인 목적 선택자, 즉 선에 대한 자신의 관념을 비판적으로 수립하고 수정하는 조건을 확보하는 데에 최고 서열의 이익을 가진 존재라고 기술한다. 이 점을 나는 앞의 절에서 주장했다. 이러한 특징 부여는 일의적 선에 대한 다른 정의를 암시한다는 점을 나는 또한 시사했다. 요컨대 일의적 선들이 선에 대한 광범한 범위의 관념을 성공적으로 추구하는 데 융통성이 있는 자산이기 때문만이 아니라 일의적 선들은 또한 선에 대한 관념을 비판적으로 형성하고 수정하는 데 조건을 제공하기 때문에 선들은 매력적인 것이라고 이해되어야 한다. 이 두 번째 양상은 종교의 자유와 표현의 자유에서 특히 그럴듯하다. 롤스의 비판가들이 정확하게 공격하였듯이, 바로 이 같은 특징 부여에서 롤스는, 일의적 선들은 모든 일관성 있는 선 관념에 대해서 유용할 뿐 아니라 심지어 모든 일관성 있는 선 관념과 양립 가능하다는 명제와 어긋나게 된다.

그러나 당사자에 대한 특징 부여에서 그리고 일의적 선들을

정의definition하는 데서 일어나는 이 변동은 일의적 선에 대한 당
사자들의 선호가 엷은 선 이론, 도덕적으로 중립적인 선 이론에
기초하고 있지 않다는 비판들을 반박하기보다는 확인시켜줄
위험이 크다. 이제 롤스 비판가들은 롤스가 이후의 논문들에서
강조하는 '자율적인 목적 선택자로서의 인간'이라는 칸트적 관
념은 인간 선에 대한 실질적인 관념이거나 인간에 대한 규범적인
이상임이 분명하다고, 그리하여 이러한 것을 채택함으로써 여러
경합하는 관념들과 이상들이 독단적으로 배제된다고 불평할 것
이다.

　물론 롤스는 다음과 같이 답할 수도 있을 것이다. 이러한 선
관념 혹은 인간에 대한 이상이, 정의 원칙을 선택하는 데 필요
한 적절한 조건에 관한 우리의 숙고된 판단과 가장 잘 부합하기
때문에, 그것들을 채택한다고 해서 독단적이라고 할 수는 없다
고 말이다. 그러나 다른 경합하는 선 관념 혹은 인간에 대한 이
상에 매력을 느끼는 사람들은 이 답변이 설득력이 있다고 느끼
지 못할 것이다. 그들은 자신들의 숙고된 판단들은 꽤 다르다고
항의할 것이기 때문이다.

　롤스는 훨씬 더 야심 찬 다른 답을 할 수 있다. 그는 자율적
으로 목적을 선택하는 자로서의 인간이라는 관념은 올바른 합
리성 이론의 요소이며, 혹은 적어도 그 이론의 지지를 받는다
고 주장할 수 있다.[66] 합리성이 이렇게 연결될 수 있다면, 롤스
는 다음과 같이 주장할 수 있을 것이다. 비록 당사자들에 대한
특징 부여가 경합하는 선 관념들에 대해서 중립적이지 않더라

도, 그 특징 부여는 여러 다른 선 관념들 중에서 하나를 독단적으로 채택하는 것에 그 자체로는 근거를 두지 않는다고 말이다. 롤스는 합리적인 인간은 자신의 선 관념을 비판적으로 형성하고 수정하는 데 최고 서열의 이익을 가진다고 주장한다. 그런데 합리성에 대한 이러한 이론은 롤스가 『정의론』에서 작동한다고 주장하는 합리성에 대한 엷은 경제적 관념을 훨씬 넘어서는 것이다. 이제까지 롤스는 합리성에 대한 더 광범한 이론을 제시하지 않았다. 그러나 그가 제시하지 않는다면, 정의 원칙들에 대한 그의 계약론적 논지는 인간에 대한 지지받지 않은 규범적인 이상이나 인간의 선에 대한 지지받지 않은 관념에 궁극적으로 의존하게 될 것으로 보인다.

합리성에 대한 더 풍부한 이론을 전개하려다 보면, 보다 많은 맑스주의적 반론과 부딪혀야만 한다. 다른 개인이나 계급들은 무엇이 합리적인가에 대해 화해할 수 없는 다른 개념들을 가질 수 있다는 문제가 있다. 그러나 합리성에 대한 관념들이 역사적으로 제한된 사회적 산물이라는 맑스주의적인 명제를 심각하게 받아들인다면, 한층 더 심원한 어려움이 나타난다.

그러나 합리성 관념에 관한 역사주의적 명제가 명료화되고 근거로 뒷받침되지 않는다면 이 잠재적으로 심각한 반론이 가진 힘을 평가하기는 어려울 것이다. 게다가 역사주의적 명제가 인정된다 하더라도, 그 명제가 함의하는 바가 명료하지 않다. 합리성에 대한 모든 관념이 역사적으로 제한된다면, 특정한 관념이 적절한 역사적 범위를 넘어서 적용되지 않는 한에서 이것을 지적하는 것은 그 특정한 관념에 대한 비판이 아니기 때문이다. 만일 맑스주의자가 다음을 입증할 수 있다면 롤스의 합리성 관념은 미래의 사회적 배열에 적용될 원칙들의 기초로서 더는 쓸모가 없게 될 것이다. 이 풍부해진 롤스적 합리성 관념을 낳은 사회가, 고유한 합리성 관념과 함께 새로 태어나는 새로운 사회를 위해 길을 내어줌으로써, 롤스적 합리성 관념이 시대에 뒤떨어진 것이 되었음을 맑스주의자가 입증해 보인다면 말이다. 그러나 우리가 5장에서 본 것처럼 맑스는 합리성에 대하여 사회주의적 혹은 공산주의적 관념을 전개하지 않았다. 그는 또한 그러한 새로운 관념이 어떻게 이전의 것을 대체하게 되는지에 대해 설명하지 않았다. 그러나 다음과 같은 점만은 아주 명확하다. 만약 롤스의 이론이 요구하는 합리성에 대한 보다 풍부한 관념이 역사적으로 제한된 관념이라면, 정의 원칙들의 적용 범위가 이에 상응하여 제한되지 않는다면, 그 합리성 관념이 정의 원칙들의 근거로 사용될 수 없으리라는 점이다. 9절에서 롤스의 원칙이 그가 주장하는 것보다 더욱 많이 제한적으로 적용된다는 반론에 대하여 다른 해석들을 탐구하면서, 롤스가 그의 원칙들의 범위에 대한 제한을 일부 인정하지만 특정한 합리성 관념을 택함으로써 제기되는 제한은 염두에 두지 않는다는 사실을 알게 될 것이다.

내가 이 절에서 탐구하고 있는 반론은 가장 일반적인 형태에서 보면 특별히 맑스주의적이라고 할 수 없다. 그러나 테이틀먼Teitleman과 슈워츠가 시사하듯이, 맑스의 이데올로기론은,

다음을 설명함으로써 반론을 심화하는 데 쓰일 수 있다. 자본주의 사회에서 이론가가, 논쟁의 여지가 없이 "얇은", "도덕적으로 중립적인" 선 이론을 사용한다고 주장하면서도, 묵시적으로는, 공동체주의적 이상을 배제하거나 경시하는, 인간에 대한 규범적 이상 혹은 인간의 선에 대한 관념에 의존하게 되는 이유가 무엇인지에 대해서 설명함으로써 말이다.

6. 롤스는 자신의 정의론이 수행하는 두 과제를 구별하고 있다. 즉, 이론은 이상적으로 정의로운 사회의 원칙이 무엇인가를 우리가 확인할 수 있게 해야 한다. 또한 이론은 그가 정의의 자연적 의무Natural Duty of Justice라고 부르는 것에 대한 기초를 제공해야 한다. 자연적 의무는 우리가 우리 자신을 지나치게 희생하지 않는다면, 정의 원칙을 충족시키는 제도를 증진시킬 의무를 의미한다. 리처드 밀러Richard Miller는 계급 갈등의 정도에 대한 맑스주의의 특정한 주장들이 옳다면, 롤스는 첫 번째 과제에서 성공했을지라도 두 번째 과제에서는 실패했다고 주장한다.[67]

밀러는 롤스의 주장이 다음과 같은 것이라고 논증을 하는데, 이는 매우 그럴듯해 보인다. 즉 롤스가 '이상적으로 정의로운 사회를 위한 올바른 정의 원칙들, 그리고 이상적이라고 할수는 없는 여건에서 그 원칙들을 증진한다는 약속이나 의무는 **원초적 입장에서의 가설적인 계약으로부터 나타나기 마련**'이라고 생각한다는 것이다. 롤스는 원초적 입장에서는 무지의 장막이 당사자들로 하여금 많은 개별적인 사실을 알지 못하게 하지만, 그들은 사회에 대한 일반적인 사실을 알 것이라고 주장했다. 밀러는 롤스의 이 주장에 의존하여 반론을 제기한 것이다. 그래서 맑스의 가설이 옳다면, 모든 비원시 사회들은 계급으로 분열되고, 지배계급의 이익은 피지배계급의 이익에 대립하며, 그리고 지배계급의 모든 구성원은 특징적으로 부와 권력을 많이 필요로 한다는 사실을 당사자들은 알 것이다. 밀러에 따르면 원초적 입장에서 당사자들이 이것들이 사회에 대한 일반적인 사실이라고 생각한다면, 당사자들은 자신들이 지배계급의 구성원이 될 수도 있다는 것을 깨달을 것이다. 따라서 그들은 이상적이라고 할 수는 없는 상황에서 차등 원칙을 증진하겠다고 언질을 줄 수 없을 것이다. 차등 원칙이 그들의 보다 큰 (그리고 왜곡된) 필요를 충족하는 것과 양립할 수 없기 때문이다.

만약 맑스주의 사회 이론이 옳다면, 〔특히, 지배계급의 구성원들이 부와 권력에 대한 커다란 필요를 가진다면,〕 적어도 그것이 어떤 사회에 적용되었을 때는 다음과 같은 일이 벌어질 것이다. 즉 원초적 입장에서 어떤 이들은 자신이 지배계급의 전형적인 구성원이라는 사실이 드러나면 자신이 차등 원칙을 감내하기 어려울 수가 있다는 점을 예견할 것이다. 그래서 그는 다음과 같은 점을 받아들이지 않을 것이다. 즉 차등 원칙의 실현을 돕겠다는 언질에 대한 근거로서, 이 언질은 다른 경합하는 언질들과는 다르게 그의 사회적 지위와는 무관하게 그가 지킬 수

있는 언질이라는 주장을 그는 받아들이지 않을 것이다.[68]

밀러는 대부분의 (혹은 심지어는 일부) 사회에는 과도한 필요를 가진 지배계급이 있다는 당사자들의 인식은 차등 원칙뿐만 아니라 어떤 경합하는 원칙에 대한 언질도 배제할 것이라고 시사한다. 이로써 그는 반론을 심화시킨다.[69] 계급 이익이 근본적으로 양립 불가능하다는 맑스의 명제가 당사자들에게 알려진 일반적인 사실의 하나를 기술하고 있다면, (정의롭지 못한 사회에서) 부와 권력의 분배에 대한 어떤 원칙을 지지하는 어떠한 언질도 나오지 않을 것이라는 게 밀러의 생각이다. 정의롭지 않은 사회에서 당사자들이 지배계급의 구성원일 때 받아들일 수 있는 것을, 피지배계급의 구성원이 될 경우 그들은 받아들일 수 없을 것이며, 그 역도 그러하리라는 점을 깨달을 것이다. 그래서 언질의 부담이라고 롤스가 부른 것을 고려하다 보면, 정의롭지 못한 상황에서 정의를 지지해야 한다는 의무를 계약론적으로 도출하는 것은 불가능하게 된다. 설사 당사자들이 자신들이 어느 집단에 속하는지를 모른다고 하더라도 말이다.

그러나 이 반론은 어떤 오해에 근거하는 것으로 보인다. 차등 원칙을 지지해야 하는 의무에 대한 롤스의 이상적인 계약론적 논지가 택해야만 하는 형태에 대한 오해이다. 그 논지는 아마도 이렇다. 원초적 입장의 당사자들은 이상적이지 않은 상황에서 차등 원칙을 증진하겠다는 언질의 부담을 평가한다. 그런데 다양한 대표적인 사회적 지위를 차지하는 개인들이 지는 언질의 부담들은 실제로 다양한 입장을 차지하는 사람들이 가지는 태도라는 시각이 아니라 당사자들에게 돌아가는 일의적 선들에 대한 태도라는 시각에서 지게 된다. 왜냐하면 다음의 사실을 기억해야 하기 때문이다. 즉, 당사자들에 대한 롤스의 특징 부여는 계약론적 접근법에서 결정적이며 제거할 수 없는 역할을 하는 것으로 여겨진다는 것이다. 이상적으로 정의로운 사회를 위한 정의 원칙을 확인하는 과제에서, 그리고 이상적이라고 할 수는 없는 여건에서 정의를 지지하겠다는 언질을 이끌어내는 과제 둘 다에서 말이다. 정의롭지 못한 사회에서 차등 원칙을 증진하겠다는 언질의 부담을 평가하는 것과 관련하여 다양한 사회적 지위를 차지하는 사람들의 실제적 필요와 태도에 의존한다고 밀러가 가정하는 한에서 그는 이 사실을 간과하는 것 같다.

내가 롤스를 해석하는 바로는, 당사자들은 일의적 선에 대해 선호를 가지며, 자유로운 조건에서 그들 자신의 선 관념을 수립하고 수정하는 데 최고 서열의 이익을 가진다. 그렇기 때문에 그들은, 자신이 어떤 사회적 지위에 놓여 있는지와는 무관하게 고려해야 하는 다른 원칙들에 대한 언질의 부담과 비교하여 차등 원칙을 증진하겠다는 언질의 부담은 수용 가능하다고 판단한다. 예를 들면 원초적 입장의 (롤스가 당사자들에게 귀속시키는 태도들을 가지고 있는) 당사자는 자신이 지배계급의 일원인 것으로 판명될 경우 착취적 자본주의 사회에서 차등 원칙의 충족을 증진하겠다는 의무를 다할 수 있을지를 고려해야 한다. 그러나 원초적 입장의 당사자는 자신이 착취당하는 프롤레타리아트 계급의 일원인 것으로 판명이 났을 경우 자본주의 사회에서 차등 원칙을 증진하겠다는 언질의 부담에 대해서도 고려해야 한다. 두 경우에 언질의 부담은 실제의 프롤레타리아 혹은 자본가가 아니라 오히려 롤스가 기술하는 당사자의 시각으로부터 평가되어야 한다. 일의적 선에 대한 접근과 자율적인 목적 선택자의 삶을 살 기회가 여러 다른 사회적 지위로 제한된다는 것을 그들이 느낀다면 말이다. 그렇다면 언질의 부담을 평가하는 데서 중요한 것은, 스스로를 자율적 목적 선택자로 여기고, 그렇기 때문에 일의적 선들을 지극히 중요하게 생각하는 사람이 차등 원칙을 지지할 수 있겠다고 생각하게 되는가이다.

밀러는 그의 논지의 어떤 지점에서, 당사자들에 대한 롤스의 특징 부여의 한 요소를, 혹은 오히려 롤스가 그 특징 부여의 결과라고 보는 바를 인식하고 있다. 즉, 일의적 선이 그 최소한을 초과할 가능성을 보장하기 위해 일의적 선의 보장된 최소한을 위태롭게 하지 않으려는 그들의 의지 말이다. 그러나 당사자들이 지배계급의 구성원이 될 가능성을 일단 고려하면, 이러한 보수적인 태도는 부적절할 것이라고 밀러는 주장한다. 그러한 개인들은 차등 원칙이 보장하는 최소한에 만족하지 않을 것이기 때문이다. 그러나 이 주장은 롤스의 이론에서 당사자들에 대한 특징 부여가 맡는 근본적인 역할을 헤아리지 못한 것에 근거한다. 이미 우리가 살펴보았듯이 보수적 태도는 자율적인 목적 선택자가 요구하는 사회적 조건을 확보하는 데 있어서 당사자들이 가진 최고 서열의 이익의 결과인 것으로 여겨진다는 것을 롤스는 나중의 논문에서 명확히 한다. 그러나 만약 이 점이 사실이라면, 착취적인 지배계급의 실제 구성원들이 이러한 보수적 태도를 갖고 있는가의 여부는, ─ 자기 자신을 자율적인 목적 선택자로 여기는 ─ 당사자들이 차등 원칙을 증진하겠다는 언질을 줄 것인가의 문제와는 전혀 무관하다.

　나의 해석에 따르면, 롤스는 다음과 같이 주장할 것이다. 이와 같은 최고 서열의 이익을 가지는 것으로 당사자들을 특징 부여한다는 것은, 이 이익을 충족하는 데 가장 유리한 조건을 위태롭게 하는 일에 대해서는 그들이 보수적인 태도를 가질 수 있음을 함의한다. 그리고 당사자들이 이러한 태도를 가진 것으로 인정된다면, 그들은 착취자가 될 기회를 가지는 것보다 피착취자가 될 사회 질서를 피하는 데 더 관심을 가질 것이다. 이 논지가 수긍되는지 여부와 무관하게 이 주장은 밀러의 반론에 취약하지 않다. 밀러가 맑스에게서 가져오는 갈등적인 계급 이익과 필요라는 가설을 당사자들이 알고 있다는 진술과 전적으로 양립 가능한 주장이기 때문이다. 언질의 부담 논지에 대한 밀러의 해석에서 (자율적인 목적 선택자인) **당사자들의 선호**에 대한 특징 부여가 그야말로 누락된다는 점, 그리하여 밀러의 해석 속에서는 논지에서 어떠한 역할도 하지 않는다는 점은, 밀러의 반론이 롤스를 잘못 이해한 결과임을 보여준다.

　그러나 이러한 방식으로 밀러의 반론을 피하려고 하면, 대가를 치르게 된다. 당사자들에게 자율적인 목적 선택자라는 특징을 부여하는 것과 정의롭지 못한 사회의 구성원들의 실제적인 양상 사이에는 간극이 있다. 그런데 이 간극은 차등 원칙이 아직 충족되지 않은 곳에서 실제로 많은 사람들이 차등 원칙을 증진할 동기 부여를 충분히 받을 것인지에 대해 심각한 문제를 제기한다. 바꿔 말하면, 밀러의 입장과는 달리, 롤스의 이상적인 계약이 정의를 증진할 의무를 불러일으킨다고 하더라도 그 의무에 따라 행동하는 사람들이 충분히 있을 것인가 라는 문제가 남아 있다. 나는 이 중요한 반론을 나중에(7절에서) 다루겠다. 여기에서는 이러한 반론이 밀러의 주장과는 구별되며, 롤스의 이상적인 계약주의에서 당사자들에 대한 특징 부여가 담당해야 하는 역할을 오해한 결과가 아니라는 사실만을 강조하고자 한다.

7. 롤스에 대한 같은 정도로 심각한 맑스주의적 반론의 하나는 아마도 그의 이론이 유토피아적이라는 비난일 것이다. 말하자면, 정의롭지 못한 우리 사회에서부터 질서가 잘 잡힌 롤스적 사회로 어떻게 이행할 것이며, 이행할 수 있을지에 대해 적절한 설명이 없다는 점이다.[70] 롤스가 그러한 설명에 가장 기본적인 요소들을 제공하더라도, 그의 접근은 "이상적"이다. 즉, 그의 접근은 물질적인 이익과 무엇보다도 계급이익의 지배적인 영향을 무시하면서 오로지 개인의 정의감에 의존하고 있다. 도덕적 이상이 동기를 부여하는 힘에 의존하는 유토피아 사회주의자들에 대한 맑스의 혹독한 비판은 그 힘이 줄어들지 않고 롤스에게 적용되는 것이다.

이 반론을 더 탐구하기 전에 내가 지적하고 싶은 것은 그 반론의 영향력이 부분적으로는 다음과 같은 점에 달려있다는 것이다. 과연 경합하는 여러 다른 이론들은, 사회 변화를 위한 동기 부여를 타당하게 설명하는 것을 포함하는 적절한 이행 이론을 갖고 있지 못하다는 비판으로부터 자유로운가 하는 점이다. 5장에서 나는 이행의 문제에 관하여 고유하고 실행 가능한 해법이 있다는 맑스의 논증은, 즉 내가 '동기 부여에 대한 단순한 합리적 이익 이론'이라고 부르는 것은, 근거가 없다고 주장했다. 공산주의로의 이행에 대한 맑스의 이론에 결점이 있거나 혹은 적어도 심각할 정도로 불완전하며, 그리고 도덕적 원칙에 주요한 동기 부여적 역할을 부여하는 설명으로 보완되어야 할 필요가 있을 수 있다는 점이 일단 인정된다면, 롤스의 이론이 유토피아적이며 이상주의적이라는 맑스주의자의 반론이 가지는 영향력은 크게 줄어들 것이다. 그럼에도 불구하고 맑스가 제시하지 못했다 하더라도 정의 혹은 이상 사회에 대한 이론은 이행 이론을 포함하거나 이행 이론에 의해 보완되어야 한다는 요청은 타당해 보인다. 롤스에 대한 비판은 맑스에게도 동일하게 적용할 수 있다는 지적으로써 철회될 수는 없다.

맑스주의자는 이렇게 주장할 것이다. 우리의 계급 이익들이, 무지의 장막이 요구하는 추상화 작업을 저지하거나 우리가 논증을 거쳐 롤스의 원칙들에 이르는 것을 저지하지 않는다고 하더라도, (특히 우리가 기존 사회질서의 부정으로부터 크게 이득을 본다면) 우리의 정의감이 기존 질서에 대한 충성심을 극복할 만큼 충분히 강력하지 못할 것이라고 말이다. 우리가 원초적 입장의 시각을 진지하게 채택하는 경우는 부르주아가 지성소holy of holies에, 즉 투표소에 발을 들여놓음으로서 시민citoyen이 되었을 때 일어나는 무아경의 정신적인 에피소드와 같은 것이다.[71] 불행하게도 성변화聖變化, transsubstantiation에서처럼, 모든 것에 기적적인 내적 변형이 일어난다고 주장하더라도, 모든 것은 같은 것으로 보이고 같은 맛으로 남을 것이다. 롤스의 원칙이, 자유롭고 평등한 존재로 자신의 본성을 표현하려는 존재에 의해 선택될 것을 우리가 안다고 하더라도, 우리의 사회적 지위에 의해 부과되는 동기 부여는 우리의 행위를 지속적으로 지배할 것이다. 롤스는 사회 경제적 변형들이 필요한 동기 부여의 변동을 어떻게 만들고 혹은 어떻게 가능하게 만드는지에 대한 도덕교육 이론이나 이론을 제시하지 않고 있다.

이 반론의 힘은 우리가 사회 변동의 근원, 그리고 특히 사회 변동의 동기 부여에 대한 "유물론적" 이론을 받아들이는지의 여부에 의존하지 않는다는 점에 주목하는 게 중요하다. "물질적" 기초의 변동이 어떻게 "이데올로기적 상부구조"의 변동을 가져다주어야 하는지에 대한 설명을 롤스가 제시해야 한다고 요구할 필요는 없다. 오히려 반론은 롤스의 기본 구조라는 더 광범하고 더 주의 깊은 개념으로 만들어질 수 있다. 어떻게 우리의 이익, 그리고 우리에게 가장 깊이 뿌리내린 가치조차도 기본 구조에 의해 형성되고 통제되는지에 대한 롤스 자신의 설명은, 정의감이 어떻게 사회 변동에 효과적인 힘이 될 수 있는지에 대한 설명을 요구한다.

적절한 이행 이론은 두 가지 주요한 구성 요소를 포함할 것이다. (a) 서술적인 요소. 이는 적어도 정의로운 사회로의 이행이 가능한 조건을 상술하는 동기 부여 이론을 포함한다. 그리고 (b) 규범적 이론. 이는 이행을 위해 우리가 해야 하고, 할 수 있거나, 할 수 없는 것을 상술한다. 현재 롤스의 이론은 첫 번째 구성요소를 결여하고 있으며, 두 번째는 시작하는 정도에 그치고 있다. 자유의 사전적 우선성은 정의로운 사회를 위하여 우리가 노력할 수 있는 방법에 도덕적 제한을 가한다. 그러나 롤스가 상술하지 않은 물질적인 안녕과 정치 문화의 시발점에 도달한 이후에 자유의 우선성이 통용되기 때문에 이 제한은 그 이후에만 작동된다. 마찬가지로 기회의 공정한 평등의 사전적 우선성도 최대한의 자유의 원칙이 요구하는 바가 완전히 충족된 후에 정의로운 사회로의 이행에 도덕적 제한을 가한다. 롤스가 밝히는 이행에 대한 다른 유일한 규범적 원칙은 정의에 대한 자연적 의무라는 원칙으로 이 원칙에는 내용이 없다. 이것은 적어도 우리 자신의 커다란 희생 없이 정의로운 제도를 확립하고 보전할 수 있다면, 우리는 그렇게 해야만 한다는 사실을 말할 뿐이다.

롤스의 정의 원칙이 질서가 잘 잡힌 사회로의 이행에 어떤 직접적인 방법으로 적용되는 규범적 원칙으로서가 아니라 오히려 질서가 잘 잡힌 사회에 대한 원칙으로 제시되었다는 점을 우리가 상기한다면, 놀랄 만한 결과가 나타난다. 말하자면, 롤스의 견해가 유토피아적이라는 비난을 받게 한 바로 그 양상이

다른 표준적인 맑스주의의 반론을 약화하는 경향이 있다. 시민적·정치적 권리, 특히 언론자유에 대한 권리와 투표권에 자유주의가 두는 우선성은 사회를 혁명적으로 전환하는 데 장애가 될 수 있다고 맑스주의자는 종종 비난한다. 계급 없는 사회로 이행하는 동안에 이들 권리를 일시적으로 침해할 필요가 있을 수도 있기 때문이다. 그러나 롤스 자신에게 이행에 대한 발전된 이론이 없기 때문에 시민적, 정치적 권리의 축소를 금지하는 것에 대해서 롤스는 어떤 윤곽이 잡힌 명확한 입장을 주장하고 있지 않다. 실제로 첫 번째 원칙의 우선성에 대한 롤스의 조건은 그러한 축소가 필요할 수 있음을 명백하게 인정하고 있지만, 축소가 허용되는 여건을 아주 모호한 방식으로 기술할 뿐이다.

8. 롤스의 이론은 맑스가 혹독하게 공격했던 하나의 단순한 가정을 전통적인 자유주의 이론과 공유하는 것으로 보인다. 즉, 시민적·정치적 평등이 커다란 사회·경제적 불평등과 양립할 수 있다는 가정이다. 이 교의는 최대한의 평등한 자유의 원칙과 차등 원칙을 롤스가 구별하는 것에서 드러난다. 전자는 시민적·정치적 권리의 엄격한 평등을 요구한다. 반면에 후자는 사회·경제적 불평등이, 어떤 사회적·일의적 선에 대한 최열위자들의 기대를 최대화하는 한에서 그 불평등을 허용하는 것이다. 우리는 자본주의에 대한 맑스의 내적 비판을 (4장에서) 논했다. 4장에서 본 것처럼 모두가 평등한 시민적·정치적 권리를 가진 곳에서도 부와 권력의 불평등은 다른 개인들이 그 평등한 권리를 행

사할 수 있는 효과성에서 심각한 불평등을 가져다준다고 맑스는 지적했다. 이로써 맑스는 정치적 해방의 한계를 강조하였다. 보다 많은 부와 그 부가 수반하는 권력을 가진 개인들은, 강압, 뇌물수수, 혹은 선거 사기와 같은 불법적인 행동에 호소하지 않고서도, 자유 언론과 정치적 참여의 권리를 타인들보다 더 효과적으로 행사할 수 있다. 롤스의 이론은 맑스가 자유주의 이론 일반에서 특징적이라고 생각했던 결함을 구체적으로 보여주는 것 같다. 롤스의 이론이 평등한 시민적·정치적 권리와 사회·경제적 불평등을 뚜렷이 구별하고, 후자의 불평등은 허용하면서 전자에 절대적인 우선성을 둠으로써 말이다.

노먼 다니엘스Norman Daniels는 맑스주의의 이 비판을 롤스의 이론에 적용하려고 진지하고 통찰력 있는 시도를 하였다.[72] 다니엘스에 따르면, 맑스가 정치적 해방의 한계라고 부르는 것을 우리가 심각하게 받아들이면, 롤스의 최대한의 평등한 자유의 원칙과 차등 원칙은 근본적으로 양립 불가능할 수 있다고 우리는 결론을 내려야만 한다. 차등 원칙이 허용하는 사회·경제적 불평등은 롤스의 첫 번째 원칙이 요구하는 평등한 자유와 양립 불가능할 수 있다. 그래서 다니엘스는 롤스가 양립 불가능한 것을 양립 가능하게 하려는 시도에서 자유와 자유의 값어치 worth of liberty 사이의 구별을 도입한다고 시사한다.[73]

롤스에 따르면, 어떤 사람 P에게 자유liberty L (혹은 자유 freedom F)의 값어치는 "체제가 정의하는 틀 내에서 〔그의〕 … 목적을 추진하는 〔그의〕 능력에 비례한다."[74] 해당 체제는 법적으로 보장되는 자유로 이해되는 뚜렷한 일련의 권리를 확립하는 제도들의 복합체이다. 롤스가 이를 항상 명확하게 표명한 것은 아니다. 그러나 언론의 자유나 정치적 자유를 지칭할 때, 그는 어떤 방식으로든 간섭받지 않고 어떤 활동을 하는 법적으로 보장된 자유를 말한다. 따라서 나는 롤스가 자유와 자유의 값어치를 구분하는 것을, 그가 첫 번째 원칙이 가지는 사전적 우선성을 논하는 맥락에서 이해할 것이다. 즉 자유 L이나 F에 대해 법적인 권리 R을 가지는 것과, 어느 목적이든 자신의 목적을 추구함에 있어 그 권리를 행사하는 것이 가지는 효과성 사이의 구분으로 이해하고자 한다.

다니엘스에 따르면, 롤스는 평등한 권리와 권리의 행사에서 나타나는 불평등한 효과성을 구분함으로써 첫 번째 원칙과 차등 원칙의 양립 불가능성이라는 "문제를 회피"하려고 시도한다. 그런데 그 시도는 성공적이지 않았다.[75] 롤스의 생각은 "불평등한 부와 불평등한 권력은 〔말하자면, 시민적·정치적 권리의 대한〕 자유 그 자체의 불평등을 야기하지 않고 자유의 값어치에서 〔말하자면, 그 권리가 행사될 수 있는 효과성에서의〕 불평등만을 야기한다…."라는 것이라고 다니엘스는 말한다.[76]

그런데 롤스에 따르면 원초적 입장에서 당사자들로 하여금 평등한 시민적·정치적 권리를 선택하게 하는 이유들이 있다. 바로 그 이유들이 권리들의 행사의 효과성에서 불평등을 허용하지 않도록 마찬가지로 강력하게 작용한다고 주장함으로써 다니엘스는 위 전략이 실패한다는 점을 보여준다.

다니엘스의 반론에 효과적으로 대응할 수 있는 두 가지 양상이 롤스의 이론에 있다. 첫째, 평등한 시민적·정치적 권리에 대한 롤스의 사전적 우선성은 조건적이라는 사실의 중요성을 과소평가한 것으로 보인다. 롤스가 기술하기를

> 사전적 서열화의 토대에는 만약 당사자들이 자신의 기본적인 자유〔즉, 첫 번째 원칙이 구체화한 시민적·정치적 권리〕가 효과적으로 행사될 수 있다고 가정한다면, 그들은 보다 적은 자유〔즉, 보다 덜 광범한 체제의 시민적·정치적 권리〕를 경제적 안녕에서의 증가 때문에 교환하지 않을 것이라는 생각이 있다. 사회적 조건들이 이들 권리의 효과적인 확립을 허용하지 않을 때에만 사람들이 이들 권리의 제한을 인정할 수 있는 것이다. 그리고 이 제한들은 자유로운 사회를 위한 길을 마련하는 데에 필요한 한에서만 인정될 수 있다. …〔강조 추가〕[77]

이 문구가 시사하는 바는, 엄격하게 말해, 당사자들은 평등한 시민적·정치적 권리라는 원칙을 선택하지 않는다는 점이다. 오히려 그들은, 조건들이 시민적·정치적 권리들의 효과적인 행사를 허용하는 한에서, 그 조건들의 확립을 위해 노력한다는 언질을 하면서, 시민적·정치적 권리들에 사전적 우선성을 부여하기를 선택한다는 것이다. 그러므로 평등한 권리와 그 권리의 효과적인 사용에 대한 조건에서의 불평등 사이의 불일치라는 문제에 답할 수 있는 자원은 첫 번째 원칙의 우선성을 옹호하는

논지에 이미 담겨 있다. 앞 절에서 우리가 지적했듯이 우선성 조건에 대한 롤스의 특징 부여가 모호하기 때문에 초래되는 난점이 심각하지만 말이다.

당사자들은, 사전적 우선성에 대한 조건으로, 권리가 모든 사람에 의해 엄격하게 **동등한** 효과성을 가지고 행사될 수 있다는 요구를 선택할 것이라고 롤스가 말하지 않았다는 점은 사실이다. 그러나 사실상 보다 엄중한 이 조건이 이치에 맞지 않을 수 있다. 우선, 여러 다른 개인이 **동등한** 효과성을 가지고 권리를 행사할 수 있는지 (즉, 권리들이 동등한 값어치를 가지는지) 여부는 선에 대한 그들 각각의 관념이 무엇인지, 그리고 해당 개인의 능력을 비롯한 개인적인 특성에 부분적으로 달려 있다. 바꿔 말하면, 주어진 권리가 여러 다른 개인에게 동등한 효과성 혹은 동등한 값어치를 가지는지의 여부는 많은 다른 요소에 달려 있는데, 그 요소들 가운데 사회적 통제나 규칙에 맡기는 것이 가능하지 않거나 바람직하지 않은 것도 있다. 따라서 **동등한** 효과성(혹은 값어치)이라는 목표는 얻을 수 없고, 부적절하며, 그리고 심각한 자유 침해를 부추길 수 있다. 오히려, 효과성이나 값어치에서 용납할 수 없는 불평등이란 무엇인지를 설명하는 것이 필요하다. 그리고 이것이 롤스가 "공정한 값어치"라는 문구로 나타내려고 한 것일 수 있다.

다른 한편, 평등한 시민적·정치적 권리가 "효과적으로" 행사되거나 모든 사람에게 "공정한 가치"가 있을 때에만 그 권리들은 사전적 우선성이 있다는 개념은 애매하다. 그리고 효과성과 값어치에서 용납 가능한 불평등의 정도와 영역이라는 문제에 조만간에 직면하게 된다. 그럼에도 적어도 그것은 가능성을 남겨두는 미덕을 가지고 있다. 요컨대, 엄밀하게 동등한 효과성에는 아직 다다르지 못한 어떤 수준에서는 차등 원칙이 포괄하는 종류의 더 큰 사회 경제적 이득을 위하여, 동등한 효과성을 목표로 하는 움직임을 중단하는 것이 합리적일 수 있다는 가능성을 열어둔다.

다니엘스에 대한 대한 두 번째 응답은, 원칙 실행 모형의 분배 부문의 기능에 관한 롤스의 설명에 기초할 것이다. 이 기능들에는 다양한 과세 조처, 그리고 "… **정치적 자유의 공정한 가치에 해로운 권력의 집중을 방지하기**"[강조 추가] 위하여 "재산권을 조정하는 것"이 포함된다.[78]

그런 다음 롤스는 정치적 자유의 "공정한 가치"를 유지하기 위한 적절한 정책에는 증여와 상속의 권리 제한이 포함되고, 아마 누진세 제도도 포함될 것이라고 말한다. 비록 롤스가 정치적 자유의 공정한 값어치 혹은 가치라는 개념을 더 명료하게 하지 않지만, 정치적 권리 행사의 **동등한 효과성**이라는 이치에 맞지 않는 목표를 지지하지 않으면서도 다니엘스가 제기한 문제에 대한 해법에 쓰일 재료를 제공하려 했다는 점은 충분히 분명해 보인다.

그렇다면 롤스의 첫 번째 원칙의 우선성 조건과 권력의 집중을 막기 위해서 재산권 제한이 필요하다는 그의 언급은 다음과 같은 맑스주의적 반론에 대하여 효과적인 답변으로 발전될 수 있을 것 같다. 롤스가 다른 자유주의 이론가들과 마찬가지로 시민적, 정치적 권리들의 효과적인 행사에 필요한 사회 경제적 조건들을 고려하지 않은 채로 시민적, 정치적 권리들의 중요성을 과장했다는 비판 말이다. 그러나 다니엘스의 논지는 롤스적 응답들이 성공적으로 전개될 수 있다고 하더라도 중요하고 놀랄 만한 결론에 도달한다. 롤스는 차등 원칙이, 부와 권력의 불평등에 가장 중요한 제한들을 가할 것을 요구한다고 추정하는 듯 보이는데, 이는 잘못이다. 오히려 롤스의 이론에서 가장 강력한 평등주의적 공세는 첫 번째 원칙이나 그 원칙이 사전적 우선성을 가질 수 있는 조건들을 확립하겠다는 언질로부터 도출될 수 있다. 만일 평등한 시민적·정치적 권리의 효과적인 행사가 (다른 상황에서라면 차등 원칙이 허용할) 부와 권력의 불평등과 양립 불가능한 것으로, 경험적인 사실을 통해 드러난다면, 차등 원칙은 아예 작동하지 않을 수도 있다.

이것은 롤스의 이론으로부터 도출되는 언질과, 사회에 관한 그의 경험적 판단을 인정한다면 그의 원칙들이 적용되어야 한다고 그가 생각하는 방식을 구별하는 것이 필요하다는 점을 보여주는 결정적인 또 하나의 사례이다. 롤스가 정치적 권리의 효과성을 위해 요구되는 바를 과소평가했다 하더라도, 효과성과 그러한 권리의 가치가 사회·경제적 요소에 의존한다는 점을 그의 이론이 인지하고 있다는 사실이 지극히 중요하다. 그것은 맑스주의자가 자유주의 정치 이론의 주요한 결점이라고 올바르게 생각하는 바를 피하는 방식으로 롤스의 이론을 전개하는 시도들을 가능하게 한다.

9. 롤스의 이론이 역사적으로 한정된 합리성 관념에 의존하는지의 여부와는 무관하게 맑스주의 사회 이론은 롤스의 원칙이 적용되는 범위에 대하여 또 다른 도전을 제시한다. 비록 롤스가 "우리의" 정의감을 명료하게 하는 데만 관심을 가진 것처럼 보이지만,[79] 그는 어디에선가 자신이 보편적으로 타당한 정의 원칙을 제시한다고 주장한다.[80] 그러나 물질적인 기반과 이데올로기적인 상부구조 사이의 관계에 대한 맑스의 분석은 보편적으로 타당한 정의 원칙은 있을 수 없다는 사실을 두 가지 연관된 이유에서 보여준다.

(i) 첫째, 주어진 정의 관념은 다만 특정한 생산 양식에 대한 이데올로기적인 지지와 더불어 나타나며, 그것을 지지하는 데 사용된다. 그리고 생산 양식은 일시적인 역사적 산물이기 때문에 어떤 주어진 정의 관념은 모든 시대 모든 사회에 있어 모든 사람 혹은 모든 합리적인 개인들에게조차 유효하지 않을 것이다. 예를 들어, 자유언론에 대한 평등한 권리의 결여는 아즈텍 사회에서의 부정의였다거나 또 알렉산더 대왕이 최열위자들의 전망을 최대화하였던 체제를 확립하지 못함으로써 정의 원칙을 침해했다고 말하는 것은 조리에 맞지 않는다. 어떤 원칙들이 보편적으로 타당하다는 주장은 주어진 사회에서 적어도 몇몇 사람은 원칙들에 부합하게 행동하려고 노력하는 게 가능하다는 것을 암시한다. 그러나 그 원칙들이 상황의 역사적 한계 때문에

사람들이 이해하기 어렵게 되면, 주어진 일련의 정의 원칙에 따라 행동하려고 하는 것조차 가능하지 않게 된다. 그러나 롤스의 원칙을 포함하여 어떠한 일련의 정의 원칙에 관해서도 마찬가지일텐데, 그 원칙들을 고려하는 것조차 가능하지 않은 사회, 나아가 채택하는 것은 더더욱 어려운 사회가 있을 것이다. 따라서 보편적으로 타당한 정의 이론을 제시했다는 롤스의 주장은 잘못이다.

실제로 롤스에 대한 문제는 더욱 깊어진다. 정의가 — 롤스의 전반적인 접근에서 근본적인 개념인 — 선택의 대상이라는 개념 자체가 자본주의에 선행하는 전통적인 사회의 구성원에게는 이해되기 어려울 것이다. 그러한 사회에서 롤스가 기본 구조라고 부르는 것은 자연적이거나 신적인 질서의 — 변경할 수 없으며 인간의 작용이 미치지 않는 — 일부분으로 보인다. 그러한 사람들에게 기본 구조를 위한 원칙을 선택한다는 생각은 우리가 우주 역학의 법칙을 선택한다는 개념을 생각할 때처럼 의미가 없을 것이다. 더군다나 자본주의 이전 사회에 사는 사람들에게 자신의 선 관념과 근본적인 가치에 대해 책임을 지는 비판적인 목적 선택자가 되어야 하며 그것이 다른 무엇보다 중요하다는 생각은 생소할 것이다.

하나의 구별을 인정하면, 롤스의 보편성 주장을 거부하는 첫 번째 이유는 극복될 수 있다. 어떤 정의 원칙 J가 어떤 주어진 사회 S에서 타당하다고 말할 수 있는 두 가지 방식을 우리는 구별할 수 있다.

a) 만약 S에서 사람들이 J를 이해하고 그리고 적어도 그들의 상호작용 혹은 더 일반적으로 그들의 사회 제도를 통제하는 규범적인 원칙으로서 J를 고려하는 것이 심리적으로 가능하다면, J는 S에 타당하다.

b) 만약 J를 이해하고 그것을 S에 적용하는 적절한 사실을 아는 이들에 의해 J가 S에서의 상호작용이나 제도를 평가하는 데 조리 있게 쓰일 수 있을 때에만, J는 S에 타당하다.

어떤 정의 원칙은 조건 (a)를 충족시킬 수는 없지만, 조건 (b)를 충족시킬 수는 있다. 예를 들면, 비록 고대 그리스의 노예주가 "야만인"과 그리스인 모두에게 동등한 권리를 요청하는 정의 원칙을 이해할 수 없었던 것이 사실이라 하더라도, 고대 그리스에서 노예제는 정의롭지 않다고 말한다고 해서 조리에 맞지 않다고 할 수 없을 것 같다. 만약 통제할 수 없는 이유로 인해 주어진 사회의 구성원들이 어떤 정의 원칙을 이해하거나 진지하게 여길 수가 없었다면, 그 경우에 그 원칙들을 침해했다고 그들을 비난하는 것은 적절치 않을 수가 있다. 그럼에도 불구하고, 한 사회에 살았던 사람들을 도덕적으로 비난하는 데 어떤 규범적 원칙을 사용하는 것은 적절치 않다는 점을 인정하면서 그 사회를 비판하고 평가하는 데 그 원칙을 사용하는 것은 아무런 문제가 없다.

사실상 맑스도 자율적이며 사회적으로 통합된 공산주의적 인간이라는 비법률적이며 규범적인 이상을 사용하여 계급으로 분열된 과거의 사회들을 비판할 때, 이 같은 구분을 이용한 것 같다. 맑스는 중세와 고대의 사회에서 개인들에게 비난을 돌리지 않고 그들이 소외를 극복하고 착취를 종식시켰어야 한다고 암시하지 않고서도 중세의 종교적인 소외와 고대 노예제의 착취를 비난하는 것이 적절하다고 생각한다.

(ii) 두 번째 형태의 반론에 대해서는 답이 쉽게 나오지 않는다. 그것은 롤스의 정의 관념을 포함하여 어떠한 주어진 정의의 관념들도 전문화라는 한계를 겪는다는 명제에 달려 있다. 요컨대, 정의에 대한 어떤 관념이라도 특정한 생산 양식에 적응되고, 그리고 오직 그것에 적응된다. 이 적응은 특이한 생산 양식의 기능에 기여하는 어떤 역할을 담당하는 것으로 구성된다. 예를 들어, 맑스 시대의 자본주의에서 지배적인 정의 관념은 그 생산 양식에 특이한 사회제도, 특히 임금 노동이라는 중요한 제도를 설명하고 정당화하는 데에만 이바지할 수 있었다. 모든 사회에서 필요한 정당화 역할을 할 수 있는 어떤 하나의 정의 관념이 없기 때문에 모든 사회에 적용되는 어떠한 중요한 정의의 관념도 있을 수 없다.

롤스의 원칙 중에는 어떤 사회에는 적용될 수 없다고 여겨질 수 있는 양상이 있는데, 이 양상에 초점을 둠으로써 아마 이러한 맑스주의적인 반론은 보다 구체적이 될 수 있을 것이다. 마이클 테이틀먼Michael Teitleman은 롤스의 원칙들이 다루는 일의적 선 중에서 어떤 것들은 특정한 종류의 사회에서만 가치가 있다고 주장함으로써 그 원칙들의 보편성을 공격하였다. 이 반론을 차등 원칙에 적용하면서, 테이틀먼은 "부와 권력은 어떤 종류의 사회에서는 개인의 목적을 달성하는 데 본질적일 수 있지만, 다른 종류의 사회에서는 아니다."[81]라고 했다. 마찬가지로 어떤 사회는 정치적 참여의 권리가 전제하는 정치적·법적 제도들이 없으며, 그리고 롤스가 첫 번째 원칙에 포함하는 다양한 정당한 법적 절차를 받을 권리들due process rights이 없기 때문에 롤스의 첫 번째 원칙은 모든 사회에 타당할 수가 없다고 맑스주의자는 주장할 것이다.

이 시점에서 롤스주의자는 반론이 일련의 오해에 근거한다고 답할 것이다. 첫째, 우리가 앞에서 보았듯이 「선성에 대한 공정성」에서 롤스는 다음과 같이 지적한다. 차등 원칙이 부와 권력에 대한 문화적으로 구속된 선입관을 드러낸다는 비판은 근거가 없는데, 왜냐하면 일의적 선으로서의 부는 가능한 한 넓은 의미에서 이해되어야 하고 재화와 서비스에 대한 사회적으로 인정된 "개인주의적" 접근으로 한정되지 않기 때문이다.

더군다나, 롤스는 차등 원칙의 타당성이 제한적이라고 비판하는 사람들은 위에서 설명한 광범한 부 개념을 '부유하다'는 상대적인 개념과 혼동한 것일 수 있다고 암시한다. 다른 사람에 비해 구매력에서 상대적인 우위를 향유한다는 의미로 부유하고자 하는 욕망은 일시적으로 편협한 열망일 수 있지만, 그것은 어쨌든 롤스가 차등 원칙을 부유해질 전망에 맞추고 있지 않기 때문에 관련이 없다. 마찬가지로 홉스와 다른 이들이 타인에 대한 권력 욕구는 부르주아보다는 인간 본성이 가진 양상이라고 잘못 가정하였다고 하더라도, 이 반론은 롤스의 견해에 반하여 제기될 수 없다. 왜냐하면 롤스가「선성에 대한 공정성」에서 지적한 것처럼 차등 원칙에서 말하는 권력은 "권력과 기회" 혹은 "권력과 특권" 같은 표현과 관련된 권력이기 때문이다. 이때 권력이라는 용어는 자신의 의지를 타인에게 강제한다는 좁은 의미의 능력이 아니라 스스로의 계획을 달성하는 수단으로 작용하는 능력을 의미할 뿐이다.[82]

롤스의 첫 번째 원칙이 규정하는 권리들 중에서 일부는 어떤 사회에도 없는 제도들을 전제로 하기 때문에 그 원칙은 보편적으로 타당할 수가 없다는 비난도 오해에 근거한 것으로 보인다. 롤스는 최대한의 평등한 자유의 원칙이 보편적으로 타당하다고 주장하지 않는다. 그 원칙의 우선성에 대한 그의 조건은, 평등한 시민적·정치적 권리 체제가 요구하는 조건들이 부재한 사회들도 있을 수 있다는 점을 분명하게 인정한다. 그러한 여건에서는, 정의는 평등한 권리가 효과적으로 행사될 수 있는 조건을 만들어내는 노력을 해야 한다는 사실을 요구할 뿐이다.

그러나 롤스가 기껏해야 특정한 여건에 놓인 특정한 사회에서만 타당한 원칙들이 보편 타당하다고 주장했다는 비판을 거부할 더 깊은 이유가 있다. 이 비난은 롤스가 정의의 여건에 놓인 사회와 그렇지 않은 사회를 구별했다는 점을 무시하고 있다. 정의 원칙은 특정한 상황에서만 필요하다는 롤스의 인정은, 아무리 넓게 말해도 정의 원칙은 정의의 여건에 놓인 모든 사회에서 타당할 뿐이라는 점, 그리하여 모든 가능한 사회에서 보편

타당한 정의 원칙은 존재하지 않는다는 점을 분명하게 시사한다. 롤스가 "정의는 정의의 여건에 있는 사회제도의 첫 번째 덕성"이라기보다는 **무조건적으로** "정의는 사회제도의 첫 번째 덕성"이라고 밝혔을 때,[83] 그의 원칙에 대한 이 중요한 제한을 불명료하게 했던 것에 대해서는 롤스 자신이 비난을 받을 수 있다. 이것이 사실임에도 불구하고, 관대하게 읽으면 우리는 맑스의 공산주의처럼 정의의 여건을 넘어서는 인간 사회의 가능성을 롤스가 열어두었다는 점을 인정하게 된다.

그렇다면 롤스가 보편성에 대해 잘못된 주장을 한다는 비난은, 엄밀하게 검토해 보면 잘못된 전제에 근거하는 것처럼 보인다. 최대한의 평등한 자유의 원칙은 특정한 사회적 조건하에서만 정의의 첫 번째 우선성이라는 견해를 그가 피력하고 있고, 정의의 여건은 인간 실존에서 제거할 수 없는 양상이 아닐 수 있다는 점을 그가 인정하기 때문에, 그는 보편적 타당성을 명백하게 부인하고 있다. 게다가 롤스의 원칙이 갖는 특정한 양상들로 인해서, 그 원칙들이 정의의 여건 속에 존재하는 사회 중에서 일부에는 제한적으로만 적용된다는 사실을 보여주려는 시도들은 설득력이 없어 보인다. 롤스의 원칙들이 포괄하는 일의적 선들은 너무나 광범하기 때문에 만약 맑스주의자가 그 원칙이 정의의 여건에 놓여 있는 모든 사회가 아니라 일부 사회를 평가하는 데만 적용될 수 있다는 주장을 하려면 더 많은 논증이 필요하다.

그럼에도 불구하고, 롤스가 모든 인간 사회에서 정의의 여건이 통용되지 않을 수 있다는 가능성을 인정하더라도, 현재 그리고 예측할 수 있는 미래에 존재하는 모든 실제 인간 사회는 이 여건하에 있으며 있을 것이라는 점을 논증이나 토론이 없이 롤스는 가정하는 것 같다. 그가 사회 철학의 주요 과제를 정의 이론의 확립이라고 보는 것은 - 그가 검토한 적이 없는 - 이 가정 때문이다. 그러나 정의의 여건이 퇴행적인 것이 되어가고 있으며 정의 관련 질문들에 집착하는 것은 정의 원칙들을 필요로 하지 않는, 풍요와 조화가 더욱더 큰 폭으로 증진된 사회를 향한 우리의 진전을 방해할 뿐이라는 맑스의 생각이 옳다면, 롤스의 가정이 무해하다고 볼 수 없다. 반대로 그것은 정의라는 문제를 해결하는 생산에서의 변화 가능성을 보지 못하게 하면서 정의라는 해결할 수 없는 문제에 우리가 관심을 갖게 함으로써 이데올로기적인 목적에 이바지하는 것이다. 이러한 해석의 반론이 가지는 힘은 물론 정의라는 문제의 퇴행성에 대한 맑스의 견해가 얼마나 타당한가에 달려 있다. 이 견해가 롤스의 기획에 던지는 부담은 다음 마지막 절에서 보다 자세히 고려할 것이다.

10. 앞에서 제기한 맑스주의적 반론들 중에서 마지막 것을 제외하고 모든 반론은, 모든 정의 이론에 대한 맑스주의적 비판과는 다른, '뚜렷하게 맑스주의적인 정의 이론'이 존재한다는 명제와 양립할 수 있다.[84] 그러한 의미에서 이 반론들은 롤스의 이론에 반대해 제기될 수 있는 가장 근본적인 맑스주의적인 반론들은 아니다. 4장에서 내가 주장한 것처럼 맑스의 가장 근본적

인 비판은 다음의 것들이다. (i) 사회 조직에 대한 기본적인 처방 원칙으로서 정의 원칙들이 필요하다는 것은 생산 양식에 보다 깊은 결점, 그러나 교정 가능한 결점이 있다는 사실을 나타낸다. 말하자면, 이 결점들이 공산주의적 생산 양식의 대두로써 일단 교정된다면, 정의 문제는 사라질 것이다. (ii) 정의 문제는 정의 원칙을 이용함으로써 해결될 수 없다. 즉, 그러한 원칙들을 필요로 하는 바로 그 여건들 때문에 그 원칙들은 의도된 일을 할 수 없게 될 것임이 분명하다. (iii) 정의 원칙은 자본주의와 자본주의를 대체하는 사회 사이의 이행기에 주요한 동기 부여 역할을 하지 않을 것이다. 혁명 투쟁의 성공은 법적인 개념이 동기 부여에 호소하는 것이 아니라 물질적 기반의 변화, 그리고 이에 상응하여 프롤레타리아가 자신의 이익은 체제 전복을 요구한다는 사실을 인정하는 것에 달려 있다. 기껏해야 부르주아 정의 원칙에 대한 내적 비판은 그러한 원칙들이 기존의 질서에 부여하는 이데올로기적인 지지를 일소함으로써 자기이익에 충실한 프롤레타리아의 행동을 위한 길을 제시할 수 있다. 반면에 최악의 경우에, 정의 원칙에의 호소는 혼란을 주고, 분열을 초래하며, 자본주의와 공산주의의 대비가 가지는 근본적인 특징을 모호하게 한다.

다음 장에서 정의 이론 일반에 대한 세 가지 가장 근본적인 맑스주의적 반론 각각이 자세하게 검토될 것이다. 그들 가운데 어느 하나도 그 상태로는 설득력이 없다는 것이 나의 주장이다. 롤스의 이론에 대한 건전한 비판으로서 (i), (ii)와 (iii)을 수용하지 못하는 주요한 이유들을 여기서 아주 간단하게 개략적으로만 진술하고자 한다.

(i)의 난점은 정의 여건의 본질에 대한 가정에 있다. 첫째, 맑스는 이기적 상호작용이 불필요하게 희소한 자원에 대한 계급 갈등에 연유한다는 이유만으로 정의의 원칙들에 의존한다고 생각하는 것이 분명하다. 둘째, 희소성은 계급 철폐와 더불어 크게 줄어들 것이며, 이기적인 투쟁은 공동체적인 조화에 길을 양보할 것이라고 맑스는 생각했다. 이 두 주장은 기껏해야 의심스러운 것이다. 첫 번째 것은 갈등이 이기적이지는 않지만 심각하여 계급 갈등이 없어도 정의 원칙을 사용할 필요가 있는 이익이나 이념의 갈등이 있을 수 있다는 사실을 명백하게 무시한다. 완벽한 이기주의자 혹은 완벽한 공리주의자의 사회에서조차 공동선이 무엇인지 혹은 최대 다수의 행복을 얻을 방법이 무엇인지에 대한 의견의 불일치가 격렬해질 수 있다. 사실상 맑스는 어떤 이기주의와도 연관이 꼭 필요하지 않은 권리 주장이라는 개념이 가지는 두 가지 주요 기능을 무시하는 것 같다. 적대적인 이기주의자들 사이의 경계선으로서 혹은 계급 억압의 도구로서 이바지하는 것 이외에 권리 주장은 (a) 타인의 선을 증진하려는 노력에 대한 제약(예들 들면, 온정주의에 대한 제약)으로서 그리고 (b) 사회 복지, 즉 집합체의 안녕을 최대화하기 위하여 행해질 수 있는 바에 대한 제한으로서 기여할 수 있다. 반면에 롤스는 정의의 여건이 이기주의도 계급 갈등도 전제하지 않는다는 점을 인정한다.

희소성이라는 문제에 대한 맑스의 가정이 모호하다는 점을 다시 강조하는 것이 중요하다. 비록 생산수단을 공동으로 통제하는 체제가 현재의 체제보다 더 효율적이라는 점이 드러난다고 하더라도, 희소성의 문제가 크게 줄어들지는 명확하지 않다. 만약 영양과 주거 같은 기본적인 재화에 대한 모든 사람들의 현재의 필요가 충족된다면, 다른 목적의 추구에 필요한 시간과 자원을 둘러싼 경쟁이 아마 남아 있을 것이며, 그러한 경쟁은 이기적일 필요가 없다. 두 가지 예를 들면, 인간의 생명을 늘리고 개선하려는 의학 연구는 우주 탐험이 그러한 것처럼 거의 무한정한 자원을 빼앗는 것처럼 보인다. 더군다나 사회 구성원들이 어떤 주어진 시대의 권리 원칙에 호소하지 않고 사회적 자원을 이용하는 방법에 대해 의견의 일치를 보게 된다고 하더라도, 미래 세대에 대한 의무라는 문제가 남아 있다. 우리가 지금 "미래 세대에 대한 정의 문제"라고 지칭하는 아주 복잡한 일련의 논쟁을 맑스가 감지하였다는 사실도, 그리고 그 문제를 다루는 데에는 법적인 관념이 요구될 것이라는 타당해 보이는 가설을 맑스가 고려하였다는 사실도 맑스가 말하는 바를 통해서는 지적되지 않는다.

롤스가 (ii)와 (iii)라는 반론을 충족시키는지의 여부를 정하기 위해서는 두 가지 문제에 답해야 한다. 첫째, 원칙들이 효과적으로 이행된다면, 기본적 권리와 의무를 비독단적으로 할당하며 경쟁적인 요구에 공정하게 판결하는 원칙들을 롤스는 제시하는가? 둘째, 정의 원칙들이 효과적으로 이행될 수 있는 방법을 롤스가 적절하게 설명하고 있는가?

첫 번째 문제에 답하기 위해서는 정의로운 사회에 대한 롤스의 이론을 철저하게 평가해야 한다. 그러한 과제는 여기서 근접할 수조차 없다. 그러나 이 정도는 말할 수 있을 것 같다. 롤스의 질서가 잘 잡힌 사회는 계급으로 분열된 사회에 대한 몇몇 가장 근본적인 맑스주의의 비판들로부터 자유로울 것이다. 차등 원칙은 최열위자의 전망이 최대화될 것을 요구하고, 공정한 기회의 평등 원칙은 사회적 지위와는 무관하게 직무와 지위에 공정한 접근을 보장할 것을 요구한다. 그런데 두 원칙이 요구하는 바를 충족하는 것은 소수에 의한 다수의 착취와 양립할 수 없다. 만약 차등 원칙이 소득만을 포괄하는 것으로 좁게 해석된다면, 임금 증대는 지속적인 착취와 양립할 수 있다고 맑스가 주장한 것처럼 차등 원칙을 충족하는 것은 최열위자 집단에 대한 착취를 배제하지 않는다고 주장할 수 있다. 그러나 일단 차등 원칙이 일련의 보다 광범한 사회적·일의적 선들을 포괄하고 공정한 기회의 평등 원칙과 결합된다면, 이 반론은 타당해 보이지 않게 된다.[85] 그러나 1절에서 논의한 문제는 남아 있다. 즉, 차등 원칙이 요구하는 바는 주어진 사회의 전통, 제도, 사회적 힘 그리고 역사적 상황에 달려 있을 것이라고 롤스는 주장했다. 이 주장은 기존의 부정의가, 무엇이 최열위자들의 전망을 최대화할 것인가를 결정하는 데서 불균형적인 역할을 할 가능성을 제기한다.

두 번째 문제에 대한 답은 내가 앞에서 주장했듯이 이제까지 롤스는 정의로운 사회로의 이행을 달성할 방법에 대하여 적절한 설명 같은 것을 하지 않았다는 점이다. 바로 여기에서 정의로운 사회의 실현 가능성을 염두에 두는 철학자는, 마음이 내키지는 않지만, 그 가능성을 찾기 위하여 경험적인 심리학과 사회학이라는 생소한 영역에 이끌리게 된다. 비록 대부분의 영미 철학자보다 롤스가, 정의 이론가는 인간의 동기 부여와 정치과정에 대한 경험적 일반화에 의존해야 한다는 점을 더 인정하고 있다. 그러나 그는 이제까지 이행 이론을 경험적으로 제시하지 않았다. 만약 유토피아 사상에 대한 맑스주의의 반론이 규범적인 이론에는 기본적인 실현가능성의 조건이 있어야 한다는 점을 표현한다면 (그리고 이런 지적은 타당해 보이는데), 현재로서는 롤스 이론에 주요한 요소가 빠져 있는 셈이다.

IV

정의와 권리라는 관념에 대한 맑스의 보다 근본적인 비판은 갈등의 본질에 대한 가정, 그리고 롤스가 지지하지 않는 증대되는 풍요와 사회적 조화에 대한 예측에 근거를 둔다. 이러한 기본적인 불일치에도 불구하고, 두드러지는 유사성이 있다. 유사성을 강조하기 위하여, 롤스의 저작에 있는 맑스적 주제 두 가지를 재검토하고자 한다. 그 하나는 자율성, 그리고 사회 제도가 개인의 신념과 가치에 행사하는 형성적인 영향 사이의 관계에 대한 특별한 관념이다. 다른 하나는 노직이 정의의 역사적 원칙들이라고 부르는 바를 거부하는 것이다. 롤스는 기본 구조의 중요성을 설명할 때 이 두 가지 맑스주의적 주제를 결합한다.[86]

맑스처럼 롤스에게는 자율성, 그리고 사회제도의 형성적 영향 사이의 관계에 대한 개념이 있다. 이 개념은 결정론적이지도 않고, 주의적voluntarism이지도 않으며, 오히려 이 둘 다의 요소를 결합하고 있다. 개인의 신념과 가치는 개인을 둘러싸고 있는 사회적 틀에 의존한다는 맑스의 명제를 롤스는 받아들인다. 그리고 정의 이론은 이 기본적 사실을 어떻게든 고려해야 한다고 그는 주장한다.

정의 이론은 사람들의 목표와 열망이 어떻게 형성되는지를 고려해야 한다. … 사회의 제도 형태는 그 구성원에 영향을 미치며, 있는 그대로의 사람의 종류만큼이나 그들이 되고 싶은 사람의 종류를 대부분 결정한다. 사회 구조는 또한 사람의 야망과 희망을 다른 방식으로 제한한다 ; 그들은 충분한 이유로 사회구조 내에서의 자신의 지위에 따라 자신을 보게 되며 그들이 현실적으로 기대할 수 있는 수단과 기회를 고려할 것이기 때문이다. 그래서 어떤 경제 체제regime는 기존의 욕망과 열망을 충족하는 제도적 틀일뿐만 아니라 미래의 욕망과 열망을 형성하는 방식이기도 하다. 일반적으로 기본 구조는 어떤 선에 대한 관념을 가진 사람들이 형성한 어떤 형태의 문화를 사회 체제가 시간이 지나면서 생산하고 재생산한 방식을 형성한다.[87]

맑스와 롤스는, 위와 같은 견해를 [이 두 사람의 사상과] 별개의 것으로 이해하고 개인의 목적은 "부분적으로" 사회적 힘에 의존한다는 제한적 문구를 무시하면서 이들을 사회경제적 결정론이라고 비판하는 사람들로부터 공격을 받았다. 그러나 맑스와 롤스는 우리의 목표와 열망을 형성하는 사회 구조에 대한 의식적인 통제를 통하여 ─ 그리고 그렇게 함으로써만 ─ 자율성이 달성될 수 있다고 믿는다. 롤스의 이론에서는 원초적 입장에서 선택되는 원칙에 기본 구조를 종속시킴으로써 우리는 자율성을 달성한다. 맑스가 볼 때, 인간의 사회적 환경의 기초를 형성하는 사회적 생산력을 집단적으로 통제함으로써 인간은 완전한 해방을 얻는다.

두 번째 근본적인 맑스주의적 주제는 현대 자유지상주의 이론이 "역사적" 정의 원칙을 강조하는 것에 대한 롤스의 비판에서 분명하게 나타난다. 노직에 따르면, 유일하게 타당한 정의 원칙들은 역사적인 원칙들이다.[88] 이 원칙들은 어느 재화들을 가지는 것이 정의로우며, 어느 것이 정의롭지 않은지를 명시한다. 역사적 원칙에는 두 가지가 있을 뿐이다. 즉, (i) 획득에서의 정의 원칙(원초적인 전유original appropriation)과 (ii) 이전transfer에서의 정의 원칙이다. 첫 번째 원칙은 아무도 가지지 않은 재화는 개인이 무엇이든 전유할 자격이 있다는 점을 기술한다. 즉 개인이 전유하는 데 폭력이나 사기가 없거나 아직 결정되지 않은 어떤 관련되는 의미에서 그 전유가 다른 사람의 상황을 "악화시키지" 않는다면 말이다.[89] 두 번째 원칙은 타인으로부터의 자발적인 이전의 결과로 (교환 혹은 선물로) 받은 어떤 재화도 개인은 가질 자격이 있다는 것이다. 그 타인들이 그들이 이전하는 것에 대해 자격을 갖고 있는 한에서 말이다.

그런 후에 노직은 이 원칙들이 인정된다면, 그리고 이 원칙들에 한해서만 인정된다면, 정의는 회귀적으로recursively 정의될 수 있다고 말한다.

1) 획득에서의 정의 원칙에 부합하게 소유물을 획득한 사람은 그 소유물에 자격이 있다.

2) 이전에서의 정의 원칙에 부합하게 소유물을, 그 소유물에 대한 자격을 가진 어떤 사람으로부터, 획득한 사람은 그 소유물에 자격이 있다.

3) 1)과 2)의 (반복된) 적용에 의한 것을 제외하고는 어느 누구도 소유물을 가질 자격이 없다.

획득과 이전에서의 정의 원칙들은 다음과 같은 이유에서 역사적이라고 한다. 획득과 이전에서의 정의 원칙들은, 정의로운 것과 정의롭지 않은 것에 대해서, 실제로 일어났던 전유와 이전들의 역사적 결과에 의존해서 판단하기 때문이다. "정의로운 단계에 의해 정의로운 상황에서 일어난 것은 무엇이든 그 자체로 정의롭다."[90]

롤스는 이 견해에 따르면 "부정의가 야기된다고 생각되는 유일한 방식은 이 원칙들의 고의적인 침해로부터 혹은 원칙이 요구하는 바에 대한 실수, 무지 그리고 그 비슷한 것으로부터 연유하는 것이다."라고 진술한다.[91] 그런 다음에 롤스는 맑스가 노동자와 자본가 사이의 교환은 양자가 "자발적으로" 교환에 들어갔기 때문에 정의롭다는 견해를 공격한 것과 같은 이유에서 이 입장을 공격한다.

우리가 사회적 상황과 사람들의 사회적 상호 관계는 공정하게 도달되고 완전히 존중된 자유로운 동의에 부합하여 시간이 흐름에 따라 전개된다는 처음에는 매력적으로 보이는 생각을 가지고 시작한다고 가정해 보자. 솔직히 우리는 언제 동의가 자유로우며, 동의에 이르는 사회적 상황이 공정한지를 설명할 필요가 있다. 게다가 초기에는 공정할 수 있지만, 많은 독립된 그리고 외면상으로 공정한 동의들이 축적된 결과는 사회적 경향과 역사적 우연성과 함께 충분한 시간이 경과하면 시민들의 관계를 변경하기 쉽게 되어 자유롭고 공정한 동의의 조건이 더 이상 견지되지 않는다. 기본 구조에 속하는 제도들의 역할은 개인과 결사의 행동이 일어나는 정의로운 배경적 조건을 확보하는 것이다. 이 구조가 적절하게 통제되고 조정되지 않는다면, 특정한 거래가 그 자체로 보아서는 아무리 자유롭고 공정하게 보일지라도, 초기의 정의로운 사회과정은 결국에는 정의롭지 않게 될 것이다.[92]

롤스가 연속적인 개인적 거래에만 천착하는 것을 부적절한 정의 관념으로 여기며 거부하는 것은 사실이다. 반면, 맑스는 인간의 자유와 실현에 대한 이상이라는 관점에서부터 그것을 공격하는데 그는 그 이상을 정의라는 개념과 분리시키려고 끊임없이 노력하였다. 그러나 이러한 차이에도 불구하고 맑스와 롤스는 정의의 역사적 원칙들이 다음과 같은 점을 무시한다는 점을 공히 강조한다. "자유로운" 개인적 거래들이 시간이 흘러 누적되어 개인이 자율적 삶을 살 기회들에 용납하기 어려운 제한을 가하는 사회 체제가 만들어질 수도 있다는 것이다.

우리가 살펴보았듯이, 몇몇 좌파 비판가들은 롤스의 저작을 자유주의, 즉 그들이 믿기에 교정할 수 없을 정도로 결점이 많은 정치 이론의 단순한 변형으로 보는 경향이 있다. 그러나 롤스가 자유주의에 대한 표준적인 맑스주의적 반론들에 공격받기 쉽다는 것을 보여주려는 시도들은 어떤 경우에는 롤스의 이론에 대한 오해에서 비롯된다고 나는 주장했다. 몇 가지 두드러진 예들에서 롤스가 자유주의 이데올로기에 속박되어 있다고 가정하는 이들은 롤스의 저작이 기본적인 맑스주의적 주제를 구체화하고 있다는 사실을 이해하지 못했다.

그럼에도 위에서 고려된 적어도 네 가지의 맑스주의적 비판은 롤스의 이론에 지극히 심각한 문제를 제기한다. 요컨대, (1) 정의 원칙들의 계약론적인 도출은, 다른 원칙들 중에서 공동체와 연대라는 맑스주의적 덕성을 두드러지게 하는 원칙을 독단적으로 배제하면서, 인간의 선에 대한 하나의 실질적인 관념이나 인간에 대한 하나의 규범적인 이상을 가정한다는 반론 ; (2)

롤스의 이론은 정의로운 사회로의 이행에 대한 이론이 없기 때문에 그의 이론은 유토피아적이라는 불평 ; (3) 롤스의 체제가 경제적 평등에 대한 시민적·정치적 평등의 의존을 낮게 평가한다는 비난 ; 그리고 (4) 어떤 배열들이 최열위자들의 전망을 최대화할 것인가를 결정하는 노력은 무한정으로 많은 대안들 사이에서 헤아릴 수 없는 비교를 요구하거나 기존의 불평등에 의해 부당하게 제약받을 것이라는 반론이다. 이 반론들이 가장 효력 있는 형태로 잘 다듬어졌을 때 롤스의 이론에 치명적일지를 이 시점에서는 알기는 어렵다. 맑스의 사상이 롤스의 체제에 심각한 도전을 제공한다는 점은 분명한 것 같다.[93]

7장
발전적인
비판적 결론

I

앞 장들에서 나는 맑스의 평가적 관점을 설명했으며, 헤겔에 대한 맑스의 응답의 틀 내에서 정의와 권리에 대한 맑스의 입장, 소외와 착취에 대한 그의 이론, 그리고 혁명적 동기 부여에 대한 그의 이론을 재구성했다. 나는 맑스가 세 가지 주요한 명제들을 포함하고 있는 권리와 정의에 대한 매우 급진적인 입장에 언질을 주고 있다고 주장했다. 그것은 (i) 정의 또는 권리에 대한 개념들이 자본주의에서 공산주의로의 혁명적 이행에서 주요한 동기 부여적인 역할을 담당하지 않을 것이라는 점, (ii) 공산주의 사회 – 자발적이고 사회적으로 통합된 개인들의 사회 – 는 정의나 권리에 대한 (일반적인) 개념들이 사회적 관계들을 구성하는데 어떤 의미 있거나 주요한 역할을 하는 그러한 사회가 아닐 것이라는 점, (iii) 정의와 권리의 개념들에 대한 필요성을 가져다주는 상황은 그러한 개념들에 대한 수요가 적절하게 충족될 수 없는 바로 그 상황이라는 점이다.

나는 또한 덜 급진적 해석을 구별하였는데, 그 해석은 텍스트의 상당한 지지를 받고 있다. 이에 따르면 맑스는 권리나 정의에 대한 개념들이 공산주의 사회에서 중요한 역할을 담당할 가능성을 열어 두었다. 그리고 맑스는 권리와 정의에 대한 부르주아적인 개념을 거부하고 설사 법률적 개념들이 공산주의에서 등장한다 할지라도 이 관계들이 강제적인 제재를 필요로 하지 않을 것이며, 이 개념들이 공산주의로 이행하는 데 어떤 주요한 역할도 하지 않을 것이라는 점을 명확히 하는 것에만 관여하였다.

4장에서 나는 급진적 해석을 선택했다. 그리고 나는 맑스의 몇몇 공격이 단지 정의와 권리에 대한 부르주아 개념에 반대했다거나 아니면 강제력으로 뒷받침된 권리들에 반대한 것이 아니라 그가 권리와 정의 관념 자체라고 간주한 것에 반대했다는 점을 논의했다. 6장에서 법률적 개념들에 대한 맑스의 비판을 평가하는 작업을 시작하였다. 거기서 나의 전략은 내가 이용할 수 있는 가장 포괄적이고 그럴듯한 정의론 —『정의론』에서 상술되고 나중의 여러 개의 논문들에서 전개된 롤스의 이론 — 이라고 내가 생각하는 것을 비판함으로써 맑스의 비판의 위력을 평가하는 것이었다. 그 장의 주요 결론은 다음과 같다. 맑스주의적 관점에서 롤스에 대해 개진되었던 많은 반대들이 설득력이 없다. 그러나 동시에 맑스의 작업은, 롤스가 만족스러운 답을 하지 못한, 그리고 만일 답변이 어떤 식으로든 이루어지기만 한다면, 롤스의 이론에 중대한 변화를 요구할 수도 있는, 여러 진지한 반론들에 자료를 제공한다. 나는 이 장에서 다음의 사항들을 주장할 것이다. 급진적인 해석과 온건한 해석 모두에 대한 맑스의 견해는 중요한 반대들의 비판을 받기 쉽다는 점, 그리고 이 반대들이 사회적 갈등의 원천에 관한 맑스의 믿음에 필요한 지지를 제공함으로써 응답될 때까지 법률적 개념들에 대한 맑스의 비판은 불안정한 토대에 의존할 것이라는 점이다.

II

급진적 해석에 따르면, 맑스는 권리를 전적으로 경계를 표시하는 것으로 간주했다. 권리는 피할 방법이 있는 극심한 희소성의 여건에서 경쟁하는 이기주의자들을 분리시키며, 서로의 선 good에 대한 책임을 면제해준다. 또 권리는 국가의 강제적 보장을 통해 지배 계급이 생산수단 통제를 유지하도록 지원함과 동시에, 계급 갈등이 노골적인 전쟁으로 분출되는 것을 저지한다. 맑스는 명백히 다음과 같이 생각했다. 이것들이 권리를 규정하는 기능이며, 그래서 권리 개념은 계급사회에서 그러한 이기적 갈등에 대처하는 데만 소용이 있다고 말이다. 우리가 곧 보게되듯이, 맑스는 권리에의 호소로서 다루어져야 하는 갈등의 종류를 좀더 넓게 이해하는 것에 기초한, 그리고 서로 다른 사회역사적 여건에서는 서로 다른 권리가 필요할 가능성을 인정하는, 상이한 ― 그리고 좀더 매력적인 ― 권리 개념의 필요성을 고려하지 못했다.

어떤 권리가 있는지 혹은 어떤 환경에서 어떤 권리가 있는지 같은 문제는 제쳐두고, 우리는 앞에서 논의된 다소 형식적인 권리 개념에 대해 다시금 생각해야만 한다. 우리가 4장에서 보았듯이 이 개념은 핵심 요소 세 가지를 포함한다.

a) 어떤 것을 권리로 주장함은 어떤 것을 어떤 사람의 당연한 권리로 요구하는 것과 같다. 즉 어떤 사람이 자신이 바라는 어떤 것으로서 그것을 요구하기보다는 자신이 자격이 있는 어떤 것으로 요구하는 것이다. 그리고 어떤 권리에 대한 침해는 권리

를 지닌 사람에 대한 침해이다. 사과나 보상 혹은 용서가 이 사람에게 이루어져야 한다.

b) 권리에 대한 정당화된 주장들은 복지에 대한 단순한 고려보다 우선한다. 사회복지이든 권리 담지자 자신의 복지이든 간에 말이다.

c) 권리들은, 동료집단으로부터 사회적 압력이나 공적 검열, 혹은 필요하다면, 강제 (물리력이나 물리력의 위협) 등과 같은 적절한 제재를 통해 지원받을 수도 있다.

맑스가 이러한 형식적인 권리 개념의 요소들에 대해 명백하게 진술하지는 않지만 — 그러나 그 대신에 그는 이기주의자들을 분리하고, 다른 사람들의 어려운 입장을 무시하는 자유를 제공하며, 계급지배를 유지하는 경계표시자로서의 권리를 비판하는 데 집중한다 — 내가 생각하기에 그는 권리 개념을 삼분하여 분석한 위 내용에 반대하지 않을 것이다. 칸트, 헤겔과 더불어 맑스를 배출한 독일의 전통에서 첫 번째와 세 번째 요소들은 일반적으로 인정되었다. 두 번째 요소는 칸트[1]와 로크에 대한 맑스의 비판과 프랑스와 미국 헌법에서 천명된 인간의 권리에 대한 맑스의 맹렬한 비난에서 맑스가 다루었던 권리 개념에서 나타나고 있다. 여기에서 권리는 국가와 사회가 개인의 자유를 제한하려고 하거나 아니면 그 개인의 선이나 공공선의 이름으로 개인의 선들을 전유하려고 할 경우에, 국가와 사회에 대항하여 개인이 요구하는 근거로 간주된다. 게다가 헤겔의 시민사회 분석에 대한 우리의 해석은 다음의 사실을 나타낸다. 헤겔은 권리, 특히 사유재산에 대한 권리와 직업선택의 권리를 복지의 극대화와 심지어 객관적 자유의 극대화와 같은 다른 목적들에 우선하는 권리로 간주했다. 마지막으로 우리가 4장에서 살펴보았듯이 헤겔과는 다르지만 독일 전통의 다른 사람들처럼 맑스는 권리 개념을 또한 엄격한 보편성을 함축하는 것으로 간주했을 수 있는데, 그 이유는 그가 주어진 권리 개념이 모든 시대와 장소에 유효하다는 주장을 종종 공격하였기 때문이다. 그러나 우리가 또한 살펴보았듯이 그의 공격의 중요한 요소들은 엄격한 보편성의 주장에 주목하였던 것이 아니라, 그가 권리의 기능이라고 간주했던 것과 권리들이 필요하게 되는 역사적 상황에 주목했다는 점이다.

맑스가 공산주의는 권리들에 의존하지 않을 것이라는 급진적 명제를 주장했다는 점을 납득하지 못하는 사람들은 이 장의 비판이, 강제력으로 뒷받침된 권리들은 이기심과 계급 분할로 특징 지어진 사회에서만 필요하며, 맑스가 공산주의로 칭한 민주적 사회조직 형태에서는 필요하지 않을 것이라는 좀 더 온건한 테제를 향하는 것으로 간주할 수도 있다.

이러한 맑스 해석이 타당하든 그렇지 않든 간에 권리에 대한 강제적인 제재가 이기심과 계급 갈등에 대처하기 위해서만 필요하게 된다는 좀 더 온건한 이 견해조차도 여전히 아주 심한 일반화라는 점을 강조하는 것이 중요하다. 공산주의 사회에서 권리 원칙에 중요한 역할이 있을 수 있지만 (궁극적으로) 강제의 위협으로써 권리들을 지지할 필요는 없을 것이라는 점을 인정하는 맑스주의자는 입증해야 할 무거운 짐을 지고 있는 것 같다. 권리들이 이기주의와 계급투쟁에 그 원인을 두고 있지 않은 문제들에 대처하기 위해 필요할지도 모른다고 한다면, 권리에 대한 강제 제재의 필요성이 이기주의와 계급 갈등으로 인해서만 발생한다고 가정해야 할 이유는 없다. 강제 제재들이 이기주의와 계급투쟁에 의해 영향을 받지 않는 상황에서 필요하게 될 것인가 하는 문제는 하나의 경험적인 문제이다. 그리고 이 문제는 비강제적인 제재들로 충분한 상황들을 명확히 말할 수 있는 확정적인 이론이 없는 경우에는 대답할 수 없다. 그러나 내가 앞에서 언급했듯이 맑스는 권리가 이기주의나 계급투쟁을 전제하지 않는 조정과 갈등의 문제에 대처하는 데서 하는 역할을 고려하지 않았다. 또한, 그는 강제적 제재들이 필요하지 않은 상황에 대한 하나의 이론을 제공하지도 않는다. 그는 가능한 비강제적 제재 장치들을 개략적으로 언급하지도, 이 장치들의 효력의 범위와 한계를 논의하지도 않았다. 필요한 것은, (일반적인) 권리 개념이 필요하지 않은 이유를 설명하거나 (일반적인) 권리 개념이 필요하다면 이 개념이 강제 제재를 요구하지 않을 것이라는 이유를 설명하는, 공산주의 사회 조직 이론이다.

아주 간단히 말하자면, 권리에 대한 맑스의 공격의 주요 결함은 이렇다. 맑스는 (a), (b), 그리고 (c) 요소를 포함하는 어떤 개념이 반드시 필요할 수도 있다는 점을 보지 못했다. 심지어 이기심과 계급 분할이 갈등의 유일하거나 아니면 주요 원천이 아닌 곳에서도 말이다. 이 세 요소를 포함하는 어떤 개념이 필요하게 되는 조건들은 맑스가 추정한 것처럼 그렇게 협소하게 정의되지 않는다. 이기심이나 계급 갈등을 전제하지 않고도 형식적 권리 개념이 할 수 있는 적어도 5개의 서로 다른 유형의 기능이 있다. 게다가 이 기능들 가운데 어떤 것도 권리가 엄격히 보편적이라거나 모든 시대와 조건에서 타당성을 갖는다는 의미에서 "영구적"이라고 전제하지 않는다. 형식적 개념에 따라 이해된 권리는 다음과 같은 것에 이용될 수 있다.

i) (예를 들어, 소수자 보호를 위한) 민주적 절차들에 대한 제약으로서 혹은 민주적 절차에의 참여를 보장하는 수단으로서,

ii) 온정주의에 대한 제약으로서, 즉 우리가 개인에게 혜택을 주기 위해 한 개인의 자유에 언제 그리고 어떻게 간섭할 수 있는가에 대한 제한으로서(혜택이 복지나 자유 혹은 이러한 것들의 어떤 조합으로 이해되는 곳에서),

iii) 사회복지 또는 자유 같은 공동선의 어떤 다른 설명specification을 최대화하기 위해 행해질지도 모르는 것(그리고 그것이 행해질 수 있는 방법)에 대한 제약으로서,

iv) 강제나 다른 징벌이 공공재(기술적 의미에서)를 제공하는 데 사용될지도 모르는 방법들을 제약하는 안전장치로서,

v) 미래 세대에 제공할 우리 의무들의 범위와 한계를 명시하는 하나의 방식으로서.

내가 앞서 언급했듯이 이 기능들에 이용되는 권리 원칙들이 강제 제재를 요구하는지의 여부는 특별한 상황에 달려 있을 것이다. 공산주의에서 비강제적 사회 조정에 대한 발전된 이론이 부재한 상황에서 이 기능들이 강제 제재 없이 성공적으로 달성될 수 있다고 하는 가정은 부적절하다.

(i) 권리의 이 기능들은 III절에서 고려될 것이며, 거기서 우리는 맑스의 민주적인 사회 조정 개념을 검토한다.

(ii) 맑스가 친숙했던 전통에서는 권리들이 우리가 다른 사람들에게 혜택을 주기 위해 행할지도 모르는 것에 대한 제약으로서 호소되지 않았다 할지라도, 이것은 이제 권리 개념의 가장 중요한 기능 가운데 하나로 인식된다. 그러나 온정주의에 대한 제약으로서의 권리들의 필요성은 이기심이나 계급 분할을 전제하지 않는다. 온정주의적 정당화들이 종종 이기적인 행위를 감춘다는 점, 그리고 다른 계급에 의한 한 계급의 착취가 빈번하게 온정주의적 논의에 의해 합리화된다는 점은 사실이다. 하지만 그렇다고 하더라도 **진정으로** 온정주의적 행위를 제한할 필요가 있는 많은 경우가 있을 수 있다. ― 심지어 어떤 사람 자신의 선을 위해서라도 그 사람에게 혹은 그 사람을 위하여 행해질 수 없는 것이 있다는 생각이 지극히 유용하거나 필수불가결한 그런 경우들이다. 사실 다른 사람들에 대한 관심이 우리 사회에서보다 훨씬 더 강한 사회에서 온정주의가 야기하는 개인의 자율성에 대한 위협은 훨씬 더 클지도 모르겠다. 그리고 그러한 권리들이 강제 제재를 요구하는지에 관한 문제는 비강제적인 선

택의 효력에 달려 있을 것이다.

맑스주의자는 이렇게 응답할지도 모른다. 온정주의는 공산주의에서 중요한 문제가 되지 않을 것이다. 그 이유는 개인이 **자율적 행위자**로서 서로에게 관심을 가질 것이고, 그래서 한 개인의 복지를 최대화하기 위해 그 사람의 자유를 제한하지 않을 것이기 때문이다. 이 응답은 설득력이 없다. 왜냐하면, 이 응답은 온정주의적 행위가, 복지가 자유나 자율성과 대조되는 식으로 아주 협소하게 해석되는 곳에서 어떤 사람의 복지를 최대화하고자 한다는 잘못된 가정을 하고 있기 때문이다. 맑스주의적 공산주의 사회에서 혹은 자율성을 중히 여기는 어떤 사회에서, 온정주의에 대한 가장 위험한 경우는 개인의 자유가 개인의 전반적인 자율성이나 미래의 자율성을 높이기 위해 제한되는 그런 경우일 수 있다. 사실 객관적 자유에 대한 헤겔의 설명과 헤겔의 설명을 선구자로 삼는 파시즘 이론 모두는 다음의 사실을 분명하게 한다. 즉 사람들의 자유는 사람들의 복지뿐만 아니라 사람들의 자유라는 명목으로 심각하게 박탈당할 수 있다. 게다가 우리 사회에서 소수자와 "정신적 질병을 가진 사람들"의 자유에 대한 가장 엄중하고 문제의 소지가 있는 간섭 중에 몇몇 간섭들이 이른바 이들의 장래의 자율성을 위해 부과되었다는 점이다. 아마도 더 중요하게는 이기심과 계급 갈등이 존재하지 않는 곳에서조차도, 자율성이라는 이상에 대한 이해에 대해서, 그리고 특정한 여건들에서 이 이상을 추구하기 위해 요구되는 바가 무엇인지에 대해서 사람들은 서로 생각이 다를 수 있다.

(iii) 맑스에 따르면, 공산주의에서 사회적 결정들은 공동선 (혹은 마찬가지로 애매모호하게 전체로서의 사회의 선)을 목표로 삼을 것이다. 여기서 공동선은 개인의 선에 더 이상 대립되지 않는다. 2장에서 소외되지 않은 사회에 대한 맑스의 비전에 대한 분석에서 우리는 다음과 같은 사실을 보여주었다. 공산주의에서 획득되는 공동선은 사회복지의 최대화와 같은 의미가 아니다. 만약에 후자가 맑스가 생각한 바와 같은 자율성과 구별된다면 말이다. 우리가 살펴보았듯이 맑스는 일정한 수준의 복지, 즉 음식·거주·기타 등등의 기본적 욕구의 만족은 인간에게 적당하고 인간이 선호하는 그러한 종류의 자유를 위한 필요조건이라고 믿기 때문이다. 일단 인간들이 왜곡되지 않은 의식을 획득했다고 한다면 말이다. 그러한 의미에서 공동선이나 사회적 선에 대한 맑스의 관념은 하나의 복지적 구성요소를 포함하고 있지만 공리주의적 개념과 동일하지 않다.

맑스가 생각하기에 공산주의는 "각 개인의 발전이 모든 사람의 발전을 위한 조건인" 그런 사회가 될 것이다. 이러한 언급과 이와 유사한 개략적인 언급으로부터, 맑스가 완전한 이해관계의 일치나 조화를 예견하고 있는지 혹은 좀 더 급진적으로 이해관계의 동일성을 예견하고 있는지를 분명히 파악하기는 어려울 것 같다. 전자가 좀 더 증거가 허약하기는 하지만 더 타당해 보이는 예측이다. 그런데 맑스는 공산주의에서 개인적인 차이들이 있을 것이라고 말하고 있다. 그래서 공산주의에서는 이해관계의 일치나 조화가 존재해서 공동선을 최대화하기 위해 행해질 수 있는 것에 대해 법률적인 제약을 가할 권리 개념이 필요하지 않을 것이라는 주장으로 이해하는 게 최선으로 보인다.

개인들의 선과 타인들이나 사회 전체의 선 사이의 중대한 분기가, 생산수단 통제를 위한 계급투쟁이라는 조건하에서 이기적인 상호작용의 결과로만 발생한다고 생각할 부득이한 이유는 없다. 어떤 집단도 생산수단에 대한 배타적인 통제를 하고 있지 않은 철저한 이타주의자들의 사회에서조차도 공동선이 무엇이고 공동선이 어떻게 달성될 수 있는지에 대해 심한 불일치가 있을 수 있다. 그리고 타인들이 공동선과 이 선의 달성 방법에서 경쟁적인 관념들을 지지하거나 심지어 그것과 자신을 동일시하는 한에서 개인들의 이해관계는 갈등을 일으킬 것이다. 그 갈등이 이기적이지도 않고 계급에 기반을 두고 있지 않을 경우에도 말이다.

다른 한편으로, 공산주의에서는 이해관계의 조화보다는 오히려 일치identity가 있을 것이라는 훨씬 더 강한 전제를 맑스의 생각으로 여긴다고 하더라도, 모든 사람이 자신의 선으로 가지는 그러한 선을 최대화하기 위해 행해질 수 있는 것에 대한 제약으로서 이해되는 권리 원칙이 필요하지 않다는 결론이 나오지는 않는다. 여기에서도 공유된 선의 구체적인 내용을 채우는 방법과 이것을 달성하는 가장 좋은 수단들에 대해서 비이기적인 불일치가 있을 수 있기 때문이다. 법률 원칙들(혹은 강제력으로 뒷받침된 법률 원칙들)이 그러한 불일치에 대처하는 데 필요할 것인지의 여부는 선험적으로 결정될 수 없다.

(iv) 내가 5장에서 주장하였듯이 이기심과 계급 분할이 부재하거나 최소한으로 존재하는 사회에서조차도 강제가 공공재화를 공급하는 데 필요하게 될지도 모른다. 제재나 다른 형벌이 인구통제나, 천연자원 혹은 에너지 보존 같은 어떠한 공공재화를 확보하는 데 공산주의에서 필요로 될 수 있다는 점을 인정한다면, 권리 관념이 필수불가결하다는 것이 증명되는 두 가지 방식이 있다.

첫째, 권리 개념은 강제나 다른 형벌을 통해 공급을 보장하는 것이 허용되는 공공재 부분집합subset의 범위를 정하는 데 필요할지 모른다. 어떤 주어진 사회에서는 일련의 공공재 집합이 무한정으로 클 수도 있다. 그리고 공공재 자격을 가진 어떤 것을 확보하는 데 강제나 형벌을 사용할 수 있는 포괄적인 권한을 허용하는 것은 아주 억압적이 될 것이다. 우리 사회에서 우리는 다음의 사실을 인식하고 있다. 강제는 국방이나 천연자원 보존과 같이 공공재를 지키기 위해 필요하다면 정당화될수도 있지만, 일부 사람들이 사소하다고 생각할 재화를 제공하기 위해 필요하다는 이유만으로는 강제가 정당화될 수 없다. 공공재 문제가 이기심과 계급 분할에 그 근거를 두고 있지 않은 곳에서조차도 권리 관념은 강제나 형벌을 허용할 만큼 중요한 공공재 혹은 그러한 종류의 공공재를 선별하는 데 이용될 수 있을 것이다. 권리 관념은 두 가지 방식 중 하나로 이 이 기능을 수행할 수 있다. 한편으로, 어떤 특정한 공공재를 제공받을 권리는 강제나 다른 형벌의 사용이 그것의 확보를 위해 허용되는 공공재를 식별하고, 그런 조치가 허용되어서는 안 되는 공공재를 부작위로 배제하는 데 사용될 수 있을 것이다. 다른 한편으로, 권리는 개인에 대한 강제나 다른 처벌이 허용되지 않는 공공재 종류를 구체화할 수 있을 것이다. 첫 번째 경우에 권리는 어떤 공공재를 공급받을 개인의 권리로서 간주될 것이고 강제나 형벌에 대한 보증으로 이용될 것이다. 두 번째 경우에 권리는 특정한 공공재를 확보한다는 목적으로 강제되거나 처벌받지 않을 개인의 권리로 간주될 것이다.

둘째, 권리 개념은, 강제와 다른 처벌의 적절한 유형을 구체화하는 데, 그리고 공공재를 제공하기 위해 사용될 그러한 조치들의 절차를 정의하는 데 불가결한 것으로 판명될 수 있다. 우리 사회에서는 절차적 권리가 제도화된 강제력을 사용함에 있어서 중요한 안전장치로 인정된다. 맑스가 강조했듯이 강제나 다른 처벌들을 고안하고 적용할 수 있는 제한 없는 권위가 계급 지배의 핵심적인 요소라는 점을 인정한다면, 공공재의 공급을 제공하는 데 강제나 처벌의 사용을 제한하는 권리체계는 맑스의 이상사회의 무계급성을 달성하고 보존하는 데 불가피한 것으로 판명될지도 모른다.

물론 공공재 문제가 이기적인 계급 분할 사회에서만 발생할 수 있다거나 공산주의적 인간은 강제나 다른 처벌에 의존하지 않고 공공재 문제를 해결할 방법을 전개하게 될 것이 분명하다는 주장을 맑스주의자가 할 여지는 남아 있다. 5장의 논의에 비추어볼 때 전자의 맑스주의 전략은 타당해 보이지 않다. 그 이유는 공공재 문제는 비이기적이고 계급이 없는 개인에게서도 일어날 수 있기 때문이다. 반면에 후자는 공산주의에서의 어떤 사회조정에 대한 맑스의 이론의 부족으로 인해 지지를 받지 못한다.

(v) 미래 세대에게 제공하는 우리 의무의 범위와 한계를 명시하는 과제는 현대의 도덕철학자와 정책입안자들이 직면하고 있는 가장 두려운 문제 가운데 하나이다. 어떤 사람들은 이렇게 주장한다. 미래를 위해 사회자원을 제공하고자 하는 혹은 최소한 중요한 천연자원을 훼손하지 말아야 하는 우리의 의무는 현재의 사람들이나 미래의 사람들이 가지는 권리에 상응하는 것으로 혹은 미래에 존재하게 될 사람들이 그들이 존재할 때 가지게 될 권리로 이해되어야 한다고 말이다. 반면에 다른 사람들은 권리란 현재 존재하고 있는 사람들에게만 생긴다고 주장하면서 미래 세대의 권리에 관한 논의들을 일소하려고 노력한다. 전자의 접근법이 선택된다면, 이기심이나 계급 갈등이라는 전제가 없어도 권리 개념에 대한 필요성이 명백하다. 그러나 우리가 후자의 접근법을 선택하고 미래 세대의 권리에 대해 말하는 것을 삼갈 때조차도 현재의 우리의 자원 사용들을 제약해야 하는 우리의 의무들의 한계를 명시하기 위해서는 어떤 종류의 권리 개념이 여전히 필요할 것으로 보인다. 달리 표현하면, 미래 세대의 필요를 진지하게 고려하는 사회에서는, **현재** 세대의 권리 개념이 현재 세대가 감내해야만 하는 희생을 제한하는 데 쓰일 것이다. 그리고 또한 그러한 제한에 대한 필요성은 이기심이나

계급 분할을 전제하지 않는 것처럼 보이기 때문에, 강제가 이 제한들을 효과적으로 만들기 위해 필요한가의 문제에 부정적으로 답할 수는 없다. 즉, 이기심이나 계급 분할이 더 이상 존재하지 않는다는 가설을 반복함으로써 부정적으로 대답할 수 없는 것이다. 미래 세대에 대비해야 하는 우리의 의무들에 대한 두 개의 주요한 접근법 가운데 어느 것을 취하는지와는 상관없이 권리는 중요한 역할을 수행할 수 있다.

인구과잉 문제에 대한 맑스의 대응은 공공재 문제에 대한 그의 이해부족과 미래 세대에 자원을 제공해야 하는 우리의 의무에 대한 복잡한 문제들을 인식하지 못한 맑스의 실수를 예증하고 있다. 맬서스의 논쟁에 대한 맑스의 산만한 논평들은 다음의 사실을 나타내고 있다. 즉 맑스는 인구과잉에서 기인하는 희소성이라는 문제는 자본주의의 이기심과 비합리성의 인공물이며, 따라서 공산주의에서는 발생하지 않을 것이라고 생각했다.[2]

하지만 최근의 몇몇 분석은 다음의 사실을 그럴듯하게 주장하고 있다. 인구과잉은 고전적인 공공재 문제이거나 이 문제를 포함하고 있다. 그래서 공공재 문제는 비합리성도 심지어 이기심도 전제로 하지 않으며, 자본주의 사회나 심지어 계급 분할 사회에 한정되는 것이 아니라고 말이다.[3] 미래 세대에 대한 우리의 의무를 다루는 적절한 이론은 인구통제라는 문제에 대한 설득력 있는 분석과 대응을 포함하기 때문에, 공산주의 사회가 법률적 원칙이나 강제의 도움을 받지 않고 인구성장을 통제할 수 있을 것이라는 맑스의 지지받지 못하는 가정은 그의 사회이론에 있어 심각하고 의미심장한 빈틈lacuna이다.

III

맑스는 다음과 같이 강조하고 있다. 공산주의는 사회조정의 민주적 형태가 될 것이고 각각의 개인은 동등한 몫을 가지고 생산수단을 통제할 것이라고 말이다. 그래서 맑스주의자는 전술한 절의 반대에 대해 다음과 같이 답할 것이다. 생산의 민주적 통제(혹은 "공동감독")으로의 이행은 정의 일반의 환경을 제거할 것이고 위에서 언급한 (i)에서 (v)까지의 법률적 개념의 특별한 기능들을 불필요하게 만들거나 아니면 적어도 강제적으로 법률적 원칙의 지원을 받을 필요성을 제거할 것이라고 말이다. 이 주장에 대한 보다 극단적인 해석에 따르면, 맑스는 이렇게 예언하고 있다는 것이다. 민주적 통제는 결핍을 폐지함으로써 강제와 법률적 개념의 필요성을 제거할 것이라고 말이다. 덜 극단적인 해석에 따르면, 민주적 통제는 희소성, 그리고 이와 병행하여 이해관계의 갈등을 아주 크게 감소시켜 법률적 개념이나 강제가 필요 없게 될 것이라고 말이다.

내가 생각하기에 맑스가 극단적인 견해를 채택한 것이라면, (나는 맑스가 그렇지 않았다고 생각하지만) 그는 희소성 개념을 잘못 이해했을 뿐만 아니라 『고타강령비판』에서 전개한 그 자신의 입장과 모순을 보인 것이다. 『고타강령비판』에서 공산주의라는 더 높은 단계에서조차 미래 세대를 위해 절약할 필요가 있을 것이라고 그는 인정했다. 절약할 필요가 있다는 점은 희소성을 함축하고 있다. 사회 체제의 비교와 정의의 여건에 대한 이상과 관련이 있는 희소성 개념은 상상할 수 있는 가장 일반적인 것이다. 희소성은, 어떤 의미에서든 가치있다고 여겨지는 선택지의 추구를 저지하는 개인의 행위 혹은 공동 행위 과정에 대해서 선택이 이루어지는 모든 경우에 존재한다고 할 수 있다. 이러한 의미에서 단지 석탄, 기름 그리고 식료품만이 희소한 것이 아니라 협력 활동과 시간 그 자체도 희소하다. 따라서 개인이나 집단이 다른 목적이 아니라 어떤 특정한 목적을 추구하기 위해서, 다른 것을 선택하지 않고 어떤 특정한 천연자원, 사회적 자원을 사용하기로 결정을 해야 하는 한, 선택을 할 필요성이 희소성을 함축한다. 그렇다면, 문제는 공산주의가 희소성을 철폐할 것이라는 점이 아니라 공산주의에서 희소성의 문제들은 근본적으로 다를 것이라는 점이다.

생산수단의 민주적 통제가 희소성과 갈등의 문제들을 아주 크게 감소시켜 사람들 간의 어떤 갈등이 남아 있다 할지라도 강제나 (일반적인) 법률적 개념들의 사용을 필요로 하지 않을 것이라는 좀 덜 극단적인 명제를 논의하는 것으로 맑스를 해석하는 것이 좀 더 관대하고 결실이 풍부한 것처럼 보인다. 이런 해석에서 볼 때, 맑스는 민주적인 사회 협업 형태가 나타날 뿐만 아니라 동시에 이 형태가 자본주의보다 훨씬 더 생산적이고 조화로울 것이라는 예견에 전념하고 있다. 우리는 이 예견의 첫 번째 부분에 대한 어려움을 이미 언급했다. 즉 맑스가 이해했던 자본주의는 공산주의가 아니라 국가사회주의 형상의 소수의 집단적 통제라는 새로운 형태로 대체되었다는 점을 말이다. 이제 좀 더 상세하게 이 예견의 두 번째 부분을 검토해 보자.

이 예견의 비교적인 성격을 강조하는 것이 중요하다. 맑스와 그 후의 맑스주의자들이 종종 했던 것처럼 자본주의는 아주 낭비적이고, 자본주의의 전복이 생산성의 증대를 초래할 것인데, 그 이유는 이 낭비가 제거될 것이기 때문이라고 단지 말하는 것으로는 충분치 않을 것이다. 맑스와 나중의 맑스주의자들이 자본주의의 낭비성을 비난할 때, 이들은 종종 정기적인 경기변동을 지적한다. 예를 들면, 이른바 과소소비위기와 같은 것 말이다. 즉 사람들은 재화들을 필요로 한다. 하지만 재화들은 썩어 없어지거나 파괴되며, 혹은 사용되지 않은 채 남아 있다. 그 이유는 이 재화들을 필요로 하는 사람들이 재화들을 구매할 돈이 없기 때문이다. 하지만 다음의 사실은 분명할 것이다. 그러한 현상이 존재한다는 단순한 이유가 자본주의가 비효율성이나 낭비성으로 비난받아야 한다는 것을 보여주지는 않는다는 점이다. 왜냐하면, 장기적으로 어떤 체제를 덜 효율적으로 만들어내지 않고서는 재화의 공급과 재화의 효과적인 수요 간의 그러한 모든 불일치들을 제거한다는 것이 가능하지 않을 수도 있기 때문이다. 이것이 가능한지 아닌지에 관한 문제는 대안적인 체제들의 전반적인 효율성에 대한 상세한 경제적인 비교 분석을 통해 대답해야 하며, 저소비 위기와 같은 "낭비적"인 현상의 존재로부터 직접적으로 유추함으로써 답이 나오지는 않는다.

달리 표현하면, 우리는 오랜 시간을 두고 전체 체제의 생산성이나 효율성을 어떻게 해서든지 비교해야만 한다. 마찬가지로 자본주의가 인적 자원들을 낭비한다는 맑스의 빈번한 비난은 하나의 체제로서의 공산주의에 비해 하나의 체제로서의 자본주의의 열등함에 관한 함축적이고 비교적인 주장으로 이해되어야만 한다. 그리고 또한, 비교의 기준이 되는 체제가 불가피한 것은 아니라 할지라도 적어도 달성 가능한 것이 아니라면, '유토피아적'이라는 단어에 대한 맑스 자신의 비난투의 사용에 따라, 이 비판들은 유토피아적이라고 할 수 있을 것이다.

공산주의와 견주어 볼 때 자본주의가 낭비적이고 비효율적인 사회조정 체제라는 점을 보여주기 위해 우리는 **사회조정 체제로서의 공산주의**에 관해 아주 많이 알아야 한다. 그러나 우리가 보았듯이 맑스는 우리에게 별로 이야기해주는 게 없다. 그리고 공산주의가 민주적인 생산통제 체제일 것이라는 진술을 제외하면 그가 언급한 많은 것이 사회조정 체제로서 공산주의의 구조와 기능을 이해하는 데 별로 도움이 되지 않는다. 공산주의가 사회적으로 통합되고 창조적이며, 자율적인 생산자들의 사회가 될 것이라고 말하는 것은 인간 행동의 다양성에 관해서, 심지어는 자본주의의 생산성이 어떻게 조정되어야 하는지에 관해서조차도 아무것도 말해 주는 게 없다. 더군다나 생산성의 저조한 증가에 대하여서도 말하지 않는 것은 물론이다. 공산주의에 대한 이러한 특징화들은 생산성에서의 이러한 증가가 강제 혹은 법률적 원칙 아니면 맑스가 원시사회들의 속성으로 돌렸던 종류의 억압적인 비공식 제재들에 의존하지 않고 어떻게 달성되고 유지되는지를 설명해 주지 못한다. 그럴 경우, 우리는 다음의 결론에 이르게 된다. 즉 비효율적 체제인 자본주의에 대한 맑스의 상대적인 비난에 대해서, 그리고 공산주의는 아주 증대된 풍요와 조화를 달성하고 그럼으로써 정의의 여건을 극복할 것이라는 맑스의 예언에 대해서 근거가 있다면, 그것은 생산수단의 민주적인 통제의 본질에 관한 그의 믿음에 있다.

맑스의 저술들이 법률적 개념에 대한 그의 복잡한 비판을 뒷받침할 수 있는 민주적 사회조정이론에 대한 자료들을 제공하는지에 관한 문제를 우리가 탐색하기 전에, 그러한 이론이 왜 필요한지를 분명하게 이해하는 것이 중요하다. 맑스주의자들은 다음과 같이 말하지는 않을 것이다. 민주적인 사회조정이라는 조화롭고 윤택한 체제는 자본주의의 지속적인 존재가 문명화된 생활의 보존과 양립할 수 없기 때문에 발전할 것이라고 말이다. 이 응답은 우리가 이전에 보았던 것처럼 자본주의가 생산수단에 대한 유일한 형태의 비민주적 통제가 아니라는 사실을 간과하고 있다. 게다가 이 응답은 가장 조야한 종류의 진화주의적 오류를 범하고 있다. 어떤 종의 안녕이나 심지어 생존이 어떤 변화들을 요구한다는 사실로 인해 그러한 변화들이 성공적으로 일어날 것이라는 결론이 나오는 것은 결코 아니다.

아주 효율적이고 비강제적이며 비법률적인 사회조정이 민주적 절차들을 통해 달성될 수 있다는 점이 이미 충분히 명백하기 때문에 민주적 사회조정에 대한 그 어떤 이론도 필요가 없는 양

주장하는 것은 별로 도움이 되지 않을 것이다. 오히려 모든 주요 재화와 서비스의 민주적 조달에 대해서는 기본적인 설명조차도 존재하지 않으며, 가장 제한적인 형태의 민주적 결정에 들어 있는 비효율성과 지배의 수많은 어려움들을 보여주는 많은 문헌들이 있다.[4] 게다가 맑스가『독일 이데올로기』와『고타강령 비판』에서 말했듯이 공산주의가 분업을 극복할 것이라고 말하는 것은 그 과제를 덜 힘들게 하는 것이 아니라 오히려 더 힘들게 만든다. 자본주의에서 생산성의 커다란 증가가 분업의 발전에 크게 기여하였다는 사실을 맑스가 인식하였다는 점을 인정한다면 말이다. 공산주의적 개인이 그 자신의 특별한 활동들을 선택하고 계획함에 있어 엄청난 자유와 유연성을 누릴 것이라는 맑스의 가정은, 시장의 조정적인 장치로서의 제한적 역할마저 부재하는 가운데, 민주적이고 비억압적인 계획 기술의 사용을 통해 수많은 개인의 활동을 효율적으로 조정하는 문제를 상당히 어렵게 만든다는 난점이 있다.

맑스주의자들은 때때로, 맑스가 공산주의의 속성으로 생각하는 개인 활동의 놀라운 유연성과 자유는, "사회적으로 필요한 생산"이 하루 일과의 아주 작은 일부로 축소될 것이기 때문에 가능하다고 답하기도 한다. 거칠게 말해 이 생각은 다음과 같다. 과학적이고 합리적인 생산기술들이 자본주의의 비합리적인 낭비를 대체할 때, 음식, 주거, 기타 등등에 대한 모든 사람의 욕구를 만족시키는 일이 아주 빠르게 이뤄질 수 있으며, 그렇다면 남는 시간에 개인들은 원할 때 원하는 일을 사실상 자유롭게 할 수 있다는 생각이다. 그러나 이 대답은 다음의 의문을 제기한다. 이 대답은 새로운 체제가 이전의 체제보다 훨씬 더 효율적이어서 계획되고 대규모의 협동을 요구하는 그러한 일들이 최소한의 시간으로 성공적으로 달성될 수 있다는 주장을 뒷받침할 수 있는 맑스주의 사회 조정 이론이 있다는 점 (그리고 "사회적으로 필요한 생산"에 참여하는 데 필요한 시간의 이 단축이 법률적 관념들의 사용이나 적어도 강제력으로 뒷받침된 법률 원칙들이 없이도 달성될 수 있다는 점)을 가정하고 있다는 것이다.

아마도 맑스의 저술에서 법률적 개념에 대한 맑스의 비판을 뒷받침할 민주적 사회 조정 이론 관련 자료들을 검토하기에 가장 좋은 문헌은 『프랑스 내전』에 들어 있는 「파리 꼬뮨」에 관한 논의일 것이다. 맑스는 꼬뮨의 다음과 같은 목표들을 만족스러운 듯이 강조했다. 그는 꼬뮨을 과도기적 사회주의 국가의 원형이라 믿었다. (1) (독립적인 강제력으로서의) 상비군을 민병the armed people으로 대체하는 것 ; (2) 보통선거 ; (3) 꼬뮨의 "활동체"working body에서 집행부와 입법부를 통합하는 것, 그리고 독립적이고 비선출적인 정부기관으로서 사법부를 폐지하는 것 ; (4) 정치적 공직자를 인민에 의한 선출직 대리인으로 대체하는 것. 이들은 "노동자의 임금"을 지불받고, "단기간에 책임을 지고 취소될 수 있는" 사람들이다.[5] 그리고 (5) "연합된 협력 사회들이 공동의 계획을 바탕으로 국가 생산을 통제하는 것 …".[6]

이 목표의 목록에 대한 맑스의 논의로부터 공산주의에서

민주 사회 조정론을 위한 자료를 수집하고자 하는 맑스주의자는 신중해야 한다. 왜냐하면, 다음의 사실을 기억해야만 하기 때문이다. 즉 맑스는 꼬뮨의 주요한 의미와 그것의 포부를 "노동의 해방을 수행할 **정치적 형태**"〔강조 추가〕의 전조로 간주하였다는 점이다.7 맑스에게 꼬뮨은 그 자체로 그가 공산주의라고 부른 비강제적이고 비법률적인 민주적 사회 조직 형태의 불완전한 축소판이 아니었다. 꼬뮨은 하나의 도구였다. 즉, 그것은 "계급 및 계급지배의 존재가 의존하고 있는 경제적 토대들을 근절하기 위한 하나의 지렛대였다."8 따라서 우리는 맑스가 관심을 가졌던 특징들의 모두 혹은 대부분이, 이 도구가 계급 지배를 부수는 데 성공한 후에도 존속할 것이라고 그가 생각했다고 가정할 수 없다. 맑스가 과도기적인 사회주의 정치 형태의 한 특징이라기보다는 공산주의의 특징으로 분명하게 확인했던 것은 5번째 특징뿐이다. 즉, 생산자 협력 사회들이 공동 계획에 따라 국가적 생산을 규제하기 위해 연합한다는 생각이다.

"무장인민"people in arms의 기능은 아마도 국가장치들을 분쇄하는 것이며, (레닌이 『국가와 혁명』에서 강조했듯이) 반동세력으로부터 혁명을 방어하는 데 있다. 이 일반화된 강제력이 공산주의에서 역할을 담당하게 된다는 어떠한 시사도 없으며, 게다가 법률적 원칙의 집행을 통해서나 아니면 어떤 다른 방식으로 이 강제력이 증대된 생산성을 위한 하나의 조정적인 장치로서의 역할을 담당하게 된다는 시사도 없다. 공산주의에 관한 맑스주의의 민주적 사회 조정 이론의 구성 요소로서는, 의사결정에의 보편적 참여라는 생각, 그리고 지휘권의 자리positions of author-ity에 있는 사람들의 책임성을 보증할 제도 같은 것들에 주목하는 게 더 타당해 보인다.

하지만 다음의 사실은 명백하다. 즉 이러한 배열에 대한 맑스의 간단하고 추상적인 언급들 – 이것들이 공산주의에 선행하는 발전 단계의 특징이라기보다는 오히려 공산주의를 이해하는 열쇠로서 간주된다 할지라도 – 은 공산주의가 증대된 생산성을 가져다줄 것이라는 주장을 뒷받침할 수 있는 생산에 대한 민주적 통제이론에 적절한 자료들을 제공해주지는 않는다. 하물며 이러한 생산성 증대가 법률적 원칙이나 강제가 주요한 역할을 하지 않고도 달성될 수 있다는 더 강한 주장에 자료를 제공해 주는 것은 더욱 아니다. 지휘권을 가진 사람들이 책임져야 하고 지휘권을 취소할 수 있다고 말하는 것은, 어떤 종류의 지휘권 있는 자리가 경제에 대한 포괄적인 계획을 형성하고 집행하는 효율적이고 비억압적인 민주적 과정을 위해 필요한지에 대해 그 어떤 것도 우리에게 말해주지 않는다. 또한 현재의 노동분업의 구속을 대체할 개인 활동의 자유와 유연성이, 지휘권을 가진 자리와 양립가능한 것인지에 대해서도 말해주는 게 없다. 게다가 맑스가 나열한 꼬뮨의 대리인들의 실제 공식 지위들은 대부분 포위당한 도시에서 혁명적 운동이라는 특별한 곤궁에 대처하기 위해 새롭게 만들어진 정치적 장치에서의 지위들이다. 이것들은 새로운 생산양식을 구성하는 요소들이 아니다.

공산주의에서 보통 선거권과 유사한 "비정치적인" 유사체가 있을 것이라는 말은 모든 사람이 계획과 집행을 위한 결정 과정에 접근할 수 있다는 이야기를 하고 있을 뿐이며, 그러한 과정들이 무엇인지 혹은 큰 비용을 치르지 않고 그런 일반적인 참여가 어떻게 효율적으로 가능한지에 대해 전혀 말하지 않는 것이다. 계급사회에서는 생산이 비생산자들에 의해 통제되기 때문에, 연합된 생산자들이 생산을 규제할 것이라는 진술은 단순 대비만으로도 중요한 의미를 가진다. 그러나 계급 없는 사회에 적용될 때, 그리고 결사형태 ─ 참여에 대한 구체적인 사회적 제도와 절차 ─ 가 명시되지 않는다면, 모든 사람이 규제과정에 참여할 것이라는 말은 충분히 구체화되지 못한 주장이기에 그친다. 그리고 다음의 사실을 언급하는 것이 중요하다. 즉 파리 꼬뮨에서 민주적 절차의 제한적 성공은 여기서 별로 도움이 되지 않는다. 왜냐하면, 국민경제의 전체가 아닌 것은 말할 것도 없고 파리 꼬뮨이 통제했던 파리의 그 부분의 경제 전체에 대해 민주적인 계획을 시도한 것도 아니기 때문이다.

대규모 산업사회에서 재화와 서비스의 할당 및 분배에 대한 민주적·비민주적 제도의 비교 분석의 기초를 제공하는 것이 내 목적은 아니다. 그럼에도 한편으로 생산에 대한 민주적 통제형태로서의 공산주의에 대한 맑스의 간략한 설명 및 꼬뮨에 대한 그의 생각과, 다른 한편으로 공산주의의 증가된 조화와 풍요에 관한 그의 예견 사이의 간극이 얼마나 넓은지에 대해 잠시 동안 곰곰이 생각할 필요가 있다. 이 예견과 이 예견에 의존하고 있는 법률적 개념에 대한 비판을 지지하는 것은 사회조정에 대한 하나의 정교한 이론을 필요로 할 것이다. 맑스가 전체적으로 거부했던 시장이론에 대한 설명력에 필적할 만한 사회적 자원 및 천연자원의 할당과 분배에 관한 이론이어야 할 것이다. 특히 그러한 이론은 가격 책정에 있어서 시장의 역할이 없는 상황에서 본격적인 대규모 계획에 소요되는 엄청난 시간 및 정보비용과 관련이 있는 잘 알려진 반대들에 성공적으로 대응해야만 할 것이다. 시장에서 "가격책정"은 가장 광범위한 의미에서 잃어버린 기회들에서 가능한 할당이나 분배의 사회적 비용을 측정하는 어떤 효과적인 수단으로 이해된다.[9] 이 어려움 가운데 몇 가지는 "시장사회주의"로 알려진 혼합제도 밑에서는 감소될 수 있다. 그러나 이것이 공산주의에서 증대된 풍요와 조화, 그리고 이에 따른 법률적 원칙과 강제의 쇠퇴라는 맑스의 예견을 뒷받침해 주지는 못한다. 왜냐하면, 그런 체제들이 대개 자본주의 체제보다 더 높은 생산성을 달성할 수 있다고 우리가 가정한다 할지라도, "시장사회주의"에 대한 기존의 모든 해석들이 대규모의 강제적인 법률구조들, 화폐, 시장들 (합법적인 것과 "비합법적인 것"), 그리고 생산에 대한 통제에 있어서 극도로 불평등한 몫을 챙기는 관료엘리트들에 의존하고 있다는 단순한 이유로 인해 맑스의 입장이 옹호되지는 않는다.

게다가 민주적 통제가 의외의 생산성 수준을 달성할 것이라는 예견을 뒷받침할 수 있는 사회조정이론을 지금까지 우리가 가지고 있었다 할지라도, 이것은 여전히 충분하지 않을 것이다. 왜냐하면, 제도적 역할, 절차, 그리고 권력이 소수의 수중으로 축적되는 것을 방지하기 위한 절차적 보호 장치들을 규정함에 있어 법률적 개념들의 주요한 역할 없이는 생산성에서의 이러한 증대가 달성될 수 없기 때문이다. 꼬뮨에 대한 맑스의 성찰도, 맑스의 공산주의에 대한 분산되어 있는 특징 부여도 민주적 제도의 안정성에 관한 훨씬 더 강한 이 주장을 지지해주지 못한다.

맑스가 지휘권을 정의하고 절차와 절차적 보호 장치들을 명시하는 권리 원칙들의 필요성을 심각하게 고려하지 못했을 수도 있다. 왜냐하면 그는 위험한 권력 집중이 이기주의나 혹은 계급적 이해관계들이 이미 존재하는 곳에서만 발생한다고 가정했기 때문이다. 그러나 관료제에 대한 초기 비판에서 맑스 자신은 다음의 사실을 인정했다. 즉 지휘권을 가진 그런 사람들은 그들의 권력을 보존하고 증대시키는 데 특별한 관심을 나타내는 경향이 있다는 점 말이다. 이러한 현상이 사적(개인주의적) 소유에 기반을 둔 어떤 사회의 틀 내에서 작동하는 관료제들에 한정되지 않는다는 가능성을 맑스는 탐구하지 않았다.[10] 플라톤과 루소와는 달리 맑스는 이상적 사회가 타락하는 것을 방지하는 방법의 문제에 대해서는 결코 관심을 두지 않았다. 결과적으로 절차적이거나 혹은 역할을 규정하는 법률적 원칙들이, 심지어는 아마 강제적인 제재와 더불어, 사회의 무계급적인 특성이 보전되는 그러한 방식으로 계급 없는 사회를 확립하는 데 필요할 것이라는 그럴듯한 가설을 맑스는 결코 다루지 않았다.

맑스주의자는 다음과 같이 대답할 수 있다. 권력 집중이 공산주의 생산양식에서 발전한다 할지라도 이 권력 집중은 자본주의에서 나타나는 권력 집중의 치명적인 결과들을 가지지 않을 것이라고 말이다. 왜냐하면, 생산수단의 사적 소유제체와는 반대로 공산주의에서 지휘권을 가진 사람들은 공공선을 위해 자신들의 권력을 사용할 것이기 때문이다. 이 대답은 두 가지 이유에서 결함이 있다. 첫째, 이 대답은 권리나 정의 원칙들이 이기적인 이익 갈등을 단지 피하거나 아니면 판결을 내리기 위해 필요하게 된다고 가정함으로써 문제를 제기하게끔 한다. 그것 때문에 이것은 비이기주의자들과 심지어 완전한 이타주의자들이 공공선이 무엇인지에 대해, 혹은 그것을 달성하는 방법에 대해 심각한 갈등에 빠질 수 있다는 사실을 무시한다. 그리고 자신이 공공선이라고 생각하는 것을, 자신들이 적절하다고 생각하는 수단을 활용해 달성하는 데 전념하는 사람들은 종종 자신의 권위를 사용해서 그렇게 하고자 한다. 둘째, 이 대답은 또한 자본주의에서의 권력 집중과 공산주의에서의 권력 집중 사이에 존재하는 차이에 호소함으로써 문제를 제기하게끔 한다. 맑스에 관한 한, 생산수단의 사적 소유는 다른 사람들에 의한 통제를 배제하기 위한, 생산적 자원에 대한 한 집단의 통제인 것이 분명하다. 따라서 권리나 정의 원칙의 체계가 생산에 대한 민주적 통제를 확립하고 보전하기 위해 필요하게 되는지라는 문제는 공산주의에서 권력 집중이 위험하지 않을 것이라고 대답함으로써 교묘하게 처리될 수 없다. 그 문제는 엄청나게 복잡한 산업생산체계가 민주적 통제를 달성하고 유지할 수 있는가 라는 문제다. 즉, 제도적 역할을 명시하고, 갈등 해결을 위한 장치로 사용하고, 그리고 위험스러운 권력 집중을 저지하는 방식으로 그렇게 하기 위해 절차적·법률적 권리를 사용하지 않고도 가능한가 하는 문제이다.

IV

급진적 해석뿐만 아니라 온건한 해석에 대한 맑스의 가장 중요한 명제 가운데 하나는 법률적 개념이 공산주의로의 혁명적 이행에서 주요한 동기 부여적 역할을 하지 않으리라는 것이다. 기껏해야 부르주아적 법률 개념은 자본주의 제도들이 향유하는 법률적인 이데올로기적 지지를 무너뜨리기 위해 만들어진 내적 비판에 적용될 것이다. 우리는 이미 5장에서 이 명제에 대한 심각한 반대에 부닥쳤다. 즉, 이것은 이 명제가 의지하고 있는 혁명적 동기 부여에 대한 합리적인 이익이론의 허약성에 관한 것이다. 이제 다른 어려움도 분명하게 드러난다. 즉 사회적 생산의 지시에 참여할 개인의 권리를 확립하는 것을 포함하여 권리 개념이 행하는 다양한 역할을 우리가 인식하는 순간, 권리 개념이 공산주의 혁명에서 그 어떤 적극적인 동기 부여적 역할을 가지고 있지 않다는 명제는 훨씬 더 타당해 보이지 않게 된다. 공산주의 자체가 법률적 원칙들을 필요로 한다면, 법률적 개념이 혁명의 달성을 향한 혁명가들의 노력들을 인도하기 위해 필요하게 될지도 모른다.

전체로서 이 사회 이론의 엄청난 영향력 때문에, 법률적 개념이 혁명적 동기 부여에 중요한 역할을 하지 못할 것이라는 맑스의 명제는 비극적인 자기충족적 예언이었다. 맑스가 공산주의로의 이행에 영향을 주는 법률적 개념의 사용을 공격하고, 자신의 비판을 부르주아적 법률 개념에 국한하지 못한 것의 누적적 결과는, 맑스주의자들이 이론과 실천에서 권리가 지니는 중요성에 대해서 엄청난 이해부족을 보이는 것으로 나타났다. 비록 맑스 자신이 단지 법률적 개념에 대한 덜 급진적인 비판을 옹호했다 할지라도 그가 사실상 권리에 관해 말한 것을 받아들인다면, 그의 추종자들이 기껏해야 권리와 정의에 관해 혼란스러워했고, 최악의 경우에 이것들을 경멸했다는 점은 놀라운 일이 아니다. 사회의 혁명적 변형에서 법률적 개념에 주요한 역할을 할당하고자 하는 시도에 대해 맑스가 가차 없이 비판함으로써 그리고 공산주의가 법률적 개념을 필요로 한다는 것을 인정하지 않음으로써 맑스는 정의와 권리라는 바로 그 관념에 의심을 품었고, 그의 이론을 지지하는 사람들 사이에서 이 관념의 동기 부여적인 능력을 약화시켰다.

맑스의 공격의 엄청난 영향이, 혁명적 투쟁에 필요하거나 아니면 공산주의에서 필요하게 될 새로운 법률적 개념의 출현을 방해하지 않았다고 대답하는 것은 타당해 보이지 않는다. ― 그리고 사람들은 아주 비변증법적으로 보인다고 할지도 모른다. 이러한 방식으로 맑스를 변호하는 것은 새로운 사회는 유기적으로 혁명 투쟁에서 발전한다는 그의 반복된 주장을 거부하는 것이고, 법률적 개념에 대한 그의 공격이 실질적으로 누렸던 이데올로기적 성공을 과소평가하는 것이다. 만약 정의와 권리에 대한 개념들을 이데올로기적인 허튼소리이며, 시대에 뒤떨어진 언어적인 쓰레기로 경멸하는 하나의 이론, 아니면 기껏해야 이 개념들이 전술적으로 유용한 혼란이라며 아량을 베푸는 이론, 인간의 권리를 전쟁 중인 이기주의자들과 분리하기 위한 경계 표지로 기술하는 이론, 그 자신의 대안적인 권리 개념을 제공해 주지 못하는 이론, 혹은 다른 개념이 필요하다고 암시하는 이론 이 더 적절한 법률적 개념의 발전에 기여했다고 한다면, 그것은 아주 놀라운 일일 것이다.

맑스의 저술이 고무했던 권리의 기능과 가치에 대한 맹목은 소비에트 공화국의 법체계에서 그 정점에 도달한다. 새로운 소 비에트 헌법(1977)에서 우리는 전체주의 국가권력의 선언을 발 견한다. 그 선언은 의례적으로 권리를 언급한다. 반면에 그 선언 은 체계적으로 그 개념이 지니는 차별적이고 가치 있는 모든 내 용을 박탈해 버린다. 시민의 수많은 권리는 냉정하게 나열된다. 그러나 그 권리는 공동선을 위해 무시될 수 있다는 조건 밑에서 각각의 시민에게 자격이 주어진다. 반면에 공동선은 국가권력과 동일시된다. "권리"에 대한 그러한 선언은 극심한 냉소 혹은 극 심한 무시 아니면 이 양자를 나타낸다. 사회적 목표와 권리 사 이의 우선순위를 뒤바꿈으로써 그것은 권리에 대한 핵심적 개 념을 무너뜨린다. 이로써 권리란 단지 형식적이고 비어있다는 맑 스주의의 비판은 완전히 타당한 것이 된다. 억제되지 않는 강제 적 권력이 무성하게 성장함에 따라 권리는 소멸된다.

V

　　나는 다음의 사실을 주장했다. 즉 법률적 개념과 제도에 대한 맑스의 비판의 핵심 요소들은 한편으로 혁명적 동기 부여에 대한 그의 이론의 결함 때문에, 그리고 다른 한편으로 비법률적, 비강제적이지만 상당히 생산적이고 조화로운 사회조직에 대한 이론의 결핍으로 인해 충분히 뒷받침되지 못했다. 어떤 경우에도 맑스의 견해들이 모순적이라는 점을 나는 보여주고자 하지 않았다. 혹은 맑스의 견해들이 잘못되었다는 점을 나는 입증하고자 하지 않았다. 마찬가지로 나는 적어도 현대의 하나의 정의론인 롤스의 이론은, 법률적 개념과 제도에 대한 맑스의 비판이라는 차별적인 관점에서 롤스의 이론에 반대해 개진되었던 잠재적으로 엄청난 이의들 가운데 몇 가지에 대처할 자원들을 가지고 있다고 주장했다. 그러나 나는 맑스와 현대의 법률 사상 사이에 결정적인 해결적 설명들을 이룩했던 것처럼 행동하지 않는다. 대신에 나는 정의와 권리에 대한 맑스 사상의 복잡성을 분명하게 설명하기 위해, 정의와 권리가 의존하고 있는 사회적 조화와 갈등의 원천에 관한 가정들을 발견하거나 재건설하기 위해, 그리고 그의 사회이론이 그러한 가정들을 충분히 뒷받침하고 있는지를 결정하고자 노력했다. 더 분명히 말하면, 나의 목적은 법률적 개념과 제도들에 대한 가장 그럴듯하고 도전적인 맑스주의적 비판이 수행해야만 하는 과제들을 더 예리하게 기술하는 것이었다. 그리고 또한 나의 목적은 이 과제들이 성공적으로 완료될 수 있는지에 대해 토론의 조건을 더 적당하게 정의하는 것이었다. 특히 상당히 효율적인 민주적 사회조정이 강제나 법률적 원칙 없이는 불가능하다는 점을 보여주는 것이 나의 목적은 아니었다. 오히려 나의 논지는 이렇다. 어떻든지 그것은 민주적 사회조정에 대한 참다운 **이론**을 토대로 오로지 확인될 수 있다는 점, 그리고 법률적 개념과 제도에 대한 맑스의 더 흥미롭고 기본적인 비판들이 그러한 이론을 예상하는 반면에 그의 저술은 그 이론을 제공해주지 않고 있다는 점이다. 이러한 결함에도 불구하고 법률적 개념에 대한 맑스의 비판은 이론과 실천에서 상당한 중요성을 가진다. 그의 연구는 도덕적·정치적 철학의 가장 신성한 교의들에 체계적이고 강력한 도전을 제공해 준다. 그의 비판 가운데 어떤 것은 부분적으로 갈등과 조화의 원천에 관한 모호하고 검토되지 않은 가정들에 의존하고 있다. 그럼에도 그 비판들은 우리가 이전에 자명한 것으로 여겼던 명제들을 우리로 하여금 상세히 설명하고 옹호하게끔 한다. 만약에 우리가 그것들을 의식한다고 하면 말이다. 이 교의들 가운데 가장 중요한 것은 정의가 사회제도의 첫 번째 미덕이라는 것, 그리고 권리에 대한 존중이 개인의 첫 번째 미덕이라는 쌍둥이 교의이다. 우리가 궁극적으로 맑스가 이 명제들에 반대해 말한 것 가운데 많은 것을 거부한다 할지라도 그의 입장과 씨름하고자 하는 시도는 우리로 하여금 법률적 개념들의 성격과 가치를 더 잘 이해하게끔 한다.

　법률적 개념을 필요로 하는 어떤 사회는 결함이 있다는 명제는 '정의과 권리에 집착하는 것은 우리의 상호관계가 깊은 의심과 만연한 갈등으로 얼룩져 있음을 함의한다'는 우울한 생각을 하게 하기 때문에, 우리가 권리와 정의에 대해서 가지는 열정을 누그러뜨린다. 실현 가능성이 있는 최선의 인간 사회는 전적으로 혹은 지배적으로 비법률적일 것이라는 테제를 우리가 거부한다고 할지라도, 우리는 사회 진보를 법률적인 영역의 꾸준한 확대와 동일시하는 현재 유행하고 있는 가정에 대해서 훨씬 덜 확신하게 된다. 빈번하게 우리는, 모든 심각한 사회 문제가 권리 문제라고 가정한다. 그리고 당사자들을, 권리소지자라는 협소하고 유연성 없는 역할 속에서 갈등하게 함으로써 문제를 다루기 어렵게 만든다. 권리들을 들먹이면서 우리는 갈등의 원천을 검토하지도 않고 갈등의 필연성을 인정해 버린다. 대규모의 법률적 틀이 필요하다 할지라도 우리는, 그것이 모든 인간관계에 충분할 것이라고 가정해서는 안 된다. 또한 우리는, 그것이 정의나 권리 개념을 통해서는 그 자체로 드러나지 않는 더 깊은 정서적 구조의 뒷받침 없이 홀로 지탱될 수 있다고 가정해서도 안 된다.

권리 담지자 사이의 상호존중이라는 유대가, 인간 관계에서 가장 의미있다고 할 수 있는 어떤 것을 담아내기에는 너무나 엄격하고 냉담하다고 생각하는 사람들은, ─ 단순한 법적 결사체보다는 ─ 진정한 공동체라는 맑스의 비전에 이끌릴 수 있다. 그것이 불만스럽게 모호하고 그 이론적 기반이 취약하지만 말이다. 주로 권리나 정의의 개념에 의존하지 않고 자본주의에 대해 체계적인 비판을 실행함으로써 그리고 본질적으로 비법률적인 자유롭고 인간적인 사회에 대한 이상을 분명히 표현함으로써 맑스는 전통적인 도덕적·정치적 이론의 개념적 틀에 대해 상상할 수 있는 가장 급진적인 도전을 이룩했다.

맑스에 대한 역사주의적 비판들로 인해서, 청중으로부터 회의적인 도전들을 유발하지 않는, "보편적인" 권리나 "영원한" 정의 원칙에 관한 주장은 가능하지 않게 되었다. 맑스 이후로 우리는 우리가 인간 본성의 영원한 진리라고 생각하는 것은, 그저 '어떤 특정한 역사적 단계에 우리 사회가 취한 형태 속에서 나타난 인간 본성에 관한 특수한 표현방식을 우리가 지나치게 일반화한 것에 불과하지 않다'고 전적으로 확언할 수 없게 되었다. 그리고 이 회의적인 거리낌은 남아 있다. 설령 맑스가 인간 본성 개념을 사용하는 방식이 부르주아 이론가들에 대한 그의 비판이 규정한 인식론적인 경계들을 넘어선다 할지라도 말이다.

정치적 해방의 한계들에 대한 맑스의 훌륭한 비판은 그가 1843년 『유대인 문제에 대해』를 작성했을 때만큼이나 오늘날에도 여전히 중요하다. 모든 진지한 규범적 정치 이론은, 동등한 권리를 가진다는 목표에서 더 나아가, 서로 다른 개인이 행사할 권리의 실효에서의 평등을 달성하는 것이 가능한가의 문제를 다루어야만 한다. 실제로 정치적 평등이 사회경제적 불평등과 공존할 수 있다는 기본적인 자유주의적 가정에 대한 맑스의 도전은 진지하게 다루어지지 않았다. 우리가 보았듯이 최근의 한 이론(롤스)이 그 문제에 대응하는 어떤 자료들을 제공하고 있지만 말이다.

맑스 이후 분배 정의에 대한 그 어떤 진지한 이론도 분배와 생산의 상호의존성을 무시할 수 없다. 그리고 재분배에만 초점을 두는 그 어떤 개혁도 피상적이라는 비판을 피할 수 없다.

인간의 자기 생산물로부터의 소원estrangement과, 자기 생산물에 의한 인간의 지배에 대한 맑스의 분석은, 자율성에 가치를 부여하면서도 자율성이란 타인의 고의적인 침해 행위로부터만 위협받을 수 있다고 가정하는 그러한 정치이론가에게 이의를 제기한다. 왜냐하면, 맑스의 소외 이론의 중심적 테제 가운데 하나는 타율성이 다양하고 미묘한 형태로 행해진다는 점, 그리고 우리가 만들지만 통제할 수는 없는 제도는 타인의 공공연한 간섭이 없어도 우리의 의식과 의지에 심각한 제한을 가한다는 점이기 때문이다.

마지막으로 새로운 사회가 낡은 사회로부터 어떻게 출현하는지에 대한 맑스 자신의 설명이 돌이킬 수 없을 정도로 결함이 있는 것으로 판명된다 할지라도, 그의 노력들은 진지하게 고려되어야 할 가치가 있는 어떤 규범적인 사회이론에도 간단하지만 엄격한 적합성이라는 조건을 부과하고 있다. 즉, 규범적인 사회이론이 지니고 있는 이상들의 실현은 논리적으로 가능한 것 이상이어야만 한다는 요구이다. 법률적 이상을 설명하는 이론의 경우에 "정의감"에 대한 호소로는, 경험적으로 뒷받침된 사회변동론을 동반하지 않는다면 충분치 않을 것이다.

인간은 자유롭고 평등하게 태어나 정의로운 사회에서 행복을 추구하려 한다. 그래서 자유로운 삶, 평등한 삶 그리고 정의로운 사회를 향한 염원은 시간과 공간을 초월하여 모든 사람에게 공통적이다. 그런데 인간이 생활하고 있는 사회는 시간적 경과와 더불어 일정한 단계를 거쳐 발전하고 변화한다. 그 속에서 또한 인간은 제각기 다른 출생과 배경을 가지고 살아가게 된다. 다른 출생과 환경 속에서 성장한 인간은 각기 다른 이념을 가지게 된다. 그래서 정치사상에서 핵심 개념이었던 '자유', '평등' 그리고 '정의'에 대해 각기 다른 해석이 가해진다.

오랜 역사를 지닌 정의 개념은 정치 철학에서 중요한 의미를 지녔으며, 이 의미는 현재까지도, 어쩌면 인간사회가 존재하는 한에서 지속될 것이다. 정의가 의미하는 바가 무엇인지에 대해서, 그리고 정의로운 사회가 어떤 사회인지에 대해서는 합의가 이루어지지 않고 있지만, 정치사상가들은 '선한'good 사회를 '정의로운'just 사회로 기술하였다. 정의는 기본적으로 도덕적 혹은 규범적 개념이다. 하지만 정의는 단지 도덕적인 개념을 의미하지는 않는다. 보다 구체적으로 표현하면, 정의는 '보상과 처벌'의 배분에 대한 도덕적 판단으로 규정해 볼 수 있겠다. 즉 정의는 각자에게 '마땅한' 것을 주는 것을 뜻한다. 하지만 '마땅한' 것에 대한 결정은 쉬운 문제가 아니다. 그래서 정의에 대한 확정적이고 객관적인 기준이 존재하는 것이 아닌 까닭에, 그것은 논쟁적인 개념이다. 자본주의의 역사적 발전과 더불어 정의는 '사회 정의'라는 이름하에 사회 생활 일반과 관련되어 배분적 정의라는 관점에서 논의되었다. 하이에크와 같은 부류의 '신우파'New Right는 '사회 정의는 남을 속이기 위해 사용된 단어'이며, 국가 통제와 정부 간섭을 증대하기 위한 핑계에 불과하다고 주장한다. 반면에 사회민주주의자와 현대자유주의자들은 사회 정의를 긍정적인 시각에서 해석하며, 도덕적 원칙에 따라 사회 질서를 재구성하고자 하는 시도, 즉 사회적 불평등을 시정하고자 하는 시도로 간주한다. 하지만 맑스는 자본주의 체제 내에서의 정의로운 사회의 실현이라는 관념을 비판하며, 정의 개념에 대한 그의 비판은 자본주의 체제 내에서의 자유와 평등 개념에 대한 '급진적' 비판을 의미한다. 나아가 그는 공산주의 사회에서 정의나 권리와 같은 개념들은 불필요하다고 역설한다. 정의 개념에 대한 논쟁은 학문적·실천적 영역에서 합의를 보지 못한 채 지금까지도 지속되고 있다. 이에 대한 논쟁은 결국 국가의 역할과 연관되는 것으로 과연 국가는 사회구성원들을 위해 무엇을 해야만 하는가의 문제로 귀결된다. 간단히 말해 국가는 오로지 개인의 생명, 재산, 그리고 자유를 보장하는 데 그 역할을 한정해야 하는가 아니면 이에 더해 사회구성원들의 복지까지도 책임을 져야 하는가?

1970년대 하이에크로 대변되는 '신우파'는 국가의 복지정책을 강력하게 비판하였다. 이 집단은 '경제는 국가가 간섭하지 않을 때 가장 잘 작동한다'는 근거없는 정치적 슬로건 아래 그 당시에 유행하였던 경제위기가 국가의 과도한 복지예산지출에서 비롯되었다고 주장하였다. 그리하여 이러한 주장에 발맞추어 영국의 대처정부와 미국의 레이건 정부는 이른바 '대처리즘'과 '레이거노믹스'을 탄생시켰다. 간단히 말해 이 정책은 국가를 복지정책으로부터 물러나게 하는 것이었다. 그리고 모든 것을 개인의 문제로 환원시켰다. 이 이념은 '사회와 같은 그런 물건은 없고 단지 개인과 가족만이 있을 뿐'이라는 조야한 개인주의적 입장을 대변한다. 또한 이 이념은 기업가적 입장을 지지하는 자유방임적 자본주의의 관점에서 국가의 복지 제공이 의존의 문화를 양산하며 시장에서 선택의 자유로 간주되는 자유를 해친다고 주장한다. 특히 1990년대 이후 소련을 필두로 하는 실존 사회주의 국가의 붕괴와 더불어 오늘날 신자유주의라는 이념이 세계사적인 정치경제학적 지형을 바꾸어 버렸다. 복지라는 사회적 안전망이 제대로 갖추어지지 않은 나라들에서 신자유주의적 정책은 정치경제학적으로 사회의 소득 불균형, 혹은 경제의 양극화 현상을 초래하였다. 굳이 맑스의 사상을 언급하지 않더라도 인간의 삶에서 가장 근본적인 토대를 형성하는 것이 경제적인 문제라고 생각한다. 그런데 이 경제적인 문제가 해결되지 않고서 자유롭고, 평등하며, 그리하여 정의로운 사회에 관해 말할 수 있을까?

뷰캐넌의 『맑스와 정의』라는 책이 정의 문제에 관해 모든 것을 다루고 있지는 않지만 이 책을 통해 정의로운 사회에 관해 한번 숙고해보는 시간을 가졌으면 하는 마음에서 이 책을 번역하게 되었다. 그런 의미에서 하나의 소박한 바람이 있다면, 집단적 이기주의나 이데올로기적인 껍데기를 벗어던지고 한국 사회에서도 정의로운 국가에 대한 생산적 논의가 더 활기차게 일어났으면 한다.

저자가 서문에서 밝히고 있듯이 이 책의 목적은 "정의에 대한 맑스 사상을 재구성하고 평가"하며, 동시에 "재구성된 그의 입장을 정의에 관한 가장 좋은 동시대의 생각 가운데 어떤 것에 적용"하는 것이다. 부언하면, 이 책은 정의와 권리 개념에 대한 맑스 혹은 맑스주의 사상을 검토하면서 그것이 지닌 의미와 한계성을 논의하고 있다. 맑스의 비판은 도덕적 차원에서의 훈계가 아니다. 그것은 자본주의의 운동법칙성을 입증하고 이에 대해 비판하는 것이다. 이러한 맥락에서 리카도적 사회주의와는 근본적으로 다르게 맑스는 정의 개념을 분배적 정의의 관점에서 논하는 게 아니다. 리카도적 사회주의는 자본주의적 생산과 분배를 분리하고, 분배를 통해 자본주의의 모순을 개혁하고자 한다. 반면에 맑스는 자본주의적 생산과 분배는 분리될 수 없으며, 자본주의의 분배는 이미 생산과정에서 결정되어 있다고 생각한다. 따라서 자본주의 체제 내에서 분배적 정의 그 자체만을 논하는 것은 맑스에게 아무런 의미를 지니지 못한다. 이러한 맥락에서 맑스는 자본주의 체제 내에서의 정의로운 사회의 실현이라는 관념을 비판하며, 정의 개념에 대한 그의 비판은 자본주의 체제 내에서의 자유와 평등 개념에 대한 '급진적' 비판을 담지한다. 나아가 그는 공산주의 사회에서 정의나 권리와 같은 개념들은 불필요하다고 역설한다. 예를 들어, 뷰캐넌은 『맑스와 정의』 3장에서 착취와 소외에 관해 논의하고 있다. 이 책에 담겨 있는 내용을 떠나서 착취와 소외에 관한 맑스의 기본적 입장은 이렇다. 만약 자본주의 체제 내에서 착취를 없애고자 한다면, 자본주의적 교환관계를 개혁하는 것만으로는 불가능하다. 그것은 자본주의의 지양 혹은 폐지를 통해서만이 가능하다. 또한 소외의 극복 역시 자본주의의 폐지를 통해서만이 가능하다. 맑스에게 소외의 극복은 유적 존재로서의 인간 본질의 회복을 의미한다. 자본주의 비판 및 정의와 관련하여 맑스가 주목하고 있는 사실은 노동자의 소득이나 생활수준의 개선보다는 근본적으로 노동자의 생존, 전체적인 노동 환경과 연관된 것이다.

뷰캐넌은 이 책에서 맑스의 정의 개념을 재구성하고 나아가 평가하고자 시도한다. 그에 의하면, 맑스의 평가적 관점은 자본주의에 대한 급진적·비판적 관점이고 공산주의의 출현이 단지 변화가 아니라 진보라는 관점이다. 뷰캐넌은 맑스의 평가적 관점과 관련하여 이 관점의 일관성이 인간 본성에 대한 맑스의 초기의 규범적 개념에 의존하는 것이 아니라, 그가 전개한 역사 유물론적인 의식이론의 적절성에 의존하고 있다고 주장한다. 사실 전체로서의 맑스 이론은 인간에 대한 도덕적·규범적 개념에서 출발하는 것이 아니다. 그의 이론의 출발점은 '현실에서 활동하고 있는 인간들의 생산활동'인 것이다. 이러한 문제의식은

'역사에 대한 유물론적 개념화' ― 역사적 유물론 ― 로 정립된다. 그리하여 그의 평가적 관점이 가지는 본질적 성격은 비법률적이다. 이러한 관점을 바탕으로 뷰캐넌은 맑스의 착취론 및 소외와 그의 평가적 관점 간의 상호연관성을 규명하려 한다. 그는 맑스의 비판가와 옹호자 들이 맑스의 착취론의 복잡성을 제대로 파악하지 못했다고 주장한다. 정의와 권리 개념에 대한 맑스주의 비판과 관련하여 뷰캐넌은 맑스에게 법률적 개념들은 주요한 설명적 역할도, 그리고 주요한 비판적 역할도 하지 못한다고 주장한다. 자본주의에 대한 가장 근본적인 맑스의 비판은 비법률적이라는 것이다.

그리하여 뷰캐넌은 롤스의 정의론에 대한 맑스주의적 반대들을 검토하면서 롤스에 대한 많은 맑스주의적 비판이 적어도 부분적으로 롤스에 대한 잘못된 이해에 기반을 두고 있다고 주장한다. 그는 1장에서 맑스의 비판이 헤겔 입장의 급진화된 후손이라는 관점에서 헤겔 정치철학에 관해 설명하고 있다. 2장에서는 맑스의 평가적 관점이 논의되고 있다. 저자에 따르면, 맑스의 평가적 관점은 인간 본성에 대한 규범적 개념에 의존하는 것이 아니라 그의 유물론적 의식이론에 바탕하고 있다는 것이다. 3장에서는 자본주의적 착취와 소외에 관해 논의하고 있다. 저자는 맑스의 비평가와 옹호자 모두가 맑스의 착취론이 지니는 복잡성을 제대로 파악하지 못했다고 주장한다. 이들은 단지 임금노동에서의 맑스의 착취론만을 논의했고, 자본주의에서 존재하는 다른 착취관계들을 제대로 해명하지 못했다는 것이다.

또한 중요한 사실은 착취와 소외 사이의 연관성에 관해 분석하지 않았다는 점이다. 4장에서는 정의와 권리에 대한 맑스주의 비판을 다루고 있다. 여기에서의 쟁점은 맑스에게 법률적 개념들은 설명적 기능도, 비판적 기능도 하지 않는다는 점이다. 또한 저자는 맑스의 자본주의에 대한 비판은 비법률적이라고 주장한다. 혁명적 동기 부여에 관한 맑스의 이론을 분석하고 있는 5장에서 저자는 첫째, 프롤레타리아 혁명의 동기부여적인 근원들의 비법률적 이론을 구성하고자 하는 맑스의 시도는 결함이 있다는 점, 둘째, 맑스 사회이론의 핵심적인 특징들이 그 이론의 결점들을 바로 잡는 데 오히려 장애물이 될 수도 있다는 점을 논의하고 있다. 6장에서는 맑스와 롤스에 관해 논의가 이루어지고 있다. 롤스의 『정의론』은 자유주의가 지니는 원칙과 복지 및 재분배 정치를 조화시키고자 하는 시도이다. 존 스튜어트 밀로부터 영향을 받은 신자유주의자들(그린T. H. Green, 홉하우스L. T. Hobhouse, 홉슨J. A. Hobson 등)은 '적극적' 자유를 지지하였다. 이 관점에서 볼 때, '자유'라는 개념은 '단지 홀로 내버려두는 것'이 아니었다. 자유는 자아를 실현하고 획득하기 위해 개인이 지닌 능력이다. 그리고 국가 간섭은 개인적 존재를 망치는 사회악으로부터 개인을 안전하게 인도함으로써 자유를 확대시킨다. 이러한 견해는 사회자유주의 혹은 복지자유주의의 토대를 제공하였다. 이 자유주의는 국가 간섭에 공감적인 태도를 취하며, 약하고 상처받기 쉬우며, 스스로를 도울 수 없는 사람이 처한 환경을 개선해줌으로써 개인을 일으켜 세우는 것이다. 롤스의

『정의론』은 이러한 입장에 대한 현대적 시도이다. 뷰캐넌은 6장에서 첫째, 롤스의 『정의론』에 관해 기술한다. 둘째, 롤스의 『정의론』에 대한 맑스주의의 반대들을 논의하며, 맑스주의 비판들이 적어도 부분적으로 오해들에 기반하고 있다고 말한다.

하지만 뷰캐넌은 전체로서의 맑스 사상을 검토한 결과 다음의 결론을 내린다.

맑스 사상은 전통적인 현대의 정치철학의 두 교의에 대한 가장 체계적이고 골치 아픈 도전을 제공해 준다. 그 두 가지 교의는 정의가 사회제도들의 제1의 덕목이라는 명제와 권리소유자로서 사람들에 대한 존중은 개인들에 대한 제1의 덕목이라는 명제이다.

뷰캐넌의 『맑스와 정의』에 대한 평가는 다양한 평가와 논의를 위해서 독자들의 몫으로 남겨놓으려 한다.

1990년 이후 "실존 사회주의" 국가들의 붕괴와 더불어 신자유주의에 기반한 범지구적 자본주의의 위세, 그리고 오늘날 "4차 산업혁명" 혹은 "인공지능"이라는 단어가 인간의 일상적 삶을 지배하고 통제하는 시점에서 인간의 두뇌는 기계화되고, 공학화되어 가고 있다. 거의 모든 인간은 사실상 기술과 자본이 명령하는 바에 따라 그저 행위할 따름이다. 기술과 자본이 세상을 지배하는 역사적 국면에서 인간 중심의 삶은 점점 더 멀어져가는 것 같다. 인간의 삶은 개별화되고 원자화되며, 결국에는 자신의 의지와는 무관하게 물화의 상태에 도달한다. 그리하여 등장한 개인주의는 '자유로운' 시장경제 내에서 서로 갈등하는 개인들의 이해관계들이 상호작용하면서 사회가 발전한다고 주장하는 부르주아적 자유주의의 내면적인 핵심이다. 맑스의 사상이 현재적 의미를 가지는 이유는, 그 사상이 자본주의 체제에 대한 급진적 비판을 기반으로 인간 중심의 사회를 건설하고자 하기 때문이다. 정의 개념이 실천적·학문적 차원에서 본질적인 의미를 갖기 위해서는 적어도 역사적 발전 국면에 대한 인간의 의식적·실천적 행위가 무엇보다도 요구된다 하겠다. 이러한 행위가 없다고 한다면, 정의로운 사회에 대한 인간의 염원은 한낱 공상에 불과할 것이다. 비록 이 책이 현실 사회에서의 구체적이고 실천적인 문제들을 직접 다루고 있지는 않지만 정의로운 사회에 대해 성찰을 하는 계기가 되었으면 한다. 정의로운 사회에 대한 갈망은 동·서양을 막론하고 인간의 가슴 속에 깊이 자리잡고 있으며, 앞으로도 이 갈망은 인간과 함께할 것이다.

　새삼 거론할 필요가 없겠지만 번역상의 오류는 옮긴이의 책임이며, 이 책임은 전적으로 옮긴이가 져야 한다. 그리고 번역과 관련하여 오역이 있다면, 적극적인 조언과 지적을 부탁드린다. 끝으로 사실상 쉽지 않은 내용들을 세밀하게 읽고 꼼꼼하게 교정을 해주신 출판사에 진심으로 감사드린다.

2019년 12월
옮긴이 이종은·조현수

:: 후주

감사의 말

1. [한국어판] 존 롤스, 『정의론』, 황경식, 이학사, 2003.
2. [한국어판] 제럴드 앨런 코헨, 『카를 마르크스의 역사이론』, 박형신·정헌주 옮김, 한길사, 2011.

서문

1. [한국어판] 게오르그 빌헬름 프리드리히 헤겔, 『법철학』, 임석진 옮김, 한길사, 2008.
2. *Canadian Journal of Philosophy*, Vol. IX, no. 1, 1979.
3. 맑스에 관한 *Canadian Journal of Philosophy*의 속편에 게재될 예정이다.
4. *Philosophy and Public Affairs*, vol. 9, no. 1, 1979 ; *Marx, History, and Justice,* edited by M. Cohen, T. Nagel, and T. Scanlon (Princeton University Press, 1980)에 재수록되었다.
5. *John Rawls' Theory of Social Justice*, edited by G. Blocker and E. Smith, Ohio University Press, 1980.

1장 헤겔철학적인 뿌리

1. 이 대단히 어려운 과제의 가장 유용한 시도를 위해서는 찰스 테일러의 *Hegel* (London, 1978), pp. 3~214, 365~427 [찰스 테일러, 『헤겔』, 정대성 옮김, 그린비, 2014] 참조.
2. *Hegel : Selections*, edited by J. Lowenberg (New York, 1957), p. 363.
3. 같은 책, pp. 364~65.
4. 같은 책, pp. 360~61.
5. 도덕과 윤리 간의 헤겔의 대조에 대한 나의 재구성은 주로 다음의 구절들에 의한 것이다. Lowenberg, pp. 389, 391 ; G. W. F. Hegel, *The Philosophy of Right,* edited by T. M. Knox (London, 1973), pp. 34~36, 103~4, 133~34, 319.
6. Knox, pp. 33, 253~55.
7. 이 점은 특히 헤겔의 칸트 비판의 경우에 분쟁이 되고 있다. 헤겔은 칸트의 범주적 정언(Categorial Imperative)에 대해 문제를 제기하며, 도덕적 행위자는 사회적 규범들에 의존해야 한다는 점을 제안한다. 그러나 동시에 그는 자율성이라는 이상(Ideal)에 대한 어떤 것을 보존하기를 원한다. 하지만 윤리가 어떻게 범주적 정언과 같은 원칙을 위한 어떤 여지를 남겨 두고 있는지를 이해하기란 어렵다. 왜

냐하면 후자는 한 사회에서 수용된 원칙들을 포함하여 모든 다른 원칙들이 판단되는 최고의 기준으로 기능한다고 가정하기 때문이다. 그러나 헤겔은 범주적 정언과 같이 형식적인 원칙이 홀로 일련의 독특한 실체적인 도덕원칙을 생산해 낼수 없다고 주장하고 있는 점에서 옳은 것 같다. 합리적 목적 혹은 객관적 선에 관한 이론이 칸트인 형식주의에 내용을 제공해 줄 수 있는 방법에 관한 간단한 논의에 대해서는 Onora O'Neill의 *Acting on Principle*에 대한 나의 비평 논문을 참조. *Journal of Philosophy*, vol. LXXV, no. 6, 1978, pp. 325~40.

8. 나는 "주관적 의지(will)"와 "객관적 의지"보다는 "주관적으로 의지하는 것(willing)"과 "객관적으로 의지하는 것"이라는 용어를 사용한다. 왜냐하면 이 맥락에서 실체적인(substantive) "의지"는 존재론적으로 겉치레일 뿐이며, 아무런 도움이 되지 않는 실체화를 조장하기 때문이다. 의지하는 것에 대한, 그리고 주관적으로 의지하는 것과 객관적으로 의지하는 것 간의 차이에 대한 좀 더 상세한 헤겔의 논의는 Knox, pp. 21~32, 232, 233 참조.

9. 이것은 헤겔이 객관적 의지(will)는 "그 속에 진리가 놓여 있다"고 말할 때, 그가 의미했던 바로 그것이다. Knox, p. 232.

10. 같은 책, p. 232.

11. 이 점에서 인륜성의 인간은 노예나 어린아이와 같다. 같은 책, pp. 232, 233 참조.

12. 나는 이 점을 나에게 더 명확하게 해준 W. D. Falk에게 감사드린다. 사실 이 장에서 행해지는 헤겔에 대한 나의 전체적 연구는 폴크의 출간되지 않은 강의에 크게 빚지고 있다.

13. Knox, pp. 189, 267.

14. 같은 책, pp. 128, 129.

15. 같은 책, pp. 131, 270~71.

16. 같은 책, pp. 148, 149, 277.

17. 같은 책, pp. 151, 152, 178.

18. 같은 책, pp. 267, 280.

19. 같은 책, p. 22.

20. 같은 책, p. 128.

21. 같은 책, p. 38.

22. 같은 책, pp. 235, 256.

23. 같은 책, p. 236(46항)에서 헤겔은 재산이 왜 사적 재산이어야 하는지를 보여주는데 아주 불명료한 논의를 제시하고 있다.

24. 같은 책, p. 123.

25. 같은 책, pp. 148, 149, 277.

26. 같은 책, pp. 123.

27. 같은 책, pp. 131, 132, 196, 197, 291.

28. 같은 책, pp. 190, 191, 287.

29. 나는 시민사회의 특징적인 문제들에 대한 헤겔의 응답을 설명할 때 군주정에 대한 헤겔의 토론을 무시하고 관료엘리트의 역할에 초점을 맞춘다. 이러한 강조에 대해서는 두 가지 이유가 있다. 첫째, 정부에 대한 헤겔의 도식에서 가장 독창적이고 예언적인 것이 관료엘리트에 대한 그의 개념이고, 군주정을 위한 여지를 찾고자 하는 그의 관심은 아주 제한적이라는 점에 일반적으로 동의하고 있기 때문이다. 둘째, 군주정에 대한 헤겔의 토론은 결코 분명하지 않으며, 그의 정치이론이 지니고 있는 좀 더 분명하게 중요한 요소들과 통합하는 것은 어렵기 때문이다.

30. 같은 책, p. 276.

31. 같은 책, p. 277.

32. 같은 책, p. 147.

33. Marx and Engels, *The Holy Family* [카를 마르크스·프리드리히 엥겔스, 『신성가족』, 편집부 옮김, 이웃, 1990]; Avineri, *The Social and Political Thought of Karl Marx* (Cambridge, 1968), p. 46에서 인용.

34. 헤겔의 이 주제에 대한 흥미를 유발하는 현대의 논의로는 D. Gauthier, "The Social Contract as Ideology," *Philosophy and Public Affairs*, vol. 6, no. 2, 1978, pp. 130~64 참조.

35. Knox, pp. 262, 265.

36. 이 책의 2장과 3장 참조. 또한 다음과 같은 사실에 주목하라. 맑스는 프루동이 "가정에 대한… 비참한 가부장적인 다정다감한 환상들에 대해 찬사들을 보낼" 때, "소시민적 감성"에 책임이 있다고 그를 비난한다. Marx in a letter to P. V. Annenkov, Dec. 28, 1846, *Marx and Engels: Selected Correspondence*, translated by I. Lasker, edited by S. W. Ryazanskaya (Moscow, 1975), p. 28 [칼 맑스, 「맑스가 파리 파벨 바셀리예비치 안넨코프에게. 1846년 12월 28일」, 『칼 맑스 프리드리히 엥겔스 저작선집 1』, 박종철출판사, 1997].

37. Marx, *Capital*, vol. I (New York, 1967), p. 79 [카를 마르크스, 『자본론 1』, 김수행 옮김, 비봉출판사, 2015].

2장 맑스의 평가적 관점

1. 나는 이 장의 초고에 대해 통찰력 있는 논평을 해준 David Brink에게 특히 빚을 지고 있다.

2. [한국어판] 카를 마르크스, 『경제학-철학 수고』, 강유원 옮김, 이론과실천, 2006.

3. 예를 들어 J. Seigel, "Alienation"(B. Ollman의 *Alienation*에 대한 서평), *History and Theory*, vol. XII, no. 3, 1973, pp. 329~42 참조.

4. *Grundrisse*, translated by M. Nicolaus (New York, 1973), pp. 157~58, 162, 196, 197, 652, 831 [칼 맑스, 『정치경제학 비판 요강 1, 2, 3』, 김호균 옮김, 그린비, 2007] 참조.

5. 이 단어들에 좀 더 상세한 설명을 위해 "Translator's and Editor's Note on Terminology," *The Economic and Philosophic Manuscript of 1844*, edited by D. Struik, translated by M. Milligan (New York, 1964), pp. 58~59 참조.

6. 같은 책, pp. 108~9. 맑스 소외론의 더 완전한 설명을 위해서는 이 개념에 대한 헤겔과 포이어바흐의 관계를 검토할 필요가 있다. 전자에 대해서는 S. Avineri, *Hegel's Theory of the Modern State* (Cambridge, 1972), pp. 87~98과 Taylor, *Hegel*, pp. 3~214 [찰스 테일러, 『헤겔』] 참조. 그리고 후자에 대해서는 S. Avineri, *The Social and Political Thought of Karl Marx*, pp. 65~124 참조. 캐롤 굴드(Carol Gould)는 *Marx's Social Ontology* (Cambridge, Massachusetts, 1978), pp. 41~56 에서 맑스의 유적 존재라는 개념과 소외와 대상화 간의 차이를 흥미롭게 토론하고 있다. 이 구절들은 또한 대상화에 대한 맑스와 헤겔 사이의 차이와 유사성에 관련되는 흥미로운 언급들을 하고 있다.

7. K. Marx, *Capital*, vol. I, pp. 69~83 [카를 마르크스, 『자본론 1』].

8. G. Lukács, "Reification and the Consciousness of the Proletariat," in *History and Class Consciousness*, translated by R. Livingstone (Cambridge, Massachusetts, 1971), pp. 83~222 [게오르크 루카치, 『역사와 계급의식』, 조만영·박정호 옮김, 거름, 1999].

9. 유적 존재에 대한 맑스 개념에 대한 나의 예비적인 토론은 *Alienation*에서 행해진 B. Ollman의 논의, 특히 pp. 75~83을 참고한다. 올만의 해설은 많은 점에서 계몽적인 반면, 유적 존재에 대한 맑스의 개념의 규범적이거나 평가적 관점들을 충분하게 검토하지 않으며, 거의 전적으로 무비판적이다. (*Alienation: Marx's Conception of Man in Capitalist Society*, Cambridge, 1971).

10. Karl Marx, *Economic and Philosophic Manuscripts* [1844], in B. McLellan, *Karl Marx: Selected Writings* (Oxford, 1977), p. 82 [카를 마르크스, 『경제학-철학 수고』, 강유원 옮김, 이론과실천, 2006].

11. 같은 책, p. 82.

12. 같은 곳.

13. 같은 곳.

14. [한국어판] 카를 마르크스·프리드리히 엥겔스, 『독일 이데올로기 1~2』, 이병창 옮김, 먼빛으로, 2019.

15. 예를 들어, Seigel, pp. 335~37 참조.

16. McLellan, p. 156.

17. L. Easton and K. Guddhat, *Writings of the Young Marx on Philosophy* (Garden City, New York, 1967), p. 468.

18. McLellan, p. 568.

19. Easton and Guddhat, pp. 424~25.

20. McLellan, p. 568.

21. 같은 책. p. 567.

22. 같은 곳.

23. 같은 책. p. 569.

24. *Marx and Engels : Basic Writings on Politics and Society*, ed. L. Feuer (New York, 1959), p. 127.

25. McLellan, pp. 88~89.

26. A. Wood, "The Marxian Critique of Justice," *Philosophy and Public Affairs*, vol. 1, no. 3, 1972, pp. 281~82.

27. 이하에서 명백하게 되듯이, 맑스의 기본적인 평가적 관점이 유적 존재로서의 인간 본성에 대한 초기의 평가적 개념에서, 유물론적 역사이론에서 더 확고하게 정착되었다고 주장하는 공산주의 사회에 대한 비전으로 옮겨간다는 나의 주장은 잘 알려진 루이 알튀세의 명제와 혼동해서는 안 된다. 루이 알튀세에 따르면, 초기의 "인간주의적 맑스"와 후기의 "과학적 맑스" 간에는 "인식론적 단절"이 있다. 나의 견해로는 우선 첫째로 맑스의 후기 사회이론은 여전히 결정적으로 평가적 요소들에 의존하고 있다는 것이다. 이것은 그 의미에서 엄격하게 과학적인 것이 아니다. 또한 맑스의 후기 저작들을 지배하고 있는 평가적 관점들은 이 관점이 유적 존재라는 초기 개념의 규범적 내용들을 많이 유지하고 있는 한에서 여전히 인간주의적이다. L. Althusser, *For Marx* (New York, 1969), pp. 34~38, 51~86 [루이 알튀세르, 『마르크스를 위하여』, 서관모 옮김, 후마니타스, 2017] 참조.

28. Easton and Guddhat, p. 419.

29. 코헨(G. A. Cohen)은 *Marx's Theory of History : A Defence* (Oxford, 1978)[제럴드 앨런 코헨, 『카를 마르크스의 역사이론』]의 150~53쪽에서 비슷한 해석을 전개하고 있다. 내가 "인간 본성(혹은 본질)에 대한 맑스의 개념"을 프로테우스적 핵심 개념이라고 부른 것을 분류함에 있어 맑스의 견해에 적용시켜 볼 때, 이 후자의 표현에 대한 설명되지 않은 사용이 오해를 불러일으킨다는 점을 부인하지 않는다. 하지만 일단 프로테우스적 핵심 개념과 인간 본성 혹은 본질에 대한 전통적인 개념들 간에 차이점이 이해된다면, "인간 본성" 혹은 "인간 본질"을 사용하고 있는 프로테우스적 핵심 개념을 언급하는 것은 아주 정확한 것처럼 보인다. 왜냐하면, 『독일 이데올로기』에서 맑스는 우리가 생활수단들을 생산하는 방법을 변화시킴으로써 우리 자신들을 변화시키는 이 능력(혹은 일군의 능력들)은 역사에 걸쳐 모든 인간들에게 보편적인 것이며 우리를 다른 종과 구별 짓게 한다고 말하고 있기 때문이다. 그럼에도 내가 여기서 제공한 이 해석에 본질적으로 동의하고 있는 것처럼 보이는 다른 논평자들은 후기 맑스가 인간 본성 혹은 인간 본질에 대한 어떤 개념을 이용했다고 말하기를 꺼렸는데, 그 이유는 그들이 맑스가 공격했던 전통적인 개념들의 잘못된 암시를 회피하기를 원했기 때문이다. 예를 들어 생각해 보자. 맥브라이드(William Leon McBride, *The Philosophy of Marx*, London, 1977, p. 86)는 이렇게 말하고 있다. "맑스가 분명하게 만들었

다는 이유를 들어 후기의 맑스 철학을 토론할 때, 이 표현["인간 본질"]을 사용하는 것은 매우 역설적이다. '본질' 이야기는 전통적으로 고정되고 변화가 없는 핵심의 이미지를 자아내게 한다. 반면에 맑스의 세계관에서 볼 때 인간은 적어도 집단적으로 그들이 행한 것과 일치하여 유형들을 엄청나게 변화시킬 수 있는 능력을 가지고 있다." 그러나 몇 단락 뒤에 맥브라이드 자신은 "본질" 이야기로 되돌아가서 맑스가 인간 본질 혹은 본성에 대한 전통적 개념을 물리침과 **동시에** 그는 (아주 다른) 인간 본질 혹은 본성 개념에 동의한다고 말하더라도 문제가 없다는 듯이 말하고 있다! "맑스의 인간관에 따르면", 인간들은 "본질적으로 제작자, 바꾸는 사람 – '형성자이고 만드는 사람'이라고" 그는 말한다. 이 구절은 반대가 순전히 용어상의 문제라는 점을 강하게 시사하고 있다. 그리고 맥브라이드 역시 맑스에게 우리가 생활수단을 생산하는 방식을 변화시킴으로써 우리 자신을 변화시키는 능력이, 역사에 걸쳐 인간이라는 종에 보편적이며, 특징적이라는 존재의 의미에서 인간 본성 혹은 본질임을 인정하고 있다. 그러나 후기 맑스가 이 의미에서 인간 본성 혹은 본질에 대한 하나의 개념을 가지고 있다고 말하는 것이 이 개념에 대한 전통적인 개념이 전통적인 윤리적 혹은 심리학적 이론에서 행한 것과 동일한 역할을 맑스의 이론에서도 하고 있다고 말하는 것은 물론 아니다. 이어지는 나의 분석에서 명백하게 되는 것처럼, 맑스의 개념은 도덕적 규정들을 산출하지도 않으며, 어떤 특정한 행위유형에 대한 계몽적인 설명들을 제공해 주지 않는다. 맑스의 개념은 전자를 위해 요구되는 규범적 내용이 없으며, 후자에 대해서는 너무 개괄적이다.

30. Marx, *The Poverty of Philosophy* (New York: International Publishers, 1963), p. 147 [칼 마르크스, 『철학의 빈곤』, 강민철·김진영 옮김, 아침, 1989].

31. Marx, *Capital,* vol. I, p. 609. 각주 2 [카를 마르크스, 『자본론 1』].

32. Gordon Graham이 이 보기를 나에게 제시했다.

33. McLellan, pp. 91~92.

34. 맑스의 공산주의의 특징화에 대한 이러한 관점의 확대된 토론과 맑스에게서 의식이 왜곡될 수 있는 다양한 방법들에 대한 설명으로는 Cohen, "Karl Marx and the Withering Away of Social Science," Appendix 1, *Marx's Theory of History: A Defence*, pp. 326~44 참조.

35. 어쩌면 맑스의 역사적 유물론을 정식화하고 옹호하는 철저하고 엄격한 시도일 수 있는 문헌으로는 Cohen, *Marx's Theory of History: A Defence* 참조.

36. J. Rawls, *A Theory of Justice* (Cambridge, Massachusetts, 1971), p. 408 [존 롤스, 『정의론』].

37. 같은 책, p. 417. 이것이 얼마나 많은 것을 배제하는가는 "환상"(illusion)이 얼마나 넓게 해석되는가에 달려 있다.

38. 불행하게도 이 중요한 과제는 이 책의 한계들을 넘어설 것이다.

3장 착취와 소외

1. 예를 들어 S. Avineri, *The Social and Political Thought of Karl Marx*, 특히 pp, 96~177 ; B. Ollman, *Alienation* 참조.

2. 예를 들어 M. Blaug, *Economic Theory in Restrospect*, rev. ed. (Homewood, III., 1968), p. 245 ; P. Samuelson, *Economics*, 9th ed. (New York, 1973), pp. 542~543 ; N. Holmstrom, "Exploitation," *Canadian Journal of Philosophy*, vol. VII, no. 2, 1977, pp. 353~69 참조.

3. Holmstrom은 (a)와 (b)를 구별하고 있다. 하지만 그녀는 맑스의 노동과정 자체의 착취에 대한 공격에 제한하고 있기 때문에 (c)를 간과하고 있다.

4. 나는 "자본주의 노동과정"을 지배적인 혹은 특징적인 노동과정, 즉 상품생산의 임금노동과정으로 이해한다.

5. 맑스는 "상품"이라는 단어를 해당 항목이 직접적인 소비를 위해서라기보다는 교환을 위해 생산된다는 것을 알리는 기술적인 용어로 사용하고 있다.

6. Marx, *Capital*, vol. I, pp. 207~9 [카를 마르크스, 『자본론 1』].

7. Holmstrom, pp. 358~59.

8. 여기서 나의 설명은 홀름스트롬을 따른다. 하지만 나는 "착취"를 "노동과정에서의 착취"와 동일시하는 실수를 피한다.

9. *The German Ideology*, in D. McLellan, *Karl Marx : Selected Writings* (Oxford, 1977), pp. 185~86 [카를 마르크스, 프리드리히 엥겔스, 『독일 이데올로기 1~2』, 이병창 옮김, 먼빛으로, 2019]. 19세기의 여러 권으로 된 표준 프랑스어 사전인 E. Littré의 *Dictionaire de la Langue Française*는 "착취자" 밑에 다음의 구절을 포함하고 있다.

"농업과 산업에 대한 용어. 생산물을 가치 있게 하거나 생산물을 얻다. 면허증, 극장을 이용하다. 의미를 넓혀서, 착취의 대상 같은 것으로 생각되는 것으로부터 이윤을 얻거나 이용하다. 사람에 대해 말하기도 한다. 혹인을 착취하다. 그 기업가는 노동자를 착취한다."(*Dictionnaire de la Langue Française*, Par E. Littré de l'Adademie Française,Libraire Hatchette et Cie. Paris, 1873)

사람에게 적용되는 것으로 "착취"를 정의하는 이 구절의 부분은 『독일 이데올로기』에서 행한 맑스의 일반적 특징과 사실상 동일하다. 『독일 이데올로기』에서 맑스는 "착취"(Ausbeutung)보다는 "착취"(Exploitation)라는 단어를 더 빈번하게 사용한다. 반면에 『자본』에서 그 경향은 역전된다. 두 단어들은 "착취"(Exploitation)로 번역한다. 내가 결정할 수 있는 한에서, 맑스는 이 단어들을 교환하여 사용하며, 그의 대안적 사용이 어떤 체계적인 차이를 나타냈다는 가설에 대한 텍스트적인 증거는 없다.

10. 맑스가 "착취"라는 단어를 『자본』 1권에서 처음으로 도입했다고 홀름스트롬이

잘못 시사하고 있다는 점에 주목하는 것은 흥미로운 일이다.

11. Marx, *Excerpt-Notes of 1844*, in Easton and Guddhat, pp. 278~79.

12. Marx, *On the Jewish Question, Writings of the Young Marx on Philosophy and Society*, Easton and Guddhat (New York, 1967), pp. 245~48 [카를 마르크스, 『유대인 문제에 관하여』, 김현 옮김, 책세상, 2015].

13. *The German Ideology*, p. 110 [카를 마르크스·프리드리히 엥겔스, 『독일 이데올로기 1~2』].

14. Marx, *The Economic and Philosophic Manuscript of 1844*, ed. by D. Struik, pp. 150~51 [카를 마르크스, 『경제학-철학 수고』].

15. 맑스가 부르주아는 그의 아내를 단지 생산도구로서 취급함으로써 그녀를 효용화한다고 반박하는 것은 흥미로운 사실이다. *The Communist Manifesto, Marx and Engels : Basic Writings on Politics and Philosophy*, edited by L. Feuer (New York, 1959), p. 25 [칼 맑스·프리드리히 엥겔스, 『공산당 선언』, 심철민 옮김, 도서출판비, 2018].

16. 예를 들어, Avineri, pp. 51~52 ; R. Raico, "Classical Liberal Exploitation Theory," *Journal of Libertarian Studies*, 1 (1977), pp. 179~80 ; 그리고 R. Miliband, *Marxism and Politics* (Oxford, 1977), pp. 74~90 참조.

17. *The Communist Manifesto*, in Feuer, p. 9 [칼 맑스·프리드리히 엥겔스, 『공산당 선언』].

18. [한국어판] 칼 마르크스, 『헤겔 법철학 비판』, 강유원 옮김, 이론과실천, 2011.

19. Easton and Guddhat, pp. 177~90.

20. [한국어판] 칼 마르크스, 『루이 보나파르트의 브뤼메르 18일』, 최형익 옮김, 비르투, 2012.

21. *Selected Works of Marx and Engels* (New York, 1972), pp. 170~71.

22. *Selected Works*, p. 171.

23. [한국어판] 칼 맑스, 『프랑스 내전』, 안효상 옮김, 박종철출판사, 2003.

24. *Selected Works*, p. 293.

25. 예를 들어, Marx, *Capital*, vol. I, p. 256 [카를 마르크스, 『자본론 1』 참조.

26. 나는 이 점을 여기에서는 주장하지 않겠다. 하지만 국가가 자본가계급의 도구라는 견해를 따를 때조차도 국가의 착취적 기능들이 노동과정에 한정되지는 않는다는 점이 분명하다.

27. 홀름스트롬(Holmstrom, p. 365)은 자신의 설명이 착취와 소외의 연관성을 분명하게 만든다고 말한다. 유감스럽게도 그렇지 않다. 왜냐하면, 그녀의 설명은 그릇되게 착취를 노동과정에 제한하고 있기 때문이다. 그녀의 설명은 노동과정에서의 노동자에 대한 착취와 그 과정에서 존재하는 소외형태들 사이의 연관성을 묘사하는 데 한정된다.

28. Marx, *Precapitalist Economic Formations* (*Grundrisse*에서 발췌), edited by E. J.

Hobsbawm (New York, 1975), pp. 104~8.

29. *On the Jewish Question*, in Easton and Guddhat, p. 248 [카를 마르크스, 『유대인 문제에 관하여』].

30. *Precapitalist Economic Formations*, pp. 104.

31. *Excerpt-Notes of 1844*, in Easton and Guddhat, p. 269.

32. *Economic and Philosophic Manuscripts of 1844*, edited by Easton and Guddhat, pp. 287~89 [카를 마르크스, 『경제학–철학 수고』].

33. 관료국가를 기술하기 위해 맑스가 소외론을 사용한 것에 대한 상세한 설명은 Avineri, *The Social and Political Thought of Karl Marx*, pp. 17~24 참조.

34. R. Nozick, *Anarchy, State, and Utopia* (New York, 1975), p. 253.

35. Blaug, p. 245 ; Samuelson, pp. 542~43. 맑스에게 이 견해의 부담을 지우는 사람들은 그렇게 할 수도 있을 것이다. 왜냐하면, 그들은 맑스가 소유에 대한 노동 이론을 주장하고 있다고 그릇되게 가정하기 때문이다. 이 견해에 따르면, 사람들은 어떤 대상물을 생산하거나 아니면 로크가 진술하고 있는 것처럼 자신의 노동을 대상물에 "혼합"함으로써 어떤 생산물에 대한 소유권을 가지게 된다는 것이다. 맑스가 동의하지 않았던 이 이론은 노동가치론과는 상당히 다르다.

36. *Critique of the Gotha Program*, Feuer, pp. 116, 117 [칼 맑스, 「고타 강령 초안 비판」, 『칼 맑스 프리드리히 엥겔스 저작선집 4』, 최인호 옮김, 박종철출판사, 2002].

37. 우드는 「맑스적 정의비판」에서 정의 개념들에 대해 맑스 논쟁의 이 관점을 발전시킨다.

38. *Critique of the Gotha Program*, Feuer, p. 116 [칼 맑스, 「고타 강령 초안 비판」, 『칼 맑스 프리드리히 엥겔스 저작선집 4』].

39. 홀름스트롬의 설명은 자본주의 노동과정에서의 맑스의 착취 개념과 노동가치론이 매듭을 풀 수 없게 얽혀 있다고 가정하는 것처럼 보인다.

40. Nozick, p. 252.

41. Marx, *Capital*, vol. I, p. 218 [카를 마르크스, 『자본론 1』].

42. 이 장으로 개작하게 된 논문이 출간된 후에, 코헨은 맑스의 착취론에 대한 흥미로운 분석을 출간했다. 이 분석은 여러 가지 중요한 점에서 나의 초기의 설명에 동의하는 것처럼 보인다. 다르기는 하지만 양립할 수 있는 논의를 토대로 코헨은 맑스의 착취론이 노동가치론과는 무관하다는 결론을 내렸다. 그는 또한 내가 초역사적 개념이라고 부른 것이 잉여가치가 존재하는 역사적으로 제한된 조건이라기보다는 잉여생산물이 존재하는 조건을 포함한다는 점에 동의하고 있다. 잉여가치가 존재하는 조건은 상품생산을 포함하고 있다. 하지만 코헨은 맑스가 『고타강령비판』에서 행한 토론을 간과했던 것 같다. 왜냐하면, 그의 분석은 맑스에게 노동자가 그의 노동의 전체 생산물을 취하지 않는다는 사실이 착취를 구성하고 있다는 점을 함축하고 있거나 적어도 강하게 시사하고 있다. 또한 코헨은 내

가 이야기할 수 있는 한에서 논의를 하지 않고 착취가 부정의의 한 형태라고 주장한다. 그러나 그는 이 주장이 정의에 대한 맑스의 조롱 섞인 언급들과 어떻게 일치될 수 있는지에 대해 설명하지 않고 있다. 이 점은 다음 장에서 논의될 것이다.("The Labor Theory of Value and the Concept of Exploitation," *Philosophy and Public Affairs*, vol. 8, no. 4, 1979, pp. 338~60).

"Freedom and Private Property in Marx" (*Philosophy and Public Affairs*, vol. 8, no. 2, 1979, pp. 122~147)에서 George F. Brenkert는 맑스의 자본주의 비판이 내적인 법적 비판의 가능성을 고려하지 않는다면 어떤 법적 비판이 아니라는 점을 논의하고 있다. 그런 다음 그는 맑스의 기본적인 평가적 접근이 "자유원칙"이라고 논박한다. 맑스의 자유 개념의 분석에서 브렌커트는 내가 2장에서 자율성, 공동체 그리고 개인의 전면적인 발전에 대한 맑스의 이상으로 언급했던 것을 강조한다. 그는 또한 내가 이 이상들의 달성이 사회적 의식이 더 이상 왜곡되지 않을 때만이 가능하다는 생각을 포함하여 인식론적 요소로 언급했던 것을 강조하고 있다. 또한 브렌커트와 나는 맑스의 자본주의 분석이 평가적이거나 규범적이라기보다는 순수하게 과학적인 것으로 보는 것은 오해라는 점에 동의한다. 그럼에도 불구하고 내가 2장에서 맑스의 자본주의 비판들의 급진적이지만 추정상의 비이상적인 성격으로 설명했던 것을 강조하기 위해 기본적인 평가적 관점으로서 공산주의(자유 개념이 구현되는 사회로서)를 말하는 것이 더 정확하다고 나는 믿는다.

4장 정의와 권리에 대한 맑스의 비판

1. John Rawls, *A Theory of Justice*, p. 3 [존 롤스, 『정의론』].
2. "The Marxian Critique of Justice"에서 앨런 우드(Allen Wood)는 맑스가 법률적 모델을 거부하고, 자본주의를 정당하지 않은 체제로 비판하지 않고 있다고 주장한다. 이 장에 이어서 나오는 지면에서 나는 맑스에 대한 우드의 해석의 여러 가지 핵심적인 요소들에 매우 비판적이다. 그러나 우드의 논문이 많은 중요한 통찰을 포함하고 있으며, 근본적인 문제를 제기하며, 그리고 맑스에 대한 최근의 연구에 새로운 활기를 불어넣어 주고 있다는 점이 분명하기를 나는 바란다.(*Philosophy and Public Affairs*, vol. 1, no. 3, 1972, p. 246.)
3. Rawls, pp. 177~82.
4. 이 과제와 관련이 있는 최근의 연구로는 S. Moore, "Marx and Lenin as Historical Materialist," *Philosophy and Public Affairs*, vol. 4, no. 2, 1975, pp. 171~94 ; R. Miller, "The Consistency of Historical Materialism," *Philosophy and Public Affairs*, vol. 4, no. 4, 1975, pp. 390~409 ; G. Young, "the Fundamental Contradiction of Capitalism," *Philosophy and Public Affairs*, vol. 5, no. 2, 1976, pp. 196~234 참조.
5. *Karl Marx : Selected Writings*, edited by D, McLellan (Oxford, 1977), p. 389. 물

론 이 점이 맑스에게 법률적 개념들이 계급 분할 사회에서의 사회현상을 설명하는 데 아무런 중요한 역할을 하지 못한다고 말하는 것은 아니다. 이 점은 법률적 개념들이 맑스가 사회의 유물론적 토대 개념에 지정한 근본적인 역할을 하지 못한다는 점을 말할 뿐이다.

6. R. C. Tucker, *The Marxian Revolutionary Idea* (New York, 1969), pp. 37~53.

7. 터커와 우드의 견해가 기본적으로 옳다고 하는 폭넓은 동의는 맥브라이드에 의해 주목받았고 도전을 받았다. W. L. McBride, "The Concept of Justice in Marx, Engels and Others," *Ethics*, vol. 85, 1975, p. 206.

8. 예를 들어, Tucker, pp. 27, 41, 44 ; Wood, pp. 254~55 참조.

9. Wood, p. 265.

10. Wood, p. 259.

11. Wood, p. 257~59.

12. Marx, *Capital*, vol. I, p. 176 [카를 마르크스, 『자본론 1』].

13. 맥브라이드는 "부당함"(Unrecht)이 "부정의"(injustice)를 의미할 수도, "손해" (injury)("피해"[harm])를 의미할 수도 있다고 옳게 지적하고 있다. 그런 다음 그는 우드가 후자보다는 오히려 전자가 옳은 번역이라고 가정하는 것은 공인되지 않은 것이라고 시사한다. 이 지적은 자본가에게 노동력을 판매함으로써 노동자는 정신적으로 육체적으로 커다란 손해(injury)나 부담스러운 피해를 당하고 있다는 점에 대한 맑스의 계속적인 강조를 용인한다면, "손해"나 "피해"(harm)라는 번역이 여기서는 그럴듯하지 않아 보인다는 단순한 이유로 내가 생각하기에 우드에 대한 유효한 비판인 것처럼 보이지는 않는다.

14. N. Holmstrom, "Exploitation," pp. 353~69.

15. 같은 글, pp. 366~67.

16. 같은 글, p. 268.

17. Marx, *Capital*, vol. I, p. 271 [카를 마르크스, 『자본론 1』].

18. 우드의 분석과 이 분석에 대한 홀름스트롬의 비판은 맑스의 외적 비판과 내적 비판을 구별하는 데 실패함으로써 방해를 받고 있다. 비록 홀름스트롬이 그녀의 논문 p. 368에서 맑스는 공산주의 정의 관점에서 자본주의에 대한 외적 비판을 진행하고 있다는 점을 시사하고 있기는 하지만 말이다. *Marx's Social Ontology* (p. 169, 각주 4)에서 캐롤 굴드(Carol Gould)는 맑스가 그의 자본주의 비판에서 외적인 정의 기준을 사용하고 있다고 분명하게 주장한다.

19. Marx, *Capital*, vol. I, pp. 713~14 [카를 마르크스, 『자본론 1』].

20. Holmstrom, p. 368.

21. A. Buchanan, "Exploitation, Alienation, and Injustice," *Canadian Journal of Philosophy*, vol. 9, no. 1, 1979.

22. McBride, pp. 204~5.

23. 우드는 그의 논문 pp. 254~57에서 이 기본적인 논지에 대한 강력한 텍스트적인

증거를 제공해 주고 있다.

24. *Critique of the Gotha Program*, McLellan, p. 569 [칼 맑스, 「고타 강령 초안 비판」, 『칼 맑스 프리드리히 엥겔스 저작선집 4』].

25. McLellan, pp. 77~96.

26. McLellan, p. 569.

27. 이 구절들은 흩어져 있는 많은 구절 중의 몇 구절이다. 이 구절에서 맑스 혹은 맑스와 엥겔스는 결핍이 공산주의에서 크게 감소될 것이라는 점을 진술하거나 함축하고 있다. *The German Ideology, Writings of the Young Marx on Philosophy and Society*, edited by L. Easton and K. Guddhat (Garden City, N.Y. 1967), p. 468 [카를 마르크스·프리드리히 엥겔스, 『독일 이데올로기 1~2』]; *Grundrisse*, edited by M. Nicolaus (New York, 1973), p. 705 [칼 맑스, 『정치경제학 비판 요강』]; McLellan, pp. 73, 381, 383~84 ; Marx, *Capital*, vol. III, p. 876 [카를 마르크스, 『자본론 3』] ; Avineri, *The Social and Political Thought of Karl Marx*, p. 147.

28. McLellan, p. 569.

29. 맑스의 비판가들이 종종 이 점을 지적하지 않았지만, 롤스의 차등 원칙(Difference Principle)은 생산적-분배적 정의 원칙으로 간주될 수 있을 것이다. 왜냐하면, 이 원칙이 분배하는 것은 엄밀히 말해 물질적 재화 자체가 아니라 일의적 선들에 대한 전망이기 때문이며, 그리고 한 사회의 생산과정들의 중대한 재구조화가 한 사회가 요구하는 전망들의 유형을 달성하기 위해 필요하게 될 수 있기 때문에, 차등 원칙들은 사회의 분배적 제도에 적용되는 것이 아니라 사회의 생산과정에 적용된다. 롤스는, 그가 차등 원칙의 만족이 생산수단의 공적 소유를 요구할 수도 있다는 점을 지적할 때, 이 점을 인정하고 있다. Rawls, p. 274.

30. 예를 들어, McLellan, pp. 77, 377, 381, 383~84 ; Marx, *Capital*, vol. III, p. 876 [카를 마르크스, 『자본론 3』] ; *Karl Marx and Frederick Engels, Selected Works*, vol. II, (New York), pp. 93~94.

31. Engels, *Karl Marx and Frederick Engels : Selected Works in One Volume*, (New York, 1968), p. 430. "Marx on Distributive Justice"라는 최근의 논문에서 Z. Husami는 맑스의 견해에 대한 터커-우드 해석을 공격하고 있다(*Philosophy and Public Affairs*, vol. 8, no. 1, 1978, pp. 27~64). 후사미는 맑스가 자본주의를 비판할 규범적 개념들로서 탈자본주의 사회의 특성으로부터 이끌어 낸 관념들(예를 들면, 인간의 자유와 자아실현에 대한)을 일관되게 사용할 수 있다는 점을 정확하게 주장하고 있다. 그러나 그는 탈자본주의 사회에 대한 시각으로부터 빌려온 이 개념들이 단지 규범적인 개념만이 아니라 **법률적 개념**이라는 부당한 주장을 하고 있다. 나아가 후사미가 터커-우드 입장이 맑스가 "도둑질" 혹은 "약탈"로서 노동자의 착취를 언급하고 있는 구절들을 설명해 줄 수 없다는 점을 지적한 것은 옳다. 그러나 이 구절들을 설명하기 위해 맑스가 공산주의적 **정**의 원칙의 관

점에서 임금노동을 비판했다고 우리가 가정해야 한다고 가정한 점에서는 옳지 못하다. 우리는 맑스가 자본주의 그 자신의 정의 관념들에 따라 행동하지 않은 것을 들어 자본주의를 비판하고 있다는 점을 주장할 필요가 있다. 다시 말해 우리는 맑스가 자본주의에 대한 **내적인** 법률적 비판들을 전개시키고 있다는 점을 단지 주장할 필요가 있다. 맑스가 공산주의적 정의 관점에서 자본주의를 정의롭지 않은 것으로 비판하고 있다는 주장을 지지하기 위해 후사미가 인용한 텍스트들은 맑스의 내적, 법률적 비판들의 실례로 설명될 수 있는 것 같다. 후사미의 해석과는 달리 나의 해석은 초기에 언급한 세 가지 사실들, (i) 공산주의를 정의로운 사회로서 언급하는 것에 대한 맑스의 거부, (ii) 공산주의가 결핍과 갈등을 감소시킴으로써 정의의 여건들을 사라지게 할 것이라는 맑스의 견해, (iii) 정의와 권리들에 관한 이야기가 "시대에 뒤떨어진 말뿐인 쓰레기"이며, "이데올로기적인 허튼소리"라는 그의 설명과 일치하고 심지어 이 사실들을 설명해 주고 있다.

32. McLellan, pp. 51~52.

33. 같은 책, p. 54.

34. 같은 책, p. 54.

35. J. S. Mill, *On Liberty* (New York, 1956), 7 [존 스튜어트 밀, 『자유론』, 서병훈 옮김, 책세상, 2018].

36. McLellan, p. 56. "소위 인간의 권리들"이라는 표현은 여기서 설명이 필요하다. 맑스는 분명히 이 표현을 자신의 가장 특징적인 비판 중의 하나인 비판, 즉 이 권리들의 찬양자들이 이 권리들이 안고 있는 역사적으로 제한된 성격을 인식하지 않았다는 점을 강조하기 위해 사용하고 있다. 맑스의 요지는 이 권리들을 인간의 권리들로 부르는 것은 모든 이데올로기적인 사유에 특징적인 초역사적인 무분별성을 드러내고 있다는 것이다. 이 권리들이 보호하기로 한 활동형태들은 모든 시대와 모든 환경 속에서의 인간 활동 형태들이 아니다. 이 권리들은 **자본주의에서**의 인간 활동들이다. 그러한 것으로서 인간의 권리들이라는 권리들이 **있다**는 점을 나타내기 위해 그러한 방식으로 "소위"라는 표현을 이해할 수 있는 징후가 텍스트에는 없다. 그리고 맑스가 부당하게 이 보편적 권리들을 인정했던 사람들을 단지 비판하고 있다는 징후 역시 텍스트에는 없다.

37. 같은 책, p. 53.

38. 같은 곳.

39. 다니엘스(N. Daniels)는 롤스의 이론은 동등한 권리의 효율성에서 나타나는 불평등의 문제를 적절하게 대처할 수 없으며, 이 결함은 롤스의 제1정의 원칙과 제2정의 원칙 간의 근본적인 긴장을 나타낸다고 논의한다. 다니엘스의 주장은 맑스주의적 관점에서 롤스에 대한 좀 더 전도유망한 비판 중의 하나이다. N. Daniels, "Equal Liberty and Equal Worth of Liberty," in *Reading Rawls*, edited by N. Daniels (New York, 1975), pp. 253~81. 동등한 권리들의 행사의 효율성 속에서 나타나는 불평등의 문제에 대해 다르기는 하지만 연관이 있는 연구로는 나

의 논문, "Deriving Welfare Rights from Libertarian Rights," in *Income Support*, edited by P. Brown, C. Johnson, and P. Vernier of the Center for Philosophy and Public Policy, University of Maryland at College Park (Totowa, N.J. : Rowman and Littlefield, 1981).

40. McLellan, p. 57.

41. 같은 책, p. 35.

42. 같은 책, pp. 568~69.

43. Tucker, pp. 51~52.

44. Rawls, p. 9.

45. 3장에서.

46. "근대의 대의제 국가의 집행부는 단지 부르주아계급의 공동의 관심사들을 관리하는 위원회일 뿐이다." McLellan, p. 223.

47. 관련이 있는 텍스트들의 검토를 위해서는 A. Buchanan, "Exploitation, Alienation, and Injustice," pp. 121~39.

48. 『브뤼메르의 18일』에서 맑스의 과제는 정부가 어떻게 이 두 가지 기능을 동시적으로 행할 수 있는지를 설명하는 것이었다.

49. J. Murphy, "Marxism and Retribution," *Philosophy and Public Affairs*, vol. 2, no. 3, 1973, pp. 217~18.

50. Karl Marx, "Capital Punishment," *New York Daily Tribune*, 18 February 1853.

51. H. Morris, "Persons and Punishment," *Monist*, vol. 52, no. 4, 1973, p. 500.

52. 나는 맑스의 혁명 동기 부여 이론을 검토하고, 이것이 심각하게 결함이 있다는 점을 "Revolutionary Motivation and Rationality"에서 논의한다. *Philosophy and Public Affairs*, vol. 9, no. 1, 1979, pp. 59~82 ; 이 책의 5장 참조.

53. McLellan, p. 230.

54. 같은 책, p. 231.

55. 같은 책, p. 566.

56. 만약에 사람들이 "각자에게 그의 생산물에 따라"라는 원칙이 완전히 발전된 공산주의에 선행하는 과도기적 단계 동안에 공공연하게 인정되는 분배적 정의 원칙으로서 맑스에 의해 제공되었다고 가정한다면(같은 책, p. 568), 사람들은 이렇게 주장할지도 모르겠다. 이 원칙이 법률적 개념의 확정적이고 행동지침적인 사용이라는 의미 있는 실례를 제공해 주고 있다고 말이다. 이 생각은 하나의 정의원칙으로 이 원칙에 대한 호소는 프롤레타리아계급으로 하여금 이 원칙이 규정하는 분배를 달성하기 위한 그러한 방식으로 사회를 변화시키도록 동기화하며, 이러한 노력은 완전하게 발전된 공산주의 사회 ― 정의의 여건들이 더 이상 통용되지 않는 사회 ― 를 이끌게 한다는 것이다. 과도기적 원칙에 중요한 동기 부여적 기능을 부여하는 데 나타나는 어려움은 이 기능이 맑스가 빈번하게 행한 선언을 거부하게 강요한다는 점이다. 맑스는 이렇게 선언했다. 성공적인 프롤레타리아

혁명은 일반적으로 도덕적인 권고나 특별하게 정의에 대한 호소에 달려 있는 것이 아니라고 말이다. 더욱이 이러한 해석을 맑스가 법률적 개념들에 그 어떤 중요한 기능도 부여하지 않는 혁명적 동기 부여에 대한 그저 단순한 합리적 이해 이론을 전개시키고 있는 구절과 조화시키기란 어려운 것처럼 보인다. 그럼에도 불구하고 법률적 원칙이 과도기적 시기에 중요한 역할을 수행한다 할지라도 다음과 같은 결론은 내려지지 않는다. 일단 과도기가 완성된다면, 이런저런 법률적 원칙이 필요하게 될 것이라는 결론 말이다.

57. 아마도 롤스와 드워킨 모두는 적어도 해당 권리가 가장 기본적인 권리 중의 하나가 아니거나 혹은 권리 주장을 존중하는 비효용이 엄청난 곳에서 권리에 대한 주장들은 효용의 고려보다 우선하지 않는다는 가능성을 용납하기 위해 이 견해에 자격을 부여하기를 원할 것이다. 이러한 권리 개념에 대한 더 상세한 분석으로 7장을 참조.

58. J. Feinberg, "The Nature and Value of Rights," in *Moral Problems in Medicine*, edited by S. Gorovitz, et al (Englewood Cliffs, New Jersey, 1976), pp. 454~67.

59. 그런 사람들의 존중에 대한 나의 개략적인 설명은 "Two Kinds of Respect"에서 다월(S. L. Darwall)이 행한 계몽적인 분석에 많이 신세를 지고 있다. *Ethics*, vol. 88, no. 3, 1978, pp. 36~49.

60. Kant, *Groundwork of the Metaphysics of Morals*, trans. H. J. Paton (New York, 1964), p. 103 (*Akad*. 435) [임마누엘 칸트, 『윤리형이상학 정초』, 백종현 옮김, 아카넷, 2018].

61. Easton and Guddhat, pp. 269~70.

62. Nozick, p. 31.

63. *The Holy Family*, p. 211 [카를 마르크스·프리드리히 엥겔스, 『신성가족』] 참조. 거기서 맑스는 "처벌, 강제가 인간의 행동에 반한다"고 말한다(Moscow, 1956).

5장 혁명적 동기 부여와 합리성

1. 예를 들면, 인간성이라는 사고에 근거를 두고 있는 공화정의 "진정한 사회주의자들" 관념에 대한 맑스의 통렬한 비판에 대해서는 *Karl Marx : Selected Writings*, edited by McLellan, pp. 216~18 참조. 그리고 정의와 권리에 관한 "시대에 뒤떨어진 말뿐인 쓰레기"에 더 이상 전념하지 말라고 하는 독일 사회주의자들에 대한 맑스의 권고(p. 569)에도 주목하라.

2. 『자본』 1권의 2판 독일어 서문에서 맑스는 이렇게 진술한다. "…〔부르주아〕적 정치경제학은 계급투쟁이 잠재적으로 … 남아 있는 한에서만 과학으로 남아〔있을 수〕있다." 그리고 계급투쟁이 1830년 후에 공공연하게 되자마자, 부르주아 정치경제학은 "상금을 놓고 벌이는 고용된 싸움꾼"의 일이 되었는데, 이 싸움꾼들은 "이런 정리가 진실인지 아니면 저런 정리가 진실인지를" 더 이상 묻지 않고, "자본에 유용한 것인지를" 물었다…Marx, *Capital*, vol. I, p. 15 [카를 마르크스, 『자본

론 1,].

3. 『공산당선언』에서 맑스는 프롤레타리아 혁명을 "거대한 다수의 이해관계 속에서 거대한 다수의 운동"으로 묘사하고 있다(McLellan, p. 230). 맑스가 p. 231에서 말하고 있듯이 공산당의 역할은 프롤레타리아의 이익이 그 체제의 전복에 있다는 점을 프롤레타리아가 깨닫게 만드는 것이며, 그리고 전복의 효율성을 극대화하기 위해 발생하는 혁명적 행동을 인도함에 있다. 내가 혁명적 동기에 대한 이해관계이론으로 칭하게 되는 것을 맑스가 주장하고 있다는 부가적인 텍스트의 입증은 나의 논의들이 전개될 때 열거될 것이다.

4. McLellan, p. 230. 『자본』 1권 p. 269에서 맑스는 자본주의에 의한 "인간의 감소"(depopulation)에 대해 적고 있다.

5. McLellan, p. 569. 그리고 p. 566도 참조하라. "'공정한 분배'란 무엇인가? 자본가는 현재의 분배가 '공정하다'고 주장하고 있지 않은가? … 또한 사회주의 종파들은 '공정한' 분배에 대한 가장 다양한 관념들을 가지고 있지 않은가?"

6. "특수계급은 사회의 일반적 권리라는 이름으로 그 자신을 위해 일반적 패권을 옹호할 수 있을 뿐이다."(McLellan, p. 71)

7. 올슨(Olson)은 *The Logic of Collective Action* (Cambridge, Massachusetts, 1965), pp. 105~6 [멘슈어 올슨, 『집단행동의 논리 : 공공재와 집단이론』, 최광·이성규 옮김, 한국문화사, 2013]에서 내가 이 글에서 전개한 공공재 반대를 아주 간단히 서술하고 있다. 올슨은 맑스의 혁명적 동기론과, 강제와 도덕적 원칙들에 대한 맑스의 견해 간의 관계를 탐구하지 않고 있다. 또한 그는 프롤레타리아의 협동에 관한 맑스의 가정과 맑스가 자본가들의 탓으로 돌린 협동의 실패 간의 문제의 여지가 많은 관계들도 고려하지 않고 있다. 결국 올슨은 공공재 반대에 대한 맑스주의적 응답들을 고려하지 않고 있다. 이러한 사실들은 별로 놀라운 일이 아니다. 왜냐하면 맑스에 대한 올슨의 언급은 올슨의 일반이론을 혁명에 대한 맑스의 견해에 적용하는 데 있어 간단하지만 도발적인 탈선(digression)일 뿐이기 때문이다.

8. 7절(VII)에서 나는 합리성이 개인적인 혹은 집단적인 효용의 극대화와 동일시되지 않는다는 비난에 대해 응답하겠다. 설령 이 비난이 옳다 할지언정, 나의 논의의 주된 요점들은 이에 영향을 받지 않는다.

9. 공공재 개념에 대한 나의 설명과 공공재에 대한 나의 분석은 주로 Satorius가 자신의 논문 "The Limits of Libertarianism"에서 논의한 것을 차용한다. *Law and Liberty* (College Station, Texas, 1978).

10. 항목 (ii), 공급의 공동성(jointness of supply)은 항목 (iii) 비배제성과 구별되어야 한다. 어떤 재화는 공동공급으로 생산될지도 모른다. 그러나 이 재화는 여전히 어떤 사람들을 이 재화의 몫에서 배제시킬 가능성이 있을 수 있다. 내가 사용하게 될 "비배제성"은 배제의 실제적인 혹은 정치적인 실행불가능성을 언급하는 성향적인(dispositional) 단어이다. "공동성"(jointness)은 어떤 재화가 사실상 생산되는 방식을 언급하는 현재적(manifest)인 혹은 성향적인 단어이다.

11. *Sociologists, Economists, and Democracy* (London, 1970)에서 배리(B. Barry) 는 다음과 같이 주장한다. 개인적 효용극대자와 집단적 효용극대자의 경우 들은 결정적으로 다르다. 그가 생각하기에 그 차이점은 이렇다. 즉 집단 효용 극대자는 자신의 기여를 무시할 수 있는 것으로 간주하지 않을 것이다. 왜냐 하면 그 기여는 전체 구성원에 영향을 미칠 것이기 때문이다. "The Limits of Libertarianism"(p. 6)에서 사토리우스(R. Sartorius)는 다음의 사실을 지적한다. 즉 이 점은 소위 임계효과(threshold effect)가 존재하지 않는 곳에서만 해당될 것 이라고 말이다. 이 생각은 이렇다. 더 중요한 공공재의 많은 경우에 있어 그 재화 가 생산될 경우 교차되는 기여의 문턱에서 일어나는 개인들의 기여의 가능성은 사실상 없다는 것이다. 공동의 혁명적 행동의 경우에 합리적인 개인은 "문턱"에 서 일어나는 기여의 가능성을 무시해도 된다고 간주하리라는 것은 분명한 것 같 다. 만약 이것이 그렇다면, 배리의 지적은 적용될 수 없고 공공재 문제는 프롤레 타리아계급이 개인적 혹은 집단적 효용을 극대화하는가의 문제와 상관없이 발 생한다. 이 경우들이 다르다고 확신하고 또한 모든 프롤레타리아가 집단효용을 극대화하기 때문에 공공 문제는 피할 수 있다는 맑스주의자는 프롤레타리아 가 그 자신의 이해관계보다 그의 계급적 이해관계를 극대화하고자 바란다는 점 에 대해 설명해야만 할 것이다.

12. McLellan, p. 231.

13. 맑스에게 잉여가치는 한 노동자로서 생존에 필요한 상품의 가치를 초과하여 노 동자가 생산한 가치다(『자본』 1권, pp. 177~198, 331). "잉여가치율은 … 자본에 의한 노동력 혹은 자본가에 의한 노동자의 착취도를 정확하게 표현한다"(『자 본』 1권, p. 218). 맑스는 잉여가치율을 한 노동자로서 노동자들의 생존을 위해 필요한 그 상품의 가치에 대한 잉여가치의 비율로서 정의한다(『자본』 1권, pp. 218~19).

14. 프롤레타리아 혁명이 폭력적일 것이라는 점이 맑스의 지배적 견해였지만, 그는 특정한 환경하의 어떤 국가들에서는 평화로운 혁명이 가능하리라고 생각했다. 엥겔스의 영어판 『자본』 1권, p. 6, 서문 참조.

15. McLellan, p. 565.

16. 레닌이 이러한 연관성에서 "전위대"라는 단어를 널리 유포시켰지만 그것은 정확 하게 공산당의 역할에 대한 맑스의 관념에 적합하다.

17. McLellan, p. 231.

18. 이 구절은 S. Avineri(*The Social and Political Thought of Karl Marx*, p. 141)에 의 해 인용되고 간단히 논의되었다.

19. *The German Ideology, Collected Works : Marx and Engels*, vol. 5 (New York, 1976), 75 [카를 마르크스·프리드리히 엥겔스, 『독일 이데올로기 1~2』].

20. 예를 들어, *Economic and Philosophic Manuscripts*, 87~96 [카를 마르크스, 『경 제학-철학 수고』], 그리고 *Critique of the Gotha Program*, 568~69, in McLellan

[칼 맑스, 「고타 강령 초안 비판」, 『칼 맑스 프리드리히 엥겔스 저작선집 4』] 참조.

21. 예를 들어, 일반화 원칙들은 정언적 명령이라는 칸트의 보편적 법률공식과 공리주의적 일반화라는 원칙을 포함한다. 전자는 다음의 사실을 진술한다. 즉 사람은 동시에 보편적인 법칙이 되도록 의지할 수 있는 격률에 따라서만 행동해야 한다는 것이다. 후자는 유사한 상황에서 모든 사람이 어떠한 종류의 행동을 하는 결과가 효용을 극대화하게 되는 그 행동을 할 것을 사람에게 요구한다는 것이다.

『정의론』의 51절(section)에서 롤스는 사람에게 정당한 사회제도들을 지지할 것을 요구하는 하나의 원칙을 제안한다. 롤스의 원칙은 그가 보장문제(assurance problem)로 칭한 것을 해결하고자 만들어진 것이 아니다. 즉 그것은 개인들이 정당한 제도들을 지지함에 있어 다른 사람들의 협업을 이미 의존할 수 있는 곳에서 작동한다. 따라서 공공재 문제를 해결할 수 있는 하나의 정의 원칙은 롤스의 원칙보다 더 강력해야 할 것이다. 강도의 차이가 다를 수 있다. 그 원칙은 다음을 요구할 것이다. 즉 만약에 자신에게 큰 불편함이 없이 그렇게 할 수 있다고 한다면, 사람들은 정당한 제도들을 확립하는 데 노력을 해야 한다. 훨씬 더 강력한 원칙은 그 원칙의 이행이 자신의 파괴를 뜻한다고 할지라도, 그러한 의무를 요구한다.

22. 그러한 원칙은 정의 관념에 의존하는 것에 대한 맑스의 거부와 일치하며 인간적인 사회질서로서의 공산주의에 대한 그의 해석과 모순이 되지 않는다.

23. 여전히 다른 대안들이 있을 수 있다. 가령, 사람들은 본보기로 리더십이라는 개념을 이용하거나 분개에 대한 동기 부여에 의존할 수 있다. 첫 번째 경우에, 사람들은 비용과 편익을 계산하지 않고 지도자의 개인적 실례를 대중에게 고무하기 위해 그들의 능력에 중요한 역할을 할당했던 하나의 혁명적 동기 이론을 발전시킬 것이다. 두 번째 경우에, 중요한 동기 부여적 요소는 압제자들을 향한 대중의 분개일 것이다. 이 장에서, 나는 두 가지 이유로 이러한 대안적인 해결의 어느 하나도 추구하지 않을 것이다. 첫째, 이 대안적인 해결의 어느 것도 맑스주의적 해결로서 전혀 그럴듯한 것처럼 보이지 않는다. 왜냐하면, 맑스는 어디에서도 어느 하나의 요소에 중요한 역할을 할당하지 않고 있기 때문이다. 둘째, 내가 고려하고 있는 세 가지 해결들과는 달리, 본보기로 리더십이론과 분개에 의한 동기 부여이론은 프롤레타리아의 공공재 문제에 대한 **합리적 해결책**이 아니다. 대신에 이것들은 그 문제를 합리적 결정이론에서 떼어놓고 그것을 전적으로 경험적인 심리적 설명의 문제로 다룬다.

24. 이 논의를 위해 나는 맑스가 개념 일반에 관한 그의 역사주의적 견해들을 합리성 개념에 적용하고자 한다고 가정할 것이다. 물론 이 가정을 지지할 확실한 텍스트적인 증거가 존재하지 않을 수 있다는 점을 인정하면서 말이다.

25. 맑스에게, 물질적 토대는 어떤 사회가 물질적 생활수단 - 음식, 주거, 그리고 기타 등등 - 을 생산하는 일련의 과정이다. McLellan, p. 165.

428

26. 『정치경제학비판 요강』의 서문에서 맑스는 "경제적 생산조건의 물질적 변형과 … 법적, 정치적, 종교적, 미학적, 혹은 철학적 ─ 간단히 말해, 인간들이 이 갈등을 의식하게 되고 이것에 대해 싸우는 이데올로기적 형태들"을 구분하고 있다 (McLellan, pp. 389~90). 여기서 결정적인 점은 인간들의 이해관계와 그러한 이해관계에 대한 인간들의 의식이 물질적 토대에서의 갈등에 의존하고 있지만 사람들은 의식적이고 목적적인 행위 수준에서는 그 갈등에 대해 실제로 "결말이 날 때까지 싸운다"는 점이다.

27. 다음과 같이 응답할지도 모른다. 맑스의 논지는 프롤레타리아가 "내가 나 자신의 혹은 나의 계급적 효용을 극대화하기 위해 무엇을 해야만 하는가?"를 묻지 않는다는 점이다. 대신에 그는 그 자신을 프롤레타리아의 구성원으로서 동일시하고는 묻는다. "우리가 무엇을 해야만 하는가?"라고. 그는 공공재 문제를 우리의 참여의 편익에 비례하는 우리의 비참여의 비용을 계산함으로써 공공재 문제를 모면한다. 하지만 이 응답이 지닌 어려움은, 이 응답이 맑스주의가 확립해야만 하는 것이 무엇인지를 가정하고 있다는 점이다. 요컨대, 고립적이고 이기적인 환경의 자본주의에도 불구하고, 프롤레타리아가 공공재 문제를 모면하는 그의 결정을 확신하는 새로운 방법에 도달할 수 있다고 하는 점이다. 내가 아래에서 논의하듯이, 맑스는 이 변형이 자본주의 공장 내에서 나타날 것이라고 가정한다. 그러나 그는 그것이 어떻게 일어나는지 혹은 그것이 정확하게 무엇인지에 대해 설명하지 않는다.

28. McLellan, p. 236.

29. Marx, *Capital*, vol. I, pp. 329, 763 [카를 마르크스, 『자본론 1』].

30. 그의 동료들로부터의 노동자의 소외에 대한 맑스의 가장 확장된 논의에 대해서는 McLellan, pp. 75~112 참조. 공장노동의 약화된 영향들에 대한 맑스의 설명에 대해서는 14장 "Division of Labour and Manufacture." Marx, *Capital*, vol. I [카를 마르크스, 『자본론 1』] 참조.

31. 이 이유들의 몇 가지 이유들에 대해서는 Sartorious, "The Limits of Libertarianism" 참조.

32. Rawls, *A Theory of Justice*, pp. 268~69 [존 롤스, 『정의론』].

33. 이 장의 초고들은 피츠버그대학의 철학과와 노스캘로라이나 대학의 철학과에서 발표되었다. 나는 Annette Baier, Kurt Baier, John Cooper, W. D. Falk, Richard Grandy, N. J. McClennan, Michael Resnik, 그리고 T. Seidenfeld에게 유익한 논평을 해준 데 대해 감사드린다. 또한 여러 유용한 제안들을 해준 *Philosophy and Public Affairs* 편집진에도 감사드린다.

6장 맑스와 롤스

1. Brian Barry, "Critical Notice of Wolff : Understanding Rawls," *Canadian Journal of Philosophy*, vol. VII, no. 4, 1979, p. 780.

2. John Rawls, *A Theory of Justice*, p. 7 [존 롤스, 『정의론』].

3. 같은 곳.

4. 같은 책, p. 62.

5. 일의적 선들(goods)에 대한 이러한 해석의 자세한 전개는 나의 논문을 참고하라. "Revisability and Rational Choice," *Canadian Journal of Philosophy,* vol. 5, no. 3, 1975, pp. 395~408.

6. Rawls, *A Theory of Justice*, p. 250 [존 롤스, 『정의론』].

7. 같은 책, pp. 302~3.

8. 같은 책, p. 61.

9. 나중에 살펴보게 되는 것처럼 차등 원칙이 자기 존중을 고려한다는 사실은 롤스에 대한 맑스의 비판을 평가하는 데 매우 중요하다는 것이 드러난다.

10. Rawls, *A Theory of Justice*, p. 98 [존 롤스, 『정의론』].

11. 같은 책, p. 87.

12. 내가 이 예들을 제시했다. 그 예들은 롤스의 텍스트로부터 취하지 않았다.

13. 롤스는 *A Theory of Justice*, p. 302 [존 롤스, 『정의론』]에 있는 그의 마지막 공식에 "정의로운 저축원칙"(Just Savings Principle)을 덧붙인다.

14. Rawls, *A Theory of Justice*, p. 20 [존 롤스, 『정의론』]. [반성적 평형을 혹자는 내성적 균형이라고도 한다. — 옮긴이].

15. 같은 책, p. 21.

16. 같은 곳.

17. 같은 책, pp. 252.

18. 스티븐 다월(Stephen Darwall)은 다음과 같이 설득력 있게 주장했다. 롤스의 이론에 대해 일관된 칸트적인 해석의 가능성을 부인하는 어떤 비판가들은 이 명제를 롤스의 원칙을 선택함에 있어 원초적 입장에서의 당사자들이 자율적으로 행동한다는 전혀 다른 주장과 혼동하였다고 말이다.(Darwall, "A Defense of the Kantian Interpretation," *Ethics*, vol. 86, 1976, no. 2, pp. 164~70) 또한 Darwall, "Is There a Kantian Foundation for Rawlsian Justice?" in *John Rawls' Theory of Social Justice,* edited by H. G. Blocker and E. Smith (Athens, Ohio, 1980), pp. 311~45를 보라.

19. 특히 *Foundations of the Metaphysics of Morals* (translated by L. W. Beck, New York, 1959) [임마누엘 칸트, 『윤리형이상학 정초』, 백종현 옮김, 아카넷, 2018]의 제3부를 보라.

20. Rawls, *A Theory of Justice*, p. 11 [존 롤스, 『정의론』].

21. 같은 책, p. 15.

22. 많은 롤스 비판가들은 롤스가 원초적 입장에서 당사자들을 합리적인 이기주의자로 특징짓는다고 잘못 가정했다. 『정의론』의 p. 127에서 롤스는 (a) 선에 대한 자신의 관념 그리고 (b) 전적으로 자신의 선에 대한 관념인 선에 대한 어떤 관념

을 구별하고 그러고 나서 당사자들은 (a)를 가진 것으로 특징을 부여한다. 이 문구는 당사자들을 합리적 이기주의자로 특징짓는 것은 잘못이며, 그들이 자기 본위적(self-interested)이라고 말하는 것은 지극히 오해라는 점을 보여준다.

23. Rawls, *A Theory of Justice*, p. 12 [존 롤스, 『정의론』].

24. 같은 책, pp. 127~135.

25. 같은 책, p. 440.

26. 같은 책, p. 440.

27. 롤스의 논의는 언질의 부담이라는 논쟁의 두 가지 다른 해석에 적합하다. 첫 번째 해석에 따르면, 당사자들은 최소 극대화의 전략을 따르는 데 있어서 최악의 결과에 대한 그들의 평가에서의 언질의 부담을 포함시킨다. 다른 해석은 어떤 공식적인 결정 원칙을 불러내지 않는다. 최소 극대화 논증에 대한 나의 논의는 첫 번째 해석을 다루기 때문에 나는 여기서 두 번째 해석에만 집중할 것이다. [여기서 언질의 부담(strains of commitment)이라는 것은 원초적인 입장에서 당사자들이 어떠한 정의의 원칙을 택하게 되느냐에 따라 일생에 지대한 영향을 미치기 때문에 부담(혹은 긴장, strains)을 크게 느끼게 된다. 말하자면, 어떠한 약속(동의)을 하거나 약속하겠다는 언질을 주게 되면 느끼는 긴장 혹은 부담이다. 그래서 긴장의 부담으로도 번역할 수 있으나 전후의 맥락을 보면, 언질의 부담으로 번역하는 것이 좋다. ― 옮긴이]

28. Rawls, "Reply to Alexander and Musgrave," *Quarterly Journal of Economics*, November 1974, p. 653. *A Theory of Justice*, pp. 175~76 [존 롤스, 『정의론』]을 또한 보라.

29. Rawls, *A Theory of Justice*, p. 145 [존 롤스, 『정의론』].

30. 같은 책, p. 278.

31. 같은 곳.

32. R. P. Wolff, *Understanding Rawls*, (Princeton, New Jersey, 1977), p. 210.

33. 배리("Critical Notice of Wolff : *Understanding Rawls*," pp. 758~60)도 롤스가 분배에만 관심을 둔다는 월프의 가정을 비판한다.

34. 예를 들어, *The Hidden Injuries of Class*, T. Sennett and J. Cobb (New York, 1973), 특히 pp. 4~8, 18, 22, 28~29, 53을 보라.

35. Robert Nozick, *Anarchy, State and Utopia* (New York, 1974), pp. 160~63.

36. 스티븐 다월은 롤스의 것을 포함하여 본질적으로 칸트적인 도덕 이론은 일의적 선에 대한 이론을 요구할 것이라고 주장한다.(Darwall, "Is There a Kantian Foundation for Rawlsian Justice.") 법에 대한 칸트의 그럴듯한 이론에서 선에 대한 이론이 어떻게 나타날 것인가에 대한 관련된 논의는 Onora O'Neill의 책 *Acting on Principle*에 대한 나의 비판적 검토, *The Journal of Philosophy*, vol. LXXVI, no. 6. 1978, pp. 325~40을 보라.

37. Rawls, *A Theory of Justice*, p. 274 [존 롤스, 『정의론』].

38. 이 반론을 명료하게 하는 데 나에게 도움을 준 스티븐 다월에게 감사드린다.

39. C. B. Macpherson, *Democratic Theory : Essays in Retrieval* (London and New York, 1973), p. 87.

40. 같은 책, pp. 192~97.

41. Rawls, *A Theory of Justice*, p. 98 [존 롤스, 『정의론』].

42. Rawls, "The Basic Structure as Subject," in *Values and Morals,* edited by A. I. Goldman and J. Kim, Dordrecht, Holland : 1978, pp. 47~71. 이 논문은 미국철학회의 태평양분과 모임에서 1977년에 발표된 같은 제목의 논문을 상당히 수정한 것이며, *American Philosophical Quarterly,* 14 (April 1977)에 출간되었다는 점을 유념하라. 뒤따르는 모든 참조는 "The Basic Structure as Subject"의 수정판이다.

43. 반성적 평형이라는 개념이 가지는 힘과 복잡성을 탁월하게 검토한 것으로 Norma Daniel의 논문 "Wide Reflective Equilibrium and Theory Acceptance in Ethics," *The Journal of Philosophy,* vol. LXXVI, no. 5. 1979, pp. 256~82을 보라.

44. Rawls, *A Theory of Justice*, p. 20 [존 롤스, 『정의론』].

45. 나는 이 장의 3절(III) 7항에서 롤스가 정의롭지 않은 사회로부터 정의로운 사회로의 이행에 대한 이론을 결여하고 있다는 반론을 검토한다. 이 이론은 정의롭지 않은 사회에서 상당한 사람이 동기를 충분히 부여받아 그의 원칙을 이행하려고 노력한다는 점을 보여줄 수 있다.

46. 특히 이 장의 3부 4, 5 그리고 6항을 보라.

47. Macpherson, p. 94.

48. Rawls, "Reply to Alexander and Musgrave," p. 642, 그리고 "Fairness to Goodness," *Philosophical Review*, vol. LXXXIV, 1975, p. 543.

49. 브라이언 배리("Critical Notice of Wolff : *Understanding Rawls*," p. 768)도 월프가 이 근본적인 실수에 책임이 있다는 데 주목한다.

50. 롤스에 대한 맑스주의의 비판자 가운데 어느 누구도 인간에 대한 맑스주의적 관점 또한 일시적으로 편협하지 않다는 것을 우리가 어떻게 알 수 있는가 라는 복잡한 문제를 내가 아는 한에서는 끄집어내지 않는다.

51. Rawls, *A Theory of Justice*, p. 127 [존 롤스, 『정의론』].

52. Rawls, "Fairness to Goodness," pp. 542~43.

53. Rawls, *A Theory of Justice*, pp. 522~23 [존 롤스, 『정의론』].

54. Rawls, "Reply to Alexander and Musgrave," p. 641.

55. 나의 박사 논문, *Autonomy, Distribution, and the State,* University of North Carolina at Chapel Hill, 1975 (미출간).

56. 이 점을 강조하기 위하여 롤스는 "Reply to Alexander and Musgrave"(p. 642) 그리고 "A Kantian Conception of Equality"(*The Cambridge Rwview*. February

1975, p. 97)에서 일의적 선의 지표는 충족의 척도가 아니라고 말한다.

57. Rawls, *A Theory of Justice,* pp. 93~94 그리고 143 [존 롤스, 『정의론』] ; "Justice as Fairness," *Philosophical Review,* vol. LXVII, p. 170.

58. 같은 책, p. 207.

59. 같은 책, p. 254.

60. 같은 책, p. 255.

61. "The Basic Structure as Subject," p. 63을 보라.

62. Lecture IV. Stanford 1978, "Responsibility for Ends," 미간행.

63. 일의적 선의 두 가지 양상은 1974년 미국철학회 서부 분과모임에서 발표된 나의 논문, "A Modification of Rawls' Theory"에서 그리고 나중에 보다 자세하게 나의 논문, "Revisability and Rational Choice"(이 장의 주 5를 보라)에서 구별되었다. 롤스의 가장 최신의 논문들, 특히 "Responsibility for Ends"에서 그는 "Revisability and Rational Choice"에서 내가 설명한 것에 부분적으로 의존하여 일의적 선의 두 가지 역할을 강조한다.

64. A. Schwartz, "Moral Neutrality and the Theory of Primary Goods," *Ethics,* vol. 83, p. 294 그리고 M. Teitleman, "The Limits of Individualism," *Journal of Philosophy,* vol. LXIX, no. 18, 1972, pp. 545~56.

65. Rawls, "Fairness to Goodness," pp. 540~42.

66. "Revisability and Rational Choice"에서 나는 합리성에 대한 적절한 이론은 내가 비판적 개정가능성(critical revisability)의 원칙이라고 부르는 것을 포함해야 한다고 주장했다. 그 과제를 시작하며 그러한 원칙은 테이틀먼과 슈워츠가 제기하는 반론들에 대한 답을 성공적으로 하려면 롤스의 계약론적 논지에 적용되어야 한다고 주장한다(이 장의 각주 5를 보라).

67. Richard Miller, "Rawls and Marxism," *Philosophy and Public Affairs,* vol. 3, no. 2, 1974, pp. 167~91.

68. 같은 글, p. 225.

69. 같은 글, p. 228.

70. Wolff, *Understanding Rawls,* pp. 204~5.

71. *Writings of the Young Marx on Philosophy and Society,* Easton and Guddhart (Garden City, New York, 1967), p. 192.

72. Norman Daniels, "Equal Liberty and Equal Worth of Liberty," in *Reading Rawls,* edited by Norman Daniels (New York, 1975), pp. 253~81.

73. 같은 글, p. 259.

74. Rawls, *A Theory of Justice,* p. 204 [존 롤스, 『정의론』].

75. Daniels, "Equal Liberty and Equal Worth of Liberty," p. 259.

76. 같은 글, p. 259.

77. Rawls, *A Theory of Justice,* pp. 151~52 [존 롤스, 『정의론』].

78. 같은 책, p. 277.

79. 예를 들어, *A Theory of Justice*, pp. 20~21[존 롤스, 『정의론』]을 보라.

80. *A Theory of Justice*, pp. 251~57과 587[존 롤스, 『정의론』]을 보라.

81. Teitleman, p. 551.

82. Rawls, "Fairness to Goodness," p. 540.

83. Rawls, *A Theory of Justice*, p. 3 [존 롤스, 『정의론』].

84. 이 장의 앞에서 탐구된 "유토피아 사상"의 반론을 가능한 예외로 하면서.

85. 노직은 차등 원칙은 최열위자에 의한 더 나은 사람들의 착취를 허용하거나 요구하기조차 한다는 전혀 다른 반론을 제시하였다(*Anarchy, State, and Utopia*, p. 33).

86. 기본 구조라는 개념에 대한 롤스의 가장 포괄적인 설명은 "The Basic Structure as Subject"(수정판)에서 나타난다. 이 장의 각주 42를 보라.

87. Rawls, "The Basic Structure as Subject," p. 55.

88. Nozick, *Anarchy, State, and Utopia*, pp. 150~62.

89. 같은 책, p. 178.

90. 같은 책, p. 151.

91. Rawls, "The Basic Structure as Subject," p. 51.

92. 같은 글, p. 53.

93. 식민주의 그리고 자본주의에 의하여 지배되는 세계에서의 국제관계가 가지는 착취적인 특성에 대한 맑스의 산재된 논의는 롤스에 대한 다른 중요한 맑스주의적 비판의 근거를 제공한다고 주장될 수 있다. 국제관계에서의 정의 문제를 검토하지 않고 국민국가에 대한 정의 이론을 제시하는 롤스의 시도가 궁극적으로는 성공하지 않을 것이라고 나는 믿는다. 그러나 이 아주 복잡한 쟁점을 고려하는 것은 다른 기회로 미루겠다.

7장 발전적인 비판적 결론

1. I. Kant, "On the Old Saw : That May Be Right in Theory But It Won't Work in Practice," translated by E. B. Ashton (Philadelphia, 1974), p. 60.

2. 예를 들어 Marx, *Capital*, vol. I, p. 529 [카를 마르크스, 『자본론 1』] 참조.

3. F. Miller and R. Sartorius, "Population Policy and Public Goods," *Philosophy and Public Affairs*, vol. 8, no. 2, 1979, pp. 148~74.

4. 이 문헌에 대한 가장 좋은 안내서 중의 하나는 Mueller의 *Public Choice* (Cambridge, 1979), pp. 148~74이다.

5. Marx, *The Civil War in France*, in *Karl Marx and Frederick Engels : Selected Works* (New York, 1972), p. 291.

6. 같은 책, p. 294.

7. 같은 곳.

8. 같은 곳.

9. 이 어려움을 다루고 있다고 하는 계획적 할당에 대한 참고문헌적 언급뿐만 아니라 효율적인 계획적 할당이 가지는 더 중요한 장애들 가운데 몇 가지 장애들에 대한 고전적 설명은 F. A. Hayek, *Individualism and the Economic Order*, pp. 119~208 참조.

10. 관료제에 대한 가장 영향력 있는 현대의 분석적 연구 가운데 하나는 W. Niskanen, *Bureaucracy and Representative Government* (Chicago, 1971) 와 "Bureaucrats and Politicians." *Journal of Law and Economics,* December 1975, pp. 617~53, 또한 Mueller, pp. 148~70 참조.

:: 참고문헌

Althusser, L. *For Marx* (New York, 1969). [루이 알튀세르, 『마르크스를 위하여』, 서관모 옮김, 후마니타스, 2017.]

Avineri, S. *Hegel's Theory of the Modern State* (Cambridge, 1972).

_____. *The Social and Political Thought of Karl Marx* (Cambridge, 1968).

Barry, Brian. "Critical Notice of Wolff : Understanding Rawls," *Canadian Journal of Philosophy*, Vol. VII, No. 4, 1979, 780.

_____. *Sociologists, Economists, and Democracy* (London, 1970).

Blaug, M. *Economic Theory in Retrospect*, revised edition (Homewood, III., 1968).

Brenkert, George F. "Freedom and Private Property in Marx," *Philosophy and Public Affairs*, Vol. 8, No. 2, 1979, 122-147.

Buchanan, Allen E. *Autonomy, Distribution and the State*, University of North Carolina at Chapel Hill, 1975 (unpublished doctoral dissertation).

_____. "Exploitation, Alienation, and Injustice," *Canadian Jounal of Philosophy*, Vol. 9, No. 1, 1979, 121.

_____. "Deriving Welfare Rights from Libertarian Rights," in *Income Support*, edited by P. Brown, C. Johnson, and P. Vernier of the Center for Philosohpy and Public Policy, University of Maryland at College Park (Totowa, N. J., 1981).

_____. review of Onora O'neill's *Acting on Principle*, *Journal of Philosophy*, Vol. LXXV, No. 6, 1978, 325-40.

_____. "Revisability and Rational Choice," *Canadian Journal of Philosophy*, Vol. 5, No. 3, 1975, 395-408.

_____. "Revolutionary Motivation and Rationality," *Philosophy and Public Affairs*, Vol. 9, No. 1, 1979, 59-82.

Cohen, G. A. "The Labor Theory of Value and the Concept of Exploitation," *Philosophy and Public Affairs*, Vol. 8, No. 4, 1979, 338-60.

_____. *Marx's Theory of History : A Defense* (Oxford, 1978). [제럴드 앨런 코헨,

『카를 마르크스의 역사이론』, 박형실·정헌주 옮김, 한길사, 2011.]

Daniels, Norman A. "Wide Reflective Equilibrium and Theory Acceptance in Ethics," *The Journal of Philosophy*, Vol. LXXVI, No. 5, 1979, 256-82.

_____. (ed.) *Reading Rawls*, (New York, 1975).

Darwall, Stephen. "A Defense of the Kantian Interpretation," *Ethics*, Vol. 86, No. 2, 1976, 164-70.

_____. "Is There a Kantian Foundation for Rawlsian Justice?" in John Rawls' *Theory of Social Justice*, edited by H. G. Blocker and E., Smith, (Athens, Ohio, 1980) 311-45.

_____. "Two Kinds of Respect," *Ethics*, Vol. 88, No. 3, 1978, 36-49.

Easton, L. and Guddhat, K. (eds.) *The German Ideology, Writings of the Young Marx on Philosophy and Society*, (Garden City, New York, 1967).

Feuer, L. *The Communist Manifesto, Marx and Engels: Basic Writings on Politics and Philosophy*, (New York, 1959).

Feinberg, Joel. "The Nature and Value of Rights," in *Moral Problems in Medicine*, edited by S. Gorovitz, et al. (Engelwood Cliffs, New Jersy, 1976), 454-67.

Gauthier, D. "The Social Contract as Ideology," *Philosophy and Public Affairs*, Vol. 6, No. 2, 1978, 130-64.

Gould, Carol. *Marx's Social Ontology* (Cambridge, Massachusetts, 1978).

Hayek, F. A. *Individualism and the Economic Order* (Chicago, 1948).

Hegel, G. W. F. *The Philosophy of Right*, edited by T. M. Knox (London, 1973). [게오르그 빌헬름 프리드리히 헤겔, 『법철학』, 임석진 옮김, 한길사, 2008.]

Holmstrom, N. "Exploitation," *Canadian Journal of Philosophy*, Vol. VII, No. 2, 1977, 353-69.

Husami, Z. "Marx on Distributive Justice," *Philosophy and Public Affairs*, Vol. 8, No. 1, 1978, 27-64.

Kant, Immanuel. *Foundations of the Metaphysics of Morals*, translated by L. W. Beck, (New York, 1959). [임마누엘 칸트, 『윤리형이상학 정초』, 백종현 옮김, 아카넷, 2018.]

_____. *Groundwork of the Metaphysics of Morals*, translated by H. J. Paton, (New York, 1964). [임마누엘 칸트, 『윤리형이상학 정초』, 백종현 옮김, 아카넷, 2018.]

_____. "On the Old Saw: That May Be Right in Theory But It Won't Work in

Practice," translated by E. B. Ashton (Philadelphia, 1974).

Littré, E. *Dictionnaire de la Langue Française* (Paris, L'Academie Française : Libraire Hatchette et Cie., 1873).

Lowenberg, J. (ed.) *Hegel : Selections* (New York, 1957).

Lukács, G. "Reification and the Consciousness of the Proletariat," in *History and Class Consciousness*, translated by R. Livingstone (Cambridge, Massachusetts, 1971), 83-222. [게오르크 루카치, 『역사와 계급의식』, 조만영·박정호 옮김, 거름, 1999.]

Macpherson, C. B. *Democratic Theory : Essays in Retrieval* (London and New York, 1973).

Mcbride, W. L. "The Concept of Justice in Marx, Engels, and Others," *Ethics*, Vol. 85, 1975, 206.

_____. *The Philosophy of Marx* (London, 1977).

McLellan, D. *Karl Marx : Selected Writings* (Oxford, 1977).

Marx, Karl. *Capital* (New York, 1967). [카를 마르크스, 『자본론 1~3』, 김수행 옮김, 비봉출판사, 2015.]

_____. *The Economic and Philosophic Manuscripts of 1844*, edited by D. Struik, translated by M. Milligan, (New York, 1964). [카를 마르크스, 『경제학-철학 수고』, 강유원 옮김, 이론과실천, 2006.]

_____. *Grundrisse*, translated by M. Nicolaus (New York, 1973). [칼 맑스, 『정치경제학 비판 요강 1, 2, 3』, 김호균 옮김, 그린비, 2007.]

_____. *The Poverty of Philosophy* (New York, 1963). [칼 마르크스, 『철학의 빈곤』, 강민철·김진영 옮김, 아침, 1989.]

_____. *Precapitalist Economic Formations*, edited by E. J. Hobsbawm (New York, 1975).

Marx, Karl and Engels, Frederick. *The Holy Family* (Moscow, 1956). [카를 마르크스·프리드리히 엥겔스, 『신성가족』, 편집부 옮김, 이웃, 1990.]

Miliband, R. *Marxism and Politics* (Oxford, 1977).

Mill, John Stuart. *On Liberty*, edited by Currin V. Shields (New York, 1956). [존 스튜어트 밀, 『자유론』, 서병훈 옮김, 책세상, 2018.]

Miller, F. and Sartorius, R. "Population Policy and Public Goods," *Philosophy and Public Affairs*, Vol. 8, No. 2, 1979, 148-74.

Miller, R. "The Consistency of Historical Materialism," *Philosophy and Public*

Affairs, Vol. 4, No. 4, 1975, 390-409.

_____. "Rawls and Marxism," *Philosophy and Public Affairs,* Vol. 3, No. 2, 1974.

Moore, S. "Marx and Lenin as Historical Materialists," *Philosophy and Public Affairs,* Vol. 4, No. 2, 1975, 171-94.

Morris, Herbert. "Persons and Punishment," *Monist,* Vol. 52, No. 4, 500.

Mueller, D. *Public Choice* (Cambridge, 1979).

Murphy, J. "Marxism and Retribution," *Philosophy and Public Affairs,* Vol. 2, No. 3, 1973, 217-18.

Niskanen, W. *Bureaucracy and Representative Government* (Chicago, 1971).

_____. "Bureaucrats and Politicians," *Journal of Law and Economics,* December, 1975, 617-53.

Nozick, R. *Anarchy, State, and Utopia* (New York, 1975).

Ollman, B. *Alienation : Marx's Conception of Man in Capitalist Society* (Cambridge, 1971).

Olson, M. *The Logic of Collective Action* (Cambridge, Massachusetts, 1965). [멘슈어 올슨, 『집단행동의 논리 : 공공재와 집단이론』, 최광·이성규 옮김, 한국문화사, 2013.]

Raico, R. "Classical Liberal Exploitation Theory," *Journal of Libertarian Studies,* Volume 1, 1977, 179-180.

Rawls, John. "The Basic Structure as Subject," in *Values and Morals,* edited by A. I. Goldman and J. Kim (Dordrecht, Holland, 1978), 47-71.

_____. "Fairness to Goodness," *Philosophical Review,* Vol. LXXXIV, 1975, 543.

_____. "Justice as Fairness," *Philosophical Review,* Vol. LXVII, 170.

_____. "A Kantian Conception of Equality," *The Cambridge Review,* February, 1975, 97.

_____. "Reply to Alexander and Musgrave," *Quarterly Journal of Economics,* November, 1974, 653.

_____. "Responsibility for Ends," Lecture IV, Stanford University (unpublished), 1978.

_____. *A Theory of Justice* (Cambridge, Massachusetts, 1971). [존 롤스, 『정의론』, 황경식 옮김, 이학사, 2003.]

Ryazanskaya, S. W. (ed.) *Marx and Engels : Selected Correspondence,* translated by I. Lasker (Moscow, 1975).

Samuelson, P. *Economics*, 9th ed. (New York, 1973).

Sartorious, Rolf. "The Limits of Libertarianism," *Law and Liberty* (College Station, Texas, 1978).

Schwartz, A. "Moral Neutrality and the Theory of Primary Goods," *Ethics*, Vol. 83, 1973, 294.

Seigel, J. "Alienation," *History and Theory*, Vol. XII, No. 3, 1973, 329-42.

Sennett, R. and Cobb, J. *The Hidden Injuries of Class* (New York, 1973).

Taylor, Charles. *Hegel* (London, 1978). [찰스 테일러, 『헤겔』, 정대성 옮김, 그린비, 2014.]

Teitleman, M. "The Limits of Individualism," *Journal of Philosophy*, Vol. LXIX, No. 18, 1972, 545-556.

Tucker, R. C. *The Marxian Revolutionary Idea* (New York, 1969).

Wolff, R. P. *Understanding Rawls* (Princeton, New Jersy, 1977).

Wood, Allen. "The Marxian Critique of Justice," *Philosophy and Public Affairs,* Vol. 1, No. 3, 1972, 246.

Young, G. "The Fundamental Contradiction of Capitalism," *Philosophy and Public Affairs,* Vol. 5, No. 2, 1976, 196-234.

Anonymous (ed.). *The German Ideology, Collected Works: Marx and Engels*, Volume 5(New York, 1976). [카를 마르크스, 프리드리히 엥겔스, 『독일 이데올로기 1~2』, 이병창 옮김, 먼빛으로, 2019.]

＿＿＿＿＿. *Karl Marx and Frederick Engels, Selected Works* (New York, 1972).

＿＿＿＿＿. *Karl Marx and Frederick Engels, Selected Works in One Volume* (New York, 1968).

＿＿＿＿＿. *Selected Works of Marx and Engels* (New York, 1972).